汲取先贤智慧
铺就成功阶梯

万卷楼国学经典 修订版

古文观止

［清］吴楚材
［清］吴调侯 编选
余红芬 编译
苗怀明 修订

北方联合出版传媒（集团）股份有限公司
万卷出版有限责任公司
2023年·沈阳

图书在版编目（CIP）数据

古文观止/（清）吴楚材，（清）吴调侯编选；余红芬编译；苗怀明修订. —沈阳：万卷出版有限责任公司，2023.5（2023.10重印）
（万卷楼国学经典：修订版）
ISBN 978-7-5470-6201-2

Ⅰ.①古… Ⅱ.①吴…②吴…③余…④苗… Ⅲ.①古典散文—散文集—中国②《古文观止》—注释③《古文观止》—译文 Ⅳ.①H194.1

中国国家版本馆CIP数据核字（2023）第035385号

出 品 人：	王维良
出版发行：	北方联合出版传媒（集团）股份有限公司
	万卷出版有限责任公司
	（地址：沈阳市和平区十一纬路29号 邮编：110003）
印 刷 者：	辽宁新华印务有限公司
经 销 者：	全国新华书店
幅面尺寸：	170mm×240mm
字　　数：	520千字
印　　张：	24
出版时间：	2023年5月第1版
印刷时间：	2023年10月第2次印刷
责任编辑：	朱婷婷
装帧设计：	徐春迎
责任校对：	张　莹
ISBN 978-7-5470-6201-2	
定　　价：	58.00元
联系电话：	024-23284090
邮购热线：	024-23284050

常年法律顾问：王 伟　　版权所有　侵权必究　　举报电话：024-23284090
如有印装质量问题，请与印刷厂联系。　　　　　　　　联系电话：024-31255233

出版说明

"读万卷书,行万里路"这是中国古人"修身"的两条基本途径。晋代著名史学家陈寿给自己的书斋命名为"万卷楼",此后,历代以"万卷楼"命名的书斋,由宋至清有数十家:宋代有方略、石待旦等;元代有陈杰、汪惟正等;明代有项笃寿、杨仪、范钦等;清代有孙承泽、黄彭年等。可见,"读万卷书"的理想在中国传统知识分子中是何等的根深蒂固。

读"万卷书"不仅是古人的理想,当我们懂得了读书的意义,都会自然而然地产生强烈的"博览群书"的愿望。然而,人类历史悠久,书籍浩如汪洋大海,时代发展到今天,科技与经济的发展更使得人类的精神领域空前丰富,获取信息与知识的途径不断增加。"万卷书"早已不再是一个象征性的概念,如何从这"万卷"之中,找到最值得细细品读的作品,已经成为人们必须解决的问题。

爱因斯坦曾说过:"在阅读的书中找出可以把自己引到深处的东西,把其他一切统统抛掉。"这正是在阐述读书时选择的重要性。而他所说的把我们"引到深处的东西"无疑就是我们所需要深度阅读的作品,也就是我们常说的经典作品。

卡尔维诺对经典作出的定义之一是:经典就是我们正在重读的。的确,在对经典作品反反复复的品味中,人们思想得到了升华,从浅薄走向思考,最后走到通达。我们都曾有这样的感触,面对海量的书籍和信息,一方面,人们在向着功利性浅阅读大张其道,另一方面,我们的精神深处又在不断地呼唤能够滋养自己内心的深度阅读。因此,经典的价值不仅没有因为浅阅读时代的到来而有所损失,反而更显示出其珍贵来。

在惜字如金的中国传统典籍当中,从来不乏这种需要反复品味的经典。从先秦诸子到历代的经史子集,这些经典为一代代的中国人提供了取之不尽的精神滋养,为中华文化的传承和发展建立了基础。我们把这种包蕴中国文化的学问称为国学。国学的范围非常广泛,它包含了文学、历史、哲学、艺术、语言、音韵等在内的一系列内容。

包罗万象的国学经典为我们提供了广泛的教育。阅读国学经典,也就是在与我们的"先圣先贤"对话和交流,一步步地揳进我们的历史和传统。这个过程可以让我们领会先贤的旨趣,把握他们的神髓,形成恢宏的历史意识,可以让我们通晓文义、熟习经史、通彻学问,让我们成为博学之士。另一方面,国学经典所代表的传统学问,更是具有极为厚重的伦理色彩。阅读国学经典的过程,不仅是增进知识的过程,而且是一个熏陶气质、改善性情、提高涵养的过程,这个过程在潜移默化中培养着行谊谨厚、品行端方、敦品厉行的谦谦君子。

当然,随着时代的发展,国学早已不再是人们追求事功的唯一法典,我们也不赞成对国学的功能无限夸大。但毫无疑问,阅读国学经典,必能促进我们对真、善、美的崇敬之心,唤起我们对伟大、深邃、美好事物的敏感和惊奇,同时也让我们了解到先贤们在探寻知识过程中思考的重大课题和运用的基本原则。这些作品体现着我们民族精神的精髓,如《周易》所阐述的"自强不息"的君子人格,《论语》所强调的"和而不同"的包容精神,《诗经》所培养的温柔敦厚的情感,《道德经》所闪耀的思辨智慧,等等,它们共同构筑了中华民族传统的精神范式。品读先贤留下的经典,恰如与他们进行一次次心灵的直接触碰,进而去审视我们自己的内心,见贤思齐,激浊扬清。

正是基于对国学经典的这种认识,我们精选了这套《万卷楼国学经典》系列丛书,以期引导步履匆匆的现代人走近国学经典、了解国学经典。在选编过程中,我们希望能够体现这样一些特点。

首先,我们希望这套丛书能够最具代表性。在选目中,我们注重于最经典、最根源的作品,在有限的时间内,把那些最具影响力,最应该知道的作品提交给读者。四书五经、先秦诸子、唐诗宋词等这些具有符号意义的作品无疑是最应该为我们所熟知的,因此,丛书所选的30种作品都是这些经典中的经典。

其次,我们希望能够做出好读的经典。在面对国学作品时,佶屈的文言和生僻的字词常让普通读者望而却步。所以,我们试图用简洁易懂的形式呈现经典,使读者可随时随地以自己的时间、自己的速度来进入阅读。因此,我们为原著精心添加了注音、注释和译文,使读者能够真正地"无障碍阅读"。同时,我们还邀请北京大学、南京大学、复旦大学等知名学府的古代文学方面专家对丛书进行了整体修订,对原文字句及标点进行核准,适当增删注释条目、校订注释内容,对白话翻译做进一步校订疏通,使图书内容臻于完善,整体品质得到了大幅度提升。作为一名读者,也许你会常常感慨,以前没有花更多的时间去读更多的经典,如今没有机会或能力来细读,但实际上,读经典什么时间开始都不算晚,"万卷楼"就是一个极好的途径。重读或是初读这些经典,一样可以塑造我们未来的生活。

第三,我们希望呈现一套富有美感的读物。对于经典而言,内容的意义永远排在第一位,但同时,我们也希望有精彩的形式与内容相匹配,因而,我们在编辑过程中选取了大量的古代优秀版画作为本书的插图,对图片的说明也做了精心设计。此外,图书的编排、版式等细节设计都凝聚了我们大量的思索。我们希望这套经典不只是精神的食粮,拥有文本意义上的价值,更能带来无限美感,成为诗意的渊薮。

"经典作品是这样一些书,我们越是道听途说,以为我们懂了,当我们实际读它们,我们就越是觉得它们独特、意想不到和新颖。"卡尔维诺经典的评论让人击节叹赏,我们也希望这套丛书能够彰显经典的价值,使读者在细品细读中真正融化经典,真正做到"开茅塞、除鄙见、得新知、增学问、广识见"。同时,经典又是可以被享受的。当我们走进经典之时,不能只作为被动的接受者,也可用个人自我的方式进入经典,做精神的逍遥之游,对经典作品进行贴近个体生命的诠释和阅读,在现实社会之中营造自由的人生意境和精神家园,获取一种诗意盎然的人生。

怎样阅读本书

原文：根据权威版本，精心核校，确保准确性，对生僻字反复注音，使读者无障碍阅读。

插图：精选历代精品古版画，美妙传神，增强美感。

图注：以图释义，扩展阅读，丰富全书知识含量。

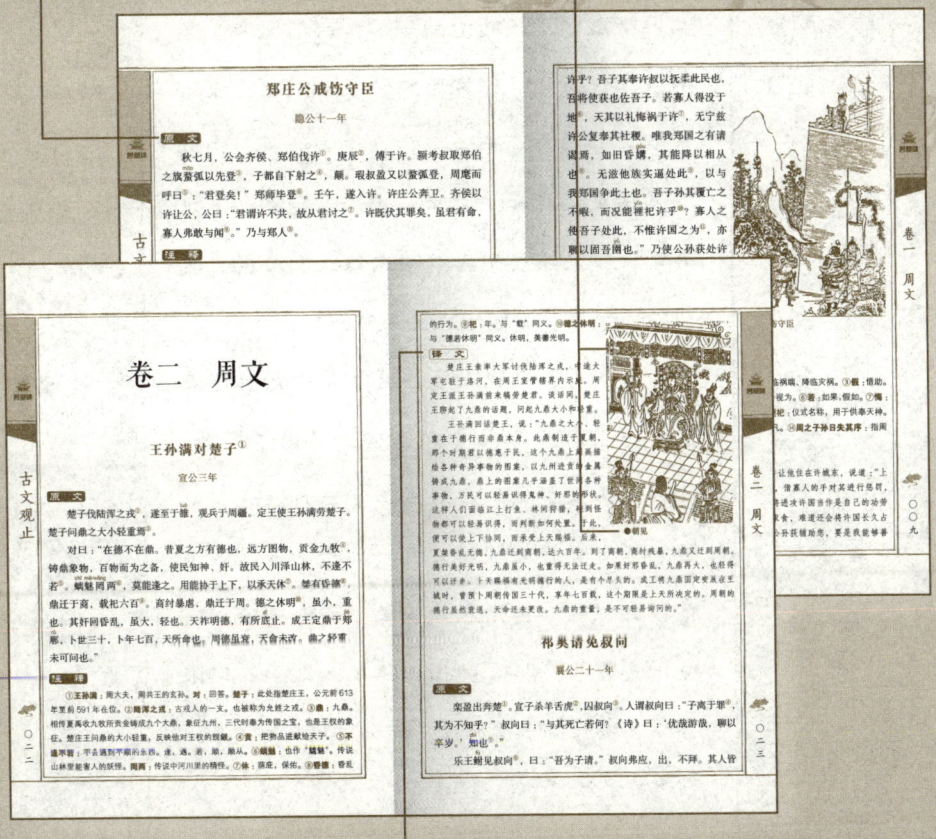

注释：准确、简明，极具启发性。

译文：流畅、贴切，以现代白话完整展现原著全貌。

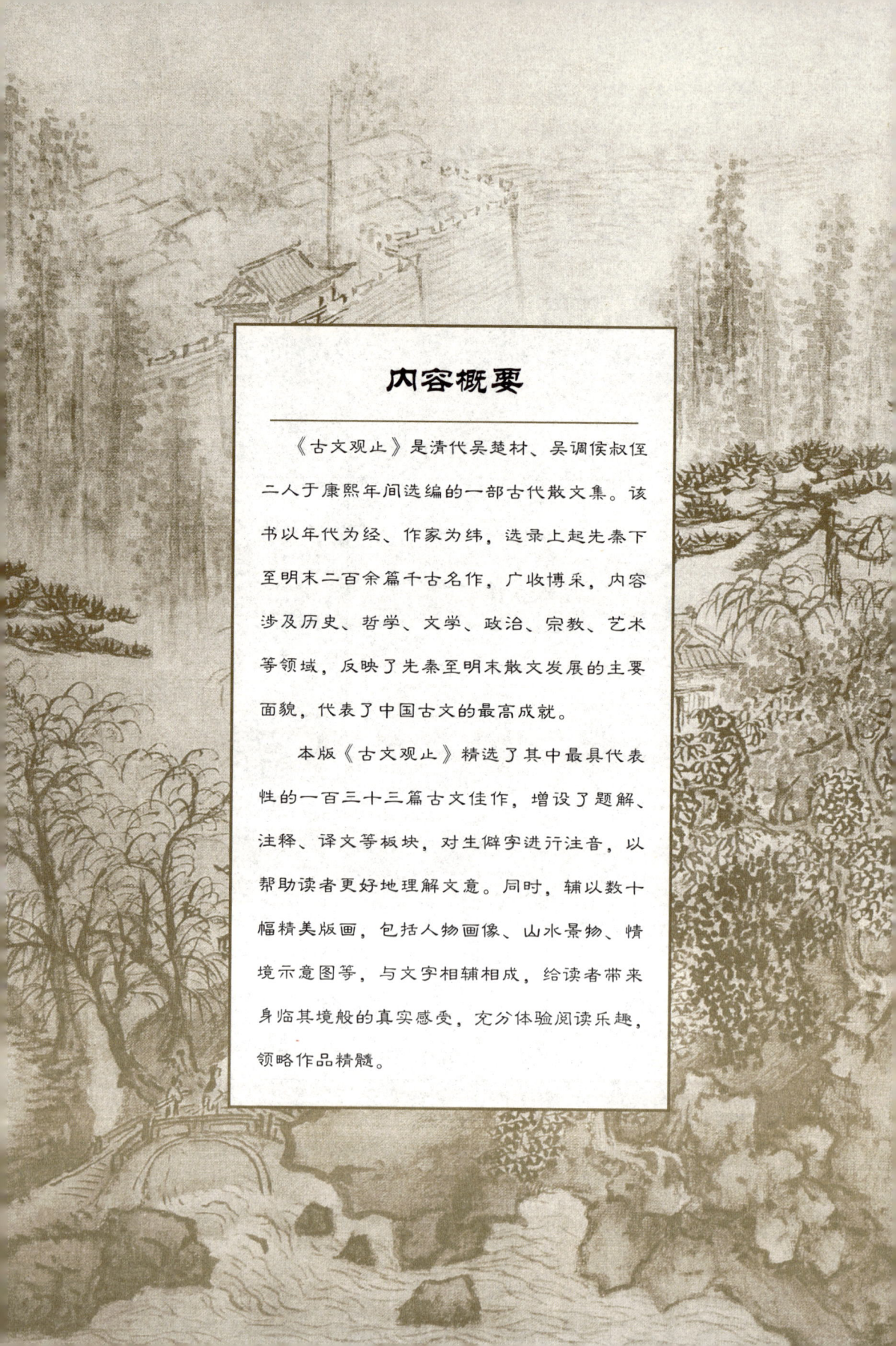

内容概要

　　《古文观止》是清代吴楚材、吴调侯叔侄二人于康熙年间选编的一部古代散文集。该书以年代为经、作家为纬,选录上起先秦下至明末二百余篇千古名作,广收博采,内容涉及历史、哲学、文学、政治、宗教、艺术等领域,反映了先秦至明末散文发展的主要面貌,代表了中国古文的最高成就。

　　本版《古文观止》精选了其中最具代表性的一百三十三篇古文佳作,增设了题解、注释、译文等板块,对生僻字进行注音,以帮助读者更好地理解文意。同时,辅以数十幅精美版画,包括人物画像、山水景物、情境示意图等,与文字相辅相成,给读者带来身临其境般的真实感受,充分体验阅读乐趣,领略作品精髓。

目录

卷一　周文

左　传 ·· 〇〇一
　郑伯克段于鄢　隐公元年 ························· 〇〇一
　周郑交质　隐公三年 ······························· 〇〇五
　臧僖伯谏观鱼　隐公五年 ························· 〇〇六
　郑庄公戒饬守臣　隐公十一年 ···················· 〇〇八
　曹刿论战　庄公十年 ······························· 〇一〇
　宫之奇谏假道　僖公五年 ························· 〇一二
　齐桓下拜受胙　僖公九年 ························· 〇一四
　子鱼论战　僖公二十二年 ························· 〇一五
　寺人披见文公　僖公二十四年 ···················· 〇一七
　介之推不言禄　僖公二十四年 ···················· 〇一八
　烛之武退秦师　僖公三十年 ······················· 〇二〇

卷二　周文

　王孙满对楚子　宣公三年 ························· 〇二二
　祁奚请免叔向　襄公二十一年 ···················· 〇二三

晏子不死君难　襄公二十五年 …………………………………… ○二六
子产坏晋馆垣　襄公三十一年 …………………………………… ○二七
子革对灵王　昭公十二年 ………………………………………… ○三○
子产论政宽猛　昭公二十年 ……………………………………… ○三三

卷三　周文

国　语 ……………………………………………………………… ○三五
　召公谏厉王止谤　周语上 ……………………………………… ○三五
　里革断罟匡君　鲁语上 ………………………………………… ○三八
　叔向贺贫　晋语八 ……………………………………………… ○三九
　王孙圉论楚宝　楚语下 ………………………………………… ○四一
　申胥谏许越成　吴语 …………………………………………… ○四四

公羊传 ……………………………………………………………… ○四五
　吴子使札来聘　襄公二十九年 ………………………………… ○四六

穀梁传 ……………………………………………………………… ○四八
　郑伯克段于鄢　隐公元年 ……………………………………… ○四九
　虞师晋师灭夏阳　僖公二年 …………………………………… ○五○

礼　记 ……………………………………………………………… ○五三
　曾子易箦　檀弓上 ……………………………………………… ○五三
　有子之言似夫子　檀弓上 ……………………………………… ○五四
　杜蒉扬觯　檀弓下 ……………………………………………… ○五六
　晋献文子成室　檀弓下 ………………………………………… ○五八

卷四　秦文

战国策 ……………………………………………… ○六○
　司马错论伐蜀 …………………………………… ○六○
　范雎说秦王 ……………………………………… ○六三
　邹忌讽齐王纳谏 ………………………………… ○六七
　颜斶说齐王 ……………………………………… ○六九
　冯煖客孟尝君 …………………………………… ○七一
　赵威后问齐使 …………………………………… ○七六
　触詟说赵太后 …………………………………… ○七七
　唐雎说信陵君 …………………………………… ○八一
　唐雎不辱使命 …………………………………… ○八一
　乐毅报燕王书 …………………………………… ○八四

李　斯 ……………………………………………… ○八八
　谏逐客书 ………………………………………… ○八八

楚　辞 ……………………………………………… ○九二
　卜　居 …………………………………………… ○九二
　宋玉对楚王问 …………………………………… ○九四

卷五　汉文

史　记 ……………………………………………… ○九六
　项羽本纪赞 ……………………………………… ○九六
　秦楚之际月表 …………………………………… ○九七
　孔子世家赞 ……………………………………… ○九九
　伯夷列传 ………………………………………… 一○○

> 屈原列传 …………………………………… 一〇五
> 太史公自序 …………………………………… 一一三

司马迁 …………………………………………… 一一七
> 报任安书 ……………………………………… 一一七

卷六 汉文

汉 书 …………………………………………… 一二八
> 高帝求贤诏 …………………………………… 一二八
> 武帝求茂材异等诏 …………………………… 一三〇

贾 谊 …………………………………………… 一三〇
> 过秦论（上） ………………………………… 一三一

晁 错 …………………………………………… 一三四
> 论贵粟疏 ……………………………………… 一三五

邹 阳 …………………………………………… 一三九
> 狱中上梁王书 ………………………………… 一三九

司马相如 ………………………………………… 一四六
> 上书谏猎 ……………………………………… 一四六

李 陵 …………………………………………… 一四八
> 答苏武书 ……………………………………… 一四八

路温舒 …………………………………………… 一五五
> 尚德缓刑书 …………………………………… 一五六

杨 恽 …………………………………………… 一六〇
> 报孙会宗书 …………………………………… 一六〇

后汉书 …………………………………………… 一六四
> 光武帝临淄劳耿弇 …………………………… 一六四

马援诫兄子严敦书 …………………………… 一六五
诸葛亮 ……………………………………………… 一六七
　　前出师表 …………………………………… 一六七
　　后出师表 …………………………………… 一七〇

卷七　六朝唐文

李　密 ……………………………………………… 一七三
　　陈情表 ……………………………………… 一七三
王羲之 ……………………………………………… 一七六
　　兰亭集序 …………………………………… 一七六
陶渊明 ……………………………………………… 一七八
　　归去来辞 …………………………………… 一七八
　　桃花源记 …………………………………… 一八〇
　　五柳先生传 ………………………………… 一八二
孔稚珪 ……………………………………………… 一八三
　　北山移文 …………………………………… 一八三
魏　徵 ……………………………………………… 一八六
　　谏太宗十思疏 ……………………………… 一八六
骆宾王 ……………………………………………… 一八八
　　为徐敬业讨武曌檄 ………………………… 一八九
王　勃 ……………………………………………… 一九一
　　滕王阁序 …………………………………… 一九一
李　白 ……………………………………………… 一九五
　　春夜宴桃李园序 …………………………… 一九五
李　华 ……………………………………………… 一九六
　　吊古战场文 ………………………………… 一九六
刘禹锡 ……………………………………………… 二〇〇
　　陋室铭 ……………………………………… 二〇〇
杜　牧 ……………………………………………… 二〇一
　　阿房宫赋 …………………………………… 二〇一

韩　愈	二〇四
原　道	二〇四
原　毁	二一〇
杂说一	二一三
杂说四	二一三

卷八　唐文

师　说	二一五
进学解	二一七
与陈给事书	二二一
应科目时与人书	二二二
送孟东野序	二二四
送李愿归盘谷序	二二七
送董邵南序	二二九
祭十二郎文	二三〇
祭鳄鱼文	二三五
柳子厚墓志铭	二三七

卷九　唐宋文

柳宗元	二四二
捕蛇者说	二四二
种树郭橐驼传	二四四
梓人传	二四七
钴鉧潭西小丘记	二五二
小石城山记	二五四
王禹偁	二五五
黄冈竹楼记	二五五
李格非	二五八
书《洛阳名园记》后	二五九
范仲淹	二六〇
严先生祠堂记	二六一

岳阳楼记 ………………………………… 二六二
司马光 …………………………………………… 二六四
　　谏院题名记 ……………………………… 二六五
钱公辅 …………………………………………… 二六六
　　义田记 …………………………………… 二六六
李　觏 …………………………………………… 二七〇
　　袁州州学记 ……………………………… 二七〇

卷十　宋文

欧阳修 …………………………………………… 二七三
　　梅圣俞诗集序 …………………………… 二七三
　　五代史伶官传序 ………………………… 二七六
　　丰乐亭记 ………………………………… 二七八
　　醉翁亭记 ………………………………… 二八〇
　　秋声赋 …………………………………… 二八二
　　祭石曼卿文 ……………………………… 二八五
苏　洵 …………………………………………… 二八七
　　管仲论 …………………………………… 二八七
苏　轼 …………………………………………… 二九一
　　刑赏忠厚之至论 ………………………… 二九一

卷十一　宋文

　　喜雨亭记 ………………………………… 二九四
　　石钟山记 ………………………………… 二九六
　　前赤壁赋 ………………………………… 二九九
　　后赤壁赋 ………………………………… 三〇二
　　方山子传 ………………………………… 三〇四
苏　辙 …………………………………………… 三〇六
　　六国论 …………………………………… 三〇六
　　上枢密韩太尉书 ………………………… 三〇九

黄州快哉亭记 ……………………………… 三一一
曾　巩 ……………………………………………… 三一三
　　寄欧阳舍人书 ………………………………… 三一四
王安石 ……………………………………………… 三一八
　　读孟尝君传 …………………………………… 三一八
　　游褒禅山记 …………………………………… 三一九

卷十二　明文

宋　濂 ……………………………………………… 三二三
　　送天台陈庭学序 ……………………………… 三二三
刘　基 ……………………………………………… 三二六
　　卖柑者言 ……………………………………… 三二六
方孝孺 ……………………………………………… 三二八
　　豫让论 ………………………………………… 三二八
王　鏊 ……………………………………………… 三三一
　　亲政篇 ………………………………………… 三三一
王守仁 ……………………………………………… 三三六
　　瘗旅文 ………………………………………… 三三六
唐顺之 ……………………………………………… 三三九
　　信陵君救赵论 ………………………………… 三四〇
宗　臣 ……………………………………………… 三四四
　　报刘一丈书 …………………………………… 三四四
归有光 ……………………………………………… 三四七
　　吴山图记 ……………………………………… 三四七
　　沧浪亭记 ……………………………………… 三五〇
茅　坤 ……………………………………………… 三五一
　　青霞先生文集序 ……………………………… 三五一
王世贞 ……………………………………………… 三五四
　　蔺相如完璧归赵论 …………………………… 三五五

袁宏道 …………………………………………………… 三五六
　徐文长传 ………………………………………………… 三五七
张　溥 …………………………………………………… 三六一
　五人墓碑记 ……………………………………………… 三六一

卷一　周文

左　传①

　　《春秋左氏传》，原名《左氏春秋》。相传是春秋末年鲁国的左丘明为《春秋》做注解的一部史书，与《公羊传》《穀梁传》合称"春秋三传"。近代学者普遍认为《左传》是一部独立的史书，也是中国第一部叙事详细的编年体史书，共三十五卷，是儒家经典之一。记述范围从公元前722年（鲁隐公元年）至公元前468年（鲁哀公二十七年）。

郑伯克段于鄢

隐公元年

原文

　　初，郑武公娶于申，曰武姜，生庄公及共叔段。庄公寤生，惊姜氏，故名曰寤生②。遂恶之。爱共叔段，欲立之。亟请于武公，公弗许。

　　及庄公即位，为之请制。公曰："制，岩邑也，虢叔死焉。他邑唯命。"请京，使居之，谓之京城大叔。

　　祭仲曰："都城过百雉③，国之害也。先王之制：大都，不过参国

之一④;中,五之一;小,九之一。今京不度,非制也。君将不堪。"公曰:"姜氏欲之,焉辟害!"对曰:"姜氏何厌之有⑤!不如早为之所。无使滋蔓。蔓,难图也。蔓草犹不可除,况君之宠弟乎!"公曰:"多行不义必自毙。子姑待之。"

既而大叔命西鄙⑥、北鄙贰于己。公子吕曰:"国不堪贰,君将若之何?欲与大叔,臣请事之⑦;若弗与,则请除之,无生民心。"公曰:"无庸⑧,将自及。"

大叔又收贰以为己邑,至于廪延。子封曰:"可矣,厚将得众。"公曰:"不义不昵,厚将崩。"

大叔完聚⑨,缮甲兵,具卒乘,将袭郑。夫人将启之。公闻其期,曰:"可矣!"命子封帅车二百乘以伐京。京叛大叔段。段入于鄢。公伐诸鄢。五月辛丑,大叔出奔共。

书曰⑩:"郑伯克段于鄢。"段不弟⑪,故不言弟。如二君,故曰克。称郑伯,讥失教也,谓之郑志。不言出奔,难之也。

遂置姜氏于城颍,而誓之曰:"不及黄泉,无相见也!"既而悔之。颍考叔为颍谷封人⑫,闻之,有献于公。公赐之食。食舍肉⑬。公问之。

对曰:"小人有母,皆尝小人之食矣,未尝君之羹,请以遗之。"公曰:"尔有母遗,繄我独无⑭!"颍考叔曰:"敢问何谓也?"公语之故,且告之悔。对曰:"君何患焉!若阙地及泉⑮,隧而相见,其谁曰不然?"公从之。公入而赋:"大隧之中,其乐也融融!"姜出而赋:"大隧之外,其乐也

●颍考叔劝孝

泄泄⑯。"遂为母子如初。

君子曰⑰："颍考叔，纯孝也。爱其母，施及庄公⑱。《诗》曰：'孝子不匮⑲，永锡尔类⑳。'其是之谓乎！"

注释

①《左传》：又称《春秋左氏传》《左氏春秋》，相传为鲁国太史左丘明所作，后来又经过许多人的增益。②寤生：逆生、难产。寤，通"牾"，倒着，这里指出生时脚先出来，属于难产。③雉：量词。长三丈、高一丈为一雉。④参：同"三"。⑤厌：满足。⑥鄙：偏远的城镇。⑦事：侍候、侍奉。⑧无庸：意思是说不用除掉太叔。⑨完：修筑城池。聚：使百姓聚居。⑩书：指《春秋》上的记载。⑪弟：通"悌"，孝敬兄长。⑫颍考叔：郑国大夫。颍谷：郑国邑名，在今河南登封西南。封人：管理边界的官。⑬舍肉：把肉放在旁边不吃。⑭繄：语气助词。没有实义。⑮阙：同"掘"，挖。⑯泄泄：快乐舒畅的样子。⑰君子：品德高尚的人。《左传》作者常用这种方式发表评论。⑱施：延及，扩展。⑲匮：穷尽。⑳锡：同"赐"，给予。

译文

当初，郑武公从申国娶回妻子，名叫武姜。生下庄公和共叔段两个儿子。庄公出生时是难产，惊吓了姜氏，所以取名叫"寤生"，因此姜氏就厌恶他。姜氏偏爱共叔段，想立他做太子。多次向郑武公请求，武公不答应。等到庄公做了郑国国君，姜氏又替共叔段请求把制地封给他。庄公说："制，是一个险要的地方，东虢国的国君虢叔就死在那里。其他地方我都随便您挑选。"姜氏又替他请求京邑做封地，庄公答应了，就让共叔段住在那里，人们称他为"京城大叔"。

郑国的大夫祭仲说："分封的都城如果超过了三百方丈，便是国家的祸害。先王的制度是：大城邑不得超过国都的三分之一，中等城邑不超过五分之一，小城邑不超过九分之一。今天京城的城墙不合法度，不是先王的制度，您将会无法控制的。"庄公说："姜氏想这样，我又怎么能逃避这个祸害呢？"祭仲回答说："姜氏哪里有满足的时候？不如早点做安排，不要让他的势力滋长蔓延。蔓延开来，就难对付了。蔓延的野草尚且不能够除尽，何况是您宠爱的弟弟呢！"庄公说："不义的事情做多了，必然会自取灭亡。你姑且等着瞧吧！"

不久，太叔命令原属郑国的西边和北边的边邑从属于庄公，又从属于自己。公子吕说："我们的国家受不了这种从属两个主人的情况，您打算怎么处理这件事？如果把郑国交给太叔，就请您允许我侍奉他；如果不给太叔，就请您除掉他，不要让郑国的老百姓产生二心。"庄公说："不用除掉他，他将会惹来祸端，自作自受的。"

太叔又把原来两属的边邑收归自己所有，而且扩展到了廪延。子封说："可以行动了！如果他的地域扩大了，将会得到更多人的归附。"庄公说："他既对国君不义，又对兄长不亲，地方占得再大也必然灭亡。"

太叔积极地修筑城墙，集中民力、粮草，修理并制造盔甲、武器，编组步兵和战车，准备偷袭郑国。姜夫人也准备作为内应，替他打开城门。庄公获悉太叔偷袭郑国的日期，便说："可以动手了！"命令子封率领两百辆战车去讨伐京城。京城的人反叛了太叔段。太叔逃到了鄢。庄公又追到鄢去讨伐他。五月二十三日那天，太叔便逃到共国去了。

《春秋》上记载说："郑伯克段于鄢。"因为段的所作所为不像做弟弟的样子，所以不称"弟"，倒像是两国国君，所以说是"克"；直呼庄公为郑伯，是讥讽他没尽到兄长的教育责任，姑息他弟弟的恶行；《春秋》说这是庄公本来就有杀弟弟的意图。不说"出奔"，是责难郑庄公的意思。

于是，郑庄公把姜氏安置在城颍，并发誓说："不到黄泉，不再见面。"可是，不久他又后悔了。颍考叔是颍谷管理疆界的官，听到了这件事，便去给庄公进献礼品。庄公赐给他饭食，他吃饭时故意把肉留下。庄公问他缘故，他回答说："我家中有母亲，小人孝敬的食物她都吃过了，就是没尝过君王赐给的美味，请您允许我把肉带回去孝敬母亲。"庄公说："你有母亲可以孝敬食物，我却没有！"颍考叔说："请问您这话是什么意思？"庄公向他说明了缘故，并且告诉他自己很后悔。颍考叔回答说："您又何必为这事而烦恼呢？如果挖地见到了泉水，再打一条隧道在里面与您母亲相见。又有谁能说这样做不对呢？"庄公照他的话做了。庄公走进地道时赋诗说："隧道里面，母子相见，是多么快乐啊！"姜氏走出地道时赋诗说："隧道外面，母子相见，是多么舒畅啊！"于是母子关系又像以前一样融洽了。

君子说："颍考叔，是真正的孝子。爱自己的母亲，还影响到庄公。《诗经》上说：'孝子的孝道没有穷尽，永久地把它赐给你同类的人。'大概说的就是这样的人吧。"

周郑交质

隐公三年

原文

郑武公、庄公为平王卿士①。王贰于虢②,郑伯怨王。王曰:"无之③。"故周、郑交质④,王子狐为质于郑,郑公子忽为质于周。王崩⑤,周人将畀虢公政⑥。四月,郑祭(zhài)足帅师取温之麦⑦。秋,又取成周之禾⑧。周、郑交恶⑨。

注释

①**平王**:周平王。②**王贰于虢**:周平王将权力分给西虢公,以此来制衡郑庄公的权力。虢,西虢公。③**无之**:没有此事,无中生有。④**故**:因此。**质**:人质。王子狐和公子忽分别是周平王和郑庄公的儿子。⑤**崩**:逝世,此处指周平王离世。⑥**畀**:授予。⑦**祭足**:郑大夫,字仲,又称祭仲。**温**:周王室所属地,位于现在河南温县。**取**:割取。⑧**成周**:地名。⑨**交**:此处指两国关系。

译文

郑武公、郑庄公父子先后担任周平王的执政大臣,平王又任用了虢公兼管朝政。庄公埋怨平王,平王说:"此事是无中生有。"于是,周王朝与郑国进行人质交换:周平王之子王子狐以人质身份去郑国,郑庄公之子公子忽以人质身份去周国。平王逝世后,周王朝想将国事交予虢公。四月,郑国的祭足带领军队将周国所属的温地的麦子割掉;秋天,又将成周的谷子割掉。周王朝和郑国关系开始恶化。

原文

君子曰:"信不由中①,质无益也。明恕而行②,要(yāo)之以礼③,虽无有质,谁能间之④?苟有明信⑤,

●紫

涧溪沼沚之毛，蘋蘩蕰藻之菜，筐、筥、锜、釜之器⑥，潢污、行潦之水，可荐于鬼神，可羞于王公⑦，而况君子结二国之信，行之以礼，又焉用质？《风》有《采蘩》《采蘋》，《雅》有《行苇》《泂酌》⑧，昭忠信也⑨。"

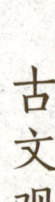

注释

①**中**：通"衷"，心里。②**恕**：宽恕，儒家精神之一。③**以**：根据。④**间**：间离、挑拨。⑤**苟**：假如。⑥**筐**：竹编的方形容器。**筥**：竹编圆形容器。**锜**：有足炊具。**釜**：无足炊具。⑦**荐、羞**：敬上、献予。⑧**《风》**：《诗经·国风》。**《采蘩》《采蘋》**：均出自《诗经·召南》，描述的是妇女采摘祭祀用的野菜的场景。**《雅》**：《诗经·大雅》。**《行苇》《泂酌》**：均出自《诗经·生民之什》，前者是祝酒词，歌颂尊老和睦；后者提倡对人友好真诚。⑨**昭**：显示、证明。

译文

君子说："信任不是出自心中，就算交换了人质也没用。双方怀着严明宽恕的态度行事，再以礼仪进行约束，就算没有人质，又有谁能挑拨彼此的关系呢？要是相互信任，彼此谅解，那山沟水塘的植物，四叶菜、白蒿、水草等藻类植物，方筐、圆筐、有足和无足的炊具，甚至地面上的积水，都能用来祭拜鬼神、贡奉王公；再说君子建立两国之间的信任，遵照礼仪做事，哪里又用得上人质呢？《诗经·国风》中有《采蘩》《采蘋》两篇文章，《诗经·大雅》中有《行苇》《泂酌》两篇文章，这些文章都是来讲述忠诚与信任的。"

臧僖伯谏观鱼

隐公五年

春，公将如棠观鱼者。

臧僖伯谏曰①："凡物不足以讲大事②，其材不足以备器用③，则君不举焉④。君，将纳民于轨物者也，故讲事以度轨量谓之'轨'⑤，取材以章物采谓之'物'，不轨不物，谓之乱政，乱政亟行，所以败也。

故春蒐（sōu）、夏苗、秋狝（xiǎn）、冬狩⑥，皆于农隙以讲事也⑦。三年而治兵，入而振旅⑧，归而饮至，以数军实⑨，昭文章，明贵贱，辨等列，顺少长⑩，习威仪也。鸟兽之肉不登于俎（zǔ），皮革齿牙、骨角毛羽不登于器，则君不射⑪，古之制也⑫。若夫山林川泽之实，器用之资，皂隶之事⑬，官司之守，非君所及也。"

公曰："吾将略地焉⑭。"遂往，陈鱼而观之。僖伯称疾不从。

书曰："公矢鱼于棠⑮。"非礼也，且言远地也。

注 释

①谏：劝说。②大事：军事、祭祀等。③备：准备。④举：行动。⑤度：衡量，权衡。⑥春蒐：春天找寻猎取没有怀孕的野兽。夏苗：夏天猎杀破坏庄稼的野兽。秋狝：秋天猎杀野兽。狝，猎杀。冬狩：冬天猎杀野兽。这四个词都是代表打猎。⑦皆：都、全。⑧振旅：规整队伍。⑨数：计算。⑩顺少长：按照长幼年龄排序。⑪射：捕捉、射杀。⑫制：制度、规定、习俗。⑬皂隶：本指奴隶，这里指做各种杂务的仆役。⑭略地：到外地巡视。⑮矢：通"施"，实施，陈设。

译 文

鲁隐公五年时的春天，他计划去棠地观看捕鱼。

臧僖伯劝告说："所有事物，不与讲习祭祀、战争有关，它的材质不能制造兵器礼器，君王就不为所动。君王，是令臣子走向正轨和实用的人。根据讲习、军事与祭祀对器具进行衡量，与法度相合的叫作正轨，选择材料来制造器具用以表示等级文采叫作实用。不合正轨，不关实用的行动称为乱政。多次乱政，国家就会衰败。因此春夏秋冬进行狩猎都是选择农闲时刻进行军事演习。每隔二年进行一次出城大型演练，一进城就整顿军队。之后君王在宗庙宴请随从人员，计算打猎的收获。文采鲜明，贵贱有别，等级不乱，少长有序，这是讲习威仪。鸟兽的肉不放入祭祀器具，皮革、牙齿、象牙、骨头、牛角、牛尾、羽毛等不能用来制作武器，君主就不会猎杀，这是古代制度。对于树林、湖泊里的产物，普通器皿的材质，这些工作属于下级人员，由相关部门负责，不是君主所该管的。"

隐公说道："我要去查看边防。"于是隐公前往边地，还让渔人张网捕鱼供他观看。僖伯说自己身体不舒服没有同去。

《春秋》中说："公矢鱼于棠。"认为这是与礼法相悖的，而且指出他远离了都城。

郑庄公戒饬守臣

隐公十一年

原 文

秋七月，公会齐侯、郑伯伐许①。庚辰②，傅于许。颍考叔取郑伯之旗蝥弧以先登③，子都自下射之④，颠。瑕叔盈又以蝥弧登，周麾而呼曰⑤："君登矣！"郑师毕登⑥。壬午，遂入许。许庄公奔卫。齐侯以许让公，公曰："君谓许不共，故从君讨之⑦。许既伏其罪矣，虽君有命，寡人弗敢与闻⑧。"乃与郑人⑨。

注 释

①**公**：鲁隐公。**会**：相会、集合。**齐侯**：齐僖公。**郑伯**：郑庄公。**许**：国名。②**庚辰**：甲子记日，这里指的是七月初一，后文的"壬午"是七月初三。③**蝥弧**：旗名。④**子都**：郑大夫公孙阏，在出师之前和颍考叔因为争夺同一辆车而结仇。⑤**周麾**：向四周舞动旗帜。麾，同"挥"，挥动，舞动。⑥**毕**：皆、全部。⑦**讨**：进攻、讨伐。⑧**闻**：听从、听取。⑨**与**：给予，送予。

译 文

秋天的七月，隐公和齐僖公、郑庄公一起向许国发起进攻。初一，军队逼近许城。颍考叔手拿郑庄公的"蝥弧"旗子率先登上城楼，子都在下面朝他射箭，颍考叔摔下。瑕叔盈又拿此旗登上城楼。他一边不断向四面挥动旗帜，一边喊道："君主登城啦！"郑国的全部军队都登上了城。初三，郑庄公到达许城。许庄公逃到卫国。齐僖公将许国让与鲁隐公。鲁隐公说道："君侯称许国没有尽责，因此我和君侯对其发起进攻。现在许国已经认罪，即便君侯如此指示，我也没有胆量接受。"于是便将许国送予了郑庄公。

原 文

郑伯使许大夫百里奉许叔以居许东偏①，曰："天祸许国②，鬼神实不逞于许君，而假手于我寡人③，寡人唯是一二父兄不能共亿④，其敢以许自为功乎⑤？寡人有弟，不能和协，而使糊其口于四方，其况能久有

许乎？吾子其奉许叔以抚柔此民也，吾将使获也佐吾子。若寡人得没于地⑥，天其以礼悔祸于许⑦，无宁兹许公复奉其社稷。唯我郑国之有请谒焉，如旧昏媾(gòu)，其能降以相从也⑧。无滋他族实逼处此⑨，以与我郑国争此土也。吾子孙其覆亡之不暇，而况能禋(yīn)祀许乎⑩？寡人之使吾子处此，不惟许国之为⑪，亦聊以固吾圉(yǔ)也。"乃使公孙获处许西偏⑫，曰："凡而器用财贿⑬，无置于许，我死，乃亟去之。吾先君新邑于此；王室而既卑矣，周之子孙日失其序⑭。夫许，大岳之胤(yìn)也。天而既厌周德矣，吾其能与许争乎？"

●戒饬守臣

注释

①**使**：派遣、命令。②**祸**：此处名词作动词使用，降临祸端、降临灾祸。③**假**：借助。④**共亿**：平安相处、和平对待。⑤**以**：将……作为；将……视为。⑥**若**：如果，假如。⑦**悔**：撤销，收回。⑧**降**：臣服、服从。⑨**滋**：让，允许。⑩**禋祀**：仪式名称，用于供奉天神。⑪**惟**：只，仅仅。⑫**乃**：便，于是就。⑬**凡**：只要，但凡。⑭**周之子孙日失其序**：指周王朝已不再辉煌，其后代已逐渐走向灭亡。

译文

郑庄公派许国大夫百里照顾许庄公弟弟许叔，并让他住在许城东，说道："上天给许国降了灾祸，鬼神对许君确实有一些不满意，借寡人的手对其进行惩罚，可是寡人连一两位父老兄弟也不能使其安定，岂敢将进攻许国当作是自己的功劳呢？寡人有个弟弟，同样不能和睦相处，使他四处求食，难道还会将许国长久占为己有吗？您侍奉许叔，对百姓进行安抚，我想让公孙获辅助您，要是我能够善终,上天或许会按照礼数收回对许国施加的灾害,宁愿再让许庄公回来治理国家。到那时,假如我郑国有所请求,就像亲戚那样,许国或许也会屈尊允许吧。阻止他国在这里逼迫我们,和我郑国一起争夺这块土地。我的子孙后代们拯救危亡都来不及,更何况要祭拜许国的先人呢?寡人让您待在这里,不仅仅是为许国,也是令我国的边疆得以巩固。"于是便让公孙获在许城西边住下,说:"只要是你的器用财物,都不能放入许城。我死之后,你就快点离开这个地方。我先父将城邑兴建在此,既然周王朝已经衰亡,我们这些周朝后代逐渐失去自己的权势。许国是大岳之后,既然上天对周朝已经心生厌倦,我又怎么会和许国相争呢?"

原 文

君子谓郑庄公:"于是乎有礼。礼,经国家,定社稷,序人民,利后嗣者也。许无刑而伐之,服而舍之,度德而处之①,量力而行之,相时而动,无累后人,可谓知礼矣。"

注 释

①度:考虑。

译 文

君子评价郑庄公:"在此事上有礼数。礼能够治理国家,安定社稷,让百姓有序可依,让后代获得利益。许国违反了法治,就对它进行攻击;许国服从罪责后,便对它宽恕。对自己德行充分考虑后进行处置,掂量自己的力量对它进行处置,找准时机开展行动,不累及后代,这就能说是懂礼了。"

曹刿论战

庄公十年

原 文

齐师伐我。公将战。曹刿请见。其乡人曰:"肉食者谋之①,又何间焉?"刿曰:"肉食者鄙,未能远谋。"遂入见。问:"何以战?"公曰:"衣食所安②,弗敢专也③,必以分人。"对曰:"小惠未遍,民弗从也。"

公曰:"牺牲玉帛④,弗敢加也⑤,必以信。"对曰:"小信未孚⑥,神弗福也。"公曰:"小大之狱,虽不能察,必以情。"对曰:"忠之属也⑦,可以一战。战,则请从。"

公与之乘。战于长勺⑧。公将鼓之⑨,刿曰:"未可。"齐人三鼓,刿曰:"可矣。"齐师败绩。公将驰之,刿曰:"未可。"下视其辙⑩,登轼而望之⑪,曰:"可矣!"遂逐齐师。

●追击敌兵

既克,公问其故。对曰:"夫战,勇气也。一鼓作气,再而衰,三而竭。彼竭我盈,故克之。夫大国,难测也,惧有伏焉。吾视其辙乱,望其旗靡⑫,故逐之。"

注释

①**肉食者**:指居高位、享厚禄的大官。②**所安**:生存物资。③**专**:独享。④**牺牲**:祭祀用的牛、羊、猪。⑤**加**:虚夸。⑥**孚**:信用,指被信任。⑦**忠之属**:尽心办事的表现。⑧**长勺**:鲁国地名,在今山东曲阜市北。⑨**鼓**:作动词,击鼓进军。⑩**辙**:车轮滚过地面留下的痕迹。⑪**登轼**:登上车前横木。轼,古代车厢前边的横木,供乘车人手扶用。⑫**靡**:倒下。

译文

齐国军队攻打鲁国,鲁庄公准备应战。曹刿请求觐见庄公。他的同乡人说:"大官们自有办法,你又何必参与呢?"曹刿说:"大官们大都眼光短浅,不能深谋远虑。"于是觐见庄公。

他问庄公："您凭什么条件应战？"庄公说："衣食之类的养生物品，不敢独自享用，一定把它分给别人。"曹刿说："这种小恩小惠并没有遍及全国，老百姓是不会跟您去打仗的。"庄公说："祭祀用的牛、羊、猪和宝玉、丝绸，不敢虚报，一定以诚心去祭神。"曹刿说："小小的诚心还不能取得神的信任，神不会保佑您的。"庄公说："大大小小的诉讼案件，虽然不能逐一彻底查清，但一定要按实情处理。"曹刿答道："这是为老百姓尽心办事的表现，可以凭这些去应战。作战时，请让我跟您前去。"

庄公和他同坐一辆战车。两军在长勺交战。刚开战，庄公就要下命令击鼓进兵。曹刿说："不行。"齐军擂过第三次鼓后，曹刿说："可以了。"齐军大败而逃。庄公正要命令军队乘胜追击，曹刿说："不行。"他跳下车察看齐军的车轮痕迹，又登上车前横木去观望齐军败退的情况，才说："可以了。"庄公就下令追击齐军。

打了胜仗后，庄公问他为什么要这样指挥。曹刿回答道："打仗全靠战士们的勇气。第一次擂鼓，战士勇气大振；第二次擂鼓，勇气衰退；第三次擂鼓，勇气就彻底没了。正当敌军勇气用完时，我军勇气正盛，因此打败了齐军。然而强国的实力难以估计，我怕前面有伏兵。经过观察，我看到他们的车辙混乱，旗帜已倒下，知道他们真是大败，因此才追击他们。"

宫之奇谏假道

僖公五年

原　文

晋侯复假道于虞以伐虢①。宫之奇谏曰："虢，虞之表也。虢亡，虞必从之。晋不可启，寇不可玩，一之为甚，其可再乎？谚所谓'辅车相依②，唇亡齿寒'者，其虞、虢之谓也。"

公曰："晋，吾宗也。岂害我哉？"对曰："大伯、虞仲，大王之昭也。大伯不从，是以不嗣。虢仲、虢叔，王季之穆也，为文王卿士，勋在王室，藏于盟府。将虢(guó)是灭，何爱于虞？且虞能亲于桓、庄乎，其爱之也？桓、庄之族何罪，而以为戮，不唯逼乎？亲以宠逼，犹尚害之，况以国乎？"

公曰:"吾享祀丰洁,神必据我③。"对曰:"臣闻之,鬼神非人实亲,惟德是依。故《周书》曰:'皇天无亲,惟德是辅。'又曰:'黍稷非馨,明德惟馨。'又曰:'民不易物,惟德繄物。'如是,则非德,民不和,神不享矣。神所冯依④,将在德矣。若晋取虞,而明德以荐馨香,神其吐之乎?"

弗听,许晋使。宫之奇以其族行⑤,曰:"虞不腊矣⑥。在此行也,晋不更举矣⑦。"冬,晋灭虢。师还,馆于虞⑧,遂袭虞,灭之,执虞公⑨。

●泰伯

注释

①**晋侯**:晋献公。**复**:又。**假**:借。鲁僖公二年,晋国曾向虞国借道伐虢,灭下阳。②**辅**:通"酺",面颊。**车**:牙床骨。③**据**:依据,依附。既依附,则必保佑。④**冯**:同"凭"。⑤**行**:去,离开虞国。⑥**腊**:年终的大祭,这时放纵官民饮酒作乐。⑦**更**:再。**举**:起兵。晋将用灭虢的军队来灭虞,不需再起兵了。⑧**馆**:驻扎,住。⑨**执**:很轻易地捉住。

译文

晋献公再次向虞国借道去讨伐虢国。宫之奇向虞公劝谏说:"虢国是虞国的屏障。如果虢国灭亡了,那么我们虞国也就会跟着灭亡。不能够打开关门让晋国的军队进入国境,不可以忽视外部的敌人。借道一次给它就已经太过分了,难道还可以借第二次吗?俗话说:面颊和牙床互相依托,没了嘴唇,牙齿就会挨冻。这说的正是我国和虢国之间的关系啊。"

虞公说:"晋君和我是同一个祖宗的后代,他怎么会害我呢?"宫之奇回答说:"太伯和虞仲都是太王的儿子,太伯由于不服从父命出走,所以没有继承王位。虢仲和虢叔是王季的儿子,他们做文王的辅政大臣,对周王室立有功勋。记载他们功劳的典册还保存在官府里。如今晋国连虢国都要消灭掉,又怎么会顾惜虞国呢？再说虞国能比晋侯的从祖兄弟更亲吗？晋侯对他们应该是关怀爱护的。桓、庄两族有什么罪过呢？竟惨遭杀戮。晋侯难道不是欺人太甚了吗？亲戚因为恩宠而威胁到了晋侯的地位，尚且要杀害他们，何况我们国家之间呢？"

　　虞公说："我祭祀鬼神的物品丰盛而且干净，神灵一定会保佑我的。"宫之奇回答说："我听说鬼神并不亲近所有的人，而只保佑有德行的人。所以《周书》上说：'上天没有偏爱，只帮助有德之人。'又说：'黍稷这类祭品并不能扩散很远的香气，只有明显的美德才能香飘万里，为鬼神所享受。'又说：'人民的祭品虽然相同，但只有那些有德之人献上的祭品，鬼神才会享受。'这样看来，如果没有美德，人民不能安居乐业，那么祭品再丰盛、再干净，鬼神也不会享用。神灵所依凭的，就在于德行。如果晋攻占了虞国，修明德行，再把丰盛干净的祭品献给鬼神，那么鬼神还会吐出来吗？"

　　虞公不听宫之奇的规劝，答应了晋国使者借道的要求。宫之奇便带领他的族人离开虞国。他说："等不到腊祭那一天，虞国就已灭亡了。晋国灭虞就在这次军事行动中，用不着再举兵了。"

　　这年冬天，晋国灭掉了虢国。晋国回师时，驻留在虞国。于是乘机袭击虞国并一举消灭了它，而且很轻松地就捉住了虞公。

齐桓下拜受胙(zuò)

僖公九年

原文

　　会于葵丘，寻盟①，且修好，礼也②。王使宰孔赐齐侯胙③，曰："天子有事于文、武④，使孔赐伯舅胙。"齐侯将下拜。孔曰："且有后命⑤。天子使孔曰：'以伯舅耋(dié)老⑥，加劳，赐一级，无下拜。'"对曰："天威不违颜咫尺⑦，小白余敢贪天子之命'无下拜'⑧？恐陨越于下，以遗天子羞⑨。敢不下拜？"下，拜；登，受⑩。

注释

　　①**寻**：重温。②**礼**：合乎礼节。③**使**：派遣，让。④**有事于文、武**：对文王、武王祭拜。

⑤且：还有，仍。⑥以：因为。⑦咫尺：距离很短。⑧无：不。⑨以：给。⑩下，拜；登，受：指接受天子奖赏时的一系列步骤：下阶、拜谢、登堂、受赐。

译 文

齐侯、鲁僖公、宰孔、宋子等诸侯在葵丘见面，将之前的盟约再次申明，并调整彼此关系，向友好发展，这是与礼数相符的。周天子让宰孔将祭祀的肉品给齐桓公，说："天子对文王、武王进行祭拜，让宰孔把肉品给予伯舅。"齐桓公刚要走下阶跪谢。宰孔继续说道："之后还有指令。天子吩咐我这样说：'伯舅年龄大了，加上有功绩，给予一等赏赐，不用行跪拜礼。'"齐桓公回答："我与天子的威严不到咫尺的距离，小白怎敢受天子的命令而不用下阶跪拜呢？恐怕在下面跌倒，给天子蒙羞，我怎敢不下阶跪拜？"于是齐桓公下阶跪谢，登上台阶，将肉品接过。

子鱼论战

僖公二十二年

原 文

楚人伐宋以救郑。宋公将战①。大司马固谏曰②："天之弃商久矣，君将兴之，弗可赦也已。"弗听。

及楚人战于泓③。宋人既成列，楚人未既济④，司马曰："彼众我寡，及其未既济也，请击之。"公曰："不可。"既济而未成列，又以告。公曰："未可。"既陈，而后击之，宋师败绩。公伤股，门官歼焉。

国人皆咎公。公曰："君子不重伤，不禽二毛。古之为军也，不以阻隘也。寡人虽亡国之余⑤，不鼓不成列。"子鱼曰："君未知战。勍(qíng)敌之人⑥，隘而不列，天赞我也。阻而鼓之，不亦可乎？犹有惧焉。且今之勍者，皆吾敌也。虽及胡耇(gǒu)⑦，获则取之，何有于二毛？明耻，教战，求杀敌也。伤未及死，如何勿重？若爱重伤，则如勿伤；爱其二毛，则如服焉⑧。三军以利用也，金鼓以声气也。利而用之，阻隘可也。声盛致志，鼓儳(chán)可也⑨。"

注释

①**宋公**：宋襄公，名兹父。②**大司马固**：指子鱼，即宋庄公之孙公孙固。司马是统率军队的高级长官。③**泓**：宋国水名。④**既**：已经。**济**：渡河。⑤**亡国之余**：宋是商朝君主的后裔，所以宋襄公这么说。⑥**勍**：同"劲"。"勍敌"即"劲敌"。⑦**虽**：即使。**及**：到达。**胡**：大，指年纪大。**耇**：寿。⑧**则如**：何如。**服**：屈服，投降。⑨**儳**：不整齐。这里指没有摆成阵势的意思。

译文

楚国的军队攻打宋国来解救郑国。宋襄公准备和楚国交战。大司马公孙固规劝说："上天抛弃我们商朝已经很久了，您想复兴它，上天是不会赦免您的。"宋襄公不听他的劝告。

宋襄公和楚军在泓水展开战斗。宋军已经摆好了阵势，而楚军还没有完全渡过泓水。司马说："他们的兵多，我们的兵少，趁他们还没有完全渡过泓水，请您下令向他们进攻。"宋襄公说："不行。"楚军渡过泓水之后尚未摆好阵势，司马又请求攻击他们。宋襄公说："不行。"楚军摆好阵势后向宋军发动进攻，宋军被打得一败涂地，宋襄公的大腿受了伤，左右亲军也被全部消灭。

宋国人都怪罪宋襄公。襄公辩解说："君子不杀害已经受伤的人，不俘虏年老的人。古代行军作战，不在险隘处阻击敌人。我虽然是已灭亡了的殷商后代，但也能够做到不向没有摆好阵势的敌军发动进攻。"子鱼说："您不懂什么是战争。强大的敌人，暂时因为陷在险隘的地方而没能摆好阵势，这是上天帮助我啊。趁着他们处于险阻而向他们发动进攻，难道不可以吗？就这样还担心不能获胜呢。何况如今那些强大的国家，都是我们的敌人。即使是老人，捉住了也要取他们的性命，何况是那些头发斑白的人呢？让人民明白耻辱，教导他们要勇敢作战，这是为了杀伤敌人。敌人受伤还没有死，怎么能不再次击杀他们呢？如果不想再次击杀那些受伤的敌人，就不如一开始就不杀伤他们；如果怜惜那些头发斑白的敌人，那就不如向他们投降。军队应该凭借一切有利的时机作战，鸣锣击鼓是用来鼓舞士气的。既然军队要凭借有利的时机行动，那么趁敌人遇到险阻时进攻是可以的。金鼓洪亮的声音可以鼓舞士兵的斗志，那么击鼓进攻那些还没有摆好阵势的敌人也是可以的。"

寺人披见文公

僖公二十四年

原文

吕、郤畏逼①,将焚公宫而弑晋侯②。寺人披请见。公使让之,且辞焉,曰:"蒲城之役,君命一宿,女即至③。其后余从狄君以田渭滨④,女为惠公来求杀余,命女三宿,女中宿至⑤。虽有君命,何其速也?夫袪犹在⑥,女其行乎!"对曰:"臣谓君之入也,其知之矣。若犹未也,又将及难。君命无二,古之制也。除君之恶,唯力是视。蒲人、狄人,余何有焉?今君即位,其无蒲、狄乎!齐桓公置射钩,而使管仲相。君若易之,何辱命焉?行者甚众,岂唯刑臣?"公见之,以难告。晋侯潜会秦伯于王城。已丑晦,公宫火。瑕甥、郤芮不获公,乃如河上,秦伯诱而杀之。

注释

①**吕、郤**:吕即阴饴甥,他的采邑除阴外还有吕(今山西霍州西)、瑕(今山西临猗附近),故又称吕甥、瑕甥。郤即郤芮。二人都是晋惠公、晋怀公的旧臣。**畏逼**:害怕遭受迫害。②**弑**:古时子杀父、臣杀君为弑。③**女**:同"汝",你。④**田**:打猎。⑤**中宿**:隔两夜。⑥**袪**:衣袖。

译文

吕甥、郤芮害怕受到威逼,要焚烧晋文公的宫室而杀死文公。寺人披请求进见,文公令人训斥他,并且拒绝接见,说:"蒲城的战役,君王命你第二天赶到,你马上就来了。后来我逃到狄国同狄国国君到渭河边打猎,你替惠公前来谋杀我,惠公命你三天后赶

●晋文公守信

到,你过了第二天就到了。虽然有君王的命令,怎么那样快呢?在蒲城被你斩断的那只袖口还在。你就走吧!"披回答说:"小臣以为君王这次返国,大概已懂得了为君之道。如果还没有懂,恐怕您又要遇到灾难。对国君的命令没有二心,这是古代的制度。除掉国君所憎恶的人,就看自己有多大的力量,尽多大的力量。您当时是蒲人或狄人,对于我又有什么关系呢?现在您即位为君,难道就不会再发生蒲、狄那样的事件吗?从前齐桓公抛弃射钩之仇,而让管仲辅佐自己,您如果改变桓公的做法,哪里能烦劳您下命令呢?这样,要逃走的人就会很多了,岂止受刑的小臣我一人?"于是文公接见了披,他把即将发生的叛乱报告给了文公。晋文公暗地里和秦穆公在秦国的王城会晤商量应付的办法。三月的最后一天,晋文公的宫室果然被烧。瑕甥、郤芮没有捉到文公,于是逃跑到黄河边上,秦穆公诱骗他们过河,把他们杀了。

介之推不言禄

僖公二十四年

原　文

　　晋侯赏从亡者①,介之推不言禄②;禄亦弗及③。

　　推曰:"献公之子九人④,唯君在矣。惠、怀无亲⑤,外内弃之。天未绝晋,必将有主。主晋祀者,非君而谁?天实置之,而二三子以为己力⑥,不亦诬乎?窃人之财,犹谓之盗,况贪天之功以为己力乎?下义其罪,上赏其奸,上下相蒙,难与处矣。"其母曰:"盍亦求之⑦?以死谁怼⑧(duì)?"对曰:"尤而效之⑨,罪又甚焉。且出怨言,不食其食。"其母曰:"亦使知之,若何?"对曰:"言,身之文也⑩;身将隐,焉用文之?是求显也⑪。"其母曰:"能如是乎?与汝偕隐⑫。"遂隐而死⑬。

　　晋侯求之不获,以绵上为之田,曰:"以志吾过⑭,且旌善人⑮。"

注　释

　　①**晋侯**:晋文公重耳。**从亡者**:跟随文公一起流亡的人,如狐偃、赵衰等人。②**介之推**:晋国贵族,曾随重耳流亡国外。③**禄**:薪水。④**献公**:晋文公的父亲。⑤**惠**:晋

惠公。**怀**：晋怀公。惠公是文公的弟弟，怀公是惠公的儿子。⑥**二三子**：相当于现在讲的"那几位"，指跟随文公逃亡的人。⑦**盍**：何不。⑧**怼**：怨恨。⑨**尤**：过失。⑩**文**：修饰，此处有"表白"之意。⑪**显**：显达。⑫**偕**：俱。⑬**遂隐而死**：指晋文公因寻找不到隐居在山里的介之推，就放火焚山，想借此让介之推出来，谁知介之推宁死也不出山，焚身于火海之中。⑭**志**：记。⑮**旌**：表扬。

译文

晋文公赏赐跟他一起流亡的人。介之推没有说自己有功劳应该享受俸禄，因此高官厚禄也没有他的份儿。

介之推说："献公有九个儿子，现在只有君侯（指晋文公重耳）还活着。惠公、怀公不亲爱臣民，因此国外的诸侯、国内的人民都抛弃了他们。上天并没有灭绝晋国的意图，因此晋国必定会有新一代君主。主持晋国祭祀的人，不是君侯又是谁呢？这实在是上天的安排，但那些人却认为这是他们的功劳，这难道不是太荒唐了吗？偷别人的钱财，尚且称为盗贼；何况是把上天的功劳当作自己的功劳呢？臣下把他们这种勾当看作是正当的，君上对他们的这种奸恶行径加以赏赐，上下互相欺骗，我实在难以和他们相处共事啊！"他母亲说："你为什么不也去要求赏赐呢，要不死了又怨谁呢？"介之推回答说："我把他们这种行为当作罪过，现在却让我去效仿他们，那罪过就更加严重了！况且说了怨恨的话，就不会再吃他赏赐的俸禄了。"他母亲说："那么也让国君知道这件事，怎么样？"介之推回答说："言语，是自身思想的表白，我要隐居了，还用得着表白吗？这是想求得显达啊。"他母亲说："能够这样吗？如果可以的话，我和你一起隐居。"于是隐居而死。

晋文公派人找介之推没找到，就把绵上之田作为介之推的封地，说："用这种做法来记下我的过错，并且用来表彰他这个善良的人。"

烛之武退秦师

僖公三十年

原文

晋侯、秦伯围郑①,以其无礼于晋,且贰于楚也②。晋军函陵,秦军汜(fán)南。

佚之狐言于郑伯曰③:"国危矣!若使烛之武见秦君,师必退。"公从之。辞曰:"臣之壮也,犹不如人;今老矣,无能为也已。"公曰:"吾不能早用子,今急而求子,是寡人之过也。然郑亡,子亦有不利焉!"许之。

夜缒(zhuì)而出。见秦伯,曰:"秦、晋围郑,郑既知亡矣。若郑亡而有益于君,敢以烦执事。越国以鄙远④,君知其难也。焉用亡郑以陪邻⑤?邻之厚,君之薄也。若舍郑以为东道主⑥,行李之往来,共其乏困,君亦无所害。且君尝为晋君赐矣,许君焦、瑕,朝济而夕设版焉,君之所知也。夫晋,何厌之有?既东封郑,又欲肆其西封。若不阙秦,将焉取之?阙(quē)秦以利晋⑦,唯君图之。"

秦伯说(yuè),与郑人盟,使杞子、逢孙、杨孙戍之,乃还。子犯请击之。公曰:"不可。微夫人之力不及此。因人之力而敝之⑧,不仁;失其所与⑨,不知⑩;以乱易整,不武。吾其还也。"亦去之。

注释

①**晋侯**:晋文公。**秦伯**:秦穆公。②**贰**:有二心,这里是亲近的意思。郑文公曾在楚晋作战时派兵支援楚国,可算亲近。③**佚之狐**:郑大夫。④**鄙**:边疆,这里作动词用。**远**:偏远的地方(指郑国)。⑤**陪**:增厚,增强。**邻**:指晋国。⑥**东道主**:东方道路上招待食宿的主人。因为郑在秦东,所以这么说。⑦**阙**:侵害,削减。⑧**敝**:败坏、损害。⑨**所与**:同盟者,指秦国。⑩**知**:同"智"。

译文

　　晋文公、秦穆公率军围攻郑国，因为郑文公曾经对晋文公无礼，而且怀有二心，背晋助楚。晋军进驻函陵，秦军进驻氾南。

　　佚之狐对郑文公说："国家很危险了，如果让烛之武去拜见秦穆公，那么敌人的军队一定会撤退。"郑文公便听从了他的建议。烛之武却推辞说："我年轻力强的时候，尚且比不上别人；如今老朽了，更加办不了事了。"郑文公说："我不能及早重用您，到了危急的关头才来求您，这是我的过错。但如果郑国灭亡了，对您也没好处！"于是，烛之武便答应了他。

　　深夜，烛之武用绳子缚住自己，从城上吊了下来，觐见秦穆公。烛之武说："秦晋两国围攻郑国，郑国人知道自己就要灭亡了。如果郑国的灭亡对您有好处，哪敢来麻烦您？可是越过他国把遥远的地方作为自己的边境，您一定知道其中的困难。怎能用灭亡郑国来增强邻国的实力呢？邻国实力的增强，就是秦国实力的削弱啊。如果您放弃攻打郑国，并把它作为东方道路上为秦国准备食宿的主人，贵国的使者来往经过这里，也能供应他们缺乏的东西，这对您也没有什么害处。再说您曾经帮助过晋惠公回国即位，他答应把焦、瑕两地送给您作为酬谢，可是他早晨刚渡过黄河，傍晚就修筑工事来防备您，这是您知道的。晋国怎么会满足呢？等到晋国东面的疆土扩展到郑国，那么必定会扩张他们西部的边疆。如果不损害秦国，那他又从哪里获得土地呢？损害秦国来使晋国受益，希望您好好考虑一下。"

　　秦穆公非常高兴，于是和郑人结成联盟。让杞子、逢孙、杨孙守卫郑国，自己率军回国去了。子犯请求出兵袭击秦军。晋文公说："不行！如果没有秦国国君的帮助，我也不会有今天。得过人家的帮助却要损害人家，这是不仁义的；失掉自己的同盟者，这是不明智的；用冲突来代替联盟，这是不符合武道的。我们还是回去吧。"于是晋军也撤离了郑国。

卷二 周文

王孙满对楚子①

宣公三年

原　文

楚子伐陆浑之戎②，遂至于雒，观兵于周疆。定王使王孙满劳楚子。楚子问鼎之大小轻重焉③。

对曰："在德不在鼎。昔夏之方有德也，远方图物，贡金九牧④，铸鼎象物，百物而为之备，使民知神、奸。故民入川泽山林，不逢不若⑤。螭魅罔两⑥，莫能逢之。用能协于上下，以承天休⑦。桀有昏德⑧，鼎迁于商，载祀六百⑨。商纣暴虐，鼎迁于周。德之休明⑩，虽小，重也。其奸回昏乱，虽大，轻也。天祚明德，有所底止。成王定鼎于郏鄏，卜世三十，卜年七百，天所命也。周德虽衰，天命未改。鼎之轻重，未可问也。"

注　释

①**王孙满**：周大夫，周共王的玄孙。**对**：回答。**楚子**：此处指楚庄王，公元前613年至前591年在位。②**陆浑之戎**：古戎人的一支。也被称为允姓之戎。③**鼎**：九鼎。相传夏禹收九牧所贡金铸成九个大鼎，象征九州，三代时奉为传国之宝，也是王权的象征。楚庄王问鼎的大小轻重，反映他对王权的觊觎。④**贡**：把物品进献给天子。⑤**不逢不若**：不会遇到不顺的东西。逢，遇。若，顺，顺从。⑥**螭魅**：也作"魑魅"。传说山林里能害人的妖怪。**罔两**：传说中河川里的精怪。⑦**休**：荫庇，保佑。⑧**昏德**：昏乱

的行为。⑨祀：年。与"载"同义。⑩德之休明：与"德若休明"同义。休明，美善光明。

译文

楚庄王亲率大军讨伐陆浑之戎，中途大军屯驻于洛河，在周王室管辖界内示威。周定王派王孙满前来犒劳楚君。谈话间，楚庄王聊起了九鼎的话题，问起九鼎大小和轻重。

王孙满回话楚王，说："九鼎之大小、轻重在于德行而非鼎本身。此鼎制造于夏朝，那个时期君以德惠于民，这个九鼎上刻画描绘各种奇异事物的图案，以九州进贡的金属铸成九鼎，鼎上的图案几乎涵盖了世间各种事物，万民可以轻易识得鬼神、奸邪的形状。这样人们面临江上打鱼、林间狩猎，碰到怪物都可以轻易识得，而判断如何处置。于此，便可以使上下协同，而承受上天赐福。后来，

●朝见

夏桀昏乱无德，九鼎迁到商朝，达六百年。到了商朝，商纣残暴，九鼎又迁到周朝。德行美好光明，九鼎虽小，也重得无法迁走。如果奸邪昏乱，九鼎再大，也轻得可以迁走。上天赐福有光明德行的人，是有个尽头的。成王将九鼎固定安放在王城时，曾预卜周朝传国三十代，享年七百载，这个期限是上天所决定的。周朝的德行虽然衰退，天命还未更改。九鼎的重量，是不可轻易询问的。"

祁奚请免叔向

襄公二十一年

原文

栾盈出奔楚①。宣子杀羊舌虎②，囚叔向③。人谓叔向曰："子离于罪④，其为不知乎？"叔向曰："与其死亡若何？《诗》曰：'优哉游哉，聊以卒岁。'知也⑤。"

乐王鲋见叔向⑥，曰："吾为子请。"叔向弗应，出，不拜。其人皆

●伊尹

咎叔向。叔向曰："必祁大夫⑦。"室老闻之⑧，曰："乐王鲋言于君无不行，求赦吾子，吾子不许；祁大夫所不能也，而曰必由之。何也？"叔向曰："乐王鲋，从君者也，何能行？祁大夫外举不弃仇⑨，内举不失亲⑩，其独遗我乎？《诗》曰：'有觉德行，四国顺之。'夫子⑪，觉者也⑫。"

晋侯问叔向之罪于乐王鲋。对曰："不弃其亲，其有焉。"

于是祁奚老矣，闻之，乘驲（rì）而见宣子⑬，曰："《诗》曰：'惠我无疆，子孙保之。'《书》曰：'圣有谟（mó）勋⑭，明征定保。'夫谋而鲜过，惠训不倦者，叔向有焉，社稷之固也。犹将十世宥之⑮，以劝能者。今壹不免其身，以弃社稷，不亦惑乎？鲧殛（jí）而禹兴；伊尹放大甲而相之，卒无怨色；管、蔡为戮，周公右王。若之何其以虎也弃社稷？子为善，谁敢不勉，多杀何为？"宣子说，与之乘，以言诸公而免之。不见叔向而归，叔向亦不告免焉而朝。

注释

①**栾盈**：晋大夫，因与晋国的另一大夫范鞅不和，谋害范鞅。事败被驱逐，故出奔楚国。②**宣子**：范鞅。**羊舌虎**：栾盈的同党。③**叔向**：羊舌虎的哥哥，名叫羊舌肸。④**离**：通"罹"，遭遇。⑤**知**：同"智"。⑥**乐王鲋**：东桓子，晋大夫。⑦**祁大夫**：祁奚。⑧**室老**：古时卿大夫家中有家臣，室老是家臣之长。⑨**不弃仇**：祁奚曾经向晋君推荐过他的仇人解狐。⑩**不失亲**：祁奚曾经向晋君推荐过的他的儿子祁午。⑪**夫子**：那个人，指祁奚。⑫**觉者**：有正直德行的人。⑬**驲**：古代驿站的马车。⑭**谟**：谋略。⑮**十世**：指远代子孙。**宥**：赦宥。

译文

栾盈获罪叛逃楚国，范宣子杀了他的同党羊舌虎，同时软禁了羊舌虎的哥哥叔向。有人对叔向说："你遭受牵连，蒙受这样的冤屈，是不是觉得很不明智？"叔向说："那些被诛杀的和逃跑的人，那又如何呢？《诗经》说：'生活悠闲自在啊，就这样了此一生吧！'这也是一种明智。"

乐王鲋来见叔向说："我愿意为您去向陛下求情。"叔向却没有理会，乐王鲋悻悻地离开，他也没有拜谢。家人都埋怨叔向固执，叔向说："只有祁大夫才能救我。"年长的家臣听到这话说："乐王鲋在君主面前说的话，没有不采纳的。请求赦免您，您不理会。我认为祁大夫无法办到这种事，您却对他寄予厚望。这是什么缘故呢？"叔向说："乐王鲋是顺从君主的人，怎么靠得住？祁大夫举荐外人不遗漏与自己有仇的人，举荐熟人不遗漏亲人，他难道会遗漏我吗？《诗经》说：'有正直的德行，天下人都会归顺。'祁大夫正是这样正直的人啊！"

晋侯向乐王鲋问起叔向的罪责，乐王鲋说："叔向没有背弃他的亲人，可能他也牵涉到这件事中吧！"

当时祁奚已经告老还乡了，听到叔向被囚禁的事，便急忙坐上驿站的马车来见范宣子。说："《诗经》说：'周文王、周武王的德行惠及百姓，没有边界，因此周之子孙才能长久地享有福祉。'《尚书》说：'圣贤有谋略和功勋，应当明证他的功劳并加以保护。'善谋而鲜有过失，给人以教益而不知疲倦，叔向就有这样的能力。叔向堪称国家的栋梁，即使他十代的子孙犯了罪也应该宽宥，以此勉励那些有能力的人。如今因为他的弟弟羊舌虎犯罪一事而使他不得免罪，这是丢弃国家栋梁，这不是糊涂吗？从前鲧被诛杀，他的儿子禹却被拥立为夏朝第一任国君；伊尹起初曾放逐太甲，后来又辅佐太甲，自己担任相，太甲始终没有怨恨伊尹的意思；管叔、蔡叔等人因为造反被诛杀，周公却辅佐他们的侄子成王。您为什么因为羊舌虎的缘故抛弃国家的栋梁之材呢？您与人为善，谁还敢不竭力为国！多杀人又何必呢？"范宣子听了很受启发，如雷贯耳之感，便同他一起坐车去见晋平公，赦免了叔向。祁奚没有去见叔向，而直接踏上返乡的路。叔向也未告诉祁奚自己被赦免的事，径直去朝见晋国国君去了。

晏子不死君难

襄公二十五年

原 文

崔武子见棠姜而美之①，遂取之②。庄公通焉③。崔子弑之④。

晏子立于崔氏之门外⑤。其人曰⑥："死乎？"曰："独吾君也乎哉，吾死也？"曰："行乎？"曰："吾罪也乎哉，吾亡也？"曰："归乎？"曰："君死，安归？君民者⑦，岂以陵民？社稷是主。臣君者，岂为其口实⑧？社稷是养。故君为社稷死，则死之；为社稷亡，则亡之。若为己死，而为己亡，非其私昵⑨，谁敢任之？且人有君而弑之，吾焉得死之？而焉得亡之？将庸何归⑩？"门启而入，枕尸股而哭。兴，三踊而出。人谓崔子："必杀之。"崔子曰："民之望也，舍之得民。"

注 释

①**崔武子**：齐卿，即崔杼。**棠姜**：棠公的妻子。棠公是齐国棠邑大夫。②**取**：同"娶"。棠公死，崔杼去吊丧，见棠姜貌美，就娶了她。③**庄公**：齐庄公。**通**：私通。④**弑**：臣杀君、子杀父为弑。⑤**晏子**：晏婴，字平仲，齐国大夫。历仕灵公、庄公、景公三世。⑥**其人**：晏子左右的家臣。⑦**君民者**：君主是百姓的君主。⑧**实**：指俸禄。⑨**昵**：亲近。⑩**庸何**：即"何"，哪里。

译 文

崔武子偶然瞥见棠氏家的遗孀便喜欢上了，而后将其迎娶进门。齐国国王庄公与她私通。崔武子愤怒之下拔刀将庄公砍杀。

一次，晏子站在崔家的门外。身边的随从说："你打算死吗？"晏子说："国王不只是我一人的君主，我为何要去死啊？"随从说："你要离开齐国吗？"晏子说："我有什么罪吗，我为什么要逃亡？"随从说："要回府吗？"晏子说："君主死了回哪里呢？君主是民众的君主，难道他是凌驾于民众之上的君主吗？君主的职责要掌管国家。君主的臣子，岂是为了俸禄？臣子的职责要保护国家。因此君主为国家社稷死就该随他去死，为国家社稷逃亡就该随他逃亡。如果是为他自己死、为他自己逃亡，不是他最亲近的人，谁会去承担责任？况且他人拥立了君主却要将他杀死，我怎么能随他去死，随他去逃亡呢？我将回什么地方呢？"崔大夫家的仆人打开门，晏子走进去，晏子将国王的遗体放在腿上哭泣，哭完后站起身，顿足示哀，伤心离去。有人对崔武子说："一定要杀掉晏子啊。"崔武子说："他是民众的指望啊，放了他可以得民心。"

子产坏晋馆垣

襄公三十一年

原　文

子产相郑伯以如晋①，晋侯以我丧故，未之见也。子产使尽坏其馆之垣②，而纳车马焉。

士文伯让之③，曰："敝邑以政刑之不修，寇盗充斥，无若诸侯之属辱在寡君者何④，是以令吏人完客所馆，高其闬闳⑤，厚其墙垣，以无忧客使。今吾子坏之，虽从者能戒，其若异客何？以敝邑之为盟主，缮完葺墙⑥，以待宾客。若皆毁之，其何以共命⑦？寡君使匄请命⑧。"

对曰："以敝邑褊小，介于大国，诛求无时⑨，是以不敢宁居，悉索敝赋，以来会时事。逢执事之不闲，而未得见；又不获闻命，未知见时。不敢输币，亦不敢暴露。其输之，则君之府实也，非荐陈之⑩，不敢输也。其暴露之，则恐燥湿之不时而朽蠹，以重敝邑之罪。侨闻文公之为盟主也，宫室卑庳⑪，无观台榭，以崇大诸侯之馆，馆如公寝；库厩缮修，司空以时平易道路⑫，圬人以时塓馆宫室⑬；诸侯宾至，甸设庭燎⑭，仆人巡宫，车马有所，宾从有代，巾车脂辖⑮，隶人、牧、圉，各瞻其事；百官之属各展其物；公不留宾，而亦无废事；忧乐同之，事则巡之，教其不知，而恤其不足。宾至如归，无宁菑患；不畏寇盗，而亦不患燥湿。今铜鞮之宫数里⑯，而诸侯舍于隶人，门不容车，而不可逾越；盗贼公行，而天厉不戒。宾见无时，命不可知。若又勿坏，是无所藏币以重罪也。敢请执事，将何所命之？虽君之有鲁丧，亦敝邑之忧也。若获荐币，修垣而行，君之惠也，敢惮勤劳？"

文伯复命。赵文子曰："信。我实不德，而以隶人之垣以赢诸侯，是吾罪也。"使士文伯谢不敏焉。

晋侯见郑伯，有加礼⑰，厚其宴⑱，好而归之⑲。乃筑诸侯之馆。

叔向曰："辞之不可以已也如是夫！子产有辞，诸侯赖之，若之何其释辞也？《诗》曰：'辞之辑矣，民之协矣；辞之怿矣，民之莫矣。'其知之矣。"

注 释

①**相**：辅佐。**郑伯**：指郑简公。②**坏**：拆毁。**馆之垣**：宾馆的围墙。③**士文伯**：晋国大夫士匄。**让**：责备。④**属**：臣属，属官。**在**：问候。⑤**闲阓**：指馆舍的大门。⑥**完**：同"院"，指墙垣。**葺**：用草盖墙。⑦**共命**：供给宾客所求。⑧**请命**：请问理由。⑨**诛求**：责求，勒索贡物。**无时**：没有定时。⑩**荐陈**：呈献并当庭陈列。⑪**卑庳**：低小。⑫**司空**：负责建筑的官员。**平易**：平整。⑬**圬人**：泥水工匠。**塓**：涂墙，粉刷。⑭**甸**：甸人，掌管柴火的官。**庭燎**：庭中照明的火炬。⑮**巾车**：管理车辆的官。**脂**：指加油。**辖**：车轴头的挡铁。⑯**鞮之宫**：晋侯的别宫，一在今山西沁县西南。⑰**加礼**：礼节特别隆重。⑱**宴**：宴会。⑲**好**：指宴会上送给宾客的礼物。

译 文

子产陪同郑简公到晋国去，晋平公因为鲁国有丧事的缘故，没有接见他们。子产派人拆掉宾馆的围墙，并把自带的车马放到宾馆庭院内。

晋国大夫士文伯对子产这个行为非常不满，责备子产说："由于我国政事繁忙和刑罚未建立完备，目前到处都有盗贼出没，没有接待来到我国的各诸侯属官的良策，于是，我们派了官员修缮来宾住的馆舍，馆门修建得很高，围墙修得很厚，使宾客使者不会感到担心。现在你把围墙拆毁了，虽然你们可以自行戒备，但是其他的诸侯国宾客怎么办？我国是诸侯的盟主，修建馆舍围墙，是用来接待宾客的。如今围墙都拆了，怎么能满足宾客的要求呢？我国国君派我来询问你们拆墙的理由。"

子产回答说："我国是小国，夹在大国的中间，大国要求我们交纳贡物没有一定的时间，我们不敢安居度日，只有搜寻我国的全部财物，以便随时前来朝见贵国。如果恰巧你没有时间，没能见到你，又没有得到命令，不知道朝见的具体时间。我们不敢进献财物，又不敢把它们露天存放。要是进献成功，那就成了贵国君王府库中的财物，不经过进献的仪式，是不敢进献的。如果把财物露天存放，日晒雨淋而腐烂生虫，那会是我国的罪过了。之前听说文公做盟主时，宫室矮小，没有门阙和台榭，却把接待宾客的馆舍修得高大明亮，馆舍像国君的寝宫一样。仓库和马棚也修得很好，司空按时平整道路，泥水工匠按时粉刷馆舍房间；诸侯的宾客来到，庭院中甸人点起火把，仆人定时巡视客舍，有存放车马的地方，宾客的随从有代劳的人员，管理车辆的官员给车轴上油，打扫房间的，饲养牲口的，各自完成自己分内的事；各部门的属官要检查招待宾客的物品；文公从不让宾客们多等，也很少出现事情被延误；与宾客同忧共乐，出了事及时巡查，有不清楚的地方随时可以询问，有需要帮忙的地方就给予接济。宾客到来如同回到家一样，怎么会出现灾患呢；不怕盗贼，也不会发生物品过于干燥或潮湿。现在晋侯的鞮鞴宫方圆数里之广，却让诸侯宾客住在像奴仆住的狭小空间里，车辆无法进门，又不能翻墙进入；盗贼可以公然横行，疾病更无法防范。接见宾客没有固定的时间，召见命令也无法得知具体发布时间。如果不拆毁围墙，没有地方存放物品，如果出现闪失，我们的罪过就会加重。冒昧地请教您，您对我们有最新的指示吗？虽然贵国遇上鲁国丧事，可这也是我国忧伤的事啊。如果能让我们早献上礼物，我们会把围墙修好了再走，这是晋王的恩惠，我们不怕辛劳。"

士文伯忙把这些情况写成报告奏请晋国国君。赵文子说："的确如此。我们真的没有注重德行，竟然用像奴仆住的房舍来招待诸侯，这是我们的过失。"于是，他派士文伯前去道歉，承认自己不明事理。

晋平公以隆重的仪式接见了郑简公，宴会非常隆重，赠送的礼品也格外优厚，很快办妥事宜后让郑简公回国去了。晋国随后开始建造接待诸侯的馆舍。

叔向说："辞令不可废弃就是因为这些原因啊！子产善用辞令，诸侯靠辞令办到很多事，为什么要放弃辞令呢？《诗经》中说：'言辞和顺，百姓融洽；言辞动听，百姓安宁。'子产是很懂得这个道理的。"

子革对灵王

昭公十二年

原　文

　　楚子狩于州来，次于颍(yǐng)尾，使荡侯、潘子、司马督、嚣尹午、陵尹喜帅师围徐以惧吴。楚子次于乾溪，以为之援。

　　雨雪①，王皮冠②，秦复陶③，翠被(pī)④，豹舄(xì)⑤，执鞭以出，仆析父(fǔ)从⑥。右尹子革夕⑦，王见之。去冠被，舍鞭⑧，与之语，曰："昔我先王熊绎与吕伋、王孙牟、燮(xiè)父、禽父⑨，并事康王，四国皆有分，我独无有。今吾使人于周，求鼎以为分，王其与我乎？"

　　对曰："与君王哉！昔我先王熊绎辟在荆山，筚路蓝缕(bì)⑩，以处草莽，跋涉山林，以事天子，唯是桃弧、棘矢⑪，以共御王事⑫。齐，王舅也⑬；晋及鲁、卫，王母弟也。楚是以无分，而彼皆有。今周与四国服事君王，将唯命是从，岂其爱鼎？"王曰："昔我皇祖伯父昆吾⑭，旧许是宅⑮。今郑人贪赖其田，而不我与。我若求之，其与我乎？"

　　对曰："与君王哉！周不爱鼎，郑敢爱田？"王曰："昔诸侯远我而畏晋，今我大城陈、蔡、不羹⑯，赋皆千乘⑰，子与有劳焉。诸侯其畏我乎？"对曰："畏君王哉！是四国者，专足畏也，又加之以楚，敢不畏君王哉？"

　　工尹路请曰⑱："君王命剥圭以为鏚柲(qī bì)⑲，敢请命。"王入视之。析父谓子革："吾子，楚国之望也！今与王言如响，国其若之何？"子革曰："摩厉以须，王出，吾刃将斩矣。"

　　王出，复语。左史倚相趋过⑳。王曰："是良史也，子善视之。是能读《三坟》《五典》《八索》《九丘》㉑。"对曰："臣尝问焉，昔穆王欲肆其心，周行天下，将皆必有车辙马迹焉。祭公谋父作《祈招》之诗，以止王心，王是以获没于祗宫(mò zhī)㉒。臣问其诗而不知也；若问远焉，其焉能知之？"

王曰:"子能乎?"对曰:"能。其《诗》曰:'祈招之愔愔㉓,式昭德音。思我王度,式如玉,式如金。形民之力,而无醉饱之心。'"

王揖而入,馈不食,寝不寐,数日,不能自克,以及于难。

仲尼曰:"古也有志:'克己复礼,仁也。'信善哉!楚灵王若能如是,岂其辱于乾溪?"

●爱民兴国

注释

①**雨雪**:下雪。②**皮冠**:皮帽。③**秦复陶**:秦国赠的羽衣。④**翠被**:用翠羽装饰的披肩。⑤**舄**:鞋。⑥**仆析父**:楚大夫。⑦**右尹**:官名。**夕**:晚上谒见。⑧**舍**:放下。⑨**熊绎**:楚国始祖。**王孙牟、燮父、禽父**:齐、卫、晋、鲁四国的始祖。⑩**筚路**:柴车。**褴褛**:破烂的衣服。⑪**桃弧、棘矢**:桃木做的弓,棘木(酸枣木)做的箭。⑫**共**:同"供"。⑬**齐,王舅也**:周成王的母亲是姜太公的女儿。所以说齐君是周王的舅父。⑭**昆吾**:陆终氏生六子,长名昆吾,少名季连。季连是楚的远祖,所以称其为"皇祖伯父"。昆吾曾住在许地,故说"旧许是宅"。⑮**许**:周初所分封的诸侯国之一,在今河南许昌。后许国南迁,其地为郑所有。⑯**陈、蔡、不羹**:陈、蔡,本为周武王灭商后所封的诸侯国,后两国均为楚国所灭。**不羹**:地名,有东西二邑。⑰**赋**:指兵车。当时是按田赋出兵车。⑱**工尹**:是楚国的工官之长。⑲**剥**:破开。**圭**:一种玉制礼器。**𨨏**:斧头。**柲**:柄。⑳**左史**:官名。周代有左史、右史之分。左史记言,右史记事。春秋时期晋楚两国都设有左史。**倚相**:人名。㉑**《三坟》《五典》《八索》《九丘》**:都是上古的书名,散佚无考。㉒**祗宫**:穆王的别宫。故址在今陕西南郑区。㉓**愔愔**:镇静和乐的样子。

译文

楚灵王到州来狩猎,部队在颍尾驻扎,他下令派荡侯、潘子、司马督、嚣尹午、陵尹喜率领军队包围徐国,同时威胁吴国。楚王率军在乾溪驻扎,作为他们的后援。

天上开始有雪花飘落,楚王头戴皮帽,身穿秦国羽衣,披挂翠鸟羽毛做的披风,脚穿豹皮鞋,握着鞭子从军帐中走出。仆析父跟随在后面。子革晚上过来拜见楚王,楚王会见他时,脱去帽子、披风,丢掉鞭子,和他聊起来,说:"从前我们先王熊绎与齐国的吕伋、卫国的王孙牟、晋国的燮父、鲁国的伯禽同时侍奉周康王,其余四国都得到了周王室赏赐的宝器,唯独我国没有得到。现在我派人到周王室那里,要求将九鼎作为赏赐给我国的宝器,周王会答应吗?"

子革回答:"我想他会同意的!从前我们先王熊绎居住在偏僻而又充满荆棘的草野,驾着柴车、穿着破衣,跋涉山林,侍奉天子,只能以桃木为弓、枣木制箭来供奉王室,以供大事之用。齐国,是周王的舅父;晋、鲁、卫三国国君,是周王的同母兄弟。楚国因此没有得到赏赐的宝器,而他们都有。现在周室与上述四国都服侍君王,唯命是从,岂会吝惜九鼎?"楚王说:"从前我们的远祖伯父昆吾住在许国旧地,现在郑国人贪图那里肥沃的良田,不肯还给我们。如果我们向他们提出土地方面的要求,郑国人会给我们吗?"

子革回答说:"郑国人会答应君王的要求啊!周王室都不吝惜九鼎,郑国岂敢吝惜田地?"楚王接着说:"从前诸侯认为我国偏远贫穷而畏惧晋国,现在我们大力治理修建陈、蔡、东、西不羹四个地方的城墙,每个地方都驻扎了兵车一千辆,你参与了这件事是有功劳的,诸侯会畏惧我们吗?"子革回答说:"他们会畏惧君王的!单单这四大城邑,已经足以使他们畏惧了,再加上楚国,他们怎么不会畏惧君王呢!"

这时工尹路走进来请示说:"君王命令破开圭玉来装饰斧柄,冒昧请君王下达命令。"楚王进去察看。仆析父对子革说:"你是楚国有声望的人,现在和君王说话好像回声一样应和,国家的未来将会如何?"子革说:"我在累积言语的刀刃等待机会,与君王谈话到最佳时机,我的刀刃就将斩断下去。"

楚王回来,又接着谈话。左史倚相从他们眼前快速走过,楚王对子革说:"这个人是一个好史官,你要好好培养他。这个人能读《三坟》《五典》《八索》《九丘》这样的古书。"子革回答:"臣下曾经问过他,从前周穆王曾经想要随心所欲走遍天下,要使天下都留有他的车辙马迹。祭公谋父作了《祈招》的诗篇来制止穆王的行为,穆王因此能在祗宫寿终正寝。臣下问他是什么诗句,他却没能回答出来。年代如此久远的事,他怎能知道?"

楚王说:"你能做到吗?"子革回答:"臣下当然能。那首诗说:'祈招的音乐和谐,是一种美德的声音。想起我们君王的气度,似玉,似金。因为想要保全百姓,而舍弃如醉饱一样的贪心。'"

楚王作了一揖便走进内室，一隔数日，楚王都茶饭不思，寝食难安，还是未能克制住自己的贪欲，以致遇到祸难。

孔子说："古时有记载：'克制自己，以礼相待，这便谓仁。'说得真好啊！楚灵王如果能知道这个道理，也不至于会在乾谿受辱。"

子产论政宽猛

昭公二十年

原 文

郑子产有疾。谓子大叔曰："我死，子必为政。唯有德者能以宽服民①，其次莫如猛。夫火烈，民望而畏之，故鲜死焉。水懦弱，民狎而玩之，则多死焉，故宽难。"疾数月而卒。

大叔为政，不忍猛而宽。郑国多盗，取人于萑苻(huán fú)之泽②。大叔悔之，曰："吾早从夫子，不及此。"兴徒兵以攻萑苻之盗，尽杀之，盗少止。

仲尼曰："善哉！政宽则民慢，慢则纠之以猛。猛则民残，残则施之以宽。宽以济猛，猛以济宽，政是以和。"《诗》曰：'民亦劳止，汔可小康③；惠此中国，以绥四方。'施之以宽也。'毋从诡随④，以谨无良；式遏寇虐，惨不畏明。'纠之以猛也。'柔远能迩，以定我王。'平之以和也。又曰：'不竞不绿(qiú)⑤，不刚不柔，布政优优，百禄是遒⑥。'和之至也。"

及子产卒，仲尼闻之，出涕曰："古之遗爱也。"

注 释

①**服**：使……服从。②**取**：同"聚"。**萑苻**：芦苇丛生的水泽，代指强盗出没的地方。③**汔**：接近，差不多。④**从**：通"纵"。**诡随**：放肆谲诈。⑤**绿**：急，急躁。⑥**遒**：迫近，聚集。

译 文

郑国的子产患病多日。一天，他对子大叔说："我死以后，你必定主政，担任要职。只有对有德行之人实行宽厚怀柔的政策才能得到民众服从,其次以刚猛政策做补充是最好的了。就像熊熊烈火,人们看到它,就会望而生畏,急忙躲避,所以很少人死在其中的。而水相较于火,它更显得柔弱而亲民,民众喜欢亲近它,并和它嬉戏,就有很多人会死在其中,所以宽厚的政策难以实施。"子产在生病数月后死去。

子大叔执政,心存善念而摒弃严厉的政策,施行宽柔的政策。郑国到处有盗贼出没,他们经常是有组织、有预谋地进行偷盗,采取团伙作案的方式。子大叔面对当时的情况,甚为后悔,说:"我早听从子产的话,国家不至于到今日的地步。"于是,他下令派兵打击盗贼聚集的地方,将他们一网打尽,盗贼才渐渐少了。

孔子说:"这是好事!政策宽厚怀柔,民众就怠慢,民众怠慢时就用刚猛的政策予以纠正。政策刚猛,民众就会害怕而惴惴不安,这时辅以宽厚之策。用宽大来调和严厉,用严厉来补充宽大,政治的调和之功就显得游刃有余。《诗经》中说:'民众也劳累了,差不多可以稍稍休息啦;赐予城中的民众恩惠,用来安抚四方。'这是管理民众以宽厚啊。'不要放纵奸诈,用来防范邪恶;遏止盗贼肆虐,恶毒是不害怕美好的。'这是用刚猛来纠正啊。'宽柔对待远方的民众,能够使大家亲近,这样来稳定我们的国家。'这是用和缓的政策来使民众平安祥和啊。《诗经》还说:'不争斗、不急躁,不刚猛、不柔弱,实施政策平和,所有的福祉都会会集过来。'这是和平的极致啊。"

等到子产逝世,孔子听说了,哭泣道:"他是古代圣贤之道的传承者。"

卷三　周文

国　语

　　《国语》，又名《春秋外传》或《左氏外传》。相传是春秋末期鲁国史官左丘明所撰，现代学者认为是战国时代的学者依据春秋时期各国史官记录的原始材料加以整理与编辑而成。

　　《国语》是我国最早的国别体史书，共有二十一卷（篇），分周、鲁、齐、晋、郑、楚、吴、越八国进行记事。记事时间起自西周中期，下迄春秋战国之交，前后约五百年。

　　相对于《左传》，《国语》所记事件多半不相连属，偏重记言，大多通过言论来反映史实，以人物之间的对话来刻画人物形象，具有较高的文学价值。

召公谏厉王止谤

周语上

原文

　　厉王虐①，国人谤王②。召公告曰③："民不堪命矣！"王怒，得卫巫，使监谤者，以告，则杀之。国人莫敢言，道路以目④。

注释

①**厉王**：周夷王的儿子，名姬胡，是西周国第十代君王。**虐**：残暴无道。②**谤**：公开指责他人的过失。③**召公**：姬虎，周厉王身边的卿士，后辅佐周宣王。谥号穆公。④**以目**：用眼神示意。

译文

周厉王残暴无道，国都的百姓都议论指责他。召穆公对厉王说："百姓忍受不了你的暴虐政令啦！"厉王听了勃然大怒，找到一个卫国的巫师，派他暗中监视敢于指责自己的人。只要巫师来报告，厉王就把指责他的人杀掉。于是国都的人不敢随便说话，在路上相遇也只能用眼神示意。

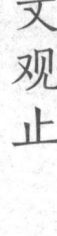

原文

王喜，告召公曰："吾能弭谤矣，乃不敢言①。"召公曰："是鄣之也②。防民之口，甚于防川。川壅而溃③，伤人必多，民亦如之。是故为川者决之使导，为民者宣之使言。故天子听政，使公卿至于列士献诗④，瞽献典⑤，史献书⑥，师箴⑦，瞍赋⑧，矇诵⑨，百工谏⑩，庶人传语⑪，近臣尽规⑫，亲戚补察⑬，瞽、史教诲，耆、艾修之⑭，而后王斟酌焉，是以事行而不悖。民之有口也，犹土之有山川也，财用于是乎出，犹其有原隰⑮，衍沃也⑯，衣食于是乎生。口之宣言也，善败于是乎兴，行善而备败，所以阜财用、衣食者也。夫民虑之于心而宣之于口，成而行之，胡可壅也？若壅其口，其与能几何？"

王弗听，于是国人莫敢出言。三年，乃流王于彘。

注释

①**乃**：他们，指代百姓。②**鄣**：筑堤防水，阻塞。③**壅**：堵塞。**溃**：水冲破堤坝。④**公卿**：旧时官衔，即三公九卿。三公，指太师、太傅、太保。九卿指少师、少傅、少保、冢宰、司徒、宗伯、司马、司寇、司空。**列士**：大夫之下官位，所有元士、中士、庶士等官员，统称列士。**诗**：指有讽谏意义的诗篇。⑤**瞽**：盲人，此指乐师。古时的乐官多为盲人，因此又称乐官为瞽。⑥**史**：史官。**书**：指史籍。⑦**师**：少师，位于乐官太师之后。**箴**：具有劝诫、规范性的文辞。⑧**瞍**：没有眼珠的盲人。**赋**：公卿列士所写的诗篇。⑨**矇**：

有眼珠的盲人。**诵**：朗读。瞍、矇均指乐师。⑩**百工**：周王朝的官名，专门掌管营建、制造等事务。⑪**庶人**：百姓。⑫**近臣**：侍奉君王身边的官员。⑬**亲戚**：指与君王有亲属关系的人。⑭**耆**：古代老人称谓，指六十岁的人。**艾**：旧时指年满五十岁的人。**修**：劝诫。⑮**原隰**：指平原和低湿的地方。⑯**衍沃**：指平坦肥沃的良田。

译 文

●谏鼓谤木

周厉王很高兴，他告诉召公说："我能阻止人们对我的指责了，他们再也不敢开口说话了。"召公说："这样做是堵住了人民的嘴。堵住人民的嘴比堵截河流的危害还要大。河流被堵塞，一旦水冲破了堤坝，受伤害的人一定很多，堵住老百姓嘴巴的也一样。因此治理河道的人，要疏通河道使流水畅通；治理百姓的人，要引导百姓使他们畅所欲言。所以君王处理政事，让三公九卿及各级官吏进献讽喻诗，乐师进献民间乐曲，史官进献记载史实的书籍，少师诵读箴言，没有眼珠的盲人吟咏诗篇，有眼珠的盲人诵读讽谏之言，掌管营建事务的百工能直言进谏，平民把自己的意见传达给君王，左右近臣尽心规劝，君主的内亲外戚弥补过失、察正是非，乐师和史官用乐曲、礼法教导、训诲天子，年高有德的人劝诫天子，然后由君王自身斟酌取舍，因此，政事施行起来才不违背情理。百姓有口就像大地有高山河流一样，财富、器物全从这里产生；又像大地有高原、洼地、平川、沃野一样，衣服、食物全从这里获得。人们用嘴巴发表议论，国家政事的成败得失就能表露出来。推行好的、避免坏的，这是增加财物、器用、衣服、食物的途径啊。人民在心里考虑，用嘴表达，反复思虑成熟了就会付诸行动，怎么能堵住他们的嘴呢？如果堵住他们的嘴，那支持您的人又能有多少呢？"

周厉王不听召公的劝诫，从此，国都的人民都不敢议论政事。过了三年，厉王就被流放到彘这个地方去了。

里革断罟(gǔ)匡君

鲁语上

原 文

宣公夏滥于泗渊①，里革断其罟而弃之②，曰："古者大寒降，土蛰发③，水虞于是乎讲罛罶④，取名鱼，登川禽⑤，而尝之寝庙，行诸国人，助宣气也⑥。鸟兽孕，水虫成，兽虞于是乎禁罝罗，猎鱼鳖以为夏槁，助生阜也⑦。鸟兽成，水虫孕，水虞于是乎禁罝䱹，设阱鄂⑧，以实庙庖，畜功用也。且夫山不槎蘖，泽不伐夭⑨，鱼禁鲲鲕⑩，兽长麑䴠⑪，鸟翼鷇卵，虫舍蚳蝝，蕃庶物也，古之训也。今鱼方别孕，不教鱼长，又行网罟，贪无艺也。"

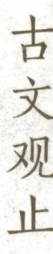

注 释

①宣公：姬俀，即鲁宣公。滥：用网捕鱼。泗：水名，发源于山东蒙山南麓。渊：水深处。②里革：鲁国大夫。罟：渔网。③土蛰：动物在冬天时候，蛰伏于土中或者洞内的样子。这里指已经进入冬眠状态的动物。发：奋起。此指冬眠结束，钻出土来。④水虞：官员名，掌管水产和与之相关的事务。罛：大鱼网。罶：捕鱼的竹笼，口径大，颈项窄小，腹部鼓胀，没有底。⑤登：通"得"，求取。⑥尝：尝新，古代秋天举行的祭祀，用刚收获的食物供奉祖先。寝庙：古代宗庙分两部分，供祀祖先牌位的称庙，收藏祖宗衣冠的称寝，两处合称寝庙。宣：发泄，散发。气：指阳气。⑦兽虞：官位名，专门掌管鸟兽事宜。罝：捕兽的网。猎：刺取。槁：干枯，这里指鱼干。阜：生长。⑧䍡：小渔网。⑨槎：砍伐。蘖：树木的嫩芽，也指树木被砍伐后所生的新芽。⑩鲲：鱼子。鲕：鱼苗。⑪长：使成长，抚养。麑：幼鹿。䴠：小麋鹿。

译 文

鲁宣公夏天到泗水的深潭中撒网捕鱼，里革割破他的渔网扔掉了，说："在古代，大寒节气过后，冬眠的动物才苏醒过来，掌管水产的官在这时计划用渔网、鱼篓去捕获大鱼，捉取鳖、蜃等水产，拿这些东西到宗庙去祭祀祖宗，之后才让国内百姓去捕捞，这是为了散发春天的阳气。春季鸟兽开始孕育后代，水中的动物已经长成，负责打猎的官员这时便禁止用网捕捉鸟兽，只准捕获鱼、鳖等水产，

并把它们制成鱼干以供夏天食用,这是为了帮助鸟兽生长。当鸟兽已经长大,鱼鳖开始孕育的时候,水虞便禁止用小网眼的网去捕捉鱼鳖,只设计陷坑、埋尖桩来捕捉兽类,用来供宗庙和厨房使用,并把它们储备起来,以备需要时享用。而且到山上不能砍伐新生的树枝,在水边也不能割取幼嫩的草木,捕鱼时禁止捕捉小鱼、鱼卵,捕兽时要留下小鹿和小麋鹿,捕鸟时要保护雏鸟和鸟蛋,捕虫时要留下蚁卵和蝗虫的幼虫,这都是为了使万物繁殖生长,这也是古人的教导。现在正当鱼类孕育的时候,却不让它们长大,还下网捕捉,真是贪欲没有限度啊!"

原 文

公闻之曰:"吾过而里革匡我,不亦善乎!是良罟也,为我得法①。使有司藏之②,使吾无忘谂③。"师存侍④,曰:"藏罟不如置里革于侧之不忘也。"

注 释

①**为我得法**:让我得到了很好的教训。②**有司**:主管的官吏。古代设官分职,各有专司。③**无**:不要。**谂**:规谏,规劝。④**师存**:乐师,名存。

译 文

宣公听了这些话说:"我有过错,里革便纠正我,不是很好吗?这个破了的渔网很好,使我得到了很好的教训。让主管官吏把它收藏好,使我不要忘记里革的规谏。"名叫存的乐师在旁边侍候宣公,说道:"收藏渔网比不上将里革安置在您的身边,这样更不会忘记他的规谏。"

叔向贺贫

晋语八

原 文

叔向见韩宣子①,宣子忧贫,叔向贺之。宣子曰:"吾有卿之名而无其实②,无以从二三子③,吾是以忧,子贺我何故?"

注释

①**叔向**：春秋时期晋国大夫羊舌肸。**韩宣子**：名起,是晋国的卿。卿的爵位在公之下,大夫之上。宣子是其谥号。②**实**：财富。③**从**：跟随,交游。

译文

叔向去拜见韩宣子,韩宣子正在为贫困发愁,叔向却向他表示祝贺。宣子说:"我有卿的名位,却没有卿的财富,没有什么可以拿来同其他卿们来往应酬,我正为此发愁,你却祝贺我,这是什么原因呢?"

原文

对曰:"昔栾武子无一卒之田①,其官不备其宗器②,宣其德行,顺其宪则,使越于诸侯③。诸侯亲之,戎、狄怀之,以正晋国。行刑不疚④,以免于难。及桓子⑤,骄泰奢侈⑥,贪欲无艺,略则行志,假货居贿⑦,宜及于难,而赖武之德,以没其身。及怀子⑧,改桓之行,而修武之德,可以免于难,而离桓之罪⑨,以亡于楚。夫郤昭子⑩,其富半公室⑪,其家半三军⑫,恃其富宠,以泰于国⑬。其身尸于朝,其宗灭于绛⑭。不然,夫八郤,五大夫三卿,其宠大矣。一朝而灭,莫之哀也,惟无德也。

注释

①**栾武子**：栾书,为晋国上卿,谥号武。**一卒之田**：即一百顷田地,古时上大夫的俸禄便是一卒之田。②**官**：指掌祭祀之官。③**越**：超越。指使栾武子声名远扬。④**行刑不疚**：指栾书拥立悼公而杀死了晋厉公,为百姓和君王称赞,从而没有受到悼公的责难。⑤**桓子**：栾书的儿子栾黡。⑥**泰**：过分,放纵。⑦**假**：借给。⑧**怀子**：栾书的孙子,名为栾盈。⑨**离**：同"罹",遭到,遭罪。⑩**郤昭子**：晋国的正卿,名郤至,自恃有功,不将别人放在眼里,最后被晋厉公所杀。⑪**公室**：国家。⑫**三军**：指中军、上军、下军,其中中军之将为三军统帅。⑬**泰**：骄恣。⑭**绛**：晋国的旧都,在今山西省翼城县东南。

译文

叔向回答说:"从前栾武子没有一百顷的田地,他掌管祭祀之事,却连祭祀的器具都置备不齐全,可是他能够宣扬他的道德品行,遵循国家的法令、准则,声名远扬。诸侯们亲近他,戎、狄等少数民族归附他,依靠这个使晋国得以匡正。执行法度没有弊病,依靠这个没有遭到弑君的责难。到了栾武子的儿子桓子时,桓子自满过分、奢侈放纵，贪污受贿没有限度，违反法纪任意妄为，放债取利、囤积财物，这种人本来应该遭受祸难，但依赖父亲栾武子德行的余荫，竟得以善终。到了怀子时，他如果改变父亲桓子的行为，恢复祖父武子的德行，本来是可以凭这些优点避免灾难的，但却由于父亲桓子的罪孽而逃亡到楚国。那个郤昭子，他的财富抵得上国家财富的一半，他家的佣人占晋国三军的一半。依仗自己的财富和荣宠，他在晋国骄恣跋扈。最后他的尸体被放在朝堂上示众，他的宗族也在绛这个地方被灭亡。如果不是这样，那姓郤的八个人中，有五个做大夫，三个做卿相，他们所受的恩宠够大的了。可是一旦被诛灭，没有一个人同情他们，只是因为他们没有德行啊！

原　文

"今吾子有栾武子之贫，吾以为能其德矣，是以贺。若不忧德之不建，而患货之不足，将吊不暇，何贺之有？"

宣子拜稽首焉①，曰："起也将亡，赖子存之。非起也敢专承②，其自桓叔以下嘉吾子之赐③。"

注　释

①**稽首**：古时一种最恭敬的跪拜礼，叩头至地。②**专承**：独自一个人承受。③**桓叔**：韩氏的祖先。名成师，号桓叔，是晋穆侯之子。桓叔之子名万，受封于韩邑。

译　文

"现在你有栾武子的清贫，我认为你也能有他的德行，因此向你祝贺。如果你不忧愁无法建立德行，却只担心财物不够，我要表示哀悼还来不及，哪里还会祝贺呢？"

宣子跪拜并叩头，说："我韩起几乎要灭亡了，全靠您保全了我。这不是我一人敢独自承受您的恩德，恐怕从我的祖宗桓叔以下的子孙，都要感谢您的恩赐。"

王孙圉论楚宝①

楚语下

原　文

王孙圉(yǔ)聘于晋，定公飨之②。赵简子鸣玉以相③，问于王孙圉曰："楚之白珩犹在乎④？"对曰："然。"简子曰："其为宝也，几何矣？"

注释

①**王孙圉**：楚国大夫。②**定公**：晋国国君姬午。**飨**：设置宴席进行款待。③**赵简子**：名鞅，晋国正卿。**鸣玉**：古时贵族衣服上佩玉，走动时便因碰撞而发出响声。**相**：赞礼者，主持礼仪。④**白珩**：楚国贵重的美玉。珩，佩玉的一种，形似磬而小。

译文

王孙圉到晋国访问，晋定公设宴款待他。赵简子礼服上的佩玉叮当作响，在一旁辅佐国君执行礼仪，他问王孙圉说："楚国的白珩还在吗？"王孙圉回答道："还在。"简子说："它作为楚国的宝物，价值多少呢？"

原文

曰："未尝为宝。楚之所宝者，曰观射父①，能作训辞②，以行事于诸侯③，使无以寡君为口实。又有左史倚相④，能道训典⑤，以叙百物，以朝夕献善败于寡君，使寡君无忘先王之业；又能上下说乎鬼神，顺道其欲恶，使神无有怨痛于楚国。又有薮曰云连徒洲⑥，金、木、竹、箭之所生也，龟、珠、角、齿、皮、革、羽、毛⑦，所以备赋⑧，以戒不虞者也，所以共币帛⑨，以宾享于诸侯者也。若诸侯之好币具，而导之以训辞，有不虞之备，而皇神相之，寡君其可以免罪于诸侯，而国民保焉。此楚国之宝也，若夫白珩，先王之玩也，何宝焉？"

注释

①**观射父**：楚国大夫。②**训辞**：外交辞令。③**行事于诸侯**：到诸侯国办事。④**左史**：史官名，周代记载官员功、言的官职，又分左、右史，左史记功，右史记言。**倚相**：人名，当时任左史。⑤**道**：论述。⑥**云连徒洲**：云梦泽，也称云土、云杜，在今湖北监利市北。⑦**箭**：箭竹。**龟**：占卜用的龟甲。**珠**：珍珠，古人视珍珠为防御火灾之物。**角**：兽角，可以用来做弓弩。**齿**：象牙，可以用来做珥。**革**：犀牛皮，多用以做甲胄使用。**羽**：鸟类的羽毛，可用来装饰旌。**毛**：牦牛尾，可用来装饰旗杆顶端。⑧**备赋**：供给军用物资。⑨**币帛**：玉帛，古人用来祭祀或馈赠的礼物。

译文

王孙圉回答说:"楚国不曾把它当作宝物。楚国视为宝物的,叫观射父,他擅长辞令,到各诸侯国去办事,能使他们没有办法拿我们国君做话柄。还有一位左史名叫倚相,他擅长引用先王的书,来论述各种事物,并早晚向国君称说前人兴旺和衰败的事例,让国君不要忘记先王的功业;他还取悦于天上地下的鬼怪神灵,顺应他们的好恶,使神灵对楚国没有埋怨痛恨。还有一片沼泽地叫云梦,它连接着徒洲,是金属、木材、竹子、箭竹等出产的地方。龟甲、珍珠、兽角、象牙、兽皮、犀牛皮、鸟羽、牦牛毛,这些是用来充当军用物资,以防备意外事件的。这些又可以用来作为礼物,用它们招待和馈赠给诸侯国。如果诸侯喜欢这些礼物,就辅以优美的文辞,又有预防对付意外事情的准备,加上神明的保佑,我国国君也许就能免于得罪诸侯,而国家和百姓就能得以保全。这些才是楚国的宝物。至于那个白珩,不过是先王的玩物罢了,算得上什么宝物呢?"

原文

"圉闻国之宝,六而已:圣能制议百物,以辅相国家,则宝之。玉①足以庇荫嘉谷,使无水旱之灾,则宝之。龟足以宪臧否②(pǐ),则宝之。珠足以御火灾,则宝之。金足以御兵乱,则宝之。山林薮泽足以备财用,则宝之。若夫哗嚣之美③,楚虽蛮夷,不能宝也。"

注释

①玉:用来祭祀的玉器。②宪:表明。臧否:吉凶,善恶。③哗嚣:喧哗,这里指佩玉发出的响声。

译文

"我听说国家的宝物,只有六种而已:圣明之人制造和评议各种事物,借此辅助治理国家,就把他当作宝物。祭祀用的玉器能保护庄稼茁壮成长,使国家没有水灾、旱灾,就把它当作宝物。龟甲能够显示吉凶,就把它当作宝物;珍珠等水精可以抗御火灾,就把它当作宝物;兵器可以抵御兵灾、骚乱,就把它当作宝物;山林、湖泽可以供应财物用品,就把它当作宝物。至于那些叮当作响的美玉,楚国虽然是蛮夷之国,也不会把它当作宝物的。"

申胥谏许越成

吴 语

原文

吴王夫差乃告诸大夫曰:"孤将有大志于齐①。吾将许越成,而无拂吾虑②。若越既改,吾又何求?若其不改,反行③,吾振旅焉。"

注释

①**有大志于齐**:对齐国有夺取之心。指夫差想要攻打齐国,据为己有。②**而**:你们。**拂**:违背,不顺。③**反行**:返回来。

译文

吴王夫差告诉各位大夫:"我将要对齐国采取军事行动以征服齐国,因此我想要同意越国的求和请求,你们不要违背我的意愿。如果越国已经改过,我对它还有什么要求呢?如果它不悔改,等我从齐国回来,我再兴兵去讨伐它。"

原文

申胥谏曰:"不可许也①。夫越非实忠心好吴也,又非慑畏吾甲兵之强也。大夫种勇而善谋,将还(xuán)玩吴国于股掌之上②,以得其志。夫固知君王之盖威以好胜也③,故婉约其辞,以从逸王志④,使淫乐于诸夏之国⑤,以自伤也。使吾甲兵钝弊⑥,民人离落,而日以憔悴,然后安受吾烬。夫越王好信以爱民,四方归之,年谷时熟⑦,日长炎炎⑧。及吾犹可以战也,为虺(huǐ)弗摧⑨,为蛇将若何?"

注释

①**许**:同意。②**还**:通"旋",转动。③**盖威**:崇尚武力。④**从**:同"纵",放纵。⑤**诸夏**:春秋时期,中原地区以外的其他国家,如晋、齐、鲁等。⑥**钝**:不锋利,用作动词,使武器受损耗。**弊**:疲敝,疲惫。⑦**时熟**:按时节成熟。⑧**日长炎炎**:天天增长,蒸蒸日上。炎炎,兴旺的样子。⑨**虺**:小蛇。

译文

伍子胥劝道:"不能同意越国的求和。越国不是诚心实意要和吴国友好相处,也不是害怕吴国军队的强大。他们的大夫文种勇敢又有谋略，他想要把吴国玩弄于股掌之中，以实现他的阴谋。他本知道您崇尚武力又争强好胜，所以，他言辞谦卑，使您放纵心志，沉溺在征服中原各国的快乐中，使我们自己受到伤害。让我们的武器损耗士兵疲惫，人民离散流落，一天比一天困顿萎靡，这之后他们毫不费力地收拾我们的残局。越王在国内守信爱民，四方人民都归顺他，年年谷物按时节成熟，国力一天天兴盛起来。趁着我们还可以战胜它，它是小蛇时不摧毁它，等它长成大蛇了，怎么办？"

原 文

吴王曰："大夫奚隆于越①，越曾足以为大虞乎？若无越，则吾何以春秋曜吾军士②？"乃许之成。将盟，越王又使诸稽郢辞曰："以盟为有益乎？前盟口血未干③，足以结信矣。以盟为无益乎？君王舍甲兵之威以临使之，而胡重于鬼神而自轻也。"吴王乃许之，荒成不盟④。

注 释

①奚：何以，为什么。隆：抬高，重视。②春秋：一年阅兵两次，分别在春天和秋天。曜：通"耀"，照耀。这里指炫耀，夸耀。③口血：古时两人或者两国结盟时，要杀牲饮血以表诚意。也有另外的理解，指盟者用手指蘸牲畜的血，涂在嘴唇上。④荒成：口头达成协议。

译 文

吴王说："你为什么这么抬举越国，越国难道能成为我们的大患吗？如果没有越国，我们春秋两季到哪里去炫耀我们的军队呢？"于是同意了越国的求和。将要订立盟约时，越王又派诸稽郢推辞说："您认为盟誓有用吗？上次盟誓时涂在嘴上的血还没干呢，足以表示缔结的信用了。您认为盟誓没有效果吗？您就放弃军队的威胁，亲自来役使我们好了，为什么要看重鬼神而看轻您自己的威力啊。"吴王就同意了这个提议，只口头达成协议而没有进行盟誓的仪式。

公羊传

《公羊传》也叫《春秋公羊传》《公羊春秋》，是专门解释

《春秋》的典籍，其起讫年代与《春秋》相同，即公元前722年至前481年，释史十分简略，而着重阐释《春秋》当中的"微言大义"，用问答的方式进行解经。

《公羊传》的作者相传是战国时期齐人公羊高，他求学于孔子弟子子夏，后来成为传《春秋》的三大家之一。

注释《春秋》的书，有左氏、公羊、穀梁三家，称为"春秋三传"。晋代范宁评《春秋》三传的特色时说："《左氏》艳而富，其失也巫（指多叙鬼神之事）。《穀梁》清而婉，其失也短。《公羊》辩而裁，其失也俗。"

吴子使札来聘

襄公二十九年

原　文

吴无君、无大夫①，此何以有君、有大夫？贤季子也②。何贤乎季子？让国也③。其让国奈何？谒也，馀祭也，夷昧也④，与季子同母者四。季子弱而才⑤，兄弟皆爱之，同欲立之以为君。谒曰："今若是迮（zé）而与季子国⑥，季子犹不受也。请无与子而与弟，弟兄迭为君⑦，而致国乎季子。"皆曰："诺。"故诸为君者，皆轻死为勇，饮食必祝曰："天苟有吴国，尚速有悔于予身⑧。"故谒也死，馀祭也立，馀祭也死，夷昧也立，夷昧也死，则国宜之季子者也。

注　释

①**吴无君、无大夫：**依《春秋》的观点，吴国为蛮夷，地位不高，所以统称为"吴"，没有君王及官员的任何名字区分。②**贤：**形容词的意动用法，认为季子贤良。**季子：**指

季札，是吴王寿梦的小儿子，古代以伯、仲、叔、季排列兄弟的先后顺序，因此称季札为"季子"。③**让国**：辞让国君之位。④**馀祭、夷昧**：分别为吴王寿梦的二子和三子。⑤**弱**：年少，年幼。**才**：有才华。⑥**迮**：仓促。⑦**迭**：轮流。⑧**有悔于予身**：降灾祸到我身上。

译 文

吴国本来没有国君，没有大夫，这里凭什么说它有国君，有大夫呢？是认为季子贤良的缘故。为什么说季子贤良呢？因为他辞让国君的王位。他辞让君位是为什么呢？谒、馀祭、夷昧和季子是一母所生的四兄弟。季子年纪最小而有才干，兄长们都喜欢他，都要立他做国君。谒说："现在如果就这样仓促地把君位给他，季子还是不会接受的。请不要传位给儿子而传位给弟弟，兄弟们依次轮流当国君，就可以把君位传给季子。"大家都说："行。"所以几个哥哥做国君时，就视死如归，每次吃饭时一定祝祷说："上天如果要保存吴国，就请快点降灾祸到我身上吧。"所以谒死后，馀祭做了国君；馀祭死后，夷昧做了国君；夷昧死了，国君的位置应当属于季子了。

原 文

季子使而亡焉。僚者，长庶也①，即之②。季子使而反，至而君之尔。阖庐曰③："先君之所以不与子国而与弟者，凡为季子故也。将从先君之命与，则国宜之季子者也。如不从先君之命与，则我宜立者也。僚恶得为君乎？"于是使专诸刺僚④，而致国乎季子。季子不受曰："尔弑吾君⑤，吾受尔国，是吾与尔为篡也。尔杀吾兄⑥，吾又杀尔，是父子兄弟相杀，终身无已也。"去之延陵⑦，终身不入吴国。故君子以其不受为义，以其不杀为仁。

注 释

①**长庶**：（季子兄长的）所有儿子中最大的一个。②**即之**：即位。③**阖庐**：又作"阖闾"，谒的儿子，即公子光，后来担任吴国国君。④**专诸**：刺客。伍子胥为了让公子光做国君，特意让他给吴王僚送鱼，并借机将其杀死，然后专诸也自尽而亡。⑤**弑**：古代子女杀父母、臣下杀君主称为弑。⑥**吾兄**：此指我兄长的儿子。⑦**延陵**：春秋吴邑，今江苏常州。季札受封在延陵，所以又号"延陵季子"。

译文

　　季子出使他国，在外未归。僚是夷昧的庶子中最年长的，就即位做了国君。季子出访回国，一回到吴国就把僚当作国君对待。阖庐说："先君之所以不传位给儿子而传位给弟弟，都是为了季子的缘故。如果遵照先君的遗命，那么国君应该由季子来做；如果不遵从先君的遗命，那么我应该是被立为国君的人。僚怎么可以做国君呢？"于是阖庐派专诸刺杀僚，把国君的位子交给季子。季子不接受，说："你杀死我的国君，我接受你给予的君位，这样我就参与你篡夺君位的事了。你杀了我哥哥的儿子，我又杀你，这样父子兄弟互相残杀，一辈子就残杀不止了。"就离开国都到了他的封邑延陵，到死也没有再进吴国国都。所以君子以他的不受君位为义，以他的反对互相残杀为仁。

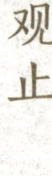

原文

　　贤季子，则吴何以有君、有大夫？以季子为臣，则宜有君者也。札者何？吴季子之名也。《春秋》贤者不名①，此何以名？许夷、狄者②，不壹而足也。季子者，所贤也，曷为不足乎季子？许人臣者必使臣，许人子者必使子也。

注释

　　①**春秋贤者不名**：《春秋》一书对有贤德的人为表敬重，只称其字，不直称名。②**许**：赞许。

译文

　　称颂季子的贤德，那么吴国为什么就有国君、有大夫呢？既然承认季子是臣，那么就应该有国君啊。"札"是什么呢？是吴季子的名啊。《春秋》对有贤能的人不直称呼名字，这里为什么称名呢？这是因为赞许夷、狄等地的人，不是只凭一事一物就可以满足条件的。季子被认为是贤良的人，为什么季子还不能满足条件呢？因为赞美人臣就一定要把他放在人臣的地位；赞美人子，就一定把他放在人子的位置上。

穀梁传

　　《穀梁传》是《穀梁春秋》《春秋穀梁传》的简称。儒家经典之一。与《左传》《公羊传》同为解说《春秋》的三传之一。记录史事起于鲁隐公元年,终于鲁哀公十四年。

《穀梁传》强调必须尊重君王的权威,但不限制王权;君臣各有职分,各有行为准则;主张必须严格对待贵贱尊卑之别,同时希望君王要注意自己的行为。

郑伯克段于鄢

隐公元年

原文

克者何?能也。何能也?能杀也。何以不言杀?见段之有徒众也①。

注释

①**有徒众**:有拥护自己的士兵和百姓。徒,步兵。

译文

"克"是什么意思呢?就是能做到的意思。能做到什么呢?就是能做到杀人。为什么不直接说杀人呢?是因为共叔段拥有士兵和百姓。

原文

段,郑伯弟也①。何以知其为弟也?杀世子、母弟目君②,以其目君,知其为弟也。段,弟也而弗谓弟,公子也而弗谓公子,贬之也,段失子弟之道矣。贱段而甚郑伯也。何甚乎郑伯?甚郑伯之处心积虑,成于杀也。

注释

①**段**:共叔段,郑庄公的弟弟。又称京城太叔;后来为夺王位叛逃到共国,改称共叔段。**郑伯**:即郑庄公寤生,武姜的儿子。②**目君**:视为国君,称为国君。目,名词用作动词,视为。

译 文

共叔段是郑伯的弟弟。怎么知道他是弟弟呢？凡杀死太子和同母所生的弟弟的，都称为君，因为这里称他为君，所以知道共叔段是弟弟。共叔段是弟弟，可是不称他为弟弟；是公子，可是也不称他为公子，这是《春秋》贬斥他的意思，是因为共叔段丧失了做公子、弟弟的道义。贬低共叔段，但是更加贬低郑伯。为什么更加贬斥郑伯呢？是因为郑伯蓄谋已久，最终达到了杀死共叔段的目的。

原 文

于鄢①，远也，犹曰取之其母之怀中而杀之云尔，甚之也。然则为郑伯者宜奈何？缓追逸贼②，亲亲之道也③。

注 释

①鄢：郑国城邑名，在今河南省鄢陵县西北。②贼：祸乱天下，以下犯上的人，这里指共叔段。③亲亲：爱自己的亲属。

译 文

"于鄢"是说共叔段被追击到很遥远的地方。这就如同说郑伯从他母亲怀里夺过共叔段来杀死他似的，所以更加贬斥他。既然这样，那么作为郑伯应该怎么办呢？慢慢地追赶逃跑的贼人，才是对亲人友爱亲善的正确做法啊。

虞师晋师灭夏阳

僖公二年

原 文

非国而曰灭，重夏阳也①。虞无师②，其曰师，何也？以其先晋③，不可以不言师也。其先晋何也？为主乎灭夏阳也④。夏阳者，虞、虢之塞邑也，灭夏阳而虞、虢举矣⑤。

注 释

①重：重视。夏阳：虢邑名，是虞、虢边境的重要城邑。在今山西省平陆县东北。②虞：春秋时的小国，多为姬姓。在今山西省平陆县北。③先：先导，引导。此指虞国因为借道给晋国通过，而使虢国的夏阳城处于危险的境地。④主：首恶，主谋。⑤虢：周初分

封的小国家，共分为东、西、北三虢。东虢、西虢先被郑、秦两国攻灭，晋献公所伐为北虢。**举**：攻克，占领。

译文

不是国家而说它"灭亡"，是因为重视夏阳。虞国没有出动军队，《春秋》却说虞国的"军队"，为什么呢？因为虞国引导晋国军队前来，所以不能不说它也出动了军队。为什么说虞国引导晋国军队前来呢？因为它是夏阳灭亡的主谋。夏阳是虞国和虢国边境的重要城邑，灭掉了夏阳，虞、虢两国就可以被攻取了。

原文

虞之为主乎灭夏阳，何也？晋献公欲伐虢，荀息曰①："君何不以屈产之乘、垂棘之璧②，而借道乎虞也？"公曰："此晋国之宝也。如受吾币，而不借吾道，则如之何？"荀息曰："此小国之所以事大国也。彼不借吾道，必不敢受吾币。如受吾币，而借吾道，则是我取之中府而藏之外府③，取之中厩而置之外厩也④。"公曰："宫之奇存焉⑤，必不使受之也。"荀息曰："宫之奇之为人也，达心而懦⑥，又少长于君，达心则其言略，懦则不能强谏，少长于君，则君轻之。且夫玩好在耳目之前⑦，而患在一国之后，此中知以上乃能虑之⑧。臣料虞君，中知以下也。"公遂借道而伐虢。

注释

①**荀息**：晋献公最亲信的大夫，食邑于荀，亦称荀叔。②**屈**：春秋时期的邑名，在今山西省吉县东北，以马闻名。**乘**：古时一车四马称为一乘。这里专指马。**垂棘**：晋地名，在今山西长治潞城区北，出产美玉。③**中府**：宫内收藏财宝的仓库。**外府**：宫外仓库。④**中厩**：宫内的马厩。⑤**宫之奇**：虞国大夫。⑥**达心**：心里明白。⑦**玩好**：喜爱的玩赏的东西。⑧**知**：同"智"，智慧，智力。

译文

说虞国是灭掉夏阳的主谋，为什么呢？晋献公想要讨伐虢国，荀息说："为什么君主不用屈地出产的良马和垂棘出产的美玉，向虞国借路呢？"献公说："这些是晋国的宝物。如果虞国接受了我的礼物，又不借道给我，能拿它怎么样？"荀息说："这些东西是小国用来侍奉大国的。它不借路给我们，一定不敢接受我们的礼物。如果接受了我们的礼物又借路给我们，那不过是我们把美玉从宫内的府库中拿出来藏在宫外的府库里，把骏马从宫内的马棚中牵出来放置在宫外的马厩里。"晋献公说："宫之奇在虞国任职，一定不会让他们国君接受礼物的。"荀息说："宫之奇的为人，心里明白通达但是性情怯懦，他又是从小和国君一起长大的。心里通达明白，他的言语就简略；性情怯懦，他就不能极力劝谏；从小和国君一起长大，虞君就不重视他。况且，那些玩物、宝贝就放在自己面前，灾祸却要在一个国家灭亡之后才显现，这是中等智力以上的人才能考虑到的。我料定虞国国君是中等智力以下的人。"晋献公于是就向虞国借路，去征伐虢国。

原 文

宫之奇谏曰："晋国之使者，其辞卑而币重，必不便于虞。"虞公弗听，遂受其币而借之道。宫之奇又谏曰："语曰：'唇亡则齿寒。'其斯之谓与①？"挈(qiè)其妻子以奔曹②。

注 释

①**其斯之谓与**：说的就是这两国的关系吧。②**挈**：带领。**曹**：春秋时期的小国，西周时是姬姓的同姓国，在今山东省定陶区西南。

译 文

宫之奇劝谏说："晋国的使者言辞谦卑而赠送的礼物十分丰厚，一定会对虞国不利。"虞公不听，接受了晋国的礼物，并且借路给晋国。宫之奇又进谏说："谚语说：'嘴唇没有了，牙齿就会觉得寒冷。'大概说的就是虢国和虞国的关系吧！"虞公不听，宫之奇就带领自己的妻子、儿女逃到曹国去了。

原 文

献公亡虢，五年①，而后举虞。荀息牵马操璧而前曰："璧则犹是也，而马齿加长矣②。"

注 释

①**五年**：鲁僖公五年。②**马齿**：通过马的牙齿可以看出它的年龄。**加长**：增长，增加。

译 文

晋献公灭掉虢国，鲁僖公五年的时候，又占领了虞国。荀息牵着骏马、捧着美玉，走到晋献公面前说："美玉还是老样子，而马却已经变老了。"

礼 记

儒家经典著作，所收文章是孔子的学生及战国时期儒学学者的作品。它包含了从孔子直到孟、荀各家各派的论著，其中都是孔子弟子及其后学所记，内容庞杂。大多写作于春秋战国时期，文中反映的基本内容多数是先秦古制，还涉及一些孔子言论或其弟子对孔子思想的发展与阐释，有个别篇章是秦汉儒生撰写，但内容也是对先秦古制的追记。这些篇章处处体现出宗法制的原则和精神。

曾子易箦

檀弓上

原文

曾子寝疾①，病。乐正子春坐于床下②，曾元、曾申坐于足③，童子隅坐而执烛。

注释

①**曾子**：曾参，字子舆，孔子弟子。**寝疾**：病倒，卧病。②**子春**：曾参的弟子，官任乐正。③**曾元、曾申**：都是曾子的儿子。

译文

曾子病卧在床上，病情很重。担任乐正的弟子子春坐在床下边，曾元、曾申坐在曾子脚边，童仆坐在角落里，手里拿着蜡烛。

原文

童子曰："华而睆（huǎn），大夫之箦（zé）与①？"子春曰："止！"曾子闻之，瞿然曰②："呼！"曰："华而睆，大夫之箦与？"曾子曰："然。斯季孙之赐也③，我未之能易也。元，起易箦。"曾元曰："夫子之病革矣（jí）④，不可以变。幸而至于旦，请敬易之。"曾子曰："尔之爱我也不如彼！君子之爱人也以德，细人之爱人也以姑息⑤。吾何求哉？吾得正而毙焉⑥，斯已矣。"举扶而易之，反席未安而没⑦。

注释

①睆：光洁，光亮。簟：席子，竹席。②瞿然：惊讶的样子。③季孙：鲁国大夫，在鲁国掌管政权，曾经赐簟于曾子。④革：通"亟"，指病重。⑤细人：见识短浅的人，小人。姑息：无原则地宽容。⑥正而毙：合于正礼而死。⑦没：通"殁"，死亡。

译文

童仆说："华美又光洁，这是大夫用的竹席吧？"子春说："住口！"曾子听见这话，惊惧地说："啊！"童仆又说："华美又光洁，这是大夫用的竹席吧？"曾子说："是的。那是季孙氏的赏赐，我还没能更换它。曾元扶我起来，更换竹席。"曾元说："您的病非常严重啊，不能移动。请等到天亮，我再给您换了它。"曾子说："你对我的爱护，不如那个童仆。君子依据道德的标准爱护人；小人无条件地宽容、爱护人。我还有什么苛求呢？我能够合乎礼制地死去，就已经足够了。"曾元扶着抬起他的身体更换了竹席，把他放回到床席上，曾子还没躺好就去世了。

有子之言似夫子

檀弓上

原文

有子问于曾子曰①："问丧于夫子乎②？"曰："闻之矣。'丧欲速贫，死欲速朽。'"有子曰："是非君子之言也。"曾子曰："参也闻诸夫子也。"有子又曰："是非君子之言也。"曾子曰："参也与子游闻之③。"有子曰："然。然则夫子有为言之也④。"

注释

①有子：有若，字有子，孔子的弟子，曾提出"礼之用，和为贵"。②丧：失去官职。夫子：古时对老师的尊称，即指孔子。③子游：言偃，孔子弟子。他胸襟广阔，文采非凡，为众学子之首。④然：确实，这样。有为：有所指，有目的。

译 文

有子问曾子说:"你从夫子那里听到过如何对待失去官职的事的话吗?"曾子说:"听到过这样的话:'丢了官位希望快点贫穷,死了希望快点腐烂。'"有子说:"这不像君子说的话。"曾子说:"我是在夫子那里听来的。"有子又说:"这不是君子说的话。"曾子说:"我是和子游一起听见这话的。"有子说:"是这样啊。既然这样,那么夫子一定是有所指才这样说的。"

原 文

曾子以斯言告于子游。子游曰:"甚哉,有子之言似夫子也!昔者夫子居于宋,见桓司马自为石椁①,三年而不成,夫子曰:'若是其靡也,死不如速朽之愈也。'死之欲速朽,为桓司马言之也。南宫敬叔反②,必载宝而朝。夫子曰:'若是其货也③,丧不如速贫之愈也。'丧之欲速贫,为敬叔言之也。"

注 释

①**桓司马**:宋国的司马,姓桓名魋(tuí),掌管国家军政。**椁**:棺材外面套的大棺材。古时棺木被分为两层,大的在外,称椁,小的在内,称棺。②**南宫敬叔**:仲孙,鲁国人,孟僖子之子。其曾被罢官离开鲁国,后来带珠宝重回鲁国君身边。③**货**:贿赂,行贿。

译 文

曾子将有子的话告诉了子游。子游说:"有子的话真像夫子说的!从前,夫子居住在宋国,看见桓司马给自己造石椁,三年还没完成。先生说:'像这样奢侈,死了不如赶快腐烂掉好。'死了希望赶快腐烂,这是针对桓司马而说的。南宫敬叔失去职位后回国,车上必定载着宝物去朝见国君。先生说:'像这样行贿,丢掉官职不如尽快变穷才好。'丢掉官职希望快点变穷,这是针对敬叔说的。"

原 文

曾子以子游之言告于有子。有子曰:"然。吾固曰非夫子之言也①。"曾子曰:"子何以知之?"有子曰:"夫子制于中都②,四寸之棺,五寸之椁,以斯知不欲速朽也。昔者夫子失鲁司寇,将之荆,盖先之以子夏③,又申之以冉有④,以斯知不欲速贫也。"

注释

①**固**：本来。②**制**：立规定，定制度。**中都**：春秋鲁邑名，在今山东汶上县西。③**子夏**：卜商，字子夏，人称卜子，为孔子弟子。"仕而优则学，学而优则仕"就是他的思想准则。④**冉有**：冉求，字子有，通称冉有。孔子弟子，最擅长经济。

译文

曾子把子游的话告诉有子。有子说："是这样啊。我本来就说那应该不是夫子的话。"曾子说："您是怎么知道的呢？"有子说："夫子任中都宰时定下制度，棺材厚四寸，套在棺材外的椁厚五寸。依据这一点知道夫子不希望死后迅速腐烂。从前先生失去鲁国司寇的官职时，打算前往楚国，他先派子夏去表明心意，然后又派冉有去重申他的意愿。依据这一点知道夫子不希望失去官职后迅速变得贫穷。"

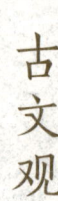

杜蒉扬觯

檀弓下

原文

知悼子卒①，未葬，平公饮酒②，师旷、李调侍③，鼓钟。杜蒉自外来④，闻钟声，曰："安在？"曰："在寝。"杜蒉入寝⑤，历阶而升⑥。酌曰："旷饮斯。"又酌曰："调饮斯。"又酌，堂上北面坐饮之⑦。降，趋而出⑧。

注释

①**知悼子**：晋大夫，知庄公的儿子知䓨。"悼"是他的谥号。②**平公**：晋平公，名彪。③**师旷**：晋国的乐官。**李调**：晋平公的近臣。**侍**：侍奉，作陪。④**杜蒉**：《左传》作"屠蒯"，晋平公的厨师。⑤**寝**：寝宫、卧室。国家君王的卧室叫燕寝，而诸侯的卧室则称路寝。⑥**历阶而升**：一步跨两个台阶地登上去。历阶，指越阶而上，即一步跨一级；当遇有急事时，也会一步跨两个台阶。⑦**坐**：即跪。古人席地而坐，坐下时要两膝着地，然后将臀部压在脚跟上。当臀部离开脚后跟时，便称为跪，所以跪也叫坐。⑧**趋**：快步走。

译文

晋大夫知悼子死了，还没有下葬，晋平公就喝起酒来，师旷、李调在旁边侍奉，

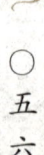

并敲钟助兴。杜蒉从外面进来,听到敲钟声,说:"平王他们在哪里呢?"有人回答说:"在寝宫里。"杜蒉走进内堂,一步跨两个台阶地登上去,他斟了一杯酒说:"师旷喝了这杯酒。"又斟了一杯酒说:"李调喝了这杯酒。"又斟了一杯酒,在殿堂之上,面朝北方跪下喝了酒。从台阶自上而下,快步走出寝宫。

原 文

平公呼而进之,曰:"蒉!曩者尔心或开予①,是以不与尔言。尔饮旷,何也?"曰:"子卯不乐②。知悼子在堂,斯其为子卯也大矣。旷也,太师也,不以诏,是以饮之也。""尔饮调,何也?"曰:"调也,君之亵臣也③。为一饮一食忘君之疾,是以饮之也。""尔饮,何也?"曰:"蒉也,宰夫也,非刀匕是共④,又敢与知防,是以饮之也。"平公曰:"寡人亦有过焉,酌而饮寡人。"杜蒉洗而扬觯⑤。公谓侍者曰:"如我死,则必毋废斯爵也⑥。"

至于今,既毕献,斯扬觯,谓之"杜举"。

注 释

①**曩者**:以往,过去。②**子卯不乐**:夏桀死于乙卯日,商纣死于甲子日,古人将这两日称为疾日,所以做国君的不能在此时进行舞乐之事。③**亵臣**:亲近的臣子。④**匕**:喝汤的勺子。⑤**扬**:举起。**觯**:盛酒用的杯子。⑥**爵**:古代酒器,此指觯。

译 文

平公大声喊他并让他进来,说:"杜蒉,刚才你心里想的或许能开导我,因此我没主动跟你说话。你罚师旷喝酒,是为什么啊?"

杜蒉说:"甲子日和乙卯日不演奏乐曲。知悼子的灵柩还在堂上,这恐怕是比子卯忌日更重大的事吧!师旷是太师,他不把这个道理告诉你,因此罚他喝酒。"平王问:"你罚李调喝酒,又是为什么呢?"杜蒉说:"李调是君主亲近宠爱的臣子。为了一次喝酒吃饭就忘记君主应该忌讳的事,因此罚他喝酒。"平王又问:"你自己罚自己喝酒,为什么呢?"杜蒉说:"我杜蒉是个厨师,不去供应刀、匙等餐具,竟敢参与了解和防止君臣违反礼制的事,因此罚自己喝酒。"平公说:"这件事我也有过错,斟杯酒来惩罚我。"杜蒉洗干净酒杯并高高举起酒杯。平公对侍从们说:"如果我死了,千万不要丢弃这酒杯啊。"

直到现在,每次主人敬酒完毕,人们就高高举起酒杯,并称之为"杜举"。

晋献文子成室

檀弓下

原文

晋献文子成室①,晋大夫发焉②。张老曰③:"美哉轮焉④,美哉奂焉⑤。歌于斯⑥,哭于斯⑦,聚国族于斯⑧。"

注释

①**晋献文子**:指晋国大夫赵武。献,在东汉时,郑玄认为是"贺"的意思;到了元代,陈澔认为"献文"是谥号;而在清代,王夫之认为是衍文。**成室**:新屋落成。②**发**:送礼庆贺。③**张老**:指去送礼物的人,即张孟。④**轮**:盘旋屈曲而上,引申为高大。⑤**奂**:通"焕",华丽。⑥**歌于斯**:在此处进行祭祀,并奏乐唱诗。歌,此处代指祭礼。⑦**哭于斯**:在这里哭悼死者。哭,指逝者家属哭丧之事。⑧**聚国族**:聚会国宾、宗族。

译文

晋国正卿赵武的新居落成,晋国的大夫们都前去送礼致贺。张老说:"多么美呀,如此高大宽敞!多么美呀,如此华丽美观!可以在这里祭祀奏乐,也可以在这里居丧哭泣,还可以在这里聚会国宾、宗族!"

原文

文子曰:"武也,得歌于斯,哭于斯,聚国族于斯,是全要领以从先大夫于九京也①。"北面再拜稽首。君子谓之善颂、善祷。

注释

①**全要领**:免于斩戮之刑。要,通"腰"。领,脖颈。古时罪重则腰斩,罪轻则戮颈、砍头。**先大夫**:自称已故的祖、父。**九京**:即"九原",晋国卿大夫的墓地,在今山西绛县北。

译文

文子说:"我赵武能够在这里祭祀奏乐,在这里居丧哭泣,在这里聚会国宾、宗族,这样我就可以保全我的身体、头颈,来跟随我的先祖、先父一起埋葬在九原了。"说完，面向北方拜了两拜、叩头致谢。当时的君子都称赞他们二人一个善于赞颂，一个善于祈祷。

卷四　秦文

战国策

　　作者不明，非一时一人之作。其中所包含的资料，主要出于战国时期，包括策士的著作与史官的记载，汇集成书。西汉刘向将此书考订整理后，定名为《战国策》。全书总共三十三篇，按国别记述，计有东周一，西周一，秦五，齐六，楚四，赵四，魏四，韩三，燕三，宋、卫合而为一，中山一。记事年代大致上接《春秋》，下迄秦统一。以策士的游说活动为中心，反映出这一时期各国政治、外交的状况。全书没有系统完整的体例，都是相互独立的单篇。

司马错论伐蜀

原文

　　司马错与张仪争论于秦惠王前①，司马错欲伐蜀，张仪曰："不如伐韩。"王曰："请闻其说。"

　　对曰："亲魏善楚，下兵三川②，塞轘辕、缑氏之口③，当屯留之道，魏绝南阳，楚临南郑，秦攻新城、宜阳，以临二周之郊④，诛周主之罪，侵楚魏之地。周自知不救，九鼎宝器必出。据九鼎，按图籍，挟天子以令天下，天下莫敢不听，此王业也。今夫蜀，西僻之国，而戎狄之长也⑤，敝兵劳众不足以成名，得其地不足以为利。臣闻：'争名者于朝，争利者于市。'今三川、周室，天下之市朝也，而王不争焉，顾争于戎狄，去王业远矣。"

司马错曰："不然。臣闻之：'欲富国者，务广其地；欲强兵者，务富其民；欲王者，务博其德。三资者备，而王随之矣。'今王之地小民贫，故臣愿从事于易。夫蜀，西僻之国也，而戎狄之长也，而有桀纣之乱⑥。以秦攻之，譬如使豺狼逐群羊也。取其地足以广国也，得其财足以富民，缮兵不伤众，而彼已服矣。故拔一国，而天下不以为暴；利尽西海，诸侯不以为贪。是我一举而名实两附，而又有禁暴止乱之名。今攻韩劫天子，劫天子，恶名也，而未必利也，又有不义之名。而攻天下之所不欲，危！臣请谒其故：周，天下之宗室也；韩，周之与国也。周自知失九鼎，韩自知亡三川，则必将二国并力合谋，以因乎齐、赵而求解乎楚、魏。以鼎与楚，以地与魏，王不能禁。此臣所谓危，不如伐蜀之完也。"

惠王曰："善！寡人听子。"卒起兵伐蜀，十月取之，遂定蜀，蜀主更号为侯，而使陈庄相蜀⑦。蜀既属，秦益强富厚，轻诸侯。

注释

①**司马错**：秦将，公元前316年率兵伐蜀，前301年再次进兵蜀地平定叛乱。**张仪**：魏国贵族后代，战国时著名纵横家，前328年为秦相，曾以连横政策游说各国，有功于秦，封武信君。**秦惠王**：即秦惠文王，前337—前311年在位。②**下兵**：出兵。**三川**：指当时韩国境内黄河、伊水、洛水三条河流流经的地区，在今河南省黄河以南、灵宝市东部一带。③**辗辕、缑氏**：当时的两个军事要地。④**二周**：指战国时周王室分裂而成的两个小国东周、西周。东周都城在今河南省巩义市西南，西周都城在今河南省洛阳市西。⑤**戎狄**：古代对西部少数民族的泛称。⑥**桀纣之乱**：以夏桀、商纣之乱喻指巴蜀之乱。当时蜀王封其弟于汉中，号苴侯。苴侯与巴国交好，而巴与蜀为敌国。于是蜀王伐苴侯，

苴侯奔巴。蜀又伐巴，苴侯求救于秦。⑦**陈庄**：秦国大臣，前314年任蜀相。

译 文

司马错和张仪在秦惠王面前进行了一场激烈辩论。司马错的观点是要攻打蜀国，张仪却说："不如征讨韩国。"秦惠王听到这里说："那请你们二位各自说说见解，我来听听。"

张仪首先发表了自己的看法，说："我们首先应该向魏、楚两国表示友好，然后出兵三川，占据轘辕、缑氏两个隘口，挡住通向屯留的路，让魏国出兵切断去往南阳的通路，楚国派兵逼近南郑，而秦国的军队则可以攻击新城和宜阳，兵临二周的近郊，声讨周君的罪行，随后乘机侵占楚、魏两国的土地。到那时，周王室知道大势已去，一定会交出九鼎和宝器。我们有了九鼎，手握地图和户籍，挟持周天子，用周天子的名义来号令天下，天下人没有敢违抗的，这就能建立王业了。而当前，蜀国是西部边陲偏僻贫穷的国家，戎狄为首领。攻打蜀国，会劳民伤财，却不能以此来建立名望；即使夺取了那里的土地，也算不得什么利益。古时有言，说：'要在朝廷上争名，要在集市当中争利。'现在的三川地区和周王室，正是整个天下的大集市和朝廷，大王不去争夺，反而与那些野蛮的人争夺名利，这不是渐渐远离帝王霸业了吗？"

司马错说："我不同意这种看法。古亦有云：'要想国家富庶，一定要扩大他的领地，要想使军队强大，一定让他的百姓富足，想建立王业，一定要广布他的恩德。只有具备这三个条件，王业才会随之实现。'现在我国土地少，百姓贫困，所以我希望大王可以从简单而容易办到的事做起。蜀国是西南偏僻的国家，以戎狄为首领，而且他们有像桀、纣一样的祸乱。用秦国的军队前往攻打，就像用豺狼驱赶羊群一样。得到蜀国的土地，自然能够扩大秦国的疆域；获得蜀国的财富，恰好可以使我们的百姓富足，整饬军队又不伤及百姓，蜀国已经归服了。于此，夺取蜀国，天下人不会认为我们暴虐；取尽了蜀国的财富，诸侯国也不会认为我们贪婪。也就是说，我们用兵一次，就能名利双收，还能得到除暴、平乱的好名声。相反，如果现在去攻打韩国，胁迫周天子，不但会招致坏名声，而且不一定有利，又会招来不仁不义的名声。我们去攻打天下人都不希望进攻的地方，这是很危险的！我要讲明白这里面的原因：周王室，现在还是天下的宗室；韩国，是周王室的友好邻邦。如果周天子感到要失去九鼎，韩王知道要丧失三川，那么，两国必然会联合起来，共同采取对策，依靠齐国和赵国，并且向楚、魏两国求援，以解除危难。把九鼎送给楚国，把土地送给魏国，大王是不能阻止的。这就是我所说

的危险，所以攻打蜀国才是万无一失的。"

秦惠王说："说得很对。我采纳你的意见。"随即谋划出兵进攻蜀国。十月夺取了那里的土地，平定了蜀国。蜀国的君主改称为侯，秦国派遣陈庄去辅佐蜀侯。蜀国归附以后，秦国就变得更加强大富庶，渐渐轻视其他诸侯国了。

范雎说秦王

原文

范雎至，秦王庭迎范雎①，敬执宾主之礼，范雎辞让。是日见范雎，见者无不变色易容者。秦王屏左右②，宫中虚无人。秦王跪而进曰："先生何以幸教寡人③？"范雎曰："唯唯。"有间④，秦王复请。范雎曰："唯唯。"若是者三。秦王跽曰："先生不幸教寡人乎？"

注释

①庭：指宫廷。②屏：屏退，使退下。③幸：表示尊敬对方的用语。④有间：过了一会儿。

译文

范雎来到秦国，秦昭王在宫廷前迎接他，对他恭敬地采用了宾主礼仪，范雎也表示谦让。当天秦王以宾主礼仪接见了范雎，看到那场面的人无不惊讶失色。秦王屏退身边的人，殿中只留下他和范雎，秦王跪着请求说："先生用什么来指教我呢？"范雎说："嗯，嗯。"过了一会儿，秦王再次请求，范雎还是说："嗯，嗯。"如此反复三次。秦王挺直上身跪着说："先生不肯教诲我吗？"

原文

范雎谢曰："非敢然也①。臣闻始时吕尚之遇文王也，身为渔父而钓于渭阳之滨耳。若是者，交疏也②。已一说而立为太师，载与俱归者，其言深也。故文王果收功于吕尚，卒擅天下而身立为帝王③。即使文王疏吕望而弗与深言，是周无天子之德，而文、武无与成其王也。今臣，羁旅之臣也④，交疏于王，而所愿陈者，皆匡君臣之事，处人骨肉之间⑤。

愿以陈臣之陋忠,而未知王心也,所以王三问而不对者是也。

注释

①**然**:这样。②**疏**:生疏,疏浅。③**擅**:拥有。④**羁旅**:长期旅居他乡。⑤**骨肉**:此处指秦昭王与宣太后等人的关系。

译文

范雎向秦王谢罪道:"臣不敢这样啊。我听说,当初吕尚遇到文王的时候,身份只是个渔夫,在渭水北岸垂钓罢了。像这种情况,他们的关系可以说是生疏的。他能通过一次交谈就被任命为太师,与周文王同车回去,这是他们交谈的道理深刻的缘故啊。所以文王果真在吕尚的帮助下取得了成功,终于据有天下成了帝王。假如文王因为跟吕尚关系生疏而不跟他深谈,这就说明周室还没有天子的德行,文王、武王也就不能成为王了。现在我不过是个客处他乡的人,与大王的关系疏远,我所想要面陈的,却都是匡正君臣关系的事,又处在您的骨肉至亲之间,臣原本愿意献上一片浅陋的忠诚,可是我却不知大王的心意如何,所以大王连问三次我都不回答,就是这个原因啊。

原文

"臣非有所畏而不敢言也,知今日言之于前,而明日伏诛于后,然臣弗敢畏也。大王信行臣之言,死不足以为臣患,亡不足以为臣忧,漆身而为厉(lài)①,被发而为狂②,不足以为臣耻。五帝之圣而死,三王之仁而死,五霸之贤而死,乌获之力而死③,奔、育之勇而死。死者,人之所必不免。处必然之势,可以少有补于秦,此臣之所大愿也,臣何患乎?

注释

①**厉**:通"癞",生癞疮。②**被**:同"披"。③**力**:大力士。

译文

"我不是因为害怕而不敢说,虽然知道今天把话说了,明天可能就会被处死,但我也不敢因此而害怕。如果大王真能实行我的主张,死亡不足以成为我的顾虑,流亡不足以成为我的忧虑,浑身涂漆生癞疮,披头散发成为狂人,也不足以成为我的耻辱。五帝那样的圣人死了,三王那样的仁人死了,五伯那样的贤人死了,乌获那样的大力士死了，孟奔、夏育那样的勇士死了。死亡是人最终无法逃避的事情。处在这种必然趋势下，如果我的死能对秦国稍微有些益处，这就是我最大的心愿了，我还担心什么呢？

原文

"伍子胥橐(tuó)载而出昭关①，夜行而昼伏，至于蔆(líng)水，无以糊其口，膝行蒲伏②，乞食于吴市，卒兴吴国，阖闾为霸。使臣得进谋如伍子胥，加之以幽囚不复见，是臣说之行也③，臣何忧乎？箕子、接舆，漆身而为厉，被发而为狂，无益于殷、楚。使臣得同行于箕子、接舆，可以补所贤之主④，是臣之大荣也，臣又何耻乎？

●伍员

注释

①橐：袋子。②蒲伏：同"匍匐"。③行：施行。④补：补益，好处。

译文

"伍子胥藏在牛皮袋子里混出昭关，夜间赶路，白天潜伏，来到了蔆水。没有吃的东西，他就跪着爬着前行，到吴市讨饭，最后却振兴了吴国，使吴王阖闾成为霸主。假如我能像伍子胥那样进献谋略，即使把我禁闭起来终身见不到大王，只要我的主张实行就好了，我有什么值得忧虑的呢？箕子、接舆他们，浑身涂漆像生癞疮，披头散发成为狂人，但是对殷朝、楚国并无好处。假如臣子可以跟箕子、接舆有相同的行为，浑身涂漆能对我认为贤明的君主有所帮助，这就是我最大的荣耀了，我又怎会感觉耻辱呢？

原 文

　　"臣之所恐者，独恐臣死之后，天下见臣尽忠而身蹷也①，是以杜口裹足②，莫肯即秦耳。足下上畏太后之严③，下惑奸臣之态④；居深宫之中，不离保傅之手，终身暗惑，无与照奸，大者宗庙灭覆，小者身以孤危，此臣之所恐耳！若夫穷辱之事，死亡之患⑤，臣弗敢畏也。臣死而秦治，贤于生也。"

注 释

　　①蹷：僵。②杜：堵塞。③足下：殿下。④惑：被迷惑。⑤死亡：死亡、逃亡。

译 文

　　"我所担心的，只是怕我死了以后，天下人看到我尽了忠而被杀，从此闭口不言，止步不前，不肯再来秦国了。大王您上畏惧太后的威严，下被奸臣所迷惑，住在深宫之中，挣脱不开权臣的控制，终身受到蒙蔽，没人帮助您洞察奸佞，长此以往，大则国家覆灭，小则自身陷于孤立危险的境地。这才是我所担心的！至于那些被困受辱的事，死刑流亡的祸殃，我是不敢害怕的。我死了而秦国能够治理好，这便胜过我活着了。"

原 文

　　秦王跪曰："先生是何言也！夫秦国僻远，寡人愚不肖，先生乃幸至此，此天以寡人慁先生①，而存先王之庙也。寡人得受命于先生，此天所以幸先生而不弃其孤也。先生奈何而言若此！事无大小，上及太后，下至大臣，愿先生悉以教寡人，无疑寡人也。"范雎再拜，秦王亦再拜。

注 释

　　①慁：打扰，烦劳。

译 文

　　秦王于是跪着说："先生说的这是什么话！秦国远离中原，地处偏僻的西方，我笨拙又不贤明，先生竟能光临此地，这是上天让我来烦劳先生，从而使先王的宗庙得以留存啊。寡人能够得到先生的教诲，这是上天眷顾先王而不抛弃后人的缘故啊。先生怎么能这样说呢！不论事情大小，上到太后，下到大臣，希望先生能全部教导我，不要怀疑我的诚意啊。"范雎向秦王拜了两拜，秦王也向范雎拜了两拜。

邹忌讽齐王纳谏

原文

邹忌修八尺有余①，而形貌昳丽②。朝服衣冠③，窥镜④，谓其妻曰："我孰与城北徐公美⑤？"其妻曰："君美甚，徐公何能及君也！"城北徐公，齐国之美丽者也。忌不自信，而复问其妾曰⑥："吾孰与徐公美？"妾曰："徐公何能及君也⑦！"

注释

①修：长，这里指身高。②昳丽：光艳美丽。③服：穿戴。④窥镜：照镜子。⑤孰：谁，哪一个。⑥复：又，再一次。⑦及：比得上。

译文

邹忌身高八尺多，外貌光艳美丽。有一天早晨他穿戴好衣帽，照着镜子，对他的妻子说："我与城北的徐公相比，谁更美丽呢？"他的妻子说："您美极了，徐公怎么能比得上您呢！"城北的徐公，是齐国的美男子。邹忌有点不相信，于是又问他的妾说："我和徐公，谁更美丽？"妾说："徐公哪能比得上您呢！"

原文

旦日①，客从外来，与坐谈，问之："吾与徐公孰美？"客曰："徐公不若君之美也！"明日，徐公来。熟视之②，自以为不如；窥镜而自视，又弗如远甚③。暮，寝而思之④，曰："吾妻之美我者⑤，私我也⑥；妾之美我者，畏我也；客之美我者，欲有求于我也。"

注释

①旦日：明日，第二天。②熟：仔细。③弗如远甚：远远不如。弗，不。④寝：躺，卧。⑤美：赞美，以……美。⑥私：偏爱。

译文

第二天，有客人从外面来拜访，邹忌和他坐着谈话。邹忌问客人道："我和徐公相比，谁更美丽？"客人说："徐公不如您美丽啊！"又过了一天，徐公前来拜访，邹忌仔细地端详他，觉得自己不如徐公美丽；再照着镜子看看自己，更觉得自己远远比不上他。晚上，他躺在床上想这件事，说："我的妻子说我美，是因为她偏爱我；我的妾说我美，是因为她畏惧我；客人说我美，是因为他们有求于我啊。"

原文

于是入朝见威王，曰："臣诚知不如徐公美①，臣之妻私臣，臣之妾畏臣，臣之客欲有求于臣，皆以美于徐公。今齐地方千里②，百二十城，宫妇左右③，莫不私王；朝廷之臣，莫不畏王；四境之内，莫不有求于王。由此观之，王之蔽甚矣④！"

注释

①**诚知**：确实知道。②**地**：土地，疆域。**方**：方圆纵横。③**左右**：国君身边的近臣。④**蔽**：蒙蔽，此处指受到蒙蔽。

译文

于是邹忌上朝拜见齐威王，说："我确实知道自己不如徐公美丽，可是我的妻子偏爱我，我的妾惧怕我，我的客人有求于我，所以他们都说我比徐公美丽。如今的齐国，国土方圆千里，有一百二十座城池，宫中的姬妾和大王身边的侍从，没有不偏爱大王的；朝廷中的大臣，没有不惧怕大王的；国内的百姓，没有不对大王有所求的。这么看来，大王您受的蒙蔽实在太严重了！"

原文

王曰："善。"乃下令①："群臣吏民，能面刺寡人之过者②，受上赏；上书谏寡人者，受中赏；能谤议于市朝③，闻寡人之耳者④，受下赏。"令初下，群臣进谏，门庭若市；数月之后，时时而间进⑤；期年之后，虽欲言，无可进者。燕、赵、韩、魏闻之，皆朝于齐。此所谓战胜于朝廷。

注释

①**乃**：于是，就。②**面刺**：当面指责。面，当面。刺，指责，议论。③**谤议**：公开

批评议论。④闻：使……闻，使……听到。⑤间：间或，偶尔，有时候。

译文

齐威王说："说得好。"于是颁布了一道命令："所有的大臣、官吏、百姓，能够当面批评我的过错的，可获得上等奖赏；能够上书劝谏我的，可获得中等奖赏；能够在众人集聚的公共场所指责、议论我的过失，并能传到我耳朵里的，给予下等奖赏。"政令刚一下达，群臣都来进言规劝，宫门庭院就像集市一样喧闹；几个月以后，来进谏的人已经是断断续续的了；一年以后，虽然有人想进言，可是也没有什么可说的了。燕、赵、韩、魏等国听说了这件事后，都到齐国来朝见齐王。这就是所谓的不动用武力，安坐于朝廷之上就可以战胜诸侯。

颜斶(chù)说齐王

原文

齐宣王见颜斶，曰："斶前①！"斶亦曰："王前！"宣王不说。左右曰："王，人君也；斶，人臣也；王曰'斶前'，斶亦曰'王前'，可乎？"斶对曰："夫斶前为慕势，王前为趋士②，与使斶为慕势，不如使王为趋士。"王忿然作色曰："王者贵乎？士贵乎？"对曰："士贵耳，王者不贵！"王曰："有说乎？"斶曰："有。昔者秦攻齐，令曰：'有敢去柳下季垄五十步而樵采者③，死不赦。'令曰：'有能得齐王头者，封万户侯，赐金千镒！'由是观之，生王之头，曾不若死士之垄也。"

注释

①前：到前面来，上前。②趋士：礼贤下士。③去：距离。垄：坟墓。

译文

齐宣王召见颜斶说："颜斶过来！"颜斶也说："大王过来！"宣王很不高兴。左右近臣都责怪颜斶说："大王为人君主，你为人臣子；大王说'颜斶过来'，你也说'大王过来'，像话吗？"颜斶回答说："我主动上前是趋炎附势，大王主动过来是礼贤下士；与其让我趋炎附势，不如让大王礼贤下士。"宣王听完后怒容满面，说："是王尊贵，还是士尊贵？"颜斶回答说："士尊贵，王不尊贵。"宣王说:"有依据吗?"颜斶说:"有。从前秦国进攻齐国,秦王下令说:'如果有人敢在柳下季墓地五十步内砍柴的,是死罪,绝不赦免。'又下令说:'如果有人能砍下齐王的头颅,封邑万户,赐金千镒。'由此看来,活着的君主的头颅,还不如死去的士人的坟墓。"

原文

宣王曰:"嗟乎!君子焉可侮哉?寡人自取病耳!愿请受为弟子。且颜先生与寡人游①,食必太牢②,出必乘车,妻子衣服丽都③。"颜斶辞去曰:"夫玉生于山,制则破焉,非弗宝贵矣,然太璞不完。士生乎鄙野④,推选则禄焉,非不尊遂也⑤,然而形神不全。斶愿得归,晚食以当肉,安步以当车,无罪以当贵,清净贞正以自虞⑥。"则再拜而辞去。

君子曰:"斶知足矣,归真反璞,则终身不辱。"

注释

①**游**:交往。②**太牢**:祭祀时牛、羊、猪俱全为太牢。③**丽都**:华丽。④**鄙**:边远的地方。⑤**尊遂**:尊贵显达。⑥**虞**:同"娱",欢乐。

译文

宣王说:"唉!君子岂能随便受人侮辱呢?我实在是自取其辱啊!希望您收下我这个学生吧!先生与我交往,吃的肯定是上等宴席,出门必有高级车马供您使用,妻子儿女穿着的服装也会华美绮丽。"颜斶辞谢而去,说:"我听说璞玉生在深山中,经过雕琢就破损了。经过雕琢的玉的价值并非不宝贵,只是本来的面貌已不复存在了。士人生于偏僻乡野之地,经过推举选拔而被任用,当官享受俸禄,并非不尊贵,可是士人的精神品质已经不完整了。我希望回到乡里,饿了再吃东西,就像吃肉一样有滋味,散步就像乘车一样悠闲,不犯王法可以算得上是富贵,内心正直纯净,自得其乐。"说完,他拜了两次后告辞离去。

君子说:"颜斶可以说是懂得知足的了,他归于自然,返于淳朴,这样就能终身安乐不受侮辱。"

冯谖客孟尝君

原文

　　齐人有冯谖者,贫乏不能自存①,使人属孟尝君②,愿寄食门下③。孟尝君曰:"客何好?"曰:"客无好也。"曰:"客何能?"曰:"客无能也。"孟尝君笑而受之曰:"诺。"

注释

　　①**存**:生存,这里指生活。②**属**:同"嘱",嘱咐。③**寄食**:依附于他人吃饭。

译文

　　齐国有个人叫冯谖,家境贫寒不能养活自己,便托人致意孟尝君,希望能在他的门下做食客。孟尝君问:"这个人有什么爱好?"答道:"这人没有什么爱好。"又问:"这个人有什么本事?答道:"他没有什么本事。"孟尝君听了后笑着同意收留他,说:"好。"

原文

　　左右以君贱之也①,食以草具②。居有顷③,倚柱弹其剑,歌曰:"长铗归来乎!食无鱼!"左右以告。孟尝君曰:"食之,比门下之客④。"居有顷,复弹其铗,歌曰:"长铗归来乎!出无车。"左右皆笑之,以告。孟尝君曰:"为之驾,比门下之车客。"于是乘其车,揭其剑⑤,过其友曰:"孟尝君客我⑥。"后有顷,复弹其剑铗,歌曰:"长铗归来乎!无以为家!"左右皆恶之⑦,以为贪而不知足。孟尝君问:"冯公有亲乎?"对曰:"有老母。"孟尝君使人给其食用⑧,无使乏。于是冯谖不复歌。

注释

　　①**以**:因为。**贱**:轻视,看不起。②**草具**:粗劣的饭菜。③**有顷**:指时间短。④**比**:和……一样。⑤**揭**:高举。⑥**客我**:以我为客。⑦**恶**:讨厌,厌恶。⑧**给**:给予,供给。

译文

　　孟尝君的随从们认为孟尝君看不起冯谖,就让冯谖吃粗劣的饭菜。住了没多久,冯谖倚着柱子弹着自己的佩剑,唱道:"长剑啊,我们回去吧!这里没有鱼吃。"随从们把冯谖唱歌的事情告诉了孟尝君。孟尝君说:"给他吃鱼,像对待一般门客那样对待他。"住了没多久,冯谖又弹着他的剑,唱道:"长剑啊,我们回去吧!这里出门没有车子啊。"随从们都取笑冯谖,并把这件事告诉了孟尝君。孟尝君说:"给他车子,像对待上客那样。"于是,冯谖乘坐他的车,高举着他的剑,去拜访他的朋友,说:"孟尝君待我为上等门客。"此后不久,冯谖又弹着他的剑,唱道:"长剑啊,我们回去吧!没有能养家的东西啊。"此时,随从们都开始厌恶冯谖,认为他贪得无厌。而孟尝君听说此事后问道:"冯公家中有亲人吗?"回答道:"家中有老母亲。"于是孟尝君派人供给他母亲吃用,不让她缺穿少吃。从此冯谖不再唱歌了。

原文

　　后孟尝君出记①,问门下诸客:"谁习计会②,能为文收责于薛者乎③?"冯谖署曰:"能。"孟尝君怪之,曰:"此谁也?"左右曰:"乃歌夫'长铗归来'者也。"孟尝君笑曰:"客果有能也,吾负之,未尝见也。"请而见之,谢曰:"文倦于是④,愦(kuì)于忧⑤,而性懧(nuò)愚,沉于国家之事,开罪于先生⑥。先生不羞,乃有意欲为收责于薛乎?"冯谖曰:"愿之。"于是约车治装,载券契而行⑦,辞曰:"责毕收,以何市而反⑧?"孟尝君曰:"视吾家所寡有者⑨。"

注释

①**记**:账册。②**习**:熟悉。③**责**:同"债",债务。④**倦于是**:忙于事务,疲劳不堪。⑤**愦于忧**:忧愁思虑太多,心思烦乱。愦,昏乱。⑥**开罪**:得罪。⑦**券契**:债契。⑧**市**:买。**反**:同"返",返回。⑨**寡有**:没有,缺少的。

译文

　　后来,孟尝君拿出账簿,询问他的门客:"谁熟悉会计的事?有人可以为我去薛地收债吗?"冯谖上前签名说:"我能。"孟尝君感到很惊讶,问道:"这是谁呀?"随从们说:"这就是唱'长铗归来'的那个人。"孟尝君笑道:"这位门客果真有本事,是我亏待了他,还没见过他呢!"于是,他把冯谖请来相见,向他道歉说:"我被琐事搞得精疲力竭,整日忧心忡忡;再加上我天性懦弱愚笨,整天忙着处理国家大事,得罪了先生。先生真的不计较,竟然有心帮我去薛地收债吗?"冯谖答:"愿意。"于是冯谖套好车马,整治行装,载上契约票据准备出发。辞行的时候冯谖问:"债收完了,我需要买什么东西回来吗?"孟尝君说:"您看我家里缺什么就买什么吧。"

原文

驱而之薛①,使吏召诸民当偿者②,悉来合券③。券遍合赴,矫命以责赐诸民④,因烧其券。民称万岁。

注释

①**驱**:赶着车。②**当偿者**:应当还债的人。③**合券**:验对债券。④**矫命**:假托(孟尝君)命令。

译文

冯谖赶着车来到薛地,派官吏把应该还债的百姓全部找来核验契据。等到债券全部核实完,冯谖站起来,假托孟尝君的命令把所有的债款赏赐给老百姓,当场把债券烧掉,百姓们都高呼万岁。

原文

长驱到齐,晨而求见。孟尝君怪其疾也①,衣冠而见之,曰:"责毕收乎?来何疾也!"曰:"收毕矣。""以何市而反?"冯谖曰:"君云'视吾家所寡有者'。臣窃计②,君宫中积珍宝,狗马实外厩,美人充下陈。君家所寡有者以义耳!窃以为君市义。"孟尝君曰:"市义奈何?"曰:"今君有区区之薛,不拊爱子其民③,因而贾利之④。臣窃矫君命,以责赐诸民,因烧其券,民称万岁,乃臣所以为君市义也。"孟尝君不说,曰:"诺,先生休矣!"

注释

①**疾**:快,迅速。②**窃**:私下里,私自。③**拊爱**:爱抚。拊,同"抚",安抚,抚慰。④**贾**:商贾做买卖。

译文

　　冯谖马不停蹄地驱车回到齐都,清晨就求见孟尝君。孟尝君对于冯谖回来得如此迅速而感到奇怪,立即穿戴整齐去见他,问:"债都收完了吗?怎么回来得这么快?"冯谖说:"都收了。""买什么东西回来了?"孟尝君问。冯谖回答道:"您说'看我家缺什么就买什么',我私下考虑您宫中堆满了奇珍异宝,外面牲口棚里多的是猎狗、骏马,后宫里多的是美女,您家里所缺的只是'仁义'啊,所以我私自为您买了'仁义'。"孟尝君道:"买仁义是怎么回事?"冯谖道:"现在您拥有这小小的薛地,您没有把老百姓当作自己的子女一样爱护,而用商贾之道图利,我擅自假托您的命令,把债款全部赏赐给百姓,顺便烧掉了契据,百姓欢呼万岁,这就是我为您买回来的'义'啊。"孟尝君不高兴地说:"好吧,先生去休息吧。"

原文

　　后期年①,齐王谓孟尝君曰:"寡人不敢以先王之臣为臣。"孟尝君就国于薛②。未至百里,民扶老携幼,迎君道中,终日③。孟尝君顾谓冯谖④:"先生所为文市义者,乃今日见之。"

注释

①**后期年**:一年之后。②**就国**:回自己的封地。③**终日**:一整天。④**顾**:回头看,旁顾。

译文

　　一年之后,齐闵王对孟尝君说:"我可不敢把先王用过的大臣当作我的臣子。"孟尝君只好回到自己的领地薛地。离薛地还有一百多里,薛地的老百姓扶老携幼,在路旁迎接孟尝君到来,整天都是这样。孟尝君见此情景,回头看着冯谖道:"先生为我买的'义',今天终于见到了。"

原文

　　冯谖曰:"狡兔有三窟①,仅得免其死耳。今有一窟,未得高枕而卧也。请为君复凿二窟。"孟尝君予车五十乘,金五百斤,西游于梁。谓梁王曰:"齐放其大臣孟尝君于诸侯②,先迎之者,富而兵强。"于是,梁王虚上位③,以故相为上将军,遣使者、黄金千斤、车百乘,往聘孟尝君。冯谖先驱诫孟尝君曰④:"千金,重币也⑤;百乘,显使也⑥。齐其闻之矣。"

梁使三反⑦，孟尝君固辞不往也⑧。

注释

①窟：洞穴。②放：放逐。③虚上位：把上位（宰相之位）空出来。④先驱：驱车在前。⑤重币：贵重的财物礼品。⑥显使：地位显要的使臣。⑦三反：多次往返。反，同"返"，返回。⑧固辞：坚决辞谢。

译文

冯煖说："狡猾的兔子有三个洞才能免其一死，现在您只有一个洞，还不能高枕无忧，请让我再去为您挖两个洞吧。"孟尝君应允了，就给了冯煖五十辆车子，五百斤黄金。冯煖往西到了魏国，他对魏王说："现在齐国把他的大臣孟尝君放逐到国外去，首先迎请他的诸侯就可使自己的国家富庶强盛。"于是魏王把相位空出来，让原来的相国做了上将军，并派使者带着千斤黄金、百辆车子去请孟尝君。冯煖先赶回，告诫孟尝君说："黄金千斤，这是很重的聘礼了；百辆车子，这算显赫的使者了。齐国君臣大概听说这件事了吧。"大梁的使臣往返了好几次，孟尝君坚决推辞而不去魏国。

原文

齐王闻之，君臣恐惧，遣太傅赍黄金千斤①、文车二驷、服剑一，封书谢孟尝君曰："寡人不祥②，被于宗庙之祟③，沉于谄谀之臣，开罪于君。寡人不足为也④，愿君顾先王之宗庙，姑反国统万人乎！"冯煖诫孟尝君曰："愿请先王之祭器，立宗庙于薛。"庙成，还报孟尝君曰："三窟已就，君姑高枕为乐矣！"

孟尝君为相数十年，无纤介之祸者，冯煖之计也。

注释

①赍：持物赠人。②祥：同"详"，审慎。③被：遭受。祟：灾祸。④不足为：不值得你看重并辅助。

译文

齐王听到这个消息，君臣上下都很担心，连忙派遣太傅带着黄金千斤、两辆四匹马拉着的彩车、齐王亲自佩带的宝剑以及一封书信向孟尝君谢罪，说："我不审慎，祖宗降下的灾祸落到了我头上，我又被那些谄媚的臣子迷惑，得罪了您。

我是不值得您辅佐的了,但是希望您能顾念先王的宗庙,暂且返回自己的国家治理百姓。"冯谖告诫孟尝君说:"希望你向齐王请求赐予先王传下来的祭器,在薛地建立宗庙。"宗庙建造完成了,冯谖向孟尝君报告说:"三个洞窟已经全部完成了,你就高枕无忧,放心地享乐吧。"

在做齐国相国的几十年间,孟尝君没有遭受任何小祸患,靠的全是冯谖的计谋。

赵威后问齐使

原文

齐王使使者问赵威后。书未发①,威后问使者曰:"岁亦无恙耶②?民亦无恙耶?王亦无恙耶?"使者不说③,曰:"臣奉使使威后,今不问王,而先问岁与民,岂先贱而后尊贵者乎④?"威后曰:"不然。苟无岁⑤,何有民?苟无民,何有君?故有问舍本而问末者耶?"

注释

①书:信,此处指齐国给赵国的国书。发:拆开,启封。②岁:年成,收成。恙:忧患、灾祸。③说:同"悦",高兴。④贱:此处指民众。⑤苟:如果。

译文

齐襄王派遣使者去问候赵威后,国书还没有打开,赵威后就问使者:"今年收成没什么担忧的吧?百姓没有什么忧患吧?齐王也没有忧患吧?"使者不开心地说:"臣奉齐王的使命出使到威后您这里来,现在您不先问我们大王的状况却打听收成和百姓的状况,难道卑贱的百姓居先,尊贵的王反而居后吗?"赵威后答:"不是这样的。如果没有收成,怎么会有百姓?如果没有百姓,又怎么会有国君呢?所以哪里有不问根本而先问末节的呢?"

原文

乃进而问之曰:"齐有处士曰钟离子,无恙耶?是其为人也①,有粮者亦食②(sì),无粮者亦食;有衣者亦衣③(yì),无衣者亦衣。是助王养其民者也,何以至今不业也④?叶阳子无恙乎?是其为人,哀鳏寡⑤,恤孤独⑥，振困穷⑦，补不足。是助王息其民者也⑧，何以至今不业也？北宫之女婴儿子无恙耶？撤其环瑱，至老不嫁，以养父母。是皆率民而出于孝情者也，胡为至今不朝也？此二士弗业，一女不朝，何以王齐国、子万民乎？於陵子仲尚存乎？是其为人也，上不臣于王，下不治其家，中不索交诸侯⑨。此率民而出于无用者，何为至今不杀乎？"

注释

①**其为人**：他的为人之道。②**食**：动词，拿食物给人吃。③**衣**：动词，给人衣服穿。④**业**：动词，使之做官而成就功业，有重用的意思。⑤**哀**：怜悯。⑥**孤**：幼年丧父。**独**：老年丧子。⑦**振**：同"赈"，赈济，救济。⑧**息**：繁衍。⑨**索**：求。

译文

于是，赵威后接着又问道："齐国有个隐士叫锺离子，他还好吧？这人的为人之道，有粮食的，他给食物吃，没粮食的，他也给食物吃；有衣服的，他给衣服穿，没有衣服的，他也给衣服穿，这是在帮助君王养活百姓啊，为什么至今他还没有做官成就功业呢？叶阳子还好吧？这个人的为人之道，同情那些鳏夫和寡妇，帮助那些孤儿老人，救济贫困潦倒的人，这是在帮助君王生养他的百姓啊，为什么至今不让他成就功业呢？北宫家的女儿、儿子还好吗？她摘掉自己的耳环玉饰，到老不嫁，来奉养双亲，这是引导百姓尽孝心啊，为什么至今没有让她上朝给予封号呢？这样的两位隐士不受重用，一位孝女不加封号，齐王靠什么统治齐国、抚育百姓呢？於陵的子仲还活在世上吗？他这个人的为人啊，在上对君王不称臣，在下不能搞好家庭，中间不和诸侯求交往，这样的行为是在引导百姓无所作为啊！为什么至今还没有被处死呢？"

触<ruby>詟<rt>zhé</rt></ruby>说赵太后

原文

赵太后新用事①，秦急攻之②。赵氏求救于齐，齐曰："必以长安君为质③，兵乃出。"太后不肯，大臣强<ruby>谏<rt>qiǎng</rt></ruby>④。太后明谓左右⑤："有复言令长安君为质者，老妇必唾其面⑥！"

注释

①**用事**：掌管国事。②**急**：加紧。③**质**：人质。④**强**：竭力，极力。⑤**明**：明白地。⑥**唾**：动词，吐唾沫。

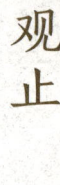

译文

赵太后刚刚掌权，秦国就加紧进攻赵国。赵国向齐国求救。齐国说："一定要把长安君作为人质，才肯出兵。"赵太后不同意，大臣们极力劝谏。太后明确地对身边的侍臣说："有谁再说让长安君去当人质的，老太婆我一定吐唾沫到他脸上！"

原文

左师触詟愿见。太后盛气而揖之①。入而徐趋②，至而自谢，曰："老臣病足，曾不能疾走，不得见久矣，窃自恕③。恐太后玉体之有所郄也④，故愿望见。"太后曰："老妇恃辇而行⑤。"曰："日食饮得无衰乎⑥？"曰："恃鬻耳。"曰："老臣今者殊不欲食⑦，乃自强步⑧，日三四里，少益嗜食，和于身⑨。"曰："老妇不能。"太后之色少解。

注释

①**盛气**：怒气冲冲。②**徐趋**：用快走的姿势慢步向前走。③**窃**：私下，私意，表谦敬。④**郄**：同"郤"，空隙，此处为不舒服，有毛病。⑤**恃**：依靠，凭借。⑥**衰**：减少。⑦**今者**：近来。⑧**强步**：勉强散散步。⑨**和**：和谐，舒适。

译文

左师触詟去拜见太后，太后气冲冲地等着他。触詟走入殿内就用快走的姿势慢慢地迈着小步，走到太后跟前谢罪说："老臣的脚有毛病，不能快走，很久没能拜见您了。我私下以脚病原谅了自己，但是又怕太后的玉体有什么不舒服，所以还是想来拜见太后。"太后说："我也要靠辇车行动。"触詟说："您每天的饮食该不会减少吧？"太后说："就靠喝点粥罢了。"触詟说："老臣近来特别不想吃饭，就勉强自己散步，每天走上三四里，稍微增进了食欲，身体也舒适些了。"太后说："我可做不到。"太后的脸色稍微缓和了一些。

原 文

　　左师公曰："老臣贱息舒祺①，最少②，不肖③。而臣衰，窃爱怜之。愿令补黑衣之数④，以卫王宫，没死以闻⑤。"太后曰："敬诺。年几何矣？"对曰："十五岁矣。虽少，愿及未填沟壑而托之⑥。"太后曰："丈夫亦爱怜其少子乎？"对曰："甚于妇人。"太后曰："妇人异甚。"对曰："老臣窃以为媪之爱燕后贤于长安君。"曰："君过矣，不若长安君之甚。"左师公曰："父母之爱子，则为之计深远⑦。媪之送燕后也，持其踵为之泣⑧，念悲其远也，亦哀之矣。已行，非弗思也，祭祀必祝之，祝曰：'必勿使反。'岂非计久长，有子孙相继为王也哉？"太后曰："然。"

注 释

①**贱息**：卑贱的儿子，对自己儿子的谦称。②**少**：年幼。③**不肖**：原意是不像先辈（那样贤明），后来泛指儿子不成器。④**黑衣**：指宫廷卫士。⑤**没死**：冒着死罪。**没**，通"昧"。⑥**填沟壑**：指死后无人埋葬，尸体丢在山沟里。此处是对自己死亡的谦虚说法。⑦**计**：打算，考虑。⑧**持**：握持。

译 文

　　左师公说："老臣的儿子舒祺，年龄最小，不成器，可是臣已经老了，私下又疼爱他，希望您能让他当个侍卫，保卫王宫。我冒着死罪来求您！"太后说："行！他多大了？"答道："十五岁了。虽然他年纪还小，但我想趁着自己还活着的时候把他托付给您。"太后说："男人也疼爱自己的小儿子吗？"触詟回答："比妇人疼爱得更厉害些。"太后笑着说："妇人对小儿子疼爱得特别厉害。"触詟回答："老臣私下里认为您爱燕后超过爱长安君。"太后说："您错了，我对燕后的疼爱不如长安君。"左师公说："父母爱子女，就要为他们考虑得长远些。您送燕后出嫁时，抱着她的脚后跟为她哭泣，为她的远嫁伤心，这也够心疼她的了。送走燕后后，您并不是不想念她，而每逢祭祀您一定为她祈祷，说：'一定别让她回来啊。'这难道不是为她做长远的打算，希望她的子孙世代做燕王吗？"太后说："是这样的。"

原 文

　　左师公曰："今三世以前，至于赵之为赵，赵王之子孙侯者，其继有在者乎①？"曰："无有。"曰："微独赵②，诸侯有在者乎？"曰："老妇不闻也。""此其近者祸及身，远者及其子孙。岂人主之子孙则必不善哉③？位尊而无功，奉厚而无劳，而挟重器多也。今媪尊长安之位，而封以膏腴之地④，多予之重器，而不及今令有功于国。一旦山陵崩⑤，长安君何以自托于赵？老臣以媪为长安君计短也，故以为其爱不若燕后。"太后曰："诺。恣君之所使之⑥。"于是为长安君约车百乘质于齐，齐兵乃出。

子义闻之曰："人主之子也，骨肉之亲也，犹不能恃无功之尊，无劳之奉，以守金玉之重也，而况人臣乎！"

①继：名词，继承人。②微独：不仅，不但。③人主：国君，诸侯。④膏腴：比喻土地肥沃。⑤山陵崩：古代用以比喻国君或王后的死，这里指赵太后去世。⑥恣：任凭。

左师公说："从距今三代算起，一直到赵氏刚开始建立赵国的时候，赵王的子孙凡是被封侯的，他们的后代至今还有保得住侯位的吗？"太后说："没有。"触詟又问："不仅是赵国，其他诸侯国子孙被封侯的，其后代有仍然在位的吗？"太后说："我没有听说过。"触詟说："这是因为这些被封侯的人近的灾祸就落在自己身上，远的灾祸就祸及子孙。难道是国君的子孙就一定不好吗？只是因为他们身份高贵却没有功勋，俸禄优厚却没有功劳，而且拥有的权位太高、财宝太多的缘故。现在您给了长安君极高的地位，并且把肥沃的土地封给他，还给他很多的金银财宝，却不趁此机会让他为国立功，一旦您驾崩了，长安君凭什么在赵国立足呢？老臣认为您为长安君考虑得太短浅，所以我认为您对长安君的疼爱不如燕后。"太后说："对。任凭您怎样安排他吧！"于是为长安君备车一百乘，到齐国去做人质，齐国才出兵。

子义听说了这件事，说："国君的儿子是国君的亲骨肉，尚且不能靠着没有功勋的尊位和没有功劳的厚禄来守住自己的金银财宝，何况是做臣子的呢？"

唐雎说信陵君

原文

信陵君杀晋鄙，救邯郸，破秦人①，存赵国②，赵王自郊迎。唐雎谓信陵君曰："臣闻之曰，事有不可知者，有不可不知者；有不可忘者，有不可不忘者。"信陵君曰："何谓也？"对曰："人之憎我也，不可不知也；我憎人也，不可得而知也。人之有德于我也③，不可忘也；吾有德于人也，不可不忘也。今君杀晋鄙，救邯郸，破秦人，存赵国，此大德也。今赵王自郊迎，卒然见赵王④，愿君之忘之也。"信陵君曰："无忌谨受教⑤。"

注释

①**破**：打败，打垮。②**存**：使动用法，使……存在，使……存活。③**德**：恩惠。④**卒**：通"猝"，急促、匆忙的样子。⑤**谨**：郑重。

译文

信陵君杀了晋鄙，解了邯郸之围，打败了秦国的军队，使赵国得以幸存。赵王亲自到郊外去迎接信陵君。这时，唐雎对信陵君说："我听说，事情有不可以知道的，有不可以不知道的；有不可以忘掉的，有不可以不忘掉的。"信陵君问："这话怎样说呢？"唐雎回答道："别人憎恨我，不可以不知道；我怨恨别人，就不可以让人知道；别人对我施以恩德，是不可以忘记的；我对别人施予恩德，是不可以不忘记的。您杀了晋鄙，救下邯郸，打败秦兵，保全赵国，这对赵国是莫大的恩德。现在赵王亲自到郊外迎接您，您与赵王见面的时候，我希望您把这件事忘掉。"信陵君说："我一定诚心地接受您的教诲。"

唐雎不辱使命①

原文

秦王使人谓安陵君曰②："寡人欲以五百里之地易安陵③，安陵君其许寡人!"安陵君曰:"大王加惠,以大易小,甚善;虽然,受地于先王,愿终守之,弗敢易!"秦王不说。安陵君因使唐雎(jū)使于秦。

秦王谓唐雎曰:"寡人以五百里之地易安陵,安陵君不听寡人,何也?且秦灭韩亡魏,而君以五十里之地存者④,以君为长者,故不错意也。今吾以十倍之地,请广于君,而君逆寡人者,轻寡人与?"唐雎对曰:"否,非若是也。安陵君受地于先王而守之⑤,虽千里不敢易也⑥,岂直五百里哉?"

秦王怫(fú)然怒⑦,谓唐雎曰:"公亦尝闻天子之怒乎?"唐雎对曰:"臣未尝闻也。"秦王曰:"天子之怒,伏尸百万,流血千里。"唐雎曰:"大王尝闻布衣之怒乎?"秦王曰:"布衣之怒,亦免冠徒跣(xiǎn),以头抢(qiāng)地耳⑧。"唐雎曰:"此庸夫之怒也,非士之怒也。夫专诸之刺王僚也,彗星袭月;聂政之刺韩傀(guī)也,白虹贯日;要离之刺庆忌也,苍鹰击于殿上。此三子者,皆布衣之士也,怀怒未发,休祲(jìn)降于天⑨,与臣而将四矣。若士必怒,伏尸二人,流血五步,天下缟(gǎo)素⑩,今日是也。"挺剑而起。

秦王色挠,长跪而谢之曰⑪:"先生坐!何至于此!寡人谕矣⑫:夫韩、魏灭亡,而安陵以五十里之地存者,徒以有先生也。"

注释

①**唐雎**:也作唐且,人名。**不辱使命**:意思是完成了出使的任务。辱,辱没、辜负。②**秦王**:即秦始皇,当时他还没有称皇帝。**使**:派遣,派出。**谓安陵君曰**:对安陵君说。③**欲**:想。④**以**:用,此处用作介词。**之**:的。⑤**安陵君**:安陵国的国君。安陵是当时的一个小国,位于今河南鄢陵西北,原是魏国的附属国。战国时魏襄王封其弟为安陵君。**守**:守护。⑥**易**:交换。⑦**怫然**:盛怒的样子。⑧**亦免冠徒跣,以头抢地耳**:也不过是摘掉帽子,光着脚,把头往地上撞罢了。抢,撞。徒,光着。⑨**休祲**:吉凶的征兆。休,吉祥。祲,不祥。⑩**缟素**:白色的丝织品,这里指穿丧服。⑪**长跪**:古人席地而坐,两膝着地,臀部压在脚跟上。如果跪着则耸身挺腰,身体就显得高(长)起来,所以叫"长跪"。**谢**:认错,道歉。⑫**谕**:通"喻",明白,懂得。

译文

秦王派人前去对安陵君说:"我想用方圆五百里的土地来交换安陵这个地方,安陵君一定要答应我!"安陵君说:"大王的美意,想用大的地盘来交换我们小的地盘,对于我们来说实在是好事;但是我们从先王那里接受了这块封地,敬畏它,愿意以身相报,始终守卫它,不敢有交换的不敬想法!"秦王知道后很不高兴。安陵君忙派遣唐雎出使秦国。

秦王对唐雎说:"本王想用方圆五百里的土地交换安陵,安陵君却拒绝了我,为什么呢?现在秦国已经将韩国、魏国灭亡,安陵何以凭借方圆五十里的土地幸存下来,就是因为本王把安陵君看作是忠厚的长者,所以没有打他的领地的主意。现在我用十倍于安陵的土地,让安陵君扩大自己的领土,但是他没有答应我的请求,这不是看不起我吗?"唐雎施礼回应说:"大王,事实不是您所想的那样。安陵君从先王那里继承了封地,他感念先祖,所以誓言守护它,即使是方圆千里的土地也不敢交换,更何况只是这五百里的土地呢?"

秦王听到这些话勃然大怒,对唐雎说:"你可曾听说过天子发怒的后果吗?"唐雎回答:"我没有听说过啊。"秦王说:"天子发怒的时候,会有数百万人的尸体倒在地上,鲜血流淌数千里。"唐雎说:"大王听说过百姓发怒吗?"秦王说:"百姓发怒,不过是摘掉帽子,光着脚,头撞地罢了。"唐雎说:"这只是平庸无能之人的发怒,这不是有才能、有胆识的人发怒。专诸刺杀吴王僚时,彗星尾巴扫过月亮;聂政刺杀韩傀时,一道白虹直冲上太阳;要离刺杀庆忌时,苍鹰扑到宫殿上。他们三个人,都是平民中有才能、有胆识的人,心里的愤怒还没发作出来,上天就降示了吉凶的征兆。现在专诸、聂政、要离连同我,将是四个人了。如果有胆识、有能力的人被威逼到一定要发怒时,就会让两个人的尸体倒下,五步之内淌满鲜血,天下百姓都要穿丧服,现在时候已经到了。"说完,拔剑出鞘站起。

秦王脸色变得沮丧,直起身子跪坐,忙向唐雎道歉说:"先生请坐!为什么会到这种地步!本王明白了:韩国、魏国灭亡,但安陵可以凭借方圆五十里的地方幸免浩劫,原来是因为有先生您在啊!"

乐毅报燕王书

原文

　　昌国君乐毅，为燕昭王合五国之兵而攻齐①，下七十余城，尽郡县之以属燕。三城未下，而燕昭王死。惠王即位，用齐人反间，疑乐毅，而使骑劫代之将。乐毅奔赵，赵封以为望诸君②。齐田单诈骑劫，卒败燕军，复收七十余城以复齐。

　　燕王悔，惧赵用乐毅乘燕之弊以伐燕。燕王乃使人让乐毅③，且谢之曰："先王举国而委将军，将军为燕破齐，报先王之仇，天下莫不振动。寡人岂敢一日而忘将军之功哉！会先王弃群臣，寡人新即位，左右误寡人。寡人之使骑劫代将军，为将军久暴露于外，故召将军，且休计事。将军过听，以与寡人有隙，遂捐燕而归赵④。将军自为计则可矣，而亦何以报先王之所以遇将军之意乎？"

　　望诸君乃使人献书报燕王曰："臣不佞，不能奉承先王之教，以顺左右之心，恐抵斧质之罪，以伤先王之明，而又害于足下之义，故遁逃奔赵。自负以不肖之罪，故不敢为辞说。今王使使者数之罪，臣恐侍御者之不察先王之所以畜幸臣之理，而又不白于臣之所以事先王之心，故敢以书对。

　　"臣闻贤圣之君不以禄私其亲，功多者授之；不以官随其爱，能当者处之。故察能而授官者，成功之

●乐毅济上劳军

君也；论行而结交者，立名之士也。臣以所学者观之，先王之举错，有高世之心，故假节于魏王，而以身得察于燕。先王过举，擢之乎宾客之中⑤，而立之乎群臣之上，不谋于父兄，而使臣为亚卿。臣自以为奉令承教，可以幸无罪矣，故受命而不辞。

"先王命之曰：'我有积怨深怒于齐，不量轻弱，而欲以齐为事。'臣对曰：'夫齐，霸国之余教而骤胜之遗事也，闲于甲兵，习于战攻。王若欲伐之，则必举天下而图之。举天下而图之，莫径于结赵矣⑥。且又淮北、宋地，楚、魏之所同愿也。赵若许约，楚、赵、宋尽力，四国攻之，齐可大破也。'先王曰：'善。'臣乃口受令，具符节，南使臣于赵。顾反命，起兵随而攻齐，以天之道，先王之灵，河北之地，随先王举而有之于济上。济上之军奉令击齐，大胜之。轻卒锐兵，长驱至国。齐王逃遁走莒，仅以身免。珠玉财宝，车甲珍器，尽收入燕。大吕陈于元英，故鼎反乎历室，齐器设于宁台。蓟丘之植，植于汶篁。自五伯以来，功未有及先王者也。先王以为顺于其志，以臣为不顿命⑦，故裂地而封之，使之得比乎小国诸侯。臣不佞，自以为奉令承教，可以幸无罪矣，故受命而弗辞。

"臣闻贤明之君，功立而不废，故著于《春秋》，蚤知之士，名成而不毁，故称于后世。若先王之报怨雪耻，夷万乘之强国，收八百岁之蓄积，及至弃群臣之日，遗令诏后嗣之余义，执政任事之臣，所以能循法令，顺庶孽者，施及萌隶⑧，皆可以教于后世。

"臣闻善作者不必善成⑨，善始者不必善终。昔者伍子胥说听乎阖闾，故吴王远迹至于郢；夫差弗是也，赐之鸱夷而浮之江⑩。故吴王夫差不悟先论之可以立功，故沉子胥而弗悔；子胥不蚤见主之不同量，故入江而不改。

"夫免身全功，以明先王之迹者，臣之上计也。离毁辱之非⑪，堕先王之名者，臣之所大恐也。临不测之罪，以幸为利者，义之所不敢出也。"

"臣闻古之君子，交绝不出恶声；忠臣之去也，不洁其名。臣虽不佞，数奉教于君子矣。恐侍御者之亲左右之说，而不察疏远之行也。故敢以书报，唯君之留意焉。"

注释

①**五国之兵**：赵、楚、韩、燕、魏五国联军。②**望诸君**：赵国给乐毅的封号。③**让**：责备。④**过听**：误信流言。**隙**：隔阂。**捐**：抛弃。⑤**擢**：提拔。**之**：我。**乎**：同"于"，从。⑥**径**：直接。⑦**不顿命**：不辜负使命。⑧**施**：延续普及。**萌隶**：指百姓。⑨**善作者**：善于开创事业的人。**善成**：善于守业。⑩**鸱夷**：皮革制的口袋。⑪**离**：通"罹"，遭受。

译文

昌国君乐毅，奉燕昭王之命联合韩、赵、楚、魏、燕等五国的军队，攻打齐国，初战告捷，乘胜追击，连下七十余座城池，均被燕国占领。在还剩下三座城邑没来得及攻下时，燕昭王突然去世。燕惠王继位后，由于齐国人的反间计，惠王怀疑乐毅有了异心，随即起用骑劫代替他。乐毅慌忙逃到赵国，赵王封乐毅为望诸君。齐国大将田单连用计谋之术蒙骗了骑劫，连连大败燕军，收复七十多座城邑失地，恢复了齐国的领土。

此时燕王深感悔悟，又怕赵国重用乐毅，乘燕国之危来攻燕，便遣人去以责备的口气，向乐毅表歉意，说："先王将燕国托付大将军，将军为燕攻破了齐国，为先王报了仇，天下人无不震动。寡人怎敢有片刻忘记大将军的功勋啊！而今先王抛下我们而去，寡人刚刚继位，受左右人的误导。但是，寡人派骑劫代替将军，是看到大将军长年在野外作战，甚是辛苦，想调将军回朝，以作休养，也方便共商国是。将军却误信流言，和寡人有了隔阂，抛弃燕国而投奔赵国。为将军自己打算，固然可以；但这样又怎能报答先王对将军的恩情呢？"

望诸君乐毅便派人将亲笔书信进献惠王，信中说："臣下无能，未能尊奉先王的遗命，顺从大王左右的心愿，心中担心若要回到燕国也会受到刀斧之祸，以致损害先王知人之明，又使您亏于君臣之义，不得已而投奔赵国，虽承担了不忠不义的罪名，也不想过多解释。如今大王遣人来历数臣的罪过，恐怕大王左右未能了解先王重用臣下的原因，也不明白臣下为何事奉先王的心意，这方才敢写书信给大王。

"臣下听说,贤明的君主,不会把爵禄随便私自赏赐给他的亲人,只有那些为国家立功的人才会被授予;不会把官职随便授予自己宠幸的人,只有那些才能相当的人才会被任命。所以说,善于考察人才之贤能而选官用官,才是可以成就功业的君主;根据德行深浅而结交朋友,才能成为树立名声的贤士。以臣下所学知识来判断,可以知道先王处理国事,高于一般君主的眼光,这也是借用魏王的使节,到燕国亲身考察的缘故。先王对臣下提拔器重,从众贤人中挑选出来,并安置在群臣之上,甚至不与王室长辈商量,便任命臣为亚卿。臣下自以为能够不辱使命、秉承教导,可以侥幸免于罪过,也就毫不辞让,接受了任命。

"先王命令臣下,说:'我跟齐国积怨已久,即使我们国小力微,也要报齐国之仇。'臣下答话说:'齐国素有霸主的心态,对外交战多次打胜仗,熟悉军事,又擅长攻战。大王如果要攻打齐国,只有发动天下的兵力才能对付它。而要发动如此大的兵力,首选要先同赵国结盟。还有淮北那块土地,原属宋国,被齐国独吞了,而楚国、魏国都想得一份。赵国如果赞同,约同楚、魏两国尽力帮助,以四国的力量与齐国抗衡,就可大破齐国了。'先王说:'好!'臣下便接受王命,准备符节,南下出使赵国。很快便回国复命,准备发兵进攻齐国。顺应上天之道,倚仗先王的声威,黄河以北的齐国土地,都随着先王进兵济上而为燕国所有了,济水上的燕军,奉令出击,大获胜利。士卒轻装,武器锐利,长驱直入,攻占齐都。齐王逃奔至莒,幸免一死。所有的珠玉财宝、车甲珍器,归燕国所有。大吕钟陈列在元英殿上,燕国的宝鼎又运回历室殿,齐国的宝器都摆设在燕国的宁台。原来竖立在蓟丘的燕国旗帜,插到齐国汶水两岸的竹田。自从五霸以来,没有谁的功勋能赶上先王。先王很得意,认为臣没有辜负他的期望,所以割地封赏臣下,使臣下获得了相当于小国诸侯的地位。臣下不才,自信能够奉行命令,秉承教导,可以侥幸免于罪过,因此毫不推辞而接受了封爵。

"臣下听说,贤明的君主,建立了功业便不会让它荒废,所以才能记载于史册;有远见的贤能谋士,成名之后便不会败坏它,所以为后世所景仰称赞。如先王这样报仇雪恨,征服了万辆兵车的强国,没收它八百年的积蓄,直到崩逝,还留下遗训,使后世君主官员能遵循法令,安抚亲疏上下,推及百姓,这都是可以教育后世,成为后世之榜样啊。

"臣下听说,善于开创事业的人未必善于完成它,善始未必获得善终。从前,伍子胥的意见多会被阖闾采纳,因此吴王得以远征到楚国的郢都;相反,吴王夫差没有觉悟到子胥劝他灭越的意见具有先见之明，可以建立大的功业，所以把子胥的尸体抛到江中而不知道后悔；而伍子胥未能早早看清阖闾和夫差二王胸怀度量的不同，直到被抛入江中还不知改变。

"所以，脱身免祸，保全讨伐齐国的大功，用以表明先王的功绩，这是臣下的上策。遭受诋毁和侮辱的错误处置，毁坏先王的美名，这是臣下最为不安的。面对无法预测的罪名，却又助赵攻燕，妄图私利，这种不义的事，我是决不敢做的。

"臣下听说，古代的君子，即使和朋友断绝交往，也决不说对方的坏话；忠臣被迫离开一国到另一国去，并不归咎国君来洗刷自己的名誉。臣下虽然不才，也曾多次受过君子的教诲，只是恐怕大王轻信左右的谗言，因此冒昧回信说明，希望您多加考虑。"

李　斯

　　李斯（约前284—前208），字通古。战国末期楚国上蔡人。秦代著名的政治家、文学家和书法家。

　　李斯早年为郡小吏，后从荀子学帝王之术，学成入秦。后劝说秦王政灭诸侯、成帝业，被任为长史。秦王政十年（前237）由于韩人间谍郑国的阴谋败露，秦王下令驱逐六国客卿。李斯上《谏逐客书》加以阻止，被秦王所采纳，不久升任廷尉。李斯为秦国统一天下立下大功，在统一车轨、文字、度量衡制度的过程中也发挥了重要作用。

谏逐客书

　　秦宗室大臣皆言秦王曰："诸侯人来事秦者，大抵为其主游间于秦耳，请一切逐客①。"李斯议亦在逐中。斯乃上书曰：
　　"臣闻吏议逐客，窃以为过矣。

"昔穆公求士，西取由余于戎，东得百里奚于宛，迎蹇(jiǎn)叔于宋，求丕豹、公孙支于晋。此五子者，不产于秦，而穆公用之，并国二十，遂霸西戎。孝公用商鞅之法，移风易俗，民以殷盛，国以富强，百姓乐用，诸侯亲服，获楚、魏之师，举地千里，至今治强。惠王用张仪之计，拔三川之地，西并巴蜀，北收上郡，南取汉中，包九夷，制鄢、郢，东据成皋之险，割膏腴之壤，遂散六国之从，使之西面事秦，功施到今。昭王得范雎(ráng)，废穰侯，逐华阳，强公室，杜私门，蚕食诸侯，使秦成帝业。此四君者，皆以客之功。由此观之，客何负于秦哉！向使四君却客而不内②，疏士而不用，是使国无富利之实，而秦无强大之名也。

"今陛下致昆山之玉，有随、和之宝，垂明月之珠，服太阿之剑，乘纤离之马，建翠凤之旗，树灵鼍(tuó)之鼓。此数宝者，秦不生一焉，而陛下说之，何也？必秦国之所生然后可，则是夜光之璧，不饰朝廷；犀象之器，不为玩好；郑、魏之女，不充后宫；而骏马駃騠(jué tí)，不实外厩；江南金锡不为用；西蜀丹青不为采。所以饰后宫、充下陈③、娱心意、说耳目者，必出于秦然后可，则是宛珠之簪，傅玑之珥(ěr)④，阿缟(gǎo)之衣，锦绣之饰，不进于前；而随俗雅化，佳冶窈窕，赵女不立于侧也。夫击瓮(wèng)叩缶(fǒu)，弹筝搏髀(bì)，而歌呼呜呜、快耳目者，真秦之声也；郑、卫桑间，韶虞、武象者，异国之乐也。今弃击瓮而就郑、卫，退弹筝而取韶虞，若是者何也？快意当前，适观而已矣。今取人则不然，不问可否，不论曲直，非秦者去，为客者逐，然则是所重者在乎色乐珠玉，而所轻者在乎人民也。此非所以跨海内⑤、制诸侯之术也。

"臣闻地广者粟多，国大者人众，兵强则士勇。是以泰山不让土壤，故能成其大；河海不择细流，故能就其深；王者不却众庶，故能明其德。是以地无四方，民无异国，四时充美，鬼神降福，此五帝三王之所以无敌也⑥。今乃弃黔首以资敌国⑦，却宾客以业诸侯，使天下之士退而不敢西向，裹足不入秦，此所谓'藉寇兵而赍盗粮'者也。

"夫物不产于秦，可宝者多；士不产于秦，而愿忠者众。今逐客以资敌国，损民以益仇，内自虚而外树怨于诸侯⑧，求国之无危，不可得也。"

秦王乃除逐客之令，复李斯官。

注 释

①**客**：指在秦国做官的其他诸侯国人。②**向使**：假使。**却**：拒绝。**内**：同"纳"。③**下陈**：台阶下面姬妾歌舞的地方。④**傅**：同"附"，附着。**玑**：不圆的珠。**珥**：耳环。⑤**跨**：凌驾。比喻统一。⑥**五帝**：指黄帝、颛顼、帝喾、唐尧、虞舜。**三王**：指夏禹、商汤、周文王。⑦**黔首**：秦称百姓为黔首。黔，黑色。⑧**外树怨于诸侯**：意思是把客籍人赶回各国，这些人会怨恨秦国，极力辅佐诸侯攻秦。这等于秦王自己在外部树立了众多的仇敌。

译 文

秦国宗室大臣们一起向秦王说："各诸侯国的人来事奉秦国的，大都是在替他们的君主进行游说、离间，请把所有的客籍人都赶走。"李斯也是在商议中要被驱逐的一个。李斯就写信给秦王说：

"听说官吏们商议赶走客籍人，我私下认为这样做是错误的。

"从前，穆公访求贤士，西边从戎族那里选拔了由余，东面从楚国的宛县得到了百里奚，从宋国迎来了蹇叔，从晋国来了邳豹和公孙支。这五个人，都不出生在秦国，可是穆公重用他们，因而兼并了二十个小国，于是称霸西戎。孝公采用了商鞅的新法，移风易俗，百姓因此兴旺富足，国家因此繁荣富强，百姓都乐意为国出力，各诸侯国都对秦国亲善归服，战胜了楚、魏的军队，攻取了上千里的土地，使得秦国至今还保持安定强盛。惠王采用张仪的计策，攻取了三川的土地，向西吞并了巴、蜀，向北收得了上郡，向南夺取了汉中，拿下了广大少数民族地区，控制着楚国的鄢、郢，向东占据了成皋的天险，取得了大片肥沃的土地。于是离散了韩、魏、赵、齐、楚、燕六国的合纵联盟，使他们都尊崇、侍奉秦国，这功劳一直延续到今天。昭王得到范雎，废除穰侯，驱逐华阳君，加强王室的权力，限制豪门贵族的势力。渐渐地吞并各诸侯国，帮助秦国建成帝王的事业。这四位君主，都凭借了外来人的功劳。由此看来，外来人哪里辜负了秦国呢！假使这四位君主拒绝不接纳外来人，疏远贤士而不用，这就是使国家没有富足的实力，而秦国也没有强大的名声了。

"现在陛下得到了昆仑山的宝玉，有了随侯珠、和氏璧，悬挂着光如明月的珍珠,佩带着太阿宝剑,乘坐名叫纤离的骏马,插着用翡翠作装饰的彩旗,摆设着鳄鱼皮蒙的大鼓。这几种宝物都不是秦国出产,可是陛下非常喜爱它们,这是为什么呢?一定要秦国出产的才能用,那么夜光璧就不能装饰朝廷,犀牛角和象牙制的器物就不能做玩赏的东西,郑、卫两国的美女就不能住满后宫,而且骏马䮷騠不该关满外面的马栏,江南的铜锡不该用作器物,西蜀的丹青不能用来做颜料。凡是装饰后宫的珠玉、充满台阶下面的姬妾、娱乐心意的器物、悦耳目的音乐图画等,如果一定要出产在秦国的才可用,那么,这些嵌着宛珠的簪子、镶着小珠的耳环、东阿白绢做成的衣服、锦绣的饰物,就不能进献到您面前,而且打扮时髦、艳丽苗条的赵国女子就不能侍立在您的身边了。敲打着瓦瓮瓦钵,弹着竹筝,拍腿打拍子,唱着呜呜的歌曲来娱人耳目的,才真正是秦国的音乐呢!郑、卫桑间的音乐,以及韶虞、武象,都是别国的音乐呢!如今抛弃敲打瓦器而欣赏郑、卫的音乐,撤走竹筝而选择韶虞的乐曲,这样做是为了什么呢?还不是为了眼前的心情愉快,适合观赏罢了。如今您用人却不这样做,不问适宜不适宜,不论正确不正确,凡不是秦国人就要他离开,只要是外来人就赶走。这样做就说明,你所重视的是女色、音乐、珍珠、宝玉,而所轻视的则是人才了,这可不是统一天下、制服诸侯的策略啊。

"我听说土地广大的,粮食就丰富;国家大的,人口就众多;武器精锐,兵士就勇敢。因此泰山不拒绝土壤,所以能形成它的高大;河海不排除细流,所以能形成它的深广;君主不拒绝庶民,所以能显示他的厚德。因此说地不分东西南北,人民不分本国别国,能够四季都富庶美好,鬼神都来保佑。这就是五帝、三王无敌于天下的根本原因。现在您竟然抛弃百姓去资助敌国,驱逐外来人去成就别国诸侯的事业,使天下的贤士都退缩畏惧,不敢向西,停住脚步不肯进入秦国,这就叫作借武器给敌人,送粮食给盗贼啊。

"物品不出产在秦国,可是珍贵的很多;贤士不出生在秦国,但愿意效忠秦国的很多。现在驱逐外来人去资助敌国,损害百姓去增加对手的力量,使得国家内部空虚;而在对外又结怨于诸侯,想求得国家没有危险,是办不到的啊!"

秦王(看了李斯的书信)便撤销逐客的命令,恢复了李斯的官职。

楚 辞

楚辞是屈原创作的一种新诗体，也是中国文学史上首部浪漫主义诗歌总集。"楚辞"的名称，在西汉初期就已出现，刘向后来将其编辑成集。东汉王逸作章句。原收战国楚人屈原、宋玉及汉代淮南小山、东方朔、王褒、刘向等人的辞赋共计十六篇。王逸后又增己作《九思》，成十七篇。全书以屈原作品为主，其余各篇也是承袭屈赋的形式。因其运用楚地的文学样式、方言声韵和风土物产等，具有浓厚的地方色彩，故名《楚辞》。

卜 居

原文

屈原既放①，三年不得复见。竭智尽忠，而蔽障于谗②，心烦虑乱，不知所从。乃往见太卜郑詹尹曰："余有所疑，愿因先生决之③。"詹尹乃端策拂龟曰④："君将何以教之？"

注释

①**放**：放逐。②**蔽障**：遮蔽、阻挠。③**因**：凭借。④**端策**：数计蓍草。**拂龟**：拂去龟甲上的灰尘。

译文

屈原被放逐后，已经三年没能见到楚怀王。他竭尽心智报效国家，却遭受谗言谤语，被楚怀王疏远隔绝。他心烦意乱，不知如何是好。于是去见太卜郑詹尹，说："我心中有些疑惑，希望通过先生您的占卜帮助我决定。"郑詹尹连忙摆正蓍草、拂去龟甲上的灰尘，问道："先生有何见教？"

原文

屈原曰："吾宁悃悃款款①，朴以忠乎，将送往劳来②，斯无穷乎？宁诛锄草茆以力耕乎，将游大人以成名乎？宁正言不讳以危身乎，将从俗富贵以媮生乎？宁超然高举以保真乎，将哫訾栗斯③、喔咿嚅唲以事妇人乎④？宁廉洁正直以自清乎，将突梯滑稽⑤、如脂如韦，以絜楹乎？宁昂昂若千里之驹乎，将泛泛若水中之凫乎⑥，与波上下，偷以全吾躯乎？宁与骐骥亢轭乎⑦、将随驽马之迹乎⑧？宁与黄鹄比翼乎，将与鸡鹜争食乎？此孰吉孰凶，何去何从？世溷浊而不清⑨，蝉翼为重，千钧为轻；黄钟毁弃，瓦釜雷鸣；谗人高张，贤士无名。吁嗟默默兮，谁知吾之廉贞？"

注释

①**悃悃款款**：诚实忠信的样子。②**送往劳来**：随处周旋，巧于应酬。③**哫訾**：以言献媚，阿谀奉承的样子。**栗斯**：小心献媚的样子。栗，同"慄"，恭谨，恭敬。④**喔咿嚅唲**：强颜欢笑的样子。⑤**突梯**：圆滑的样子。⑥**凫**：野鸭子。⑦**亢轭**：并驾而行。亢,同"伉"，并也。轭，车辕前端的横木。⑧**驽马**：劣马。⑨**溷浊**：肮脏、污浊。

译文

屈原说："我是应该诚意朴实、忠心耿耿呢，还是迎来送往、巧于逢迎，以免陷于困境呢？是应该垦荒锄草、勤劳耕作，还是交游权贵而沽名钓誉呢？是应该毫无隐讳地直言为自己招祸，还是顺从世俗、贪图富贵而苟且偷生呢？是应该超然脱俗、保持正直操守，还是阿谀逢迎、强颜欢笑以侍奉楚怀王的宠妾呢？是应该廉洁正直、洁身自好，还是迎合世俗、趋炎附势呢？是应该像日行千里的骏马那样奔驰，还是像漂浮于水面的野鸭那样随波逐流、保全性命呢？是应该与良马并驾齐驱，还是追随那劣马的踪迹呢？是应该与天鹅比翼高飞，还是与鸡鸭一起在地上争食呢？所有这些，究竟哪个是吉、哪个是凶呢？我应该何去何从呢？现在的世道混浊不清，认为蝉翼是重的，千钧是轻的；贵重的黄钟竟然被毁弃，劣质的瓦釜陶罐却发出雷鸣般的声响；谗佞小人嚣张跋扈，贤明之士却默默无闻。唉，还是沉默吧，有谁能知道我的廉洁忠贞呢？"

原 文

詹尹乃释策而谢曰①:"夫尺有所短,寸有所长,物有所不足,智有所不明,数有所不逮②,神有所不通。用君之心,行君之意。龟策诚不能知此事。"

注 释

①**谢**:辞谢,拒绝。②**数**:此处指占卜。**逮**:及,到。

译 文

于是,郑詹尹放下手中的蓍草向屈原推辞说:"尺有所短,寸有所长;世间万物总会有不完善的地方,就算是有智慧的人也会有糊涂的时候;占卜也未必事事都能预料得到,天神也有不通的地方。就请您按照自己的心意,实行您的主张吧,龟甲和蓍草实在无法预知这些事情。"

宋玉对楚王问①

原 文

楚襄王问于宋玉曰:"先生其有遗行与②?何士民众庶不誉之甚也③?"

宋玉对曰:"唯,然,有之。愿大王宽其罪,使得毕其辞。

"客有歌于郢中者。其始曰《下里》《巴人》④,国中属而和者数千人。其为《阳阿》《薤露》,国中属而和者数百人。其为《阳春》《白雪》,国中属而和者不过数十人。引商刻羽,杂以流徵⑤,国中属而和者,不过数人而已。是其曲弥高,其和弥寡⑥。

"故鸟有凤而鱼有鲲。凤凰上击九千里,绝云霓,负苍天⑦,足乱浮云,翱翔乎杳冥之上⑧。夫藩篱之鷃,岂能与之料天地之高哉?鲲鱼朝发昆仑之墟,暴鬐于碣石,暮宿于孟诸。夫尺泽之鲵,岂能与之量江海之大哉?

"故非独鸟有凤而鱼有鲲也，士亦有之，夫圣人瑰意琦行⁹，超然独处，世俗之民又安知臣之所为哉？"

注释

①**宋玉**：战国后期楚国著名辞赋家，在屈原后出生，和唐勒、景差同时期。他是屈原的学生，曾为顷襄王小臣。②**遗行**：不对的行为。③**誉**：称赞。④**《下里》《巴人》**：楚国通俗的民间歌曲。⑤**流徵**：流动的徵音，其声抑扬连续。⑥**弥**：越。⑦**绝**：超越。**负**：背着。⑧**杳冥**：指极高极远看不清的地方。⑨**瑰意琦行**：宏大的志向，美好的行为。

译文

楚襄王问宋玉说："先生也有不检点的行为吧？为什么那么多人都对你有极大的不满情绪呢？"

宋玉回答说："嗯，是的，有这种情况。希望你能宽恕我的过错，让我把话说完。

"在都城中有一个唱歌的外地人，他开始时唱《下里》《巴人》，城中能和他接唱应和的有几千人；当他唱《阳阿》《薤露》时，能和他接唱应和的还有几百人；当他唱《阳春》《白雪》时，能和他接唱应和的就只有几十个人了。当他一会儿高唱商声，一会儿低唱羽声，又夹杂着流动的徵音时，全城中能和他接唱应和的只剩下几个人了。这样看来，曲调越高雅，能够应和的人就越少。

"所以鸟中有凤凰，鱼中有鲲鱼。凤凰向上飞了九千里，超越了云霞，背负苍天，脚搅乱浮云，在那遥远幽深的天空中自由地飞翔；那种生活在篱笆杂草间的鸟，又怎能和凤凰一起估算天地的高远呢！鲲鱼早上从昆仑山下出发，白天在碣石晒脊背，傍晚在孟诸过夜；那尺把深的泥坑中的小鱼，又怎能和鲲鱼衡量长江大海的深广呢？

"因此不只是鸟类中有凤凰而鱼类中有鲲鱼，士人当中也有杰出的人才。圣人的伟大志向和美好操行，超出常人而独自存在，一般的人又怎能理解我的所作所为呢？"

卷五　汉文

史　记

《史记》是西汉史学家司马迁撰写的一部纪传体史书，是中国第一部纪传体通史，被列为"二十四史"之首，记载了上自上古传说中的黄帝时代，下至汉武帝太初四年间共三千多年的历史。全书包括十二本纪、三十世家、七十列传、十表、八书，共一百三十篇，五十二万六千五百余字。

项羽本纪赞

原　文

太史公曰：吾闻之周生曰："舜目盖重瞳子。"又闻项羽亦重瞳子。羽岂其苗裔邪？何兴之暴也①？夫秦失其政，陈涉首难，豪杰蜂起，相与并争，不可胜数②。然羽非有尺寸③，乘势起陇亩之中，三年，遂将五诸侯灭秦④，分裂天下而封王侯，政由羽出，号为霸王，位虽不终，近古以来未尝有也⑤。及羽背关怀楚，放逐义帝而自立⑥，怨王侯叛己，难矣。自矜功伐⑦，奋其私智而不师古，谓霸王之业，欲以力征经营天下，五年，卒亡其国。身死东城，尚不觉寤⑧，而不自责，过矣。乃引"天亡我⑨，非用兵之罪也"，岂不谬哉！

注释

①**暴**：突然。②**胜**：尽。③**尺寸**：长度单位，引申为小，指尺寸封地。④**五诸侯**：指原来的齐、赵、韩、魏、燕五国。⑤**近古**：春秋、战国以来的时代。⑥**义帝**：公元前208年，项梁立楚怀王的孙子熊心为王，仍称楚怀王。公元前206年，项羽分封诸王，表面上尊楚怀王为义帝。公元前205年，项羽派人杀死义帝。⑦**矜**：夸耀。**伐**：功劳。⑧**寤**：通"悟"，醒。⑨**引**：援引，作为理由。

译文

太史公说：我听周生说："舜的眼睛是双瞳孔的。"又听说项羽的眼睛也是双瞳孔。项羽难道是舜的后代子孙吗？他为什么能兴起得这样迅猛呢？当秦朝趋于灭亡时，陈涉首先发动起义，天下豪杰蜂拥而起，争夺天下，多得不可胜数。而项羽并没有尺寸地盘作为依靠，却趁着当时的形势从民间崛起，三年的时间，便率领五国的诸侯灭掉了秦朝，把天下的土地分封给各个王侯，并且制定各项政令，自号为"霸王"。他的王位虽然没有长时间地保持下来，但从近古以来，像他这样的人还不曾有过。等到他放弃关中，怀恋楚地，放逐义帝自立为王，就失去了人心，这时怨恨那些王侯背叛自己，这就很难了。项羽夸耀自己的功劳，自高自大，运用个人的才智而不效法古人，以为霸王的事业只靠武力征伐就能统治天下，只有五年的时间就亡了国，直到他自身死在东城，还不曾觉悟自己犯了个大错误。他却说"这是上天要灭亡我，不是我用兵的错误"，这难道不是非常荒谬吗？

秦楚之际月表

原文

太史公读秦楚之际①，曰：初作难②，发于陈涉；虐戾灭秦③，自项氏；拨乱诛暴，平定海内④，卒践帝祚⑤，成于汉家。五年之间，号令三嬗⑥，自生民以来，未始有受命若斯之亟也⑦。

注释

①**秦楚之际**：指记录秦楚交替时期之事的史书。②**作难**：发难，起兵。③**虐戾**：形容词作状语，用狂虐暴戾的方法。④**海内**：天下。⑤**践**：登上。⑥**嬗**：同"禅"，更改。⑦**亟**：快，迅速。

译 文

太史公读秦楚交替时期的史书，就说：率先发难反秦的是陈胜；要用虐戾的手段来灭亡秦朝的是项羽；清除混乱，诛灭凶暴，平定天下，最终得到帝业，成功得天下的是汉家。五年的时间，号令改了三次，自有了生民到现在，帝王接受天命从没有像这样急促过！

原 文

昔虞、夏之兴①，积善累功数十年，德洽百姓，摄行政事，考之于天，然后在位。汤、武之王②，乃由契、后稷③，修仁行义十余世，不期而会孟津八百诸侯④，犹以为未可。其后乃放弑。秦起襄公⑤，章于文、穆、献、孝之后⑥，稍以蚕食六国⑦，百有余载，至始皇乃能并冠带之伦⑧。以德若彼，用力如此，盖一统若斯之难也。

注 释

①**虞**：传说中的远古部落名，即有虞氏，居于蒲坂（今山西永济西蒲州镇），舜是有虞氏首领。②**汤**：名履，商朝开国君主。**武**：周朝开国武王，姓姬名发，周文王之子。③**契**：商朝始祖，传十四代到商汤，灭夏桀。**后稷**：周朝始祖，传十五代到周武王，灭商纣。④**不期**：没有约定日期，指不约而同。**孟津**：在今河南孟津区，相传武王伐纣与诸侯会于此地。⑤**襄公**：名已失传，春秋秦国君主，护送周平王东迁有功，封为诸侯。⑥**文**：秦文公，名已失传，襄公之子，秦文公击退犬戎异族，占领岐山以西。**穆**：即秦穆公，名任好，春秋五霸之一。**献**：秦献公，名师隰。**孝**：秦孝公，名渠梁。⑦**蚕食**：像蚕吞食桑叶一样，一点一点地侵略。⑧**冠带之伦**：指头戴冠、腰束带的人。这里指六国诸侯。

译 文

过去虞、夏兴起，积累了几十年的善事功德，恩泽惠及百姓，代理执行政事，接受上天的考验，才正式即位。汤、武成就的王业，是从他们的祖先契和后稷修仁行义了十几代，不约而同地与八百诸侯相会于孟津的地方，他还以为时机未到，直到后来，方才流放了桀，杀了纣。秦国在襄公时候兴起，在文公、穆公的时候名声才大起来，到了献公、孝公以后，逐渐用蚕食桑叶的办法，去侵占六国的土地；又过了一百多年，到了始皇，方才能够吞并诸侯。用德如虞、夏、商、周，用力如秦，原来统一天下是不容易的啊！

原文

秦既称帝①，患兵革不休②，以有诸侯也，于是无尺土之封，堕坏名城③，销锋镝④，钼豪杰⑤，维万世之安。然王迹之兴，起于闾巷⑥，合从讨伐，轶于三代，乡秦之禁⑦，适足以资贤者为驱除难耳。故愤发其所为天下雄，安在无土不王？此乃传之所谓大圣乎？岂非天哉？岂非天哉？非大圣孰能当此受命而帝者乎？

注释

①既：在之后。②患：担心。③堕：形容词作动词，拆塌。④镝：箭头。⑤钼：铲除、杀戮。⑥闾巷：小的街道，借指民间。古代以二十五家为一闾。⑦乡：同"向"，过去。

译文

秦始皇称帝以后，担心战事不休，是因为有诸侯的缘故，于是就把诸侯的封地废掉，拆毁了有名的城池，熔化了锋利的箭头，杀戮了英雄豪杰，期望获得万代的安逸。哪知新的帝王兴起，偏偏在闾巷里头，他联合了天下的英雄豪杰，讨伐暴虐的秦朝，却远胜过夏、商、周三代。从前秦朝的禁令，正好是替贤人排忧解难的资助啊。所以高祖发奋而起，做了天下的豪杰，哪里还说没有封地便不能称王呢？这就是古书上所说的大圣吧？难道不是天意吗？难道不是天意吗？假使不是大圣，谁能在这豪杰并力攻秦的时候，受命于天，做了帝王呢？

孔子世家赞

原文

太史公曰：《诗》①有之："高山仰止②，景行行止③。"虽不能至，然心乡往之④。余读孔氏书，想见其为人。适鲁⑤，观仲尼庙堂、车服、礼器，诸生以时习礼其家，余低回留之⑥，不能去云。天下君王至于贤人，众矣，当时则荣，没则已焉。孔子布衣，传十余世，学者宗之。自天子王侯，中国言六艺者⑦，折中于夫子，可谓至圣矣！

注释

①《诗》：即《诗经》，我国最早的一部诗歌总集。②**高山**：比喻道德高尚。**止**：语气助词，表示肯定语气。③**景行**：大路，比喻行为正大光明。④**乡**：通"向"，倾向。⑤**适**：到。⑥**低回**：徘徊。⑦**六艺**：指《易》《礼》《乐》《诗》《书》《春秋》。

译文

太史公说：《诗经》上有这样的话："巍峨的高山，人们仰望它；宽阔的大道，人们沿着它前进。"我虽然不能达到这个境界，可心里却向往着它。我读孔子的著作，想象他的为人。我到鲁国，观看了孔子的庙堂、他乘过的车子、穿过的衣服、用过的礼器，还看儒生们在他家里按时演习礼仪，这些都让我徘徊留恋，舍不得离开。天下的君王和那些道德才能出众的人，实在是多，他们在世时十分荣耀，但死后就一切都完了。孔子只是一个平民，他的学说传了十几代，仍为读书人所尊崇。从天子王侯起，中国讲说六艺的，都以孔子的学说作为准则，孔子这个人，可以说是至高无上的圣人了。

伯夷列传

原文

夫学者载籍极博，犹考信于六艺。《诗》《书》虽缺①，然虞、夏之文可知也②。尧将逊位，让于虞舜，舜、禹之间，岳牧咸荐③，乃试之于位，典职数十年，功用既兴，然后授政，示天下重器。王者大统，传天下若斯之难也。而说者曰：尧让天下于许由④，许由不受，耻之逃隐，及夏之时，有卞随、务光者⑤。此何以称焉？太史公曰⑥：余登箕山，其上盖有许由冢云⑦。孔子序列古之仁圣贤人，如吴太伯⑧、伯夷之伦详矣。余以所闻由、光义至高，其文辞不少概见，何哉？

注释

①《诗》《书》虽缺：秦始皇焚书坑儒，《诗经》《尚书》多有残缺。②**虞、夏之文**：指《尚书》中的《尧典》《舜典》，言禅让之事。③**岳**：指四岳，旧籍以分掌四方诸侯之事的大臣为四岳。**牧**：指九牧，九州的长官。④**许由**：相传为唐尧时代的隐士，字武仲，颍川人。

尧欲让天下于许由，许由推辞，逃跑隐居于箕山（今河南登封南）。⑤**卞随、务光**：相传此二人均为夏时隐士，汤放逐夏桀后先后让天下于此二人，卞随不受，自投稠水；务光负石自投于卢水。⑥**太史公**：此处指司马迁之父。⑦**冢**：意同"坟"。⑧**吴太伯**：周太王长子，因让位于其弟季历，而逃至吴地（为吴国始祖），孔子称其至德。

译文

有学问的人尽管阅览过广博的书籍，但很多材料，依然要到六艺上考证。《诗》《书》虽有缺失，但是记载虞、夏时代历史的文字，却是可以看到的。尧打算退位的时候，将帝位让给虞舜；舜和禹的时候，都是经四岳、九牧的推荐，就位试政，掌管政务几十年，功劳显著之后，才把帝位禅让给他们，这表示帝王的权力是天下都器重的。王者是天下的大统，所以政权的转移如此之难。但诸子百家说：尧曾把天下让给许由，许由不肯收受，反倒以为这是很羞耻的事情，逃去山中隐居起来；夏朝时，也有两个不肯接受禅让的人，即卞随和务光。这些话恐怕未必真有其事。太史公道：我登箕山的时候，山上好像有许由的坟墓呢。孔子依次排列古代仁人圣贤，像那吴太伯、伯夷的一类，很详细了。就我所听过的人里，许由、务光两人的道义都很高，他们的文辞在《诗》《书》上却很少看见，这是为什么呢？

原文

孔子曰："伯夷、叔齐，不念旧恶，怨是用希①。""求仁得仁，又何怨乎②？"

注释

①**"伯夷"三句**：见《论语·公冶长》。②**"求仁"二句**：见《论语·述而》。

译文

孔子道："伯夷、叔齐，不记旧时的仇怨，因此心中少有怨恨。"又说："他们求仁得仁，还有什么可怨恨的呢？"

原文

余悲伯夷之意，睹轶诗可异焉①。其传曰：伯夷、叔齐，孤竹君之二子也②。父欲立叔齐，及父卒，叔齐让伯夷。伯夷曰："父命也。"遂逃去。叔齐亦不肯立而逃之。国人立其中子③。于是伯夷、叔齐闻西伯昌善养老④，"盍往归焉！"及至，西伯卒，武王载木主⑤，号为文王，东伐纣⑥。伯夷、叔齐叩马而谏曰⑦："父死不葬，爰及干戈，可谓孝乎？以臣弑君，可谓仁乎？"左右欲兵之，太公曰⑧："此义人也。"扶而去之。

注释

①轶诗：指下文《采薇》诗，因没有收入《诗经》，而故称轶诗。轶，同"佚"，亡失。②**孤竹**：指孤竹国，商汤所封，故址在今河北省境内。③**国人**：指居住在国都的人，有一定参与议论国事的权利。④**西伯**：指西伯侯（西方诸侯之长），即周文王，姓姬，名昌。⑤**武王**：文王姬昌之子，名发，灭殷商，建立周朝。**木主**：死者的木头牌位。⑥**纣**：商朝末代君主，商灭自杀。⑦**叩**：同"扣"，拉住。⑧**太公**：指姜太公，名尚，字子牙，辅佐武王伐纣。

译文

　　我却为伯夷的意志感到哀伤，瞧他们遗留下来的诗文，实在有些奇怪呢。有关他们的传记是这样的：伯夷、叔齐是孤竹国君的两个儿子，他们的父亲在世的时候，想立叔齐为太子，等到父亲死了，叔齐让给伯夷，伯夷道："这是父亲的命令啊。"就逃出国去。叔齐也不肯受位，也逃了出去；国中的人就立孤竹国君的第二个儿子为君。这时候，伯夷、叔齐听说西伯昌能很好地奉养老人，就想去归附他。到了周地，西伯已死，武王用兵车搭载西伯的灵位，追称西伯为文王，东去伐纣。伯夷、叔齐拉住他的马头进谏道："父亲死了不葬，反而兴兵伐纣，这可以叫孝吗？做臣子的要弑君，这可以算仁吗？"那时武王左右的人要将二人杀掉，太公道："他们可是义士啊！"便让人把他们扶走了。

原文

　　武王已平殷乱，天下宗周，而伯夷、叔齐耻之，义不食周粟，隐于首阳山，采薇而食之。及饿且死，作歌，其辞曰："登彼西山兮，采其薇矣。以暴易暴兮，不知其非矣。神农①、虞、夏忽焉没兮，我安适归矣？于嗟徂兮②，命之衰矣！"遂饿死于首阳山。由此观之，怨邪非邪③？

注释

①**神农**：上古部落首领，亦为炎帝。②**于**：同"吁"。**徂**：同"殂"，死去。③**邪**：同"耶"，语气词。

译文

后来武王平定了殷乱，天下的人都来归附周室，独有伯夷、叔齐耻于周朝的行为不正，立志不吃周朝的米粟，隐居在首阳山上采些薇菜当饭吃；饿得将死的时候，作了一首歌，那歌词道："登了西山呀，采食薇草吧！凶暴来换凶暴啊，不知道自己的错误！神农、虞夏啊，怎么这样匆匆地去了！叫我归向何处呢？唉！死期到了！命运为什么这样衰微啊！就此饿死在首阳山上。"这样看来，他们是怨呢，还是不怨呢？

原文

或曰："天道无亲，常与善人。"若伯夷、叔齐，可谓善人者非邪？积仁絜行如此而饿死！且七十子之徒①，仲尼独荐颜渊为好学②，然回也屡空，糟糠不厌，而卒蚤夭。天之报施善人，其何如哉？盗跖日杀不辜，肝人之肉，暴戾恣睢(suī)，聚党数千人，横行天下，竟以寿终，是遵何德哉？此其尤大彰明较著者也。若至近世，操行不轨，专犯忌讳，而终身逸乐，富厚累世不绝。或择地而蹈之，时然后出言，行不由径，非公正不发愤，而遇祸灾者，不可胜数也。余甚惑焉，傥所谓天道，是邪非邪？

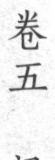

注释

①**七十子**：指孔子弟子七十二贤，孔子弟子三千人，通六艺者七十二人，这里的七十是取其整数。②**颜渊**：名回，孔子弟子。

译文

有人说："天道没有偏私的情况，总是向着善人。"像伯夷、叔齐这类人，可不可以称为善人呢？积累仁义，洁修德行，这样的人竟会饿死！孔子有七十个弟子，他单单称赞颜渊好学；但是颜渊常常陷入贫困，连糟糠都吃不饱，因而早早夭亡。上天对善人，竟是这样的吗？盗跖天天杀死无辜之人，炙人肉，凶狠残暴，聚集党徒几千人，横行天下，后来竟终其天年，他遵行了什么德行呢？这是最显著的事例啊。至于到了近代，那品行不端正、专犯忌讳的人，却是一生安逸快乐，富贵殷厚，隔了几代不断。有的人循规蹈矩，看准时机再讲话，走路不走小路，不是公正的事情不肯去做，但是这种人偏要承受的祸患灾难，实在多如牛毛。我真的很疑惑：也许这就是上天的道理，究竟是不是呢？

原 文

子曰:"道不同①,不相为谋。"亦各从其志也。故曰:"富贵如可求,虽执鞭之士②,吾亦为之。如不可求,从吾所好。""岁寒,然后知松柏之后凋。"举世混浊,清士乃见③。岂以其重若彼,其轻若此哉?

注 释

①道:奉行的道义。②虽:即使。③见:同"现",显现。

译 文

孔子说:"主张不同的人,不能一起谋事。"也就是说,各从其志罢了。所以又说:"富贵如果可以求得到,那就算叫我做执鞭的仆人,我也愿意做;如果不可以求得到,便依我所喜欢的去做。""天气寒了,才知道松柏是最后凋落的。"世上的人都浑浊了,清高的士子方才显露。难道是因为他们将道德看得那么重,却把富贵看得那么轻吗?

原 文

"君子疾没世而名不称焉①。"贾子曰②:"贪夫徇财③,烈士徇名,夸者死权,众庶冯生④。"同明相照,同类相求。"云从龙,风从虎。圣人作而万物睹。"伯夷、叔齐虽贤,得夫子而名益彰⑤;颜渊虽笃学,附骥尾而行益显⑥。岩穴之士,趋舍有时⑦,若此类名堙灭而不称,悲夫!闾巷之人,欲砥行立名者,非附青云之士,恶(wū)能施于后世哉⑧!

注 释

①疾:痛恨。没世:去世。称:称颂。②贾子:贾谊,西汉文帝时人,引文见其《鵩鸟赋》。③徇:同"殉",为……而死。④冯:依仗。⑤彰:表现。⑥附骥尾:指依附名人而成名。⑦趋:所趋向的,所追求的。⑧恶:何。施:延续。

译 文

"君子最怕死后名声不能传扬后世。"贾谊说道:"贪财的人因为金钱而死,英烈的人为名誉而死,矜夸的人为权势而死,平常的人只知道保全自己的生命。"同是灯火,自然互相照耀;同是物类,自然互相应求。云跟着龙,风跟着虎。圣人出现了,万物才被人看见。想那伯夷、叔齐,虽是贤人,因为得了孔子的颂扬,名誉就更加彰明；颜渊虽是好学，因为有了孔子的提携，德行就更加显著。山野的士子，行藏都相机而动。但这类人的名声却被埋没而不能扬于后世，煞是可怜！民间百姓要想砥砺前行，取得名誉的，若不是依附孔子这样德高望重之人，怎能扬名于后世呢？

屈原列传

原 文

屈原者，名平，楚之同姓也①。为楚怀王左徒②。博闻强志③，明于治乱，娴于辞令。入则与王图议国事④，以出号令，出则接遇宾客，应对诸侯。王甚任之⑤。上官大夫与之同列，争宠而心害其能⑥。怀王使屈原造为宪令，屈平属草稿未定，上官大夫见而欲夺之，屈平不与，因谗之曰："王使屈平为令，众莫不知，每一令出，平伐其功曰⑦：以为'非我莫能为'也。"王怒而疏屈平。

注 释

①**楚之同姓**：楚王本姓芈，之后才从芈姓中分化出屈、景、昭等氏，都是楚之同姓。②**楚怀王**：楚威王之子，名熊槐。**左徒**：楚国官职名。③**志**：记忆。④**入**：指在朝内，下文"出"指在朝外。⑤**任**：信任。⑥**害**：嫉妒。⑦**伐**：夸大。

译 文

屈原，名平，与楚王室同姓。担任楚怀王的左徒。屈原学问十分渊博，记忆力很强，明白治乱的道理，熟悉应对的言辞。在朝廷的时候就与楚王商量国事，发号施令；在朝廷外就接待宾客，应对诸侯。怀王十分信任他。上官大夫

●三闾大夫卜居渔父

与屈原同朝为官，想要得到怀王的宠信而妒忌屈原的才能。怀王派屈原编写法令，屈原写的草稿还没有完工。上官大夫见了，想强迫他修改，屈原不同意，他就趁机在怀王那里进谗言说："大王让屈原做法令，大家没有一个人不知道，每一道法令出，屈原就自己夸自己的功劳说：'除了我，谁也做不出来。'"怀王很生气，从此就疏远了屈原。

原 文

屈平疾王听之不聪也①，谗谄之蔽明也，邪曲之害公也，方正之不容也，故忧愁幽思而作《离骚》。离骚者，犹离忧也②。夫天者，人之始也；父母者，人之本也。人穷则反本③，故劳苦倦极④，未尝不呼天也；病痛惨怛，未尝不呼父母也。屈平正道直行，竭忠尽智以事其君，谗人间之，可谓穷矣。信而见疑，忠而被谤，能无怨乎？屈平之作《离骚》，盖自怨生也。《国风》好色而不淫，《小雅》怨诽而不乱。若《离骚》者，可谓兼之矣。上称帝喾(kù)⑤，下道齐桓，中述汤、武，以刺世事⑥。明道德之广崇、治乱之条贯，靡不毕见⑦。其文约，其辞微，其志洁，其行廉。其称文小而其指极大，举类迩而见义远⑧。其志洁，故其称物芳；其行廉，故死而不容。自疏濯淖(zhuó nào)污泥之中，蝉蜕于浊秽，以浮游尘埃之外，不获世之滋垢⑨，皭(jiào)然泥而不滓(zǐ)者也。推此志也，虽与日月争光可也。

注 释

①**疾**：怨恨，埋怨。②**离**：同"罹"，遭受。③**反**：同"返"，回返。④**极**：困惫。⑤**称**：称赞，下文"道"也有称赞之意。⑥**刺**：讥讽。⑦**靡**：没有，全。**见**：同"现"，显现。⑧**迩**：近，浅近。⑨**滋**：同"兹"，黑。

译 文

屈原怨怀王耳朵太软，被谄媚者遮蔽了贤明，邪恶的小人妨害了公事，方正的人不能被容纳，所以忧愁郁闷作了《离骚》。"离骚"的解释，犹如遭逢的都是忧患。那苍天啊，是人类的起源；父母呢，是人类的根本。人在穷困之时便想回到根本，所以到了疲劳困倦的时候，没有不叫天的；到了病痛缠身的时候，没有不叫父母的。屈原正直正义，竭尽忠心智力侍奉国君，竟被奸人诽谤，命运可以算是穷厄了。有信用的人,却遭了怀疑;忠诚的人,却遭到了毁谤,怎能没有埋怨呢?屈原写的《离骚》大概是从怨恨的心里发出来的。《国风》的诗好色却不淫荡,《小雅》的诗怨恨非议却不过分。想那《离骚》可算兼而有之了。书中的记载,上面称赞帝喾,下面称道齐桓公,中间说汤、武的事,用来讥讽世事。彰明道德的广博崇高,治乱得失的条理系统,没有不真相毕露的。他的文章简约,辞令微妙,志向高洁,行为清廉。他的文章虽然短小,用意却很大。他的比喻虽然浅近,但意义却十分深远。因为他的志向高洁,所以常常称引物类芳菲;因为他的行动清廉,所以到死都不肯苟且取容。在淤泥的中间,能够像蝉蜕壳一样,不着一丝污秽,因而浮在尘世的外面不受俗世的污染,清清白白,一尘不染。将这样的志向推广开来,即使是和日月争光,也未尝不可啊!

原 文

屈原既绌（chù）①,其后秦欲伐齐,齐与楚从亲②,惠王患之③,乃令张仪详去秦④,厚币委质事楚⑤,曰:"秦甚憎齐,齐与楚从亲,楚诚能绝齐,秦愿献商、於（wū）之地六百里。"楚怀王贪而信张仪,遂绝齐,使使如秦受地⑥。张仪诈之曰:"仪与王约六里,不闻六百里。"楚使怒去,归告怀王。怀王怒,大兴师伐秦。秦发兵击之,大破楚师于丹、淅,斩首八万,虏楚将屈匄（gài）,遂取楚之汉中地。怀王乃悉发国中兵⑦,以深入击秦,战于蓝田。魏闻之,袭楚至邓。楚兵惧,自秦归。而齐竟怒不救楚,楚大困。

注 释

①绌:同"黜",被罢官。②从:同"纵",指联合抗秦。③惠王:指秦惠王,名驷。**患**:以……为患,担心。④详:同"佯",假装。**去**:离开。⑤质:同"贽",礼物。⑥**使使**:派遣使者。前一个"使"为动词,派遣;后一个"使"为名词,使者。⑦**悉**:全,尽。

译 文

屈原被罢官以后,秦国想要讨伐齐国,齐和楚合纵结亲。秦惠王很是担心,就令张仪假装离开秦国,拿了很多贵重的财物委身楚国作抵押,张仪对怀王说:"秦王很恨齐国,但是齐和楚合纵结亲,不敢攻伐;如果楚国能和齐国绝交,秦国愿意献商、於的六百里地方。"楚怀王起了贪心,信了张仪的话,就和齐国绝交。怀王派遣使者去接受秦国许诺的土地,张仪假装不知道,说道:"张仪和楚王约定的是六里,不是六百里。"楚国使者愤怒离去,回到楚国告诉怀王,怀王大怒,举大军讨伐秦国。秦国发兵攻击他,在丹、淅大败楚国军队,杀了八万楚军,俘虏了楚国将军屈匄,取得了楚国汉中的地方。楚怀王举国之兵深入攻击秦国,两军在蓝田交战。魏国听到了,偷偷地打到楚国的邓地。楚兵恐惧,从秦国撤回,而齐国怨恨楚国和自己绝交,不去救楚国,楚国从此陷入了困境。

原 文

明年①,秦割汉中地与楚以和②。楚王曰:"不愿得地,愿得张仪而甘心焉。"张仪闻,乃曰:"以一仪而当汉中地,臣请往如楚。"如楚,又因厚币用事者臣靳(jìn)尚,而设诡辨于怀王之宠姬郑袖。怀王竟听郑袖,复释去张仪。是时屈原既疏,不复在位,使于齐,顾反③,谏怀王曰:"何不杀张仪?"怀王悔,追张仪不及。其后诸侯共击楚④,大破之,杀其将唐眛。

注 释

①**明年**:指第二年。②**与**:给予。③**顾反**:还返,回来。④**诸侯共击楚**:指公元前301年,秦、韩、齐、魏共同进攻楚国。

译 文

第二年,秦国割让汉中的土地来与楚国讲和。楚王说:"我不要汉中土地,得到张仪才甘心。"张仪知道后,就说:"凭借我一个张仪就抵得上整个汉中,臣自愿到楚国去。"张仪到了楚国,用大量金钱结交宠臣靳尚,并在怀王宠姬郑袖面前做了诡辩。怀王听从了郑袖的话,放了张仪。当时屈原已经被楚怀王疏远,出使在齐国。从齐国出使回来以后,屈原谏楚王道:"为什么不杀掉张仪?"楚王方才懊悔,马上派人去追张仪,没有追到。这之后,各路诸侯共同讨伐楚国,大败楚国,杀了楚将唐眛。

原 文

时秦昭王与楚婚①,欲与怀王会。怀王欲行,屈平曰:"秦,虎狼之国,不可信,不如无行②。"怀王稚子子兰劝王行:"奈何绝秦欢?"怀王卒行。入武关③，秦伏兵绝其后，因留怀王④，以求割地。怀王怒，不听。亡走赵⑤，赵不内⑥。复之秦⑦，竟死于秦而归葬。

注释

①**秦昭王**：指秦昭襄王，名则。**婚**：两家联姻。②**无**：同"勿"，不要。③**武关**：地名，在今陕西省商洛市丹凤县，为秦之南塞。④**因**：趁机。⑤**亡**：逃跑。⑥**内**：同"纳"，使……进入。⑦**之**：到。

译文

当时秦昭王和楚国通婚，想要和楚王见面。怀王想去，屈原说："秦国是虎狼一样的国家，不可轻信，不如不去。"怀王的幼子子兰劝楚王去，说："为什么要断绝和秦国的良好关系呢？"怀王最终还是去了。进了武关，秦国的伏兵断了楚王的后路，趁机留住怀王来让楚国割地交换。怀王十分生气，没有答应他的要求。怀王逃到了赵国，赵国却不肯收留。怀王只得又逃到秦国，最终死于秦国，秦国便把怀王的棺材送回楚国下葬。

原文

长子顷襄王立①，以其弟子兰为令尹。楚人既咎子兰以劝怀王入秦而不反也。屈平既嫉之，虽放流，眷顾楚国，系心怀王，不忘欲反②。冀幸君之一悟③，俗之一改也。其存君兴国，而欲反覆之，一篇之中，三致意焉。然终无可奈何，故不可以反，卒以此见怀王之终不悟也。

注释

①**顷襄王**：楚怀王长子，名横。②**反**：同"返"，返回。下文中"不可以反"中的"反"，亦为返回之意。③**冀**：希望。

译文

怀王长子顷襄王继位，任命他的弟弟子兰做了令尹。楚国百姓都怨恨子兰，因他劝怀王入秦，怀王却没有活着回来。屈原也很怨恨子兰，即使遭到放逐流亡，仍旧心系楚国，心系怀王，一天也没有忘却重回都城。他始终抱着国君能醒悟、政局能改变的期望。他在《离骚》一篇中再三表达了心系君王、复兴国家的心思！然而终究无可奈何，他不能再重回都城，也由此看出怀王始终没有醒悟啊！

原文

●屈原

人君无愚智、贤不肖，莫不欲求忠以自为，举贤以自佐①，然亡国破家相随属②，而圣君治国累世而不见者，其所谓忠者不忠，而所谓贤者不贤也。怀王以不知忠臣之分③，故内惑于郑袖，外欺于张仪，疏屈平而信上官大夫、令尹子兰。兵挫地削，亡其六郡④，身客死于秦，为天下笑。此不知人之祸也。《易》曰："井渫(xiè)不食，为我心恻，可以汲。王明，并受其福。"王之不明，岂足福哉？

注释

①举：推荐，推举。②属：相连。③以：介词，因为。④亡：丢失。

译文

一国之君无论愚笨、聪慧、贤明、不肖，没有不想得到忠良、贤臣辅佐自己的。然而国破、家亡接连地出现，那贤君的治国却几代也没有看到，这都是君主所谓的忠臣未必忠心，所谓的贤能的人未必贤能。怀王因为不知道忠臣的区别，所以对内被郑袖惑乱，对外被张仪欺哄，疏远了屈原而听信上官大夫和令尹子兰，兵败地削，亡了六郡，自己的性命丢在秦国，被天下的人讥笑，这是他不识人的害处啊！《易经》上说，井水已经淘干净了，却没人去喝，让人心里难过，因为井水是可以取水的缘故。如果君王明白了这个道理，那天下的人都会得到福佑了，做君王的如果不贤明，怎能享受福佑呢？

原文

令尹子兰闻之大怒，卒使上官大夫短屈原于顷襄王①。顷襄王怒而迁之。屈原至于江滨，被(pī)发行吟泽畔②，颜色憔悴，形容枯槁③。渔父见而问之曰："子非三闾大夫欤④？何故而至此？"屈原曰："举世混浊

而我独清,众人皆醉而我独醒,是以见放。"渔父曰:"夫圣人者,不凝滞于物而能与世推移⑤。举世混浊,何不随其流而扬其波?众人皆醉,何不铺(bǔ)其糟而啜(lì)其醨?何故怀瑾握瑜而自令见放为⑥?"屈原曰:"吾闻之,新沐者必弹冠,新浴者必振衣,人又谁能以身之察察,受物之汶(mén)汶者乎!宁赴常流而葬乎江鱼腹中耳⑦,又安能以皓皓之白而蒙世之温蠖(huò)乎!"乃作《怀沙》之赋⑧。

注 释

①**短**:恶语中伤,诋毁。②**被发**:被,同"披",指披头散发。③**形容**:指形体和面容。④**三闾大夫**:掌管王族昭、屈、景三姓事务的官职。⑤**凝滞**:拘泥顽固。⑥**怀瑾握瑜**:指美好的品德。瑾、瑜都是美玉。⑦**常**:同"长"。⑧**《怀沙》**:《楚辞·九章》中的一篇,是屈原抱石自沉的绝笔。

译 文

令尹子兰听了这话十分愤怒,最终唆使上官大夫在顷襄王面前说屈原的坏话,顷襄王动了怒,把屈原流放到了江南。屈原到了江边,披头散发,一边吟咏,一边叹息,面容憔悴,身体瘦弱。一个渔夫看到了,就问他:"你不是三闾大夫吗?为什么来这里?"屈原回答道:"世上都是浑浊的,只有我一个人清白;世人都是醉了的,只有我一个人清醒,所以我被放逐到这里。"渔夫回答道:"凡是圣贤的人往往不拘泥于物,能顺着时事转移。世上既是污浊的,何不随波逐流;世人既都是醉了的,何不跟着应酬吃喝?为什么要保守自己的美德,导致自己被人放逐呢?"屈原答道:"我听人家说,凡是洗完澡的人,一定要整理帽子,整理衣服,不论哪一个人,谁愿意拿自己干净的身体,被浊物污染呢?我宁愿跳进那浩浩荡荡的江水之中,葬身鱼腹,怎么能把自己洁白的身体去蒙受浊世的污染呢?"于是屈原作了一篇《怀沙》赋。

原 文

于是怀石,遂自投汨(mì)罗以死①。屈原既死之后,楚有宋玉、唐勒、景差之徒者,皆好辞而以赋见称。然皆祖屈原之从容辞令②,终莫敢直谏。其后楚日以削,数十年竟为秦所灭③。

注释

①**汨罗**：汨罗江，在今湖南湘阴。②**祖**：以……为祖。③**为秦所灭**：指公元前223年秦灭楚。

译文

于是屈原抱着石头，投入汨罗江中死了。屈原沉江之后，楚国有宋玉、唐勒、景差这些人，他们都喜欢辞令，以诗赋出名，但他们只能模仿屈原的辞令，却不敢向君王直谏。在这之后，楚国的疆域一天天缩小，几十年后竟然被秦国所灭。

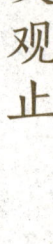

原文

自屈原沉汨罗后百有余年，汉有贾生①，为长沙王太傅②，过湘水，投书以吊屈原。

注释

①**贾生**：贾姓书生，指贾谊。②**长沙王**：吴差，汉朝开国功臣吴芮的后代。

译文

从屈原自投于汨罗江后一百多年，汉朝有一个姓贾的书生（即贾谊），被贬官任长沙王的太傅，路过湘江的时候，写了篇《吊屈原赋》投进湖水中。

原文

太史公曰：余读《离骚》《天问》《招魂》《哀郢》，悲其志。适长沙①，观屈原所自沉渊，未尝不垂涕，想见其为人。及见贾生吊之，又怪屈原以彼其材，游诸侯，何国不容，而自令若是！读《服鸟赋》②，同生死，轻去就，又爽然自失矣。

注释

①**适**：到达。②**《服鸟赋》**：贾谊所作，主旨为"同生死，轻去就"。服，通"鹏"。

译文

太史公说道："我读了《离骚》《天问》《招魂》《哀郢》，为屈原的志向而悲伤。我去长沙，经过屈原所自沉的湘水，未尝不伤感流泪，追思他的为人，但等到看见贾谊凭吊他的文章，又奇怪屈原凭借自己的才能，游说诸侯，哪国不能留下他呢？为什么要使自己到这步田地呢？又读了贾谊的《服鸟赋》，他将生死看作一样的事情，将在朝为官和贬官放逐就看得轻，我又在不知不觉中怅然若失了。

太史公自序

原 文

　　太史公曰："先人有言：'自周公卒五百岁而有孔子。孔子卒后至于今五百岁，有能绍明世①，正《易传》，继《春秋》，本《诗》《书》《礼》《乐》之际？'意在斯乎！意在斯乎！小子何敢让焉！"

　　上大夫壶遂曰："昔孔子何为而作《春秋》哉？"太史公曰："余闻董生曰：'周道衰废，孔子为鲁司寇，诸侯害之，大夫壅之。孔子知言之不用，道之不行也。是非二百四十二年之中，以为天下仪表，贬天子，退诸侯，讨大夫，以达王事而已矣。'子曰：'我欲载之空言，不如见之于行事之深切著明也。'夫《春秋》，上明三王之道，下辨人事之纪，别嫌疑，明是非，定犹豫，善善恶恶，贤贤贱不肖，存亡国，继绝世，补敝起废，王道之大者也。《易》著天地、阴阳、四时、五行，故长于变；《礼》经纪人伦②，故长于行；《书》记先王之事，故长于政；《诗》记山川、溪谷、禽兽、草木、牝牡、雌雄③，故长于风；《乐》乐所以立，故长于和；《春秋》辨是非，故长于治人。是故《礼》以节人，《乐》以发和，《书》以道事，《诗》以达意，《易》以道化，《春秋》以道义。拨乱世反之正，莫近于《春秋》。《春秋》文成数万，其指数千④。万物之散聚，皆在《春秋》。《春秋》之中，弑君三十六，亡国五十二，诸侯奔走不得保其社稷者，不可胜数。察其所以，皆失其本已。故《易》曰：'失之毫厘，差以千里。'故曰：'臣弑君，子弑父，非一旦一夕之故也，其渐久矣。'故有国者不可以不知《春秋》，前有谗而弗见，后有贼而不知。为人臣者不可以不知《春秋》，守经事而不知其宜，遭变事而不知其权⑤。为人君父而不通于《春秋》之义者，必蒙首恶之名。为人臣子而不通于《春秋》之义者，必陷篡弑之诛，死罪之名。其实皆以为善⑥，为之不知其义，被之空言而不敢辞⑦。夫不通礼义之旨，至于君不君，臣不臣，父不父，子不子。君不君则犯，臣不臣则诛，父不父则无道，子不子则不孝。此四行者，天下之大过也。以天下之大过予之，则受而弗敢辞。故《春秋》者，礼义之大宗也。夫礼禁未然之前，法施已然之后；法之所为用者易见，而礼之所为禁者难知。"

壶遂曰："孔子之时，上无明君，下不得任用，故作《春秋》，垂空文以断礼义，当一王之法。今夫子上遇明天子，下得守职，万事既具，咸各序其宜，夫子所论，欲以何明？"

太史公曰："唯唯，否否，不然。余闻之先人曰：'伏羲至纯厚，作《易》八卦。尧、舜之盛，《尚书》载之，礼乐作焉。汤、武之隆，诗人歌之。《春秋》采善贬恶，推三代之德，褒周室，非独刺讥而已也。'汉兴以来，至明天子，获符瑞，建封禅(shàn)，改正朔，易服色，受命于穆清⑧，泽流罔极，海外殊俗，重译款塞⑨，请来献见者，不可胜道。臣下百官，力诵圣德，犹不能宣尽其意。且士贤能而不用，有国者之耻；主上明圣而德不布闻，有司之过也。且余尝掌其官，废明圣盛德不载，灭功臣、世家、贤大夫之业不述，堕先人所言，罪莫大焉。余所谓述故事，整齐其世传，非所谓作也，而君比之于《春秋》，谬矣。"

于是论次其文。七年而太史公遭李陵之祸，幽于缧绁(léi xiè)⑩。乃喟然而叹曰："是余之罪也夫？是余之罪也夫？身毁不用矣！"退而深惟曰："夫《诗》《书》隐约者，欲遂其志之思也。昔西伯拘羑(yǒu)里，演《周易》；孔子厄陈、蔡，作《春秋》；屈原放逐，著《离骚》；左丘失明，厥有《国语》；孙子膑脚，而论兵法；不韦迁蜀，世传《吕览》；韩非囚秦，《说难》《孤愤》；《诗》三百篇，大抵贤圣发愤之所为作也。此人皆意有所郁结，不得通其道也，故述往事，思来者。"于是卒述陶唐以来，至于麟止，自黄帝始。

注释

①绍：继。**明世**：太平盛世。②**经纪**：安排。**人伦**：指人与人之间的等级关系。③**牝**：雌性的鸟兽。**牡**：雄性的鸟兽。④**指**：通"旨"。意旨，要旨。⑤**权**：变通。⑥**实**：实心，本意。⑦**被**：加。**辞**：推辞。⑧**穆清**：指上天，天气清而和。⑨**重译**：经过几重翻译。**款塞**：叩关，叩开塞门。⑩**缧绁**：捆绑人的绳索，这里指牢狱。

译文

　　太史公说："先父曾经说过：'从周公死后五百年有孔子出生，孔子死后到今天已经五百年了，又到了应该出现一个人能够继续叙述太平盛世，考订《周易》，续写《春秋》，探求《诗经》《尚书》《礼》《乐》之间本源的时候了。'这番话的意思就是这样吧！我怎么敢推辞呢？"

　　上大夫壶遂说："从前孔子为什么要写作《春秋》呢？"太史公说："我听董仲舒说：'周朝的制度衰微荒废，孔子做了鲁国的司寇，诸侯把他视为祸害，大夫处处给他设置障碍。孔子知道自己的意见不会被采用，政治主张也无法实现，因此便对二百四十二年中发生的大事进行评论、褒贬，把它作为天下行事的标准，斥责天子，贬抑诸侯，声讨大夫，只是为了要实行王道罢了。'孔子说：'我想只提出褒贬的空论，不如把褒贬表现在具体事件中更为深刻鲜明。'《春秋》这部书，上则阐明三王的治道，下则分辨人世的伦理纲常。解释疑惑难明的事理，辨明是非，确定犹豫难定的事，表彰善良的人，贬斥邪恶的人，尊敬贤良的人，鄙视不肖的人，恢复已经灭亡了的国家，接续断绝了的世系，修补弊端，振兴衰废，这都是王道的重大内容。《易》说明天地、阴阳、四季、五行，善于变化；《礼》安排人世伦常纲纪，所以善于指导；《尚书》记载过去帝王的事业，所以长于政事；《诗》记述山川、溪谷、禽兽、草木、牝牡、雌雄的状况，所以长于教化；《乐》是礼乐建立的依据，所以长于陶冶性情；《春秋》明辨是非，所以长于治理百姓。因此，《礼》用来节制人的行动，《乐》用来打发和乐之情，《尚书》用来指导政事，《诗》用来表达心意，《易》用来推演事物的变化，《春秋》用来引导人民遵守道义。治理乱世，使它归于正常安定，没有比《春秋》更贴切的了。《春秋》的字数有几万，要旨有几千条，万事万物的成败、聚散的道理都在这部书里。《春秋》一书中，记载杀死国君的事件有三十六起，国家灭亡的有五十二个，诸侯逃亡失去政权的数不胜数。考察之所以这样，都是由于失去了仁义这个根本。所以《易经》上说：'失之毫厘，差之千里。'所以说：'臣子杀死君王，儿子杀死父亲，并不是一朝一夕的原因，而是在很长时间内逐步发展形成的。'因此，一国的君主不可以不懂《春秋》，否则面前有人进谗言却看不出；背后有叛逆作乱的人也不了解。做臣子的不可以不懂《春秋》，否则就不知道日常事务怎样处理才恰当，遇到事变就不会相机应付。作为君主、父亲如果不通晓《春秋》的大义，就一定会蒙受首恶的名声。作为臣下、儿子，如果不通晓《春秋》的大义，必然陷入篡位杀父的境地，落个死罪的名声。其实他们都是把这些当好事来做的，只是不知道礼义，人们凭空给他们加上罪名也不敢推辞。由于不通晓礼义的要旨，就会造成君王不像君王，臣子不像臣子，父亲不像父亲，儿子不像儿子；君不像君就容易被冒犯，臣不像臣就会被诛杀；父不像父，就没有道德规范；子不像子，就会成为不孝之徒。这四种行为是天下最大的过错。把天下最大的过错加给他们，也只好接受而不敢推辞。所以《春秋》是礼义的本源。礼是在坏事发生前加以防范，法是在坏事发生后加以惩处；法起的作用很容易被人看见，而礼的预防作用却不易被人了解。"

壶遂说："孔子的时代，上没有贤明的君主，下则不被重用，所以才作《春秋》，用文辞来判断礼义，当作一位帝王立的法。现在您上遇圣明的天子，下有固定的职位，万事齐备，都各自安排在适当的位置上。你说的话，想用来说明什么呢？"

太史公说："啊，不，不，不是这样。我听先父说过：'伏羲极其纯朴厚道，他作了《易》的八卦；尧、舜那样的盛德，《尚书》将其记载下来，礼、乐由此兴起；汤、周武功业兴隆，诗人加以歌颂。《春秋》称赞善良，贬斥邪恶，推崇三代的盛德，褒扬周室，不仅仅是讽刺讥笑而已。'汉朝兴起以来，到当今的圣明天子，得到了吉祥的符瑞，举行了祭天地的大典，改革历法，变更衣服器物的颜色，承受天命，恩泽无穷无尽，连海外不同风俗的国家都经过几重翻译，叩开边塞的大门请求贡献物品、拜见君主，这样的人多得数不清。臣下百官极力颂扬天子的明德，仍然不能完全表达自己的心意。况且，贤能的士人不被重用，是国君的耻辱；皇上圣明而他的盛德没有广泛传扬，这是官吏的过失。而我曾任过太史令，废弃圣明天子的盛德不去记载下来，磨灭功臣、诸侯、贤大夫的功业不加记述，背弃父亲的遗教，没有比这罪过更大的了。我所说的记述过去的事，只是整理、归纳他们的世系传记，算不上什么著作。而您把它和《春秋》对比，就不对了。"

于是我把有关资料加以编排，写成文章。过了七年，太史公因替李陵辩解而遭祸，被禁在监牢之中。于是喟然长叹道："这是我的罪过吗？这是我的罪过吗？身体遭到毁坏，没有什么用了。"平静下来深思道："大凡《诗经》《尚书》的含义含蓄微妙，都是作者想实现自己的意志而必须深思的地方。当初西伯被拘禁在羑里，推演出了《周易》六十四卦；孔子在陈、蔡受到困厄，后来作了《春秋》；

屈原遭到流放，写作了《离骚》；左丘的双目失明，后来著作了《国语》；孙膑被挖去膝盖骨，就研究兵法；吕不韦迁到蜀地，世上流传着他主持编写的《吕氏春秋》；韩非子被囚禁在秦国，写出了《说难》《孤愤》等文章。《诗》三百篇，大多是贤人圣人抒发内心的愤懑而创作出来的，这些人都是志向被压抑，不能实现他们的主张，所以记述过去的事，想作为后世的借鉴。"于是我终于记述完了从陶唐氏以来的事情，从黄帝开始，一直到当今皇帝猎获白麟的那一年为止。

司马迁

　　司马迁，字子长，夏阳人。西汉史学家、散文家。司马迁早年受教于孔安国、董仲舒，漫游各地，了解风俗，采集传闻。初任郎中，奉使西南。元封三年（前108）任太史令，继承父业，著述历史。后因替李陵败降之事辩解而受宫刑，后任中书令，发奋继续完成所著史籍，被后世尊称为太史公。

报任安书

原　文

　　太史公牛马走司马迁再拜言①，少卿足下：

　　曩(nǎng)者辱赐书②，教以慎于接物，推贤进士为务，意气勤勤恳恳，若望仆不相师，而用流俗人之言③。仆非敢如此也。仆虽罢驽④，亦尝侧闻长者之遗风矣。顾自以为身残处秽⑤，动而见尤，欲益反损，是以独抑郁而谁与语。谚曰："谁为为之？孰令听之？"盖钟子期死，伯牙终身不复鼓琴⑥。何则？士为知己者用，女为说己者容。若仆大质已亏缺矣，虽才怀随、和，行若由、夷⑦，终不可以为荣，适足以见笑而自点耳。书辞宜答，会东从上来，又迫贱事，相见日浅，卒卒无须臾之间⑧，得竭志意。今少卿抱不测之罪，涉旬月，迫季冬，仆又薄从上雍⑨，恐卒然不可为讳，是仆终已不得舒愤懑以晓左右，则长逝者魂魄私恨无穷，请略陈固陋。阙然久不报，幸勿为过！

仆闻之："修身者，智之符也；爱施者，仁之端也；取予者，义之表也；耻辱者，勇之决也；立名者，行之极也。"士有此五者，然后可以托于世，而列于君子之林矣。故祸莫憯于欲利，悲莫痛于伤心，行莫丑于辱先，诟莫大于宫刑。刑余之人，无所比数，非一世也，所从来远矣。昔卫灵公与雍渠同载，孔子适陈；商鞅因景监见，赵良寒心；同子参乘，袁丝变色：自古而耻之。夫中材之人，事有关于宦竖⑩，莫不伤气，而况于慷慨之士乎？如今朝庭虽乏人，奈何令刀锯之余，荐天下豪俊哉？仆赖先人绪业，得待罪辇毂下⑪，二十余年矣。所以自惟⑫：上之，不能纳忠效信，有奇策材力之誉，自结明主；次之，又不能拾遗补阙，招贤进能，显岩穴之士；外之，不能备行伍，攻城野战，有斩将搴旗之功⑬；下之，不能积日累劳，取尊官厚禄，以为宗族交游光宠。四者无一遂，苟合取容，无所短长之效，可见于此矣。向者，仆亦尝厕下大夫之列⑭，陪奉外廷末议⑮，不以此时引纲维，尽思虑，今已亏形，为扫除之隶，在阘茸之中⑯，乃欲仰首伸眉，论列是非，不亦轻朝廷、羞当世之士邪？嗟乎！嗟乎！如仆尚何言哉！尚何言哉！

注释

①**牛马走**：谦辞，意为像牛马一样以供奔走。走，义同"仆"。②**曩**：从前。③**流**：流转，迁移的意思。④**罢驽**：比喻才能低下。罢，通"疲"。驽，劣马。⑤**身残处秽**：指因受宫刑而身体残缺，兼与宦官贱役杂处。⑥**钟子期、伯牙**：春秋时楚人。伯牙善鼓琴，钟子期知音。钟子期死后，伯牙破琴绝弦，终身不复鼓琴。事见《吕氏春秋·本味篇》。⑦**由、夷**：许由和伯夷，两人都是古代被推崇为品德高尚的人。⑧**卒卒**：同"猝猝"，匆匆忙忙的样子。⑨**雍**：地名，在今陕西凤翔区南，设有祭祀五帝的神坛五畤。据《汉书·武帝纪》："太始四年冬十二月，行幸雍，祠五畤。"本文当即作于是年，司马迁五十三岁。

⑩竖：供役使的小臣。后泛指卑贱者。⑪待罪：做官的谦辞。辇毂下：皇帝的车驾之下。代指京城长安。⑫惟：思考。⑬挈：拔取。⑭厕：参加。下大夫：太史令官位较低，属下大夫。⑮外廷：汉制，凡遇疑难不决之事，则令群臣在外廷讨论。末议：微不足道的意见。"陪外廷末议"是谦辞。⑯阘茸：低劣之人。

译 文

太史公、愿为你效犬马之劳的司马迁再次致敬并陈说，少卿足下：

先前承蒙您屈尊写信给我，教导我待人接物要谨慎，并担负起向皇帝推荐贤才的责任，言辞诚挚恳切。如果抱怨我没有听从您的教导，反而听信了世俗人的话，我是不敢这样的。我虽然才能低劣，也曾经私下听说过德高望重的长者遗留下来的风尚。只是自己认为身体已经残废，处在可耻的地位，一行动就会受到责难，想对事情有所裨益，反而会招来损害。因此独自忧愁烦闷，而又能跟谁诉说呢？谚语说："为谁去做？叫谁来听？"钟子期死后，伯牙终生不再弹琴。为什么呢？贤士为了解自己的人效力，女人为喜欢自己的人打扮。像我这样身体已经残废了，即使才能像随侯珠、和氏璧那样宝贵，品德像许由、伯夷那样高洁，终究不能把这当作荣耀，恰好足以被人耻笑而自己受污辱罢了。来信本该及时回复，但我恰好跟随皇帝从东方回来，又忙于处理烦琐的事务，能与您相见的日子很少，而我又匆匆忙忙没有片刻空闲来详尽地说明我的心意。现在您遭受到意外的罪祸，过一个月就接近十二月了，我又要跟从皇帝去雍地，恐怕您骤然之间遭到不幸，这样我就终生不能抒发心中的愤懑让你有所了解，那就会使您与世长辞的灵魂抱怨无穷。请允许我大略陈述固塞浅陋的意见。隔了很久没有回信，希望不要责怪。

我听说：善于修身，是智慧的象征；乐于施舍，是仁德的开端；不随便取予，是义的表现；懂得耻辱，是勇的标志；树立名声，是行的顶峰。一个士人有了这五种品德，然后才可以在社会上立足，而列入君子的行列。所以祸患没有比贪图私利更悲惨的了，悲哀没有比伤心更痛苦的了，行为没有比使祖先受辱更丑恶的了，耻辱没有比遭受宫刑更严重的了。受过宫刑的人，没有人肯和他相提并论，这种情况不是一个时代的事，长久以来就是这样了。从前卫灵公与雍渠同坐一辆车，孔子感到耻辱，离开卫国到陈国去了；商鞅见秦孝公是由于景监的推荐，赵良便感到寒心；赵谈陪坐在汉文帝的车上，袁盎看到了脸色骤变。自古以来人们就看不起宦官。就是只有一般才能的人，事情涉及宦官的，没有不挫伤意气的，何况那些激昂刚毅而又有志气的人呢？现在朝廷虽然缺乏人才，怎么能让受过刑罚的人推荐天下的豪杰俊士呢？我依赖父亲的余荫，得以在京城任职，已经二十多年了。自己平时常想：上不能对皇帝尽忠效信，有策略卓越、才干突出的声誉，以取得圣明君主的信任；其次又不能替皇帝拾取遗漏、补正过失，招延、推荐贤能之人和隐居之士；对外又不能参与军队攻城野战，取得斩将夺旗的功劳；下不能逐日积累功劳，取得高官厚禄，使宗族、朋友增光得宠。四个方面没有一项成功，只能苟且迎合皇帝的心意，没有任何微小的贡献，可以从这里看出来。先前我也曾居于下大夫的行列，侍奉在朝堂上，发表些微不足道的议论，没能在当时整顿国家的纲常法纪，竭尽自己的思虑。现在身体已经残废，成了地位低下的人，处在地位卑贱的人中间，还想昂首扬眉，评论是非，不是轻蔑朝廷、羞辱当今的有识之士吗？唉，唉！像我这样的人还有什么话可说呢？还有什么话可说呢！

原文

且事本末未易明也。仆少负不羁之才，长无乡曲之誉。主上幸以先人之故，使得奏薄伎，出入周卫之中①。仆以为戴盆何以望天②，故绝宾客之知，亡室家之业，日夜思竭其不肖之才力，务一心营职，以求亲媚于主上，而事乃有大谬不然者！

夫仆与李陵，俱居门下③，素非能相善也。趣舍异路④，未尝衔杯酒，接殷勤之余欢。然仆观其为人，自守奇士，事亲孝，与士信，临财廉，取与义，分别有让，恭俭下人，常思奋不顾身，以殉国家之急。其素所蓄积也，仆以为有国士之风。夫人臣出万死不顾一生之计，赴公家之难，斯已奇矣。今举事一不当，而全躯保妻子之臣，随而媒蘖其短，仆诚私心痛之！且李陵提步卒不满五千，深践戎马之地，足历王庭，垂饵虎口，横挑强胡，仰亿万之师，与单于连战十有余日，所杀过当，虏救死扶伤不给，旃裘之君长咸震怖⑤，乃悉征其左右贤王⑥，举引弓之人，一国共攻而围之。转斗千里，矢尽道穷，救兵不至，士卒死伤如积。然陵一呼劳军，士无不起，躬自流涕，沫血饮泣，更张空卷，冒白刃，北向争死敌者。陵未没时，使有来报，汉公卿王侯皆奉觞上寿。后数日，陵败书闻，主上为之食不甘味，听朝不怡，大臣忧惧，不知所出。仆窃不自料其卑贱，见主上惨怆怛悼⑦，诚欲效其款款之愚⑧，以为李陵素与士大夫绝甘分少⑨，能得人之死力，虽古之名将不能过也。身虽陷败，彼观其意，且欲得其当而报于汉；事已无可奈何，其所摧败，功亦足以暴于天下矣。仆怀欲陈之，而未有路，适会召问，即以此指推言陵之功，欲以广主上之意，塞睚眦之辞。未能尽明，明主不晓，以为仆沮贰师⑩，而为李陵游说，遂下于理。拳拳之忠，终不能自列，因为诬上，卒从吏议。家贫，货赂不足以自赎。交游莫救视；左右亲近不为一言。身非木石，独与法吏为伍，深幽囹圄之中⑪，谁可告诉(sù)者！此真少卿所亲见，仆行事岂不然乎？李陵既生降，颓其家声，而仆又佴之蚕室，重为天下观笑。悲夫！悲夫！事未易一二为俗人言也。

注释

①**周卫**：周密的护卫，即宫禁。②**戴盆何以望天**：当时的谚语。形容忙于职守，识见浅陋，无暇他顾。③**李陵**：字少卿，西汉名将李广孙，善骑射。武帝时，为骑都尉，率兵出击匈奴贵族，战败投降，封右校王。后病死匈奴。**俱居门下**：司马迁曾与李陵同在"侍中曹"（官署名）内任侍中。④**趣舍**：向往和废弃。趣，同"趋"。⑤**旃**：毛织品。⑥**左右贤王**：左贤王和右贤王，匈奴封号最高的贵族。⑦**怛**：悲痛。⑧**款款**：忠诚的样子。⑨**士大夫**：此指李陵的部下将士。**绝甘**：舍弃甘美的食品。**分少**：即使所得甚少也平分给众人。⑩**沮**：毁坏。**贰师**：贰师将军李广利，汉武帝宠妃李夫人之兄。李陵被围时，李广利并未率主力救援，致使李陵兵败。其后司马迁为李陵辩解，武帝以为他有意诋毁李广利。⑪**囹圄**：监狱。

译文

　　况且事情的原委是不容易明白的。我年轻时没有卓越非凡的才能，长大成人后也没有受到乡里的称誉。幸亏皇上因为我祖先的功勋，使得我能贡献自己微薄的才能，允许我在官禁之中进出。我认为头上顶着盆子怎么还能望见天呢，于是就断绝了和宾客的交往，把家庭俗事抛在一边，日夜想着全部献出自己微薄的才能，务必专心尽职，以期取得皇上的信任和宠幸。然而往往事与愿违。

　　我和李陵都在官廷做官，平常并没有很深的交情，各人走各人的路，不曾在一起饮过酒，没有互相表示过友好的感情。但是我观察他的为人，确是个能自守节操的出众人物,侍奉双亲很孝顺,同士人结交讲信用,处理财物能保持廉洁,对待取舍讲义气,能分别长幼尊卑,谦让有礼,恭敬节俭,甘居人下,经常想着奋不顾身,为国家的危难不惜牺牲。他平素所修养的品德,我认为具有国家杰出人才的风度。作为臣子,万死不辞,不顾惜自己的生命,奔赴国家的危难,这已经是个奇士了。如今他行事不当,那些只知保全自己和家庭的大臣们,随即夸大李陵的过失,我真是私下对此感到十分痛心。况且李陵率领的步兵不到五千,深入匈奴境内,到达单于居住的地方,在虎口边设下诱饵,勇敢地向强大的胡人挑战,向处在高处的几万敌军进攻,与单于的军队连战了十多天,杀掉的敌人超过自己兵士的数量。敌军连救死扶伤都顾不上。胡人的君王都震惊恐怖,于是全部征调他们的左右贤王,出动了所有拉弓射箭的人,用一国的兵力共同围攻他们。李陵转战千里,箭射完了,道路断绝了,而救兵却不到,士兵死伤严重,尸体堆积如山。但是李陵一声号唤,慰劳军队,士兵无不奋起,人人眼中流泪,脸上沾满血污,暗自抽泣,于是拉开空弓,冒着白光闪闪的刀剑奔向北方,与敌人决死搏斗。李陵的军队还没有覆没时,有使者送来捷报,朝廷的公卿王侯都向皇上举杯祝贺。过了几天李陵兵败的奏章报来,皇上为此茶饭不思,上朝处理政事也忧心忡忡,大臣们担忧害怕,不知如何是好。我私下里没有考虑自己的卑贱,见皇上极度悲痛伤心,实在想诚恳地献出自己愚昧的见解。我认为李陵对部下能做到有好吃的东西自己不吃,把仅有的少量物品分给别人,因而能得到部下的拼死效劳。即使古代的名将,也不能超过他。李陵虽然失败被俘,但看他的心意,还是想找恰当的机会立功报效汉朝的。事已至此,无可奈何,但他击败敌人的功劳已足以向天下表白了。我心里想把这些陈述给皇上但没有机会,恰好碰上皇上召见询问,我就把这些意见禀告皇上并陈说李陵的功劳,想以此来宽慰皇上,堵塞那些诋毁诬陷李陵的言语。我没有完全表达明白,皇上不明白我的心意,以为我诋毁贰师将军而替李陵辩解,于是就把我交给大理寺问罪,我诚挚恳切的忠心,终于不能自我表白。因此被定为诬上的罪名,最后皇上同意了法吏的判决。我因为家里贫穷,钱财不够用来赎身,朋友中没有谁来援救看望,皇上身边的人没有谁替我说一句话。人身不是木石,单独同执法的官吏在一起,深深地被拘禁在监狱之中,这痛苦能向谁去诉说呢?这些正是你亲眼看到的,我的遭遇难道不是这样的吗?李陵已经活着投降了匈奴,败坏了他家族的声誉,我又在监牢中蒙受耻辱,更加被天下人耻笑,可悲啊!可悲啊!这事是不容易跟俗人讲清楚的。

原 文

仆之先非有剖符丹书之功①，文史星历②，近乎卜祝之间，固主上所戏弄，倡优所畜，流俗之所轻也。假令仆伏法受诛，若九牛亡一毛，与蝼蚁何以异？而世俗又不与能死节者次比，特以为智穷罪极，不能自免，卒就死耳。何也？素所自树立使然也。人固有一死，死或重于泰山，或轻于鸿毛，用之所趣异也。太上，不辱先；其次，不辱身；其次，不辱理色；其次，不辱辞令；其次，诎体受辱；其次，易服受辱③；其次，关木索、被箠楚受辱；其次，剔毛发、婴金铁受辱④；其次，毁肌肤、断肢体受辱；最下，腐刑极矣。传曰："刑不上大夫。"此言士节不可不勉励也。猛虎在深山，百兽震恐，及在槛穽之中⑤，摇尾而求食，积威约之渐也。故士有画地为牢，势不可入；削木为吏，议不可对：定计于鲜也。今交手足，受木索，暴肌肤，受榜箠，幽于圜墙之中。当此之时，见狱吏则头抢地，视徒隶则心惕息⑥。何者？积威约之势也。及以至是，言不辱者，所谓强颜耳，曷足贵乎！且西伯，伯也，拘于羑里；李斯，相也，具于五刑；淮阴，王也，受械于陈；彭越、张敖，南面称孤，系狱抵罪；绛侯诛诸吕，权倾五伯，囚于请室⑦；魏其，大将也，衣赭衣、关三木⑧；季布为朱家钳奴；灌夫受辱于居室。此人皆身至王侯将相，声闻邻国，及罪至罔加，不能引决自裁，在尘埃之中。古今一体，安在其不辱也？由此言之，勇怯，势也；强弱，形也。审矣，何足怪乎？夫人不能早自裁绳墨之外，以稍陵迟，至于鞭箠之间，乃欲引节，斯不亦远乎！古人所以重施刑于大夫者，殆为此也。

夫人情莫不贪生恶死，念父母，顾妻子，至激于义理者不然，乃有所不得已也。今仆不幸，早失父母，无兄弟之亲，独身孤立。少卿视仆于妻子何如哉？且勇者不必死节，怯夫慕义，何处不勉焉？仆虽怯懦，欲苟活，亦颇识去就之分矣，何至自沉溺缧绁之辱哉？且夫臧获婢妾，犹能引决,况仆之不得已乎?所以隐忍苟活,幽于粪土之中而不辞者,恨私心有所不尽,鄙陋没世而文采不表于后世也。

古者富贵而名磨灭,不可胜记,唯倜傥非常之人称焉。盖文王拘,而演《周易》;仲尼厄,而作《春秋》;屈原放逐,乃赋《离骚》;左丘失明,厥有《国语》;孙子膑脚,《兵法》修列;不韦迁蜀,世传《吕览》;韩非囚秦,《说难》《孤愤》。《诗》三百篇,大抵贤圣发愤之所为作也。此人皆意有所郁结,不得通其道,故述往事,思来者。乃如左丘无目,孙子断足,终不可用,退而论书策,以舒其愤,思垂空文以自见。

仆窃不逊,近自托于无能之辞,网罗天下放失旧闻,略考其事,综其终始,稽其成败兴坏之纪。上计轩辕,下至于兹,为十表、本纪十二、书八章、世家三十、列传七十,凡百三十篇。亦欲以究天地之际,通古今之变,成一家之言。草创未就,会遭此祸,惜其不成,是以就极刑而无愠色。仆诚已著此书,藏之名山,传之其人,通邑大都,则仆偿前辱之责,虽万被戮,岂有悔哉!然此可为智者道,难为俗人言也。

且负下未易居,下流多谤议。仆以口语遇遭此祸,重为乡党所戮笑⑨,以污辱先人,亦何面目复上父母之丘墓乎?虽累百世,垢弥甚耳。是以肠一日而九回⑩,居则忽忽若有所亡,出则不知其所往。每念斯耻,汗未尝不发背沾衣也!身直为闺阁之臣⑪,宁得自引深藏岩穴邪?故且从俗浮沉,与时俯仰,以通其狂惑。今少卿乃教以推贤进士,无乃与仆私心剌(là)谬乎!今虽欲自雕琢,曼辞以自饰,无益,于俗不信,适足取辱耳。要之,死日然后是非乃定。书不能悉意,略陈固陋。谨再拜。

注　释

①**剖符**:把竹做的契约一剖为二,皇帝与大臣各执一块,上面写着同样的誓词,说永远不改变立功大臣的爵位。**丹书**:把誓词用丹砂写在铁制的契券上。凡持有剖符、丹书的大臣,其子孙犯罪可获赦免。②**文史星历**:史籍和天文历法,都属太史令掌管。

③**易服**：换上罪犯的服装。古代罪犯穿深红色的衣服。④**剔**：把头发剃光，即髡刑。**婴**：环绕。颈上戴着铁链服苦役，即钳刑。⑤**槛**：关兽的笼子。**穽**：捕兽的陷坑。⑥**惕息**：胆战心惊。⑦**请室**：大臣犯罪等待判决的地方。周勃后被人诬告谋反，囚于狱中。⑧**三木**：头枷、手铐、脚镣。⑨**戮笑**：辱笑。⑩**九回**：九转。形容痛苦至极。⑪**闺阁之臣**：指宦官。闺、阁都是宫中小门。

译文

　　我的祖先并没有立下免死的功勋，只是掌管历史、天文、历法及其文献，职位接近卜官和巫祝，本是被皇上戏弄的，像乐师、优伶那样被豢养，而被世人所轻视的。假使我伏法被杀，就像九头牛身上失去一根毛，同蝼蚁、蚂蚁又有什么不同呢？而世俗的人又不把我同坚持气节而死的人相提并论，只是认为我智慧穷尽，罪恶极大，不能自己得到豁免，终于被杀罢了。为什么呢？是平时自己所从事的职业和所处的地位造成的。人难免一死，有的比泰山还重，有的比鸿毛还轻，这是由于死的价值不相同啊。最上等的是不使祖先受污辱，其次是自身不受污辱，其次是不使脸面受辱，其次是不因别人的言辞而受污辱，其次是被捆绑而受污辱，其次是被换上囚服受污辱，其次是戴上刑具、遭受拷打受污辱，其次是剃光头发、戴上铁圈受污辱，其次是毁坏肌肤、截断肢体受污辱，最下等的是受腐刑，受污辱到了极点。古书上说："刑罚不能加到大夫身上。"这话是说士人的节操不可不加以勉励。猛虎在深山的时候，百兽都震惊害怕，等到把它关在栅栏和陷阱里，便摇着尾巴向人求食，这是人用威力和约束而逐渐形成的状况。所以有的士人看见地上画个圈作监牢，他也坚决不进去；削个木头人作为狱吏，他也绝不同它对答，这是由于有见地、态度坚决鲜明的缘故。现在的我被捆住了手脚，裸露肌肤，遭受拷打，幽禁在牢狱之中。这个时候，见了狱吏就要叩头触地，见了狱卒就心里害怕。为什么呢？就是由于狱吏威势的逼迫而逐渐造成的。等到已经到了这个地步，还说自己没有受到污辱，就是常说的厚着脸皮罢了，还有什么值得尊重的呢？况且西伯是一方诸侯首领，被拘禁在羑里；李斯是丞相，受尽了五种酷刑；淮阴侯本是王，却在陈地被捆绑；彭越、张敖都是面向南方称孤道寡的王，被下狱定罪；绛侯诛杀诸吕，权势超过春秋五霸，被囚禁在请罪之室；魏其侯是员大将，却穿上赭色囚衣，手脚和颈上都套着刑具；季布卖身给朱家做戴枷的奴隶；灌夫被拘禁在少府狱中受辱。这些人都身至王侯将相，名声传扬天下，等到犯罪落入法网，不能自尽，却被囚禁在监牢里面，在古今都是一样的，哪里有不受污辱的呢？照这样说来，勇怯强弱都是形势造成的，明白了这个道理，还有什么值得奇怪的呢？

人不能早早地在法律制裁之前就自杀，因此逐渐志气衰颓，等到被鞭打杖责时，才想保全气节自杀，这不是已经太晚了吗？古人之所以对大夫施刑很慎重，就是由于这个原因吧。

按照人的常情，没有谁不贪生恶死，怀念父母，顾念妻室儿女的，至于被正义公理所激发的人就不是这样，他们是有不得已的缘故。现在我很不幸，父母过早死去，没有兄弟，独自一人孤立在世，少卿你看我对妻室儿女的感情怎么样呢？况且勇敢的人不一定为气节而死，怯懦的人如果仰慕节义，在什么情况下不能勉励自己呢？我虽然怯懦，想苟且活在世上，也稍微能识别舍生就义的道理，何至于自甘陷入监牢而受污辱呢？而且奴仆婢妾还能够自杀，何况我已经到了不得已的地步呢？我之所以暗自忍耐苟活下来，被拘禁在污浊的环境中不肯死的原因，是怨恨我心中想做的事还没有完成，在耻辱中离开人世，我的文章著述就不能留传给后世。

古时候富足尊贵而名声磨灭的人，多得不可胜数，只有才能卓越突出的人才受到后人的称赞。周文王被拘禁却推演出《周易》；孔子遭受困厄却著有《春秋》；屈原被放逐才写下了《离骚》；左丘明双目失明，写出了《国语》；孙膑被割去膝盖骨，编写出了一部兵法；吕不韦被贬谪到蜀地，《吕览》一书流传后世；韩非被囚禁在秦国，曾著《说难》《孤愤》。《诗》三百篇，大抵都是贤人、圣人抒发他们心中的愤懑而著作的。这些都是因为人们的思想被压抑，心中有所郁结，不能实现他们的主张，才叙述过去的事迹而寄希望于未来的人。就像左丘明双目失明，孙膑断掉双足，再也不能被世上任用了，于是退隐著书，以此来抒发心中的怨愤，希望自己的文章能流传，使自己的心意得以表白。

我不自量力，运用拙劣的文辞，收集天下散失的传闻，略微考订它的事实，综合它的前后始末，总结它成功、失败、兴起、衰亡的原因，上从黄帝开始，下到今天，写成表十篇，本纪十二篇，书八篇，世家三十篇，列传七十篇，总共一百三十篇。也想用来探求自然现象与社会政治的关系，通晓从古到今的变化，形成一家独立的见解。草稿还没有完成，恰好遭遇到这场灾祸。我痛惜全书还没有完成，因此遭受极残酷的刑罚也没有怨恨的表示。我果真写完了这本书，就把它藏在名山之中，传给可信的人，使它传播到大都市里，那么我就以抵偿以前受到的屈辱，即使受刑被杀一万次，又有什么可以悔恨的呢？可是这些话只可以向有智慧的人去说，很难同世俗的人去讲。

况且背负着因犯罪受刑的坏名声在社会上不易安身，地位低贱的人容易受到诽谤议论。我因为说了几句话而遭遇这场灾祸，更加被乡里的人耻笑，又污辱了祖宗，还有什么脸面再到父母的坟上去呢？即使过了百代，耻辱会愈来愈深。所以我非常痛苦，每天肠子要在腹中搅动多次，平日在家里恍惚迷离，好像丢失了什么，出门却不知道要往哪里去，每当想到这件耻辱的事，没有不汗流浃背而沾湿衣服的。我是一个阉人，又怎能自行引退隐居深山岩穴中呢？所以只好跟着世俗沉浮，随着时势上下，来抒发自己狂乱迷惑之情。现在你叫我推贤进士，恐怕和我个人的想法相违背吧？现在即使用美好的言辞自我装饰也没有用，不会取得世人的信任，恰恰足以得到耻辱罢了。总之，人死之后是非才有定论。这封信不能完全表达我的心意，只是略略陈述我的固塞浅陋的意见，谨再拜。

卷五　汉文

卷六　汉文

汉　书

　　《汉书》，又称《前汉书》，东汉时期历史学家班固编撰，前后历时二十余年，于建初年间基本修成，由唐朝颜师古释注。是中国第一部纪传体断代史，"二十四史"之一。《汉书》是继《史记》之后又一部非常重要的史书，与《史记》《后汉书》《三国志》并称为"前四史"。《汉书》全书主要记述了上起西汉的汉高祖元年（前206），下至新朝的王莽地皇四年（23），共230年的史事。包括纪十二篇，表八篇，志十篇，传七十篇，共一百篇，共八十万字。

高帝求贤诏

原文

　　盖闻王者莫高于周文①，伯(bà)者莫高于齐桓②，皆待贤人而成名。今天下贤者智能岂特古之人乎？患在人主不交故也③，士奚由进？今吾以天之灵、贤士大夫定有天下，以为一家，欲其长久，世世奉宗庙亡绝也。贤人已与我共平之矣，而不与吾共安利之，可乎？贤士大夫有肯从我游者，吾能尊显之。布告天下，使明知朕意。御史大夫昌下相国，相国酂(zàn)侯下诸侯王④，御史中执法下郡守，其有意称明德者，必身劝，为之驾，遣诣相国府，署行、义、年。有而弗言，觉免。年老癃病⑤，勿遣。

注释

①**王者**：称王的人。②**伯者**：伯，通"霸"，称霸的人。③**患**：只怕。④**酂侯**：指萧何。⑤**年老癃病**：年纪大了，年迈多病。

译文

听说自古以来能够称王的人，没有一个能比得上周文王；谋得宏图霸业的诸侯，没有一个能比得上齐桓公，他们都是借助贤才的辅佐而成就功业。说到天下有才能的人，难道就只能在古代才有吗？只怕是君王不跟他们结交，贤才又怎么会为他们效力呢？现

●任用三杰

在我借助老天的保佑和贤士大夫的帮助平定天下，完成大一统的功业，要想让权力稳固长久，祖孙后代都能继续在宗庙中被供奉。贤才们想要跟我一起平定天下，但是却不跟我一起共同治理，从而让天下稳定发展，怎么能行呢？贤才们愿意帮助我治理天下的，我会让他们获得尊贵的地位。所以我布告天下，想让天下所有人都明白我的意思。御史大夫周昌给相国看了我的求贤诏，相国酂侯萧何把它下发给各路诸侯，御史中丞要把它下达给各个县郡的地方官，要是发现有才能的贤才，地方官务必要亲自去劝说，为他准备车驾，把他送到相国府，登记他的表现、相貌和年龄。要是有贤才出现，官吏却不推荐，一经发现，这个地方官就要被免职，年纪大的或者是有病的可以不必遣送。

武帝求茂材异等诏

原文

　　盖有非常之功，必待非常之人。故马或奔踶而致千里①，士或有负俗之累而立功名②。夫泛驾之马③，跅弛之士④，亦在御之而已。其令州郡察吏民有茂材异等可为将相及使绝国者。

注释

　　①踶：踢。②**负俗之累**：被世俗讥笑的错误。③**泛**：通"覂"，是指奔放不羁很难驯服的马。④**跅弛**：放荡不羁。

译文

　　想要成就不凡的事业，就一定要有不凡的人来完成。所以很难驯服的马却能够日行千里，被世俗的人嘲笑的人却能够建功立业。那些不遵循轨迹的骏马，行为放荡不被世俗约束的士人，也在于如何控制他们罢了。命令每个州郡负责考察的官吏挖掘民间表现优秀，能够担任将军、宰相以及那些能够到外国出使的人才。

贾　谊

　　贾谊（前200—前168），汉族，洛阳（今河南洛阳）人，西汉初年文学家，世称贾生。贾谊少有才名，18岁时，以善文为郡人所称。文帝时任博士，迁太中大夫，受大臣周勃、灌婴排挤，谪为长沙王太傅，故后世亦称贾长沙、贾太傅。三年后被召回长安，为梁怀王太傅。梁怀王坠马而死，贾谊非常歉疚，抑郁而亡，年仅33岁。司马迁对屈原、贾谊寄予同情，为二人写了一篇合传，后世因而把贾谊与屈原并称为"屈贾"。

过秦论(上)

原文

秦孝公据殽、函之固,拥雍州之地,君臣固守,以窥周室;有席卷天下、包举宇内、囊括四海之意,并吞八荒之心。当是时也,商君佐之,内立法度,务耕织,修守战之具;外连衡而斗诸侯。于是秦人拱手而取西河之外。

孝公既没,惠文、武、昭蒙故业,因遗策,南取汉中,西举巴蜀,东割膏腴之地,收要害之郡。诸侯恐惧,会盟而谋弱秦,不爱珍器、重宝、肥饶之地,以致天下之士,合从缔交,相与为一。当此之时,齐有孟尝,赵有平原,楚有春申,魏有信陵。此四君者,皆明智而忠信,宽厚而爱人,尊贤而重士,约从离横,兼韩、魏、燕、赵、宋、卫、中山之众。于是六国之士,有宁越、徐尚、苏秦、杜赫之属为之谋,齐明、周最、陈轸、召滑、楼缓、翟景、苏厉、乐毅之徒通其意,吴起、孙膑、带佗、兒良、王廖、田忌、廉颇、赵奢之伦制其兵,尝以什倍之地,百万之众,叩关而攻秦①。秦人开关而延敌②,九国之师遁逃而不敢进。秦无亡矢遗镞(zú)之费,而天下诸侯已困矣。于是从散约解,争割地而赂秦。秦有余力而制其敝,追亡逐北,伏尸百万,流血漂橹(lǔ)。因利乘便,宰割天下,分裂河山,强国请服,弱国入朝。

施及孝文王、庄襄王,享国之日浅,国家无事。及至始皇,奋六世之余烈,振长策而御宇内,吞二周而亡诸侯,履至尊而制六合,执敲扑以鞭笞天下,威振四海。南取百越之地,以为桂林、象郡。百越之君,俛首系颈,委命下吏。乃使蒙恬北筑长城,而守藩篱,却匈奴七百余里。胡人不敢南下而牧马,士不敢弯弓而报怨。

于是废先王之道,燔(fán)百家之言,以愚黔首。隳(huī)名城,杀豪俊,收天下之兵聚之咸阳，销锋镝，铸以为金人十二，以弱天下之民。然后践华为城，因河为池，据亿丈之城，临不测之溪以为固。良将劲弩，守要害之处，信臣精卒，陈利兵而谁何！天下已定，始皇之心，自以为关中之固，金城千里③，子孙帝王万世之业也。

始皇既没，余威震于殊俗。然而陈涉，瓮牖(yǒu)绳枢之子，氓隶之人，而迁徙之徒也，材能不及中庸，非有仲尼、墨翟(dí)之贤，陶朱、猗(yī)顿之富；蹑足行伍之间，俛起阡陌之中④，率罢弊之卒，将数百之众，转而攻秦。斩木为兵，揭竿为旗，天下云集而响应，赢粮而景从⑤，山东豪俊遂并起而亡秦族矣。

且夫天下非小弱也。雍州之地，殽、函之固，自若也。陈涉之位，不尊于齐、楚、燕、赵、韩、魏、宋、卫、中山之君也；锄櫌、棘矜(yóu)⑥，不铦(xiān)于钩戟长铩(shā)也；谪戍之众，非抗于九国之师也；深谋远虑，行军用兵之道，非及曩(nǎng)时之士也。然而成败异变，功业相反。试使山东之国与陈涉度(duó)长絜(xié)大，比权量力，则不可同年而语矣。然秦以区区之地，致万乘之权，招八州而朝同列，百有余年矣。然后以六合为家，殽、函为宫。一夫作难而七庙隳，身死人手⑦，为天下笑者，何也？仁义不施，而攻守之势异也。

注 释

①**叩关**：直攻函谷关之意。叩，击，犯。②**延敌**：这里是迎击敌人的意思。延，延纳。③**金城千里**：铜墙铁壁般的城墙千里相连。④**俛起**：奋起。俛，通"勉"，尽力。⑤**赢**：肩挑，背负。**景从**：像影子跟着形体似的。景，同"影"。⑥**櫌**：平整土地的一种农具，形如榔头。**棘矜**：棘木做的矛柄。⑦**身死人手**：本身被人杀死，指秦二世被赵高所杀，子婴被项羽所杀。

译 文

秦孝公凭借着崤山、函谷关的险固地势，占有雍州的土地，君臣牢固地守卫着，以便寻找机会夺取周王朝的政权。他们怀着席卷天下，征服列国，控制四海，吞并八方的雄心。在这个时候，商鞅辅佐孝公，对内建立法规制度，努力发展农业和纺织业，整治攻守的器械；对外进行连横的策略，使其他诸侯相争斗。这样，秦国轻而易举地取得了西河以外的大片土地。

秦孝公死后，惠文王、武王、昭襄王继承旧业，继续推行孝公的策略，向南攻占了汉中，向西夺取了巴蜀，向东割取了肥沃的土地，向北征服了地势险要的州郡。各国诸侯恐惧起来，他们集会订盟，图谋削弱秦国。不惜用珍贵的器具、财宝和肥沃的土地来招纳天下的士人。他们缔结盟约，互相支持，结为一体。在这个时候，齐国有孟尝君，赵国有平原君，楚国有春申君，魏国有信陵君。这四个人，都很明智，且正直有信义，宽厚又爱护百姓，尊敬且重用贤人。他们相约"合纵"而破坏"连横"，聚合起韩、魏、燕、楚、齐、赵、宋、卫、中山等国的众多人力。这时，六国的士人中，有宁越、徐尚、苏秦、杜赫这一类人出谋划策，有齐明、周最、陈轸、召滑、楼缓、翟景、苏厉、乐毅等一伙外交家往来沟通意见，有吴起、孙膑、带佗、倪良、王廖、田忌、廉颇、赵奢等一批人统率军队。他们曾经以十倍的土地和上百万的大军，直攻秦国的函谷关。秦国人开关迎敌，九国军队退的退、逃的逃，不敢前进。秦国没有一支箭、一个箭头的损失，可是天下的诸侯已经困苦不堪了。于是"合纵"拆散，盟约瓦解。各诸侯国争着割地贿赂秦国。秦国有了充分的力量利用诸侯的困难去制服他们，追逐败逃的敌人，击毙上百万的士兵，流的血多得可漂起大盾牌。秦国便依靠有利的条件，乘着大好形势，控制天下，分裂各国的土地。这样，强国请求臣服，弱国到秦国朝拜。

延续到孝文王、庄襄王的时候，他们在位的日子太短，国家没有发生重大事件。到了秦始皇，他发扬了六代祖先遗留下来的功业，挥动长鞭驾驭天下，吞并东、西二周，灭掉了各诸侯国，登上了至尊的皇帝宝座，统治着上下四方，用严刑镇压天下人民，声威震动四海。他向南攻取了百越的土地，设立桂林郡和象郡。百越的君主低着头，脖子上系着绳子，把性命交给秦国的下级官吏。于是派蒙恬在北方修筑长城并固守这道屏障，把匈奴击退七百多里。匈奴人不敢南下牧马，六国的勇士不敢张弓来报怨仇。

于是废弃了先王的法制，烧毁了诸子百家的书籍，以使百姓愚昧无知；毁掉著名的城池，杀掉六国的豪杰，收取天下的兵器，集中到咸阳，销熔刀箭，铸成十二个金人，用来削弱天下百姓的力量。然后以华山为城墙，以黄河为城壕，上据亿丈之高的城墙，下临深不可测的护城河，使它们成为坚固的屏障。派优秀的将领，用强劲的弓弩，守卫着要害的地方；让可靠的大臣，精锐的士兵，拿着锐利的武器,盘问来往行人。天下已经平定,秦始皇的心里以为关中地势险固,于是城郭犹如铜墙铁壁,已完成子子孙孙称帝称王的万世不败基业了。

秦始皇死后,遗留下来的威风仍然震慑着边远地区。但是,陈涉这个贫寒出身的子弟,是个没有土地的农民,而且是被征发去守边的士卒;论才能比不上一般人,没有孔子、墨翟那样的贤能,没有陶朱、猗顿那样的富有;夹杂在戍边队伍的中间,奋起于村野百姓里面,带领几百名疲惫不堪的士兵,却转过矛头向秦朝进攻。他们砍断树干当兵器,举起竹竿作旗帜,天下百姓像云彩一样汇集,像回声一样应声而起,农民们自己背着粮食如影随形。崤山以东六国的豪杰便一齐行动起来而灭亡了秦王朝。

再说,秦国的力量本来并不微弱,雍州的地势、殽函的险固,还是原来那样;陈涉的地位并不比齐、楚、燕、赵、韩、魏、宋、卫、中山等国的君主尊贵;锄、耙和木棍并不比钩、戟和长矛锋利;被征调去戍边的士卒,也抵不上九国军队的强大;他们深谋远虑、指挥作战的本领,也比不上从前六国的将领,可是成功和失败却发生了异常的变化,成就了完全相反的功业。假如叫各诸侯国和陈涉比较长短,较量一下权势力量,根本不能相提并论。秦国凭借它很小的一块地盘,夺取了帝王的权力,使其他八州的诸侯来朝拜,已经一百多年了。然后秦国以天下为一家,把殽、函地区变成宫殿。可是一个普通人发难,秦王朝就灭亡了,皇子皇孙也死在别人手里,成为天下的笑柄。这是什么原因呢?因为不施行仁义,而攻守的局势就发生了根本变化!

晁 错

晁错(前200—前154),西汉政治家、文学家。汉文帝时,任太常掌故,后历任太子舍人、博士、太子家令;景帝即位后,任内史,后迁御史大夫。

晁错主张削藩,剥夺诸侯王的政治特权来巩固中央集权,损害了各路诸侯利益,以吴王刘濞为首的七国诸侯以"请诛晁错,以清君侧"为名,举兵反叛。景帝听从袁盎之计,腰斩晁错于东市。

论贵粟疏

原　文

　　圣王在上而民不冻饥者，非能耕而食之，织而衣之也，为开其资财之道也。故尧、禹有九年之水，汤有七年之旱，而国无捐瘠者①，以畜积多而备先具也。今海内为一，土地人民之众不避禹、汤②，加以亡天灾数年之水旱，而畜积未及者，何也？地有遗利，民有余力③，生谷之土未尽垦，山泽之利未尽出也，游食之民未尽归农也。

　　民贫，则奸邪生。贫生于不足，不足生于不农，不农则不地著，不地著则离乡轻家，民如鸟兽，虽有高城深池，严法重刑，犹不能禁也。夫寒之于衣，不待轻暖；饥之于食，不待甘旨；饥寒至身，不顾廉耻。人情，一日不再食则饥，终岁不制衣则寒。夫腹饥不得食，肤寒不得衣，虽慈母不能保其子，君安能以有其民哉？明主知其然也，故务民于农桑，薄赋敛，广畜积，以实仓廪，备水旱，故民可得而有也。

　　民者，在上所以牧之，趋利如水走下，四方无择也。夫珠玉金银，饥不可食，寒不可衣，然而众贵之者，以上用之故也。其为物轻微易藏，在于把握，可以周海内而无饥寒之患。此令臣轻背其主，而民易去其乡，盗贼有所劝，亡逃者得轻资也。粟米布帛，生于地，长于时，聚于力，非可一日成也。数石之重，中人弗胜④，不为奸邪所利，一日弗得而饥寒至。是故明君贵五谷而贱金玉。

　　今农夫五口之家，其服役者不下二人，其能耕者不过百亩，百亩之收不过百石。春耕，夏耘，秋获，冬藏，伐薪樵⑤，治官府⑥，给徭役⑦。春不得避风尘，夏不得避暑热，秋不得避阴雨，冬不得避寒冻，四时之间，无日休息。又私自送往迎来，吊死问疾，养孤长幼在其中。勤苦如此，尚复被水旱之灾，急政暴虐，赋敛不时，朝令而暮改。当其，有者半贾而卖，亡者取倍称之息。于是有卖田宅、鬻(yù)子孙以偿债者矣！而商贾大者积贮倍息，小者坐列贩卖，操其奇赢，日游都市，乘上之急，所卖必倍。故其男不耕耘，女不蚕织，衣必文采，食必粱肉，亡农夫之苦，有阡陌之得。因其富厚，交通王侯，力过吏势，以利相倾，千里游敖，冠盖相望，乘坚策肥，履丝曳缟(gǎo)。此商人所以兼并农人，农人所以流亡者也。今法律贱商人，商人已富贵矣；尊农夫，农夫已贫贱矣。故俗之所贵，主之所贱也；吏之所卑，法之所尊也。上下相反，好恶乖迕，而欲国富法立，不可得也。

　　方今之务，莫若使民务农而已矣。欲民务农，在于贵粟；贵粟之道，在于使民以粟为赏罚。今募天下入粟县官⑧，得以拜爵，得以除罪。如此，富人有爵，农民有钱，粟有所渫(xiè)⑨。夫能入粟以受爵，皆有余者也。取于有余，以供上用，则贫民之赋可损，所谓损有余，补不足，令出而民利者也。顺于民心，所补者三：一曰主用足，二曰民赋少，三曰劝农功。今令民有车骑马匹者，复卒三人。车骑者，天下武备也，故为复卒。神农之教曰："有石城十仞，汤池百步，带甲百万，而亡粟，弗能守也。"以是观之，粟者，王者大用⑩，政之本务。令民入粟受爵，至五大夫以上，乃复一人耳，此其与骑马之功相去远矣。爵者，上之所擅，出于口而无穷；粟者，民之所种，生于地而不乏。夫得高爵与免罪，人之所甚欲也。使天下人入粟于边，以受爵免罪，不过三岁，塞下之粟必多矣。

注　释

①捐：抛弃，指流离失所。瘠：瘦弱，指饿瘦。②**不避**：不让，不次于。③**余力**：也作"遗利"。④**中人**：力量中等的人。胜：担负。⑤**薪樵**：木柴。⑥**治官府**：修理官府的房屋。⑦**给徭役**：交公差。给，供给。⑧**县官**：汉朝称皇帝为"县官"，这里指朝廷、政府。⑨**渫**：分散。⑩**大用**：最重大的资财。

译　文

　　圣明的帝王统治时，百姓不会受冻挨饿的原因，并不是帝王能够亲自种粮食给百姓吃，亲自织布给百姓穿，只不过替他们开辟了获得物资与财富的路子。所以尧、禹时有过连续九年的水灾，商汤时有过七年的大旱，可是国内没有流离失所和面黄肌瘦的人，是因为积蓄很多而且备灾的物资早就准备齐全了。现在全国统一了，土地广大，人口众多，不亚于汤禹时代，加上又没有连续数年之久的水旱灾荒，可是积蓄的物资没有汤禹时代充足，这是为什么呢？是因为土地没有充分利用，民众的潜力没有充分发挥，生长粮食的荒地没有完全开垦，山林湖泽的资源还没有尽量开发，游手好闲的人还没有全部回乡务农。

百姓贫穷就产生奸诈邪恶。贫穷产生于物资不充足，物资不充足产生于不务农业，不务农业就不会定居一个地方，不定居一个地方就轻易离开家乡，百姓像飞禽走兽一样到处觅食，虽然有高高的城墙、深深的护城河，有严厉的法令，残酷的刑罚，还是不能禁止他们的。人受冻的时候，对于衣服的要求，不奢求质料轻暖的；饥饿的时候，对于食物的要求，不讲究甘口美味的；饥寒交迫时，就顾不得什么廉耻了。人通常是一天不吃上两餐饭就感到饥饿，冬天不做棉衣就会受冻。肚子饥饿却没有食物，身上寒冷而没有衣穿，即使是慈母也不能保佑她的儿女，君主又怎么能保佑他的百姓呢！英明的君主懂得这番道理，所以努力督促百姓播种粮食，栽桑养蚕，减轻赋税，增加粮食的积蓄，来充实仓库，防备水旱天灾，所以就可以保佑百姓了。

当老百姓的，在于帝王怎样治理。他们追逐利益就像水往低处流，不选择东西南北。那些珍珠、宝玉、黄金、白银，饿了不能充饥，冷了不能保暖，可是大家珍惜看重它们，这是因为帝王重用它们的缘故。它们作为物品，重量轻、体积小，容易收藏，握在手中，可以走遍天下也不会有饥寒的顾虑。这就使得臣子轻易地背弃他的君主，使得百姓轻易地离开他们的家乡，使得盗贼受到鼓励，使得逃亡的人得到便于携带的财物。粟米布帛，从地里生出来，顺着节气长起来，聚集储藏要花费人力，这不是短时间内能够办到的。几石重的粮食，气力小的人搬不动，不会成为坏人贪求的东西，但一天没有这些东西就会挨饿受冻。因此，英明的君主看重五谷而看轻金玉。

如今五口人的农民家庭，每户给官家服役的不少于二人，每户能耕种的土地不到一百亩，一百亩土地的收入不超过一百石。他们春天耕种，夏天锄草，秋天收割，冬天储藏；还要砍柴，修理官府的房舍，应付各种官差；春天不能够躲避风尘，夏天不能够避开暑热，秋天不能够躲避阴雨，冬天不能够避开寒冷，一年四季没有一天休息，还有私人间的亲朋往来、吊唁死者、慰问病人、抚养孤老、养育幼儿，所需费用，都包括在这当中。农民勤劳辛苦到这般地步，还要遭受水旱灾害，急迫沉重的赋税，加上官府收赋税不按季节，早晨的命令到了傍晚又更改，处境更加困苦。当交纳赋税的时候，有农产品的人家，半价把产品卖掉换钱交税；没有农产品的人家，按加倍的利息借债来交税。这样一来，就有卖田卖屋、卖儿卖女来偿还债务的人了。但是，那些商人们，资金多的就囤积居奇，收取加倍的利息；资金少的就开设店铺，经营买卖，投机取巧。每天在都市里钻来钻去，趁着朝廷急需这些物品的时机，所卖的物品一定要加倍提价。所以这些人家里男的不耕种土地，女的不养蚕织布，但穿的是绫罗绸缎，吃的是精米鲜肉。他们没有农民的辛苦，却能坐享田地里的收获。凭借着他们的雄厚财富，勾结王侯，势力超过了一般官吏。他们为争利互相排挤，去各地游玩，来来往往，接连不断。他们乘着坚固的车子，赶着肥壮的马，脚穿丝靴，身拖绸袍。这就是商人之所以吞并农民，农民之所以四处流亡。现在法律上轻视商人，可是商人已经富贵了；法律上尊重农民，可是农民已经贫贱了。因此，世俗所看重的，是君主所轻视的商人，官吏所瞧不起的，是法律上所尊重的农民。上下相反，好坏颠倒，而想使国家富强、法令建立，是不能办到的。

　　当前的任务，没有比使百姓努力从事农业生产更重要的事了，要想使百姓努力从事农业生产，在于重视粮食。重视粮食的办法，在于使百姓以粮食作为赏罚的标准。现在号召全国人民纳粮给政府，可以受封爵位，可以免除罪罚，这样，富人有了爵位，农民有了钱，粮食得到流通。那些能够纳粮受爵的，都是有余粮的人。从有多余粮食的人手里取出来，供应官府的需要，那么贫苦农民的赋税就可以减少。这就是所讲的拿有余补不足，命令一出而百姓可以得到利益。它符合百姓的愿望，好处有三条：一是使君主财政费用充足，二是使百姓赋税减轻，三是鼓励了农业生产。按照现行的法令：百姓出了驾战车的马一匹的，就可以免除三个人的兵役。战马是国家的武器装备，所以可以用来免除兵役。神农氏的书上说："有高达十仞的石头城墙，宽达百步的沸水护城河，披甲的军队上百万，可是没有粮食，也不能守住。"由此看来，粮食，是帝王最重大的财物，是治理国家的根本条件。让百姓交纳粮食受封爵位，封一个五大夫以上的爵位，才免除一个人的兵役，这比出一匹战马受到的益处相差太远了。爵位是皇帝专有的，出于皇帝的口没有限制，粮食是农民种出来的，出产在地里，没有穷尽。求得高的爵位和免除罪罚，是人们最大的欲望。叫全国人民把粮食运到边境，用来受爵和免罪。不用三年，边塞地区的粮食就一定很充裕了。

邹 阳

邹阳（约前206—前129），齐人，西汉文学家。文帝时，为吴王刘濞门客，以文辩著称于世。

狱中上梁王书

原 文

邹阳从梁孝王游①。阳为人有智略，忼(kāng)慨不苟合，介于羊胜、公孙诡之间。胜等疾阳，恶之孝王。孝王怒，下阳吏，将杀之。阳乃从狱中上书曰：

注 释

①梁孝王：西汉文帝的次子刘武，被封为梁王。

译 文

邹阳是梁王的门客。邹阳做人十分机智而且还有谋略，理想远大而不随便附和别人，跟羊胜、公孙诡一起都是梁王门客。羊胜等人十分嫉妒邹阳，总是在梁王面前说他的坏话。梁王就十分恼怒邹阳，把邹阳交给了狱吏，想要处死他。邹阳在坐牢的时候，写信给梁王说道：

原 文

"臣闻'忠无不报，信不见疑'，臣常以为然，徒虚语耳。昔荆轲慕燕丹之义，白虹贯日，太子畏之。卫先生为秦画长平之事①，太白食昴(mǎo)②，昭王疑之。夫精变天地，而信不谕两主，岂不哀哉！今臣尽忠竭诚，毕议愿知，左右不明，卒从吏讯，为世所疑。是使荆轲、卫先生复起，而燕、秦不寤也！愿大王熟察之。

注 释

①长平之事：长平之战，秦国将领白起讨伐赵国，在长平打败赵国军队。②昴：星

宿名。

译文

"我听说过'忠诚不会不受报答,诚实不会被怀疑',我曾经认为这句话是正确的,但是现在想来这不过是一句不切实际的话罢了。以前荆轲倾慕燕国太子丹的仗义,他的诚心能够让白虹贯穿太阳,但是太子丹却忧心他。卫先生帮助秦国打赢了长平之战,他的忠诚能够让太白星入侵昴星,但是秦昭王还是不信任他。两个人的忠心都能够引起变异的星象,但是两位的君王还是怀疑他们,这难道不让人感到悲哀吗?今天我殚精竭虑地尽忠,把自己的看法全部说出来,希望您能够理解我,但是您却不能保持心境清明,把我交到牢狱之中审讯,让我的忠心被世人怀疑。这就是让荆轲、卫先生再生而燕太子丹和秦昭王却不醒悟啊!希望大王能够仔细考虑一下。

原文

"昔玉人献宝①,楚王诛之;李斯竭忠,胡亥极刑。是以箕子佯狂,接舆避世,恐遭此患也。愿大王察玉人、李斯之意,而后楚王、胡亥之听,毋使臣为箕子、接舆所笑。臣闻比干剖心,子胥鸱夷（chī）②,臣始不信,乃今知之。愿大王熟察,少加怜焉!

注释

①玉人:这里指楚国人卞和,传说他曾经得到一块璞玉,两次进献给楚王,但是大家都认为那是石头,最后以欺君之罪惩罚他失去双脚,后来楚文王即位,才明白卞和的冤屈。②鸱夷:皮袋子。相传伍子胥死后,吴王夫差让人用皮袋子装着他的尸体投入江中。

译文

"以前卞和为楚王进献宝物,却被楚王砍掉双脚;李斯为秦国尽忠,却被胡亥残忍杀死。所以箕子装疯卖傻,接舆逃离尘世选择隐居,他们全都害怕自己遭遇到那样的灾难啊。希望王上能够了解卞和跟李斯的忠心,不要学楚王和胡亥那样听信谗言,让我不被箕子和接舆讥讽。我听说比干的心被纣王挖去,伍子胥死后,吴王夫差命人用皮袋子装了他的尸体扔到江中,开始的时候我并不相信,现在我才明白这是真的。希望大王您能够仔细审察,对我稍微怜惜。

原 文

"语曰：'有白头如新，倾盖如故。'何则？知与不知也。故樊於期逃秦之燕，藉荆轲首以奉丹事①；王奢去齐之魏②，临城自刭，以却齐而存魏。夫王奢、樊於期非新于齐、秦而故于燕、魏也，所以去二国死两君者③，行合于志，慕义无穷也。是以苏秦不信于天下，为燕尾生；白圭战亡六城④，为魏取中山。何则？诚有以相知也。苏秦相燕，人恶之燕王，燕王按剑而怒，食以駃騠（sī）⑤；白圭显于中山，人恶之于魏文侯，文侯赐以夜光之璧。何则？两主二臣，剖心析肝相信，岂移于浮辞哉！

注 释

①**藉**：通"借"，借着。②**王奢**：本来是齐国的臣子，后来逃到了魏国，后来齐国讨伐魏国，王奢为了不连累魏国而自杀。③**去二国**：离开两个国家。④**白圭**：本来是中山国的大将，后来国君因其在战役中失掉六座城池要杀他，他逃往魏国，之后就帮助魏国征讨中山国。⑤**駃騠**：好的马驹。

译 文

"俗话说：'有的人相处到老，彼此还是陌生的；有的人只是偶然相遇，却一见如故。'这是什么原因呢？这是因为彼此之间的了解和不了解啊。因此，樊於期逃离秦国到燕国，割下自己的脑袋给荆轲去帮助燕太子丹完成大事；王奢逃离齐国到魏国，在城头上自杀，使得齐国的军队退兵，只为保护魏国。王奢、樊於期跟齐国和秦国并不是刚刚才了解的，和燕国以及魏国也并不是有旧交情，他们离开齐国和秦国，愿意为了太子丹和魏文侯去死，只因为他们跟燕太子丹和魏文侯之间志趣相投，相互欣赏，并且心中十分倾慕道义。所以苏秦不能在天下的诸侯国之中取得威信，对燕国却成了像尾生一样忠实守信的人；白圭为中山国打仗的时候，曾经丢掉了六座城池，后来却帮助魏国夺取了中山国的土地。他们这么做的原因是什么呢？这是因为他们之间相互了解啊。苏秦在燕国做丞相的时候，有人到燕王那里去诋毁他，燕王听了之后握着宝剑生气，反而把好的马驹的肉赏赐给苏秦吃；白圭因为攻下了中山国的城池而在魏国享受尊敬，有的人到魏文侯那里说他的坏话，魏文侯听了之后，反而赏赐给他夜光的玉璧。这是什么原因呢？因为国君和臣子之间相互明志，而且又相互信任，他们之间的关系怎么会因为没有依据的流言蜚语就动摇呢！

原文

"故女无美恶，入宫见妒；士无贤不肖，入朝见嫉。昔司马喜膑脚于宋，卒相中山，范雎拉胁折齿于魏，卒为应侯。此二人者，皆信必然之画①，捐朋党之私，挟孤独之交，故不能自免于嫉妒之人也。是以申徒狄蹈雍之河，徐衍负石入海。不容于世，义不苟取比周于朝②，以移主上之心。故百里奚乞食于道路，缪公委之以政；宁戚饭牛车下，桓公任之以国。此二人者，岂素宦于朝③，借誉于左右，然后二主用之哉？感于心，合于行，坚如胶漆，昆弟不能离，岂惑于众口哉？故偏听生奸，独任成乱。昔鲁听季孙之说逐孔子，宋任子冉之计囚墨翟。夫以孔、墨之辩，不能自免于谗谀，而二国以危。何则？众口铄金，积毁销骨也。秦用戎人由余而伯中国，齐用越人子臧而强威、宣。此二国岂系于俗，牵于世，系奇偏之浮辞哉？公听并观，垂明当世。故意合则吴越为兄弟，由余、子臧是矣；不合则骨肉为仇敌，朱、象、管、蔡是矣。今人主诚能用齐、秦之明，后宋、鲁之听，则五伯不足侔④（móu），而三王易为也。

注释

①**画**：同"划"，计划。②**比周**：结党。③**素宦**：一直为官。④**侔**：相比。

译文

"女子不管是美是丑，一进入宫中就会被人妒忌；士子不管贤能与否，一进入朝廷就会被人嫉恨。以前司马喜在宋国遭受膑刑，最后到了中山国做丞相；范雎在魏国的时候被打断肋骨，打落牙齿，后来在秦国被封为应侯。这两个人都坚信能实现谋划，不结党营私，怀揣着孤独高傲的态度跟人交往，因而无法避免被人嫉妒。所以，申徒狄跳到雍水顺流到了黄河，徐衍背着石头跳进大海，他们不被世俗包容，却身怀大义，不愿跟朝中的其他人结党谋取功名而蒙蔽君主的心。因此，百里奚在路上乞讨，秦穆公却把朝廷中的政事交给他打理；宁戚在车下喂牛却被齐桓公委以治国重任。这两个人难道是因为一直在朝廷中做官，凭借着同僚制造的声誉，然后才被两个君王重用的吗？只要心意相通，举措相合，彼此之间的关系就能够十分亲密,就算是亲兄弟也无法离间他们,又怎么会被别人的话所迷惑呢?所以,听信谣言就会产生奸诈邪恶的人,专宠一人就会产生混乱,以前鲁国的君王偏信季孙氏的谗言,把孔子赶走了,宋国的君王用了子冉的计策而囚禁了墨翟。凭借着孔子、墨翟的能言巧辩,还不能让自己免于被谗言中伤,使得鲁国、宋国两个国家处于危险的境地。这是什么原因呢?因为大家的传言能够让金子熔化,大量的诽谤和污蔑加在一起就能够让骨头销蚀啊。因此,秦国因为重用西戎人由余从而在中原地区称霸,齐国任用越国人子臧从而使得威王和宣王能够强国。这两个国家哪里是被世俗的情感所拘束,被世人所牵绊,被偏执的语言所左右的呢!只要公平地对待建议和意见,综合地观察,就能够为世人建立明智的典范。彼此心意相通,吴国和越国就能够成为兄弟国家,由余、子臧就是例子;如果心意相背,那么就算是骨肉同胞也会成为敌人,丹朱、象、管叔、蔡叔就是例子。现在君王如果真的能够采用齐国和秦国的聪明做法,不像宋国和鲁国那样听信谣言,那么春秋五霸也不能跟您相提并论,三王的功业也是容易做到的。

原 文

"是以圣王觉寤,捐子之之心①,而不说田常之贤,封比干之后,修孕妇之墓,故功业覆于天下。何则?欲善无厌也。夫晋文亲其仇,强伯诸侯;齐桓用其仇,而一匡天下。何则?慈仁殷勤,诚加于心,不可以虚辞借也。至夫秦用商鞅之法,东弱韩、魏,立强天下,卒车裂之;越用大夫种之谋②,禽劲吴而伯中国,遂诛其身。是以孙叔敖三去相而不悔,於陵子仲辞三公为人灌园。今人主诚能去骄傲之心,怀可报之意,披心腹,见情素,堕肝胆③,施德厚,终与之穷达,无爱于士,则桀之犬可使吠尧,跖(zhí)之客可使刺由,何况因万乘之权、假圣王之资乎!然则荆轲湛七族,要离燔(fán)妻子④,岂足为大王道哉!

注 释

①**子之之心**:子之,曾经担任燕王哙的丞相,曾经想要骗哙把王位传给他。②**种**:文种,春秋时期越王勾践的臣子,帮助勾践灭掉吴国,后来被勾践逼迫自杀。③**堕**:毁坏。④**燔**:烧。

译 文

"所以,贤明的君主意识到这一点,抛弃子之那样的忠心,厌恶田常那样的贤臣,封赏比干的子孙,为被杀害的孕妇修坟墓,功业能够遍布天下。这是为什么呢?是因为他们做善事的心永远都没有办法满足,晋文公对自己以前的敌人亲近,最终成为天下霸主;齐桓公对自己以前的敌人委以重任,最终统一天下。这是为什么呢?因为他们慈善仁义,待人真诚,不用虚假的语言来欺骗别人。至于秦国任用商鞅进行变法,向东面削弱韩国、魏国的实力,很快就成了一个强大的国家,但是最后商鞅却落得个被车裂而死的下场;越国采取大夫文种的意见,把强大的吴国消灭之后称霸中原,但是文种最终还是被逼自杀了。这就是孙叔敖三次被罢免丞相的职位却不怨恨,於陵陈仲子不愿意处在三公的高位上而去为别人浇水种菜的原因。现在君王要是真的能够去掉骄傲自大的心,怀着有功必赏的诚意,吐露心声,显出真情,肝胆相照,给予深厚的恩德,对待士人始终穷达如一,没有什么可以吝惜的,就能让夏桀的狗对着尧叫,可以让盗跖的刺客去刺杀许由。更何况现在还可以靠着君主的权力,借助帝王的资本呢!这样一来,荆轲的七族被杀,要离烧死自己的妻子儿女,还要对大王汇报吗?

原 文

"臣闻明月之珠、夜光之璧,以暗投人于道,众莫不按剑相眄(miàn)者。何则?无因而至前也。蟠木根柢,轮囷(qūn)离奇①,而为万乘器者,以左右先为之容也②。故无因而至前,虽出随珠、和璧,只怨结而不见德;有人先游③,则枯木朽株,树功而不忘。今夫天下布衣穷居之士,身在贫羸(léi),虽蒙尧、舜之术,挟伊、管之辩,怀龙逢、比干之意,而素无根柢之容,虽竭精神,欲开忠于当世之君,则人主必袭按剑相眄之迹矣。是使布衣之士不得为枯木朽株之资也。是以圣王制世御俗,独化于陶钧之上④,而不牵乎卑乱之语,不夺乎众多之口。故秦皇帝任中庶子蒙嘉之言以信荆轲,而匕首窃发;周文王猎泾、渭,载吕尚归,以王天下。秦信左右而亡,周用乌集而王。何则?以其能越挛拘之语,驰域外之议,独观乎昭旷之道也。今人主沉谄谀之辞,牵帷廧之制,使不羁之士与牛骥同皂(zào)⑤,此鲍焦所以愤于世也。

注释

①**轮囷离奇**：盘绕弯曲的样子。②**容**：雕刻装饰。③**游**：宣传推荐。④**陶钧**：做陶器所用的转轮，在这里比喻权力。⑤**皁**：通"槽"，牛马吃食的器皿。

译文

"我听说把随侯珠、和氏璧在夜间的时候扔到大路上，大家见到了都会手按宝剑斜目而视。这是为什么呢？因为它们是无缘无故出现在眼前的。弯曲的树根模样曲折离奇，却成了君王的玩具，因为皇帝身边的人已经把它雕刻装饰过了。因此，无缘无故出现，就算是抛出去随侯珠、和氏璧，也只会让人结下仇怨而不是恩情；但是只要有人事先游说，就算是干枯的树木，也能够建立功业让人铭记。现在天下的平民百姓，又穷又病，他们就算是有尧舜那样的治国之策，有伊尹和管仲那样的雄辩之才，有关龙逢和比干那样的赤胆忠心，但是没有经过精细雕琢，他们就算是绞尽脑汁，想要向君王表露忠心，君王也一定会握着宝剑斜视他们。这就让一般的人无法得到枯木那样的待遇了。因此，君王治理天下，就要像陶工转钧那样独立完成，不要受到混乱的言谈的干扰，不要被大家七嘴八舌的话所牵动。因此，秦始皇因为听信了中庶子蒙嘉的话而相信荆轲，但是突然就被匕首袭击；周文王在泾水和渭水之间打猎，邀请吕尚到朝中辅佐，最终称王。秦国因为轻信左右的侍从而导致国家灭亡，周朝任用偶遇的人成就了霸业，原因是什么呢？因为周文王能够不被羌族卷舌聱牙的异域口音所约束，听取其他诸侯国的议论。现在皇帝被周围的逸言蒙蔽，被妃子和近臣牵制，致使不为世俗约束的人与牛马同槽，这就是鲍焦愤世嫉俗的原因啊。

原文

"臣闻盛饰入朝者不以私污义，底厉名号者不以利伤行。故里名'胜母'，曾子不入；邑号'朝歌'，墨子回车。今欲使天下寥廓之士笼于威重之权，胁于位势之贵，回面污行，以事谄谀之人，而求亲近于左右，则士有伏死堀穴岩薮之中耳①，安有尽忠信而趋阙下者哉②！"

注释

①**堀**：同"窟"。**薮**：长着很多草的湖泽。②**阙下**：宫墙之下，这里的意思是指君主。

译文

"我听闻盛装上朝的大臣，不会因为自己的私心而使道义受到玷污；磨炼品德注重名声的人，不会因为贪图利益就使自己的德行受损。因此，一个地方名字叫'胜母'，曾子就是不肯进去；一个城市叫作'朝歌'，墨子乘车遇到掉转车头就走。现在要让天下心怀抱负之人，被权力所控制，被地位高的人威胁，改变自己的态度，玷污自己的德行去奉承阿谀谄媚的人，以此得到亲近皇帝的机会，那么这些人才就只能够隐居在山洞湖泽，直到死去，哪里会有人想为君王尽忠而来投奔君主呢！"

司马相如

司马相如（约前179—前118），字长卿，蜀郡成都人，西汉辞赋家。司马相如工辞赋，其代表作品为《子虚赋》。作品辞藻富丽，结构宏大，后人称之为赋圣和"辞宗"。鲁迅《汉文学史纲要》评价司马相如："武帝时文人，赋莫若司马相如，文莫若司马迁。"

上书谏猎

原文

相如从上至长杨猎。是时天子方好自击熊豕（shǐ），驰逐野兽。相如因上疏谏曰："臣闻物有同类而殊能者，故力称乌获①，捷言庆忌②，勇期贲、育③。臣之愚，窃以为人诚有之，兽亦宜然。今陛下好陵阻险，射猛兽，卒（cù）然遇逸材之兽，骇不存之地，犯属车之清尘，舆不及还辕，人不暇施巧，虽有乌获、逢蒙之技不得用④，枯木朽株尽为难矣。是胡、越起于毂（gǔ）下，而羌、夷接轸（zhěn）也，岂不殆哉？虽万全而无患，然本非天子之所宜近也。

注释

①乌获：战国时期秦国的大力士。②庆忌：春秋时期吴王僚的儿子，传说跑得很快。③贲、育：指勇士孟贲和夏育。④逢蒙：擅长射箭的人。

译文

司马相如跟着皇帝到长杨宫打猎。那个时候皇帝正喜欢亲自跟熊和野猪搏击,驾着车追击野兽。相如为此进谏说:"我听说有些事物即使类别相同,但能力却不同。因此,论力气,乌获的力气最大;论敏捷,非庆忌莫属;论勇猛无畏,要数孟贲和夏育。以臣愚见,人类有这种现象,野兽也应该是这样的。现在陛下喜欢做一些难度高且危险的事情,用弓箭射击野兽,如果遇到异常勇猛的野兽,让它从不能安存的地方惊骇而起,朝您随从的车马扬起的尘土猛扑过来,那个时候车乘还来不及调转方向,卫兵也来不及做出保护,就算是有乌获、逢蒙这样的人也没有用,就连干枯的老树和腐烂的杂草都要跟您作对。这就像是胡人和越人突然从车轮下冒出来,羌人和夷人紧紧地跟着您的车子一样,难道这样不危险吗?即使是防护周全没有任何危险,但是那种地方根本就不是身为皇帝的您应该靠近的啊。

●司马相如的名篇《长门赋》"长门愁日暮"

原文

"且夫清道而后行,中路而驰,犹时有衔橜之变①。况乎涉丰草,骋邱墟,前有利兽之乐,而内无存变之意,其为害也不亦难矣!夫轻万乘之重②,不以为安,乐出万有一危之涂以为娱,臣窃为陛下不取。

注释

①**衔橜之变**:是指马辔头、车钩心等部件断裂。②**万乘之重**:指很重,这里的意思是指担负着治理天下的大任。

译文

"再说先清理道路而后出行,在大路上行走,还可能会出现因为马络辔头、车钩心等部件断裂而产生的意外,更何况去那些荒林草莽之中,驰骋在丘陵山野之上。前面有获取禽兽的快乐，但是内心却没有一点儿应对变故的警惕，这种场合就可能出现灾难。不以天子身份为重，不安于此，却喜欢去外面游玩，在那里寻找快乐却不知危险，我个人认为陛下您这么做是不恰当的。

原文

"盖明者远见于未萌，而知者避危于无形，祸固多藏于隐微，而发于人之所忽者也。故鄙谚曰：'家累千金，坐不垂堂①。'此言虽小，可以喻大。臣愿陛下留意幸察。"

注释

①垂堂：是指接近屋檐的地方。

译文

"大多数聪明人都会在事情还在萌芽前就已预知，智慧的人能够在危险还没有发生的时候就设法避免。灾难往往埋藏在细小而又隐秘的地方，发生于人们疏忽大意的时候。常言说得好：'家中富贵有千金的人，不坐在靠近屋檐的地方。'这句话说的事情虽然不大，却能折射出大道理，我希望陛下能注意这一点。"

李 陵

李陵（前134—前74），字少卿，西汉名将，飞将军李广长孙。善骑射，爱士卒，颇得美名。天汉二年（前99），奉汉武帝之命出征匈奴，率五千步兵与八万匈奴兵战于浚稽山，最后因寡不敌众，兵败投降。汉朝夷其三族，母弟妻子皆被诛杀，后于前74年老死匈奴。

答苏武书

原文

子卿足下：勤宣令德①，策名清时②，荣问休畅③，幸甚，幸甚！远托异国,昔人所悲,望风怀想,能不依依!昔者不遗,远辱还答,慰诲勤勤,有逾骨肉,陵虽不敏,能不慨然!

注释

①**令德**:美好的品德。②**策名**:把名字写在官府的简策上面。③**荣问**:美好的名声。

译文

子卿足下:您努力发扬美德,在政治清明的时候做官,美名远扬,非常有幸,非常有幸!我离开家乡来到异国他乡,这是古人最悲伤的事情,遥望故土,心中怀念,怎能不让人留恋!过去多亏了您不嫌弃,从远方屈尊给我写信,教导我,安慰我,我们之间的情感已经超过了亲兄弟。我虽然不聪明,但是哪能不感慨万分呢!

原文

自从初降,以至今日,身之贫困,独坐愁苦。终日无睹,但见异类。韦韝毳幕①,以御风雨;膻肉酪浆,以充饥渴;举目言笑,谁与为欢?胡地玄冰,边土惨裂,但闻悲风萧条之声。凉秋九月,塞外草衰,夜不能寐。侧耳远听,胡笳互动②,牧马悲鸣,吟啸成群,边声四起。晨坐听之,不觉泪下。嗟乎,子卿!陵独何心,能不悲哉!

注释

①**韦韝**:指皮质的臂套。**毳幕**:毡帐。②**胡笳**:匈奴族的管乐器。

译文

自从我归顺匈奴以来,一直到现在,身边到处都是危险和困难,常常一个人坐着,感到十分愁苦。一天到晚,只能见到异族人,其他的什么也看不到。戴着皮质的臂套,住在毡帐之中,只为了遮风挡雨;吃着带有膻味的羊肉和牛肉,喝着羊奶和牛奶,只是为了充饥解渴。四下看去,能跟谁一起谈笑风生呢?匈奴人住的地方严寒异常,塞外的土地都已经冻裂了,只有寒风悲鸣的声音。秋天的时候,这里的草木都枯萎了,夜里就很难入睡。我侧着耳朵细听,远处匈奴人正奏着管乐器,牧马也在悲伤嘶鸣,不同的声音交织在一起,响彻边塞的四方。早上起来坐着,听到这些声音,我忍不住流下眼泪。唉!子卿啊,我难道心肠跟别人不一样,感受不到悲伤吗?

原 文

与子别后，益复无聊。上念老母，临年被戮①；妻子无辜，并为鲸鲵。身负国恩，为世所悲，子归受荣，我留受辱，命也何如！身出礼义之乡，而入无知之俗，违弃君亲之恩，长为蛮夷之域，伤已！令先君之嗣，更成戎狄之族，又自悲矣！功大罪小，不蒙明察，孤负陵心区区之意。每一念至，忽然忘生。陵不难刺心以自明，刎颈以见志，顾国家于我已矣②，杀身无益，适足增羞，故每攘臂忍辱，辄复苟活。左右之人，见陵如此，以为不入耳之欢，来相劝勉。异方之乐，祇令人悲，增忉怛耳③。

注 释

①**临年**：到了暮年。②**顾**：想到。③**忉怛**：担忧，忧伤。

译 文

自从跟您分别以后，我更加觉得没有乐趣。上念老母，在暮年被杀，妻子和儿子本也无辜，却一起被杀。我辜负了国家恩情，被世人唾骂。您回到国家接受荣耀，我却留在这里接受羞辱，这都是命啊，我有什么办法呢！我在礼仪之邦出生，但是现在却在愚昧无知的国家里生活，抛弃了父母君长的恩情，一辈子都住在这个蛮夷的地方，真是难过啊！让父亲的子孙后代，成了戎狄的后人，我又为自己感到悲哀！功劳大，过错小，可是皇帝不明察，让我的一片苦心被糟蹋。每次想到这里，我就失去了活下去的勇气。我想自杀明志，想到国家已经对我没有任何恩情，自杀没有任何好处，反而让我这个人更加耻辱，每当我因为耻辱而生气的时候，又苟且地活了下来。身边的人看到我这个样子，就会用一些不中听的宽慰话来劝说、勉励我。异国的快乐，只会让人更加难过伤心，徒增忧愁罢了。

原 文

嗟乎，子卿！人之相知，贵相知心。前书仓卒未尽所怀，故复略而言之。昔先帝授陵步卒五千，出征绝域，五将失道，陵独遇战，而裹万里之粮，帅徒步之师，出天汉之外，入强胡之域，以五千之众，对十万之军，策疲乏之兵，当新羁之马，然犹斩将搴旗①，追奔逐北，灭迹扫尘，斩其枭帅，使三军之士视死如归。陵也不才，希当大任，意谓此时，功难堪矣。

注　释

①搴：拔掉。

译　文

可叹啊，子卿！人跟人的相互了解，最珍贵的就在于相知。上次慌忙去信，心中还有很多话没有说完，所以我再简单地说一下。以前先帝给我五千步兵，到遥远的地方出征，其他的五名将领都迷失了方向，唯独我遇到敌人发生了战斗。当时我军带着远行万里的军粮，率领步兵远出大汉边界之外，深入匈奴境内，以区区五千人抵御匈奴上万人的军队，指挥着疲惫的战士，抵挡着刚刚出营的轻骑。但是还是把敌军的将领给斩杀了，把敌军的旗帜拔掉了，追逐逃走的敌人就像是抹去足迹、扫掉灰尘一样，杀了敌人骁勇善战的将领，使得我军将士视死如归。我没有什么才能，很少能担当重大任务，那时候获得这样的功劳，也算是非常难得的了。

原　文

匈奴既败，举国兴师，更练精兵，强逾十万，单于临阵，亲自合围。客主之形，既不相如；步马之势，又甚悬绝。疲兵再战，一以当千，然犹扶乘创痛，决命争首。死伤积野，余不满百，而皆扶病①，不任干戈。然陵振臂一呼，创病皆起，举刃指虏，胡马奔走；兵尽矢穷，人无尺铁，犹复徒首奋呼，争为先登。当此时也，天地为陵震怒，战士为陵饮血。单于谓陵不可复得，便欲引还，而贼臣教之，遂使复战，故陵不免耳。

注　释

①扶：支撑。

译　文

匈奴战败以后，全国出动，重新开始挑选士兵，人数有十万人那么多，匈奴的单于亲临督战，亲自指挥着匈奴的士兵把我们包围。我们两国的军队对阵形势不能够相比，步兵与骑兵的差距更是悬殊。我们的军队连日作战，一个人要抵挡上千人，但是战士们仍旧不顾伤痛，拼命战斗。士兵们的尸体遍地，剩下不足一百人，而且都还带着伤病，连拿起武器的力气都没有了。但是，当我振臂高呼的时候，他们全部站起来了，拿着刀刺向敌人，把匈奴的军队吓得四处溃逃，坚持到最后，我们的武器和弓箭都用完了，士兵们手中没有武器，但仍旧高喊着杀敌，还争着向前厮杀。那个时候，天地为我们震怒，士兵为我痛哭流涕。单于觉得没有办法将我活捉，就打算退兵。但是叛徒管敢把我的境况说给单于听，使得他们又一次出兵，最终我只能被俘虏。

原文

昔高皇帝以三十万众，困于平城①。当此之时②，猛将如云，谋臣如雨，然犹七日不食，仅乃得免。况当陵者，岂易为力哉？而执事者云云，苟怨陵以不死。然陵不死，罪也。子卿视陵，岂偷生之士而惜死之人哉？宁有背君亲、捐妻子，而反为利者乎？然陵不死，有所为也。故欲如前书之言，报恩于国主耳。诚以虚死不如立节，灭名不如报德也。昔范蠡不殉会稽之耻，曹沫不死三败之辱，卒复勾践之仇，报鲁国之羞。区区之心，窃慕此耳。何图志未立而怨已成，计未从而骨肉受刑。此陵所以仰天椎(chuí)心而泣血也③！

注释

①平城：现在在山西大同东北的古城。②当：像。③椎：敲打。

译文

以前高祖皇帝有三十万军队，尚且还被困在平城。那个时候，他手下的将领多如云雨，他们还被困七天得不到食物，仅能免于被歼灭。何况像我这样，难道是很容易做到的吗？可是皇上身边的近臣那样议论，只是一股脑地抱怨我不为国捐躯。当然，我没有为国家而死，这是罪责。子卿您看我这个人，难道是那种苟且偷生的人吗？是那种宁可抛弃君主和国家，丢下妻子和儿子，去追逐私利的人吗？我之所以不死，自然是有我的计划，本来就是要跟前几次信中说的那样报答君主的恩情。实在是认为死的没有意义还不如树立名节，身死名灭还不如用实际的行动来报答恩情。往日范蠡不会为了会稽的国耻而自杀，曹沫虽然多次战败，但是也不愿死去，最后终于为勾践报仇，帮鲁国雪耻。我心中不过是想要仿效他们罢了，可是我的计划还没有实施，就听说我的亲人被诛杀。这是我仰望苍天捶胸痛恨而流下血泪的原因啊!

原文

足下又云:"汉与功臣不薄。"子为汉臣,安得不云尔乎!昔萧、樊囚絷,韩、彭菹醢,晁错受戮,周、魏见辜①,其余佐命立功之士,贾谊、亚夫之徒,皆信命世之才,抱将相之具,而受小人之谗,并受祸败之辱,卒使怀才受谤,能不得展。彼二子之遐举②,谁不为之痛心哉!陵先将军,功略盖天地,义勇冠三军,徒失贵臣之意,迺身绝域之表③。此功臣义士所以负戟而长叹者也,何谓"不薄"哉?

注释

①辜:罪。②遐举:去世。③迺身:自杀。

译文

足下还说:"汉朝对功臣很好。"您作为汉朝的臣子,怎能不这样说呢!以前萧何、樊哙被抓捕囚禁,韩信、彭越被剁成肉酱,晁错被杀,周勃、魏其侯窦婴遭罪;其他一些帮助天子的有功之臣,像贾谊、周亚夫等人,在当时都是非常杰出的人才,身上有着将相之才,但是却被小人的谣言中伤,全部都遭受灾祸和失败的侮辱,最终空怀抱负和才能而被排挤,无法施展自己的才能。他们两个人的死,谁能不感到痛惜呢?我的祖父李广,功劳和谋略能够比得过天下所有的人,对君王的仁义勇猛也居于三军之首,只是因为不顺从当朝权贵的心意,结果就只能在边远的塞外自杀。这就是忠臣身背长戟而悲叹的原因啊!怎么能说汉朝对有功之臣不薄呢?

原文

且足下昔以单车之使,适万乘之虏,遭时不遇,至于伏剑不顾,流离辛苦,几死朔北之野。丁年奉使,皓首而归①,老母终堂,生妻去帷,此天下所希闻、古今所未有也。蛮貊之人尚犹嘉子之节,况为天下之主乎?陵谓足下当享茅土之荐②,受千乘之赏,闻子之归,赐不过二百万,位不过典属国,无尺土之封,加子之勤;而妨功害能之臣尽为万户侯,亲戚贪佞之类悉为廊庙宰③。子尚如此,陵复何望哉?

注释

①皓首：白头。②茅土之荐：受到分封土地的奖赏。③廊庙：这里指朝廷。

译文

再说您以前只是乘着单车出使到兵力强盛的匈奴，因为时机不对，所以就算是拔剑自刎也毫不在意，又经过了长时间的颠沛流离，历经千辛万苦，差点儿死在北方的荒漠中。壮年接受皇命出使，到了白发苍苍才回来，母亲在家中去世，年轻的妻子也已经改嫁。这样的事情在天下很少听到，由古至今都不曾出现过。蛮夷地方的人尚且对您的节操感到赞许，更何况是身为天下之主的皇帝呢？我觉得您应该享有裂土为侯的奖赏，得到千乘车马，但是听说您回到汉朝以后，赏赐不过两百万钱，职位也仅仅是个典属国，没有封赏给你尺寸的土地。但是那些妨害功业、陷害贤才的人却都已经被封为了万户侯，皇亲国戚之中贪婪奸诈的人都做了朝廷上的高官。您尚且得到这样的待遇，我还能指望什么呢？

原文

且汉厚诛陵以不死，薄赏子以守节，欲使远听之臣望风驰命，此实难矣，所以每顾而不悔者也。陵虽孤恩，汉亦负德。昔人有言："虽忠不烈，视死如归。"陵诚能安，而主岂复能眷眷乎？男儿生以不成名，死则葬蛮夷中，谁复能屈身稽颡^{qǐ sǎng}①，还向北阙，使刀笔之吏弄其文墨邪！愿足下勿复望陵②。

注释

①稽颡：弯膝下跪，用额头撞地行礼。②勿复望陵：不要希望李陵回去了。

译文

汉朝用残忍的方式惩罚我没有以身殉国，对您的忠贞守节仅仅赐予了微薄的奖赏，还希望远方的臣子能够为国家卖命，这真是太苛刻了，所以我经常回想往事却并不后悔。我虽然辜负了汉朝的恩情，但是汉朝对我所做的也并不是大恩大德的事情。古人有句话说："虽然忠诚但是不能死节，也能够做到视死如归。"我要是能够心安理得地死节，难道皇帝还会挂念我吗？男人活着的时候不能够守住名节，死了以后就葬在这蛮夷的地方，谁还能够弯腰磕头再回到汉朝，让那些舞文弄墨的人来评论我呢？希望您不要再指望我回汉朝了。

原文

　　嗟乎，子卿！夫复何言？相去万里，人绝路殊。生为别世之人，死为异域之鬼，长与足下，生死辞矣！幸谢故人，勉事圣君。足下胤子无恙①，勿以为念。努力自爱。时因北风，复惠德音②。李陵顿首。

注释

　　①胤子：苏武在匈奴时曾经与匈奴女子成亲，并且育有一子。②德音：对别人言辞的一种尊称。

译文

　　唉，子卿，还有什么好说的呢？咱们之间相隔万里，人们之间相互没有往来，走的道路也阻塞不通。我活着的时候是另外一个世界的人，死了以后也是别的国家的鬼魂，永远都不能跟你相见了！希望向老朋友传达我的心意，努力尽忠于贤明的君王。您的儿子没有什么问题，您不要挂念他。希望您多加保重。希望时不时能借助北风，惠赐您的教诲。李陵顿首。

路温舒

　　路温舒（生卒年不详），字长君。信奉儒家学说。起初学习律令，当过县狱吏、郡决曹史；后来又学习《春秋》经义，举孝廉，当过廷尉奏曹掾、守廷尉史、郡太守等职。宣帝即位，他上疏请求改变重刑罚、重用治狱官吏的政策，主张"尚德缓刑""省法制，宽刑罚"。他认为秦朝灭亡的原因，是法密政苛，重用狱吏。汉承袭秦朝这一弊政，必须改革。他还反对刑讯逼供，认为刑讯迫使罪犯编造假供，给狱吏枉法定罪开了方便之门。他在奏疏中还提出废除诽谤罪，以便广开言路。

尚德缓刑书

原文

昭帝崩，昌邑王贺废，宣帝初即位，路温舒上书，言宜尚德缓刑。其辞曰："臣闻齐有无知之祸，而桓公以兴；晋有骊姬之难，而文公用伯；近世赵王不终，诸吕作乱，而孝文为太宗。由是观之，祸乱之作，将以开圣人也。故桓、文扶微兴坏，尊文、武之业，泽加百姓，功润诸侯，虽不及三王①，天下归仁焉。文帝永思至德，以承天心，崇仁义，省刑罚，通关梁，一远近，敬贤如大宾，爱民如赤子，内恕情之所安，而施之于海内，是以囹(líng)圄(yǔ)空虚，天下太平。夫继变化之后，必有异旧之恩，此贤圣所以昭天命也。往者，昭帝即世而无嗣，大臣忧戚，焦心合谋，皆以昌邑尊亲，援而立之。然天不授命，淫乱其心，遂以自亡。深察祸变之故，乃皇天之所以开至圣也。故大将军受命武帝②，股肱汉国，披肝胆，决大计，黜亡(wú)义③，立有德，辅天而行，然后宗庙以安，天下咸宁。

注释

①**三王**：指的是夏禹、商汤和周文王。②**大将军**：指霍光。汉武帝临死之前让霍光担任大司马、大将军，辅助年幼的汉昭帝。③**亡**：无，没有。

译文

汉昭帝驾崩，昌邑王刘贺被废黜，汉宣帝刚登上皇位没有多久。路温舒上书给皇帝，谈论要崇尚德治，减少刑罚。他在奏章里说："我听说，齐国遭遇公孙无知的灾祸，齐桓公才能够兴起；晋国有了骊姬作乱，晋文公才能够称霸；近世赵王不得善终，吕氏家族造反，孝文帝才能够成为太宗皇帝。由此可知，灾难的产生，其实是为圣明的君王开创条件。所以齐桓公、晋文公帮助衰微的王室，复兴衰落的事业，尊敬周文王、周武王的功业，把恩泽施加给百姓，功业惠赠诸侯，就算是比不上三代的圣君，但是天下都因为他们的仁爱而归顺。文帝能够一直思考崇高的道德，传承上天的意愿，推行仁爱的政策，减少刑罚，把关卡和桥梁都开通，对待远近的人都是同样的态度，像对待贵宾一样对待贤臣，像爱护婴儿一样爱护百姓，自以为可以推行的好政策才会在天下实行，所以监狱之中几乎没有犯人，天下太平，四海安宁。经历过政治的动荡之后，一定能施赐跟以往不一样的恩德，这是英明圣明的君王用来显示君权神授的工具。从前昭帝仙逝之后没有子嗣，大臣们都为此发愁，着急地讨论这件事，都认为昌邑王刘贺地位尊贵而且是皇族近亲，所以就拥戴他做皇帝。但是上天并不认为他能做好皇帝，所以就让他的内心趋于淫乱，最终自取灭亡。深入地了解发生祸患的原因，原来是上天用这次事件给贤明的君王开创条件啊。因此，大将军霍光在汉武帝驾崩前夕临危受命，辅佐汉朝，披肝沥胆商议国家大事，把没有仁爱之心的昏君废除，拥立有道德的明君，帮助上天行事，从而使得朝廷能够稳定，天下也呈现出一片太平景象。

原文

"臣闻《春秋》正即位①，大一统而慎始也。陛下初登至尊，与天合符，宜改前世之失，正始受命之统，涤烦文，除民疾，存亡继绝，以应天意。

注释

①正即位：古代皇帝即位之初，要改变历法，也叫"改正朔"，"正"是一年的开始，"朔"是一个月的开始。

译文

"我听说《春秋》上讲帝王即位之初要修改历法，也就是尊崇天下一统且严肃地对待新开始的事业。陛下您刚刚即位，跟上天的意愿吻合，应该改掉前朝的失误，重新建立起国家的纲纪法规，把那些烦琐的法律条文都逐一废除，把百姓从水深火热之中解救出来，让那些已经消亡的家族得到生存的机会，已经中断的祭祀能够重新延续，能够顺应上天的意愿。

原文

"臣闻秦有十失，其一尚存，治狱之吏是也。秦之时，羞文学，好武勇，贱仁义之士，贵治狱之吏，正言者谓之诽谤，遏过者谓之妖言。故盛服先生不用于世①，忠良切言皆郁于胸，誉谀之声日满于耳，虚美熏心，实祸蔽塞。此乃秦之所以亡天下也！方今天下赖陛下恩厚，亡金革之危、饥寒之患，父子夫妻戮(lù)力安家，然太平未洽者，狱乱之也。夫狱者，天下之大命也，死者不可复生，䌷(jué)者不可复属②。《书》曰：'与其杀不辜，宁失不经。'今治狱吏则不然，上下相驱，以刻为明，深者获公名，平者多后患。故治狱之吏皆欲人死，非憎人也，自安之道在人之死。是以死人之血流离于市，被刑之徒比肩而立，大辟之计岁以万数③，此仁圣之所以伤也。太平之未洽，凡以此也。夫人情安则乐生，痛则思死。棰楚之下，何求而不得？故囚人不胜痛，则饰辞以视之；吏治者利其然，则指道以明之；上奏畏却，则锻练而周内之。盖奏当之成，虽咎繇(gāo yáo)听之④，犹以为死有余辜。何则？成练者众，文致之罪明也。是以狱吏专为深刻，残贼而亡极，媮(tōu)为一切⑤，不顾国患，此世之大贼也。故俗语曰：'画地为狱，议不入；刻木为吏，期不对。'此皆疾吏之风，悲痛之辞也。故天下之患，莫深于狱；败法乱正，离亲塞道，莫甚乎治狱之吏。此所谓一尚存者也。

注释

①**盛服先生**：因为儒者大都注重衣冠整齐，所以这里是指儒者。②**䌷**：同"绝"。**属**：接上。③**大辟**：古代的一种刑罚，死刑。④**咎繇**：也作"皋陶"，传说是舜时期执掌刑法的官。⑤**媮**：苟且。

译文

"我听闻秦朝有十大过失，其中有一条到现在还存在，那就是用司法来巩固统治。秦朝看轻儒术，崇尚蛮力，蔑视仁义，看重刑罚，正直的话在他们听来就是诽谤和污蔑，阻止错误发生的话在他们听来就是妖言惑众，所以穿戴整齐的儒者没有用武之地，忠实好心的言论都积聚在心中无法表达，君王的耳朵早就被谄媚的言语所充斥，但是实在的危险却已经被掩盖。这就是秦王朝灭亡的真正原因啊！现在天下百姓都依靠陛下的仁爱，没有战争的破坏，也不会受到饥饿和寒冷的威胁，父子夫妻之间相互协作，一起治理家业，但是太平的国家之所以不十全十美，是因为刑罚和牢狱会让社会变得更加混乱罢了。说起刑罚，那是关乎天下百姓生命的大事，人被杀死之后不可能再活过来，肢体被砍掉了之后也不可能再接回来，所以《尚书》中说：'宁可在不按照常规办事的情况下发生失误，也不要错杀无辜的人。'现在那些负责刑罚的官员却不是这样的，他们之间相互督促，把严苛当作明察秋毫，凭借着严酷的刑罚获得美好的名声，那些手段平和的反而会有很多麻烦。所以掌管刑罚的官吏，都想把人置于死地。这不是因为他们对谁特别憎恶，而是为了保全自己才把别人的生命置之不理。所以死人的血在市场上抛洒，那些被判刑的人多到可以肩并着肩站立，每年被判死刑的人有上万，这是仁爱的君主感到悲伤的原因。太平的天下并不完美，大概都是因为这样的原因。平安就乐于活着，痛苦就想着死去，这是人之常情。在严刑拷打之后，想要什么样的口供办不到呢？所以那些被囚禁的人熬不住痛苦的折磨，就用假话招供，负责审问的官员认为这样是对自己有好处的，就暗示囚犯承认自己的罪过；当案子了结的时候又担心被驳回，就开始找罪状让它更加周密使人定罪。一旦案件被落实，即便是皋陶来审讯，也会被告知犯人死有余辜，这是为什么呢？这是因为罗织的罪名很多，按照律法定下的罪名也十分明白。所以司法官吏专做一些严苛的事情，没有休止地陷害别人，不管这样做会给国家带来什么样的灾难，这是天下最大的灾害啊！所以俗话说：'在地上画一个牢笼，人们也不会想要进去；就算是木头雕刻的狱官，人们也不会跟他对质。'这些都是人们嫉恨狱官编唱的歌谣，悲痛深刻的议论啊。所以天下的灾难，没有什么能够比得上刑罚的，败坏法律扰乱是非，让亲人离散让道义阻塞，没有什么能够比得上司法的官员。这就是前面说到的至今还存在的秦朝的十大过失之一。

原　文

"臣闻乌鸢之卵不毁，而后凤皇集；诽谤之罪不诛，而后良言进。故古人有言：'山薮藏疾①，川泽纳污，瑾瑜匿恶②，国君含诟。'唯陛下除诽谤以招切言，开天下之口，广箴谏之路，扫亡秦之失，尊文、武之德，省法制，宽刑罚，以废治狱。则太平之风可兴于世，永履和乐，与天亡极，天下幸甚！"

上善其言。

注释

① 山薮：山林和湖泊。② 瑾瑜：美玉。

译文

"我听说，乌鸦和老鹰的蛋不被毁坏，然后凤凰才会飞过来；诽谤别人却不被处死，就会有人进献良言。所以古人说：'深山湖泊之中藏着有毒的脏东西，江河湖海容纳着污垢，美玉隐含着瑕疵，国君应能忍受辱骂。'希望陛下能够铲除诽谤的罪名，用来招揽忠实的言论，让天下百姓都敢于说真话，大开劝谏之路，改正亡秦的过失，尊重并崇拜周文王、周武王的德行，简化法律条文，减轻刑罚，达到废除刑狱的目的。这样一来，太平的气象就能够在天下兴盛起来，人民永远都会生活在安定和平的社会之中，和上天一样长久，天下的百姓将会十分荣幸！"

皇上觉得路温舒的建议非常好。

杨恽

杨恽（？—前54），西汉政治家，字子幼，西汉华阴（今陕西渭南）人，宣帝时曾任左曹，后因告发霍光后人谋反有功，封平通侯，迁中郎将，后位列九卿。其父杨敞曾两任汉宣帝时丞相，其母司马英是著名史学家司马迁之女。《史记》一书能够流传至今，也与杨恽有着重要关系。其文章《报孙会宗书》颇有司马迁的《报任安书》的风格。

报孙会宗书

原文

恽既失爵位家居，治产业，起室宅，以财自娱。岁余，其友人安定太守西河孙会宗，知略士也，与恽书谏戒之，为言大臣废退，当阖门惶惧，为可怜之意，不当治产业，通宾客，有称誉。恽宰相子，少显朝廷，一朝晻(ǎn)昧语言见废，内怀不服，报会宗书曰："恽材朽行秽，文质无所底，幸赖先人余业，得备宿卫。遭遇时变①，以获爵位，终非其任，卒与祸会。足下哀其愚蒙，赐书教督以所不及，殷勤甚厚。然窃恨足下不深惟(wěi)其终始②，而猥随俗之毁誉也。言鄙陋之愚心，若逆指而文过；默而息乎，恐违孔氏'各言尔志'之义，故敢略陈其愚③，唯君子察焉。

注释

①**遭遇时变**：杨恽因揭发霍光子孙谋反而被封为平通侯的事。②**惟**：考虑。③**略陈**：粗略地陈述。

译文

杨恽的爵位没了，待在家里治理产业，建造房屋，经营自己家的财产，自娱自乐。过了一年多，他的朋友安定太守、西河人孙会宗，十分有智慧和谋略，他给杨恽写了一封信，信里对他劝勉有加，说大臣被罢官以后，应该关门悔过，才能够博得同情，而不是治理产业，广交朋友，得到称赞。杨恽是丞相的儿子，年轻的时候就在朝廷中很有名了，因为一时糊涂说错了话被免官，心里却十分不服，他在给孙会宗的回信里说道："我杨恽天生就不是块好材料，行为上也没有什么可取之处，外在的表现和内在的品格两个方面都没能达到水平，侥幸靠着祖先的庇佑，能够在朝廷中担任侍卫的职责。遇到朝廷中的变故，我才能够被封为平通侯。但最终我还是不能够胜任，所以最后还是遭遇了这次灾难。您怜惜我愚钝糊涂，给我写信，对我没有做好的地方给予指正，情意十分诚恳。但是我心中却惋惜您没有深入思考事情的来龙去脉，而是轻易地随着世俗的眼光来看待我。我对您说说我的心里话吧，但是又显得是在违背您的意思而文过饰非；不说吧，又害怕违背了孔子要求弟子'各言尔志'的教导。所以大着胆子粗略地陈述一下我的意见，希望你能够明察。

原文

"恽家方隆盛时，乘朱轮者十人①，位在列卿，爵为通侯，总领从官，与闻政事。曾不能以此时有所建明，以宣德化，又不能与群僚同心并力，陪辅朝廷之遗忘，已负窃位素餐之责久矣。怀禄贪势，不能自退，遭遇变故，横被口语，身幽北阙②，妻子满狱。当此之时，自以夷灭不足以塞责，岂意得全首领，复奉先人之丘墓乎？伏惟圣主之恩，不可胜量。君子游道，乐以忘忧；小人全躯，说以忘罪。窃自私念，过已大矣，行已亏矣，长为农夫以没世矣。是故身率妻子，戮力耕桑③，灌园治产，以给公上，不意当复用此为讥议也。

注释

①**朱轮**：用丹漆涂的车轮，古代身份的象征。只有俸禄在两千石以上的官员或者是公卿列侯才能够乘坐这种朱轮车。②**北阙**：古代皇帝召见大臣们在此处商议国事，指宫廷的北门楼。③**戮力**：齐心协力。

译文

"当初我家兴旺的时候，坐朱轮车的人就有十位，我的官位在九卿之中，爵位为平通侯，率领着侍从官员，参与日常的政治事务。但我却不能在这个时候有所作为，宣扬道德教化，也不能跟同僚们一起努力，帮助朝廷做一些查漏补缺的事情，我已经背负着做官白拿俸禄的责备很久了。因为我贪恋官职，贪慕权力，不能自己隐退，于是经历了变故，遭到指责，我自己被囚禁在北门，妻子儿女也都被关到监狱中去。这个时候我就觉得，即使是自己全家被杀，也不能洗清我的罪责，怎么还能想到保全自己的性命，再去供奉祖先的灵位呢？英明的君王的恩情，真是没有办法考量。君子沉浸在道中，愉快地忘记了烦恼，小人保全了性命，高兴地忘记了罪责。我私下认为自己的罪过已经很大了，德行也不够完全，那就永远地当农民度过余生算了。所以我带着妻子儿女，共同努力干农活，浇灌田野，治理农业，用来缴纳官府的赋税。想不到因为这件事又被一些人谈论和嘲讽。

原文

"夫人情所不能止者，圣人弗禁，故君父至尊亲，送其终也，有时而既①。臣之得罪，已三年矣。田家作苦，岁时伏腊，烹羊炰(páo)羔，斗酒自劳。家本秦也，能为秦声，妇赵女也，雅善鼓瑟②，奴婢歌者数人，酒后耳热，仰天拊缶(fǒu)③，而呼乌乌。其诗曰：'田彼南山，芜秽不治。种一顷豆，落而为萁。人生行乐耳，须富贵何时！'是日也，拂衣而喜，奋褎低昂④，顿足起舞，诚淫荒无度，不知其不可也。怀幸有余禄，方籴贱贩贵，逐什一之利，此贾竖之事，污辱之处，怀亲行之。

"下流之人，众毁所归，不寒而栗。虽雅知恽者，犹随风而靡，尚何称誉之有？董生不云乎：'明明求仁义，常恐不能化民者，卿大夫意也；明明求财利，尚恐困乏者，庶人之事也。'故'道不同，不相为谋'。今子尚安得以卿大夫之制而责仆哉？

注释

①既：结束。②雅：很。③拊：拍。④褎：同"袖"。

译文

"凡是从人情的角度上来说不能禁止的事情，圣人也不会禁止。所以君王和父亲虽然是最尊敬和最亲近的，给他们送终服丧，也是有尽头的。我被判有罪已经三年了。种田的人家辛苦劳作，每到伏天或腊月的时候，我就杀羊烹肉，用来犒赏自己。我本是秦地人，善唱秦地歌曲，我的妻子是赵地人，善于鼓瑟，奴婢们之中能够唱歌的也有那么几个人。喝完酒之后耳朵发热，抬着头朝天拍打瓦缶，唱出呜呜的秦声来。歌词是：'南山坡上来种田，田地荒芜无人管。当初种下一顷豆，豆子掉了只剩秆。人生在世为行乐，富贵等待哪一天？'那一天，我拿起衣服心中很高兴，上下地挥动着衣袖，踮起脚跳起了舞蹈，的确是纵情欢乐没有节制，不知道这样是不被允许的。我恰巧有些闲钱，正在贱买贵卖，赚取那十分之一的利润。这是小贩们做的事情，是一种有辱斯文的工作，但我还是亲自去做了。

"地位低下的人，大家都对他进行诽谤，令人感到害怕。就算是向来了解我的人也跟风，怎么还会有人为我说上几句好话呢？董仲舒不是说过吗：'急切地追求仁义，经常害怕不能够教化百姓，是卿大夫的想法；追求财富，担心贫困，是老百姓的事情。'所以，'信仰的东西不同，就不能够在一起商量事情'。现在您为什么还要用卿大夫的标准来责备我呢？"

原文

"夫西河魏土，文侯所兴，有段干木、田子方之遗风，漂然皆有节概①，知去就之分。顷者，足下离旧土，临安定，安定山谷之间，昆戎旧壤，子弟贪鄙，岂习俗之移人哉？于今乃睹子之志矣。方当盛汉之隆，愿勉旃,毋多谈。"

注释

①凛然:高远的样子。

译文

"西河郡原来是魏地,是魏文侯期间设立的,古代贤人段干木、田子方留下来的好风气也被传承下来,他们都有凛然的气节,明白进退取舍的道理。最近,您离开故土,来到安定郡,安定郡位于山谷之间,以前是昆戎族的地盘,那里的人性情贪婪鄙陋,难道是习俗让您有所改变吗?现在我明白了您的志向。现在正当大汉朝兴盛的时候,希望您好自为之,不要多说了。"

后汉书

《后汉书》是南朝宋时范晔编撰的记载东汉历史的纪传体史书,与《史记》《汉书》《三国志》合称"前四史"。

全书分十纪、八十列传和八志,主要记述了上起东汉的汉光武帝建武元年(25),下至汉献帝建安二十五年(220),共195年的史事。《后汉书》结构严谨,编排有序。勇于暴露黑暗政治,同情和歌颂正义的行为。一方面揭露鱼肉人民的权贵,另一方面又表彰那些刚强正直、不畏强暴的中下层人士。

光武帝临淄劳耿弇

原文

车驾至临淄,自劳军①,群臣大会。帝谓弇曰:"昔韩信破历下以开基,今将军攻祝阿以发迹。此皆齐之西界,功足相方。而韩信袭击已降,将军独拔勍敌②,其功乃难于信也。又田横烹郦生,及田横降,高帝诏卫尉不听为仇。张步前亦杀伏隆③，若步来归命，吾当诏大司徒释其怨。又事尤相类也。将军前在南阳建此大策，常以为落落难合，有志者事竟成也！"

注释

①劳：犒劳。②劲敌：强大的敌人。③张步：齐国琅邪人，曾经趁着刘秀起兵的时候拥兵自重。

译文

光武帝来到临淄，亲自犒劳军队，群臣都在这里聚集。光武帝对耿弇说："以前韩信打下了历下而奠定了汉朝基业，现在将军你攻克祝阿而成就功业。历下和祝阿都是齐国西面的边界，你的功劳完全能跟韩信相比。但是韩信偷袭的是已经投降的敌人，但是将军你却是独自战胜了强大的敌人。这个功劳的取得，比韩信还要困难啊。还有田横烹杀了郦生，到田横投降的时候，高祖皇帝昭告卫尉郦商，让他不要跟田横结怨。张步以前也杀了伏隆，要是张步来投降，我也要让大司徒伏湛不要跟张步结仇怨。这两件事情更加相像了。将军你以前在南阳的时候，已经说出了这个重要的决策，我以前还认为这件事情没有人会理解并且很难实行，现在看来，真的是有志者事竟成啊！"

马援诫兄子严敦书

原文

援兄子严、敦并喜讥议，而通轻侠客。援前在交趾，还书诫之曰："吾欲汝曹闻人过失①，如闻父母之名，耳可得闻，口不可得言也。好议论人长短，妄是非正法，此吾所大恶也，宁死不愿闻子孙有此行也。汝曹知吾恶之甚矣，所以复言者，施衿结缡②，申父母之戒，欲使汝曹不忘之耳。

注释

①曹：等。②施衿结缡：父母在女儿出嫁的时候，要为她系上佩带和佩巾。

译 文

马援的侄子马严、马敦都喜欢嘲讽和议论人事,而且喜欢结交轻浮的侠客。马援以前在交趾的时候,写信回来教导他们说:"我希望你们听到别人的失误,就像是听到自己父母的名字一样,耳朵可以听,但是嘴里不能说。喜欢谈论别人的优缺点,随心所欲地褒贬国家的法律和制度,这是我最不喜欢的事。我宁愿死去也不想听到我的子孙做出这样的事情。你们知道我是非常厌恶这种做法的,之所以再次跟你们说起,就像是女儿出嫁的时候,父母要亲自为她戴上带子和佩巾,而且还要多次叮嘱她到婆家去的时候一定不能够出差错,想让你们牢牢记住。

原 文

"龙伯高敦厚周慎,口无择言,谦约节俭,廉公有威,吾爱之重之,愿汝曹效之。杜季良豪侠好义,忧人之忧,乐人之乐,清浊无所失,父丧致客,数郡毕至。吾爱之重之,不愿汝曹效也。效伯高不得,犹为谨敕之士,所谓刻鹄不成尚类鹜者也;效季良不得,陷为天下轻薄子,所谓画虎不成反类狗者也。讫今季良尚未可知,郡将下车辄切齿,州郡以为言,吾常为寒心,是以不愿子孙效也。"

译 文

"龙伯高为人淳朴厚道,做事情严谨周密,不会口出恶言,谦虚谨慎,生活简单,公平高洁,享有一定的威望。我喜欢他,尊敬他,希望你们向他学习。杜季良做人豪迈侠义,非常讲义气,因他人之忧而忧,因他人之乐而乐,不论是贫穷富有,高贵低贱,都能够与他成为朋友,他的父亲去世的时候,所有的人都去了。我喜欢他,尊敬他,但是却不希望你们向他学习。学习龙伯高没有成功,尚且还能够做一个严谨严肃的人,就是大家常说的'画天鹅不成功的话还能像鸭子';学习杜季良不成功的话就会成为堕落的纨绔子弟,那就成了世人所说的'画老虎不像反而成了狗'。至今为止,杜季良以后会如何还不能够预料,新来的郡守刚到就表现出了对他的厌恶和痛恨,州郡的官员把这件事情告诉了我,我常常为他感到不值,因此,我不希望我的后代向他学习。"

诸葛亮

诸葛亮（181—234），字孔明，号卧龙，徐州琅邪阳都（今山东临沂）人，三国时期蜀汉丞相，杰出的政治家、军事家、文学家。

前出师表

原　文

　　臣亮言：先帝创业未半而中道崩殂^{cú}①。今天下三分，益州疲敝，此诚危急存亡之秋也②。然侍卫之臣不懈于内，忠志之士忘身于外者，盖追先帝之殊遇，欲报之于陛下也。诚宜开张圣听，以光先帝遗德，恢宏志士之气，不宜妄自菲薄，引喻失义，以塞忠谏之路也。

　　宫中府中③，俱为一体，陟罚臧否^{zhì zāng pǐ}④，不宜异同。若有作奸犯科及为忠善者，宜付有司论其刑赏，以昭陛下平明之治，不宜偏私，使内外异法也。侍中、侍郎郭攸之、费祎、董允等，此皆良实，志虑忠纯，是以先帝简拔以遗陛下。愚以为宫中之事，事无大小，悉以咨之，然后施行，必能裨补阙漏，有所广益。将军向宠，性行淑均，晓畅军事，试用于昔日，先帝称之曰能，是以众议举宠以为督。愚以为营中之事，事无大小，悉以咨之，必能使行阵和穆，优劣得所也。

　　亲贤臣，远小人，此先汉所以兴隆也；亲小人，远贤臣，此后汉所以倾颓也。先帝在时，每与臣论此事，未尝不叹息痛恨于桓、灵也。侍中、尚书、长史、参军，此悉贞亮死节之臣也，愿陛下亲之信之，则汉室之隆，可计日而待也。臣本布衣，躬耕于南阳，苟全性命于乱世，不求闻达于诸侯。先帝不以臣卑鄙，猥自枉屈，三顾臣于草庐之中，谘臣以当世之事，由是感激，遂许先帝以驱驰。后值倾覆，受任于败

军之际,奉命于危难之间,尔来二十有一年矣。先帝知臣谨慎,故临崩寄臣以大事也。受命以来,夙夜忧叹,恐托付不效,以伤先帝之明,故五月渡泸,深入不毛。今南方已定,兵甲已足,当奖帅三军,北定中原。庶竭驽钝,攘除奸凶,兴复汉室,还于旧都。此臣所以报先帝,而忠陛下之职分也。至于斟酌损益⑤,进尽忠言,则攸之、祎、允之任也。

愿陛下托臣以讨贼兴复之效;不效,则治臣之罪,以告先帝之灵。若无兴德之言,则责攸之、祎、允之咎,以彰其慢。陛下亦宜自谋,以咨诹善道,察纳雅言,深追先帝遗诏。臣不胜受恩感激。今当远离,临表涕泣不知所言。

注释

①**崩殂**:天子死称崩,又称殂。②**秋**:指紧要时刻。因为秋天是收获季节,农事繁忙,所以用秋天比喻紧要时刻。③**宫中**:指皇帝的禁宫中的侍臣。**府中**:指丞相府所属官吏,也即政府中一般官吏。④**陟**:提升。**臧**:善,引申为表扬、奖励。**否**:恶,引申为批评。⑤**斟酌损益**:权衡得失,决定取舍。损,减少。益,增加。

译文

臣诸葛亮说:先帝开创统一天下的大业还没完成一半,却在中途去世了。现在天下分成三国,我们益州人疲物乏,这确实到了危急存亡的紧要时刻了。然而侍卫陛下的大臣在内毫不懈怠,忠心耿耿的将士在外奋不顾身,这是大家追念先帝对他们特别优厚的待遇,想要在陛下身上来报答啊。陛下实在应该广泛听取意见,弘扬先帝遗留下来的美德,激励将士们的志气,不应该随意看轻自己,说话不恰当,从而堵塞忠臣进谏的道路。

不论宫中的侍臣和府中官吏,都是大汉之臣,没有亲疏之别,对他们的提升、惩罚、表扬、批评不应该有所不同。如果有人作奸犯法,或有人忠诚善良,有了建树,都应该交给负责管理的部门,评定对他们的赏罚,以显示陛下公平而英明的治理,不应该有偏袒,使宫中、府中有不同的赏罚办法。侍中、侍郎郭攸之、费祎、董允等人,都是忠良笃实的人,善良诚实,忠诚专一,所以先帝把他们选拔出来,留给陛下。我认为官廷中的事务,不论大小,都去跟他们商量,然后施行,就一定能补救缺点和疏忽之处,获取更大的成效。将军向宠,和善公正,通晓军事,

从前试用过，先帝称赞他能干，所以大家建议推荐他担任中部督。我认为军营中的大小事情，都去征求他的意见，那一定能够使军队内部协调一致，才能大小之人都得到合理使用。

亲近贤臣，疏远小人，这就是西汉兴旺发达的原因；亲近小人，疏远贤臣，这是东汉覆亡衰败的原因。先帝健在时，每当跟我谈到这些事情，没有一次不对桓帝、灵帝的所作所为感到惋惜和痛心的。侍中郭攸之、尚书陈震、长史张裔、参军蒋琬，这都是坚贞忠良能以身报国的大臣，希望陛下亲近、信任他们，那么汉朝王室的兴隆，就指日可待了。我本来是个平民，在南阳耕田种地，只想在乱世中苟且保全性命，不想做官扬名。先帝不因为我见识浅陋、地位低微，不惜降低身份，委屈自己，三次到我的茅庐里访问我，拿当时天下大事来征询我的意见，我因此很感动并受到鼓舞，就答应为先帝奔走效劳。后来遭到军事失利，在战败之际我接受了重任，在危难的时刻奉命出使，从那时以来已经二十一年了。先帝知道我遇事谨慎，所以临终时把国家大事托付给我。自我接受遗命以来，日夜忧虑，唯恐托付的事情不能办好，以致损伤先帝的英明，所以五月渡过泸水，深入到草木不生的荒凉之地。现在南方已经平定，武器盔甲都已经备足，应当奖励并统率全军，北上平定中原。希望能竭尽我的平庸才能，铲除奸诈凶恶的曹魏，复兴汉朝王室，回到原来的国都。这是我用来报答先帝，向陛下尽忠心的分内职责啊。至于对政事的斟酌处理，掌握分寸，提出忠直恳切的意见，那是郭攸之、费祎、董允等人的责任。

希望陛下把讨伐曹贼、复兴汉室的任务交付给我，如果不见成效，就治我的罪，以告先帝在天之灵。如果没有向您提出发扬德行的意见，就要责备郭攸之、费祎、董允等人的过错，揭露他们的怠慢。陛下自己也应多加考虑国家大事，征求正确的意见，审察采纳人们的建议，深切追念先帝的遗言。这样我对陛下的恩惠就感激不尽了。我现在就要远离陛下，对着这篇表文流泪哭泣，不知道说了些什么。

后出师表①

原文

先帝虑汉、贼不两立，王业不偏安，故托臣以讨贼也。以先帝之明，量臣之才，固知臣伐贼，才弱敌强也。然不伐贼，王业亦亡；惟坐而待亡，孰与伐之？是故托臣而弗疑也。

臣受命之日，寝不安席，食不甘味。思惟北征，宜先入南。故五月渡泸，深入不毛，并日而食；臣非不自惜也，顾王业不可偏安于蜀都，故冒危难，以奉先帝之遗意，而议者谓为非计。今贼适疲于西，又务于东，兵法乘劳②，此进趋之时也。谨陈其事如左：

高帝明并日月，谋臣渊深，然涉险被创，危然后安。今陛下未及高帝，谋臣不如良、平，而欲以长策取胜，坐定天下。此臣之未解一也。

刘繇(yáo)、王朗各据州郡，论安言计，动引圣人，群疑满腹，众难(nàn)塞胸，今岁不战，明年不征，使孙策坐大，遂并江东。此臣之未解二也。

曹操智计，殊绝于人，其用兵也，仿佛孙、吴，然困于南阳，险于乌巢，危于祁连，逼于黎阳，几败北山，殆死潼关，然后伪定一时尔。况臣才弱，而欲以不危而定之，此臣之未解三也。

曹操五攻昌霸不下，四越巢湖不成，任用李服而李服图之，委任夏侯而夏侯败亡，先帝每称操为能，犹有此失，况臣驽下，何能必胜？此臣之未解四也。

自臣到汉中③，中间期年耳，然丧赵云、阳群、马玉、阎芝、丁立、白寿、刘郃、邓铜等及曲长、屯将七十余人，突将无前④；賨(cóng)、叟、青羌、散骑、武骑一千余人。此皆数十年之内所纠合四方之精锐，非一州之所有；若复数年，则损三分之二也，当何以图敌⑤？此臣之未解五也。

今民穷兵疲，而事不可息；事不可息，则住与行⑥，劳费正等⑦。而不及早图之，欲以一州之地，与贼持久。此臣之未解六也。

夫难平者⑧，事也。昔先帝败军于楚，当此时，曹操拊(fǔ)手，谓天下已定。然后先帝东连吴越，西取巴蜀，举兵北征，夏侯授首，此操之失计，而汉事将成也。然后吴更违盟，关羽毁败，秭(zǐ)归蹉跌(cuō diē)，曹丕称帝。凡事如是，难可逆料⑨。臣鞠躬尽力，死而后已；至于成败利钝，非臣之明所能逆睹也。

注　释

①**《后出师表》**：据裴松之注称："此表亮集所无，出张俨《默记》。"文中所涉史实多有矛盾，因此后世多怀疑此表为后人假托诸葛亮之名所作。②**乘劳**：乘敌人疲劳的时候。③**自臣到汉中**：诸葛亮于蜀汉建兴五年（227）率军北驻汉中。④**突将无前**：冲锋在前的勇将。⑤**图**：攻打、讨伐。⑥**住**：指坐等敌人的进攻。**行**：指主动出击敌人。⑦**劳费**：指消耗的人力物力。**等**：相等，一样。⑧**平**：衡量，这里是"预测"的意思。⑨**逆料**：预料，事先预测。逆，事先。

译　文

先帝考虑到汉朝和魏贼不能并存，帝王的事业不能偏安于一隅之地，所以托付我去讨伐曹贼。凭着先帝的圣明，估量我的才能，本来知道我伐贼是力不胜敌的；但是不讨伐魏贼，汉朝的大业也要灭亡；与其坐以待毙，不如主动去讨伐魏贼。所以先帝就毫不犹豫地把伐贼的任务托付给我。

自从接受使命那日起，我寝食难安，考虑到要北征，应该先平定南方，所以五月间渡过泸水，深入草木不生的荒凉地区，两天才吃一天的饭。我并不是不爱惜自己，只是想到汉朝的大业不能偏安于益州这一角落，所以冒着危险去实现先帝的遗愿。但是，议论的人却说这是不正确的决策。如今曹贼在西边正打得疲惫不堪，又要在东方作战。兵法上说要乘敌人疲劳之时进攻，这正是讨伐魏贼的好时机。现在我把讨贼的事恭敬地陈述如下：

汉高祖的英明与日月同辉，他的谋臣都深谋远虑，但是他也是历尽艰险，受过创伤，经过了许多危险，然后天下才得到安定。现在陛下的圣明比不上汉高祖，出谋划策的臣子也不如张良、陈平，而您却想用长远的计策取得胜利，坐在这里等着天下统一。这是我不理解的第一点。

刘繇、王朗各自占据着一个州郡，在那里空谈安危计策，动不动引用古代圣人的言论，疑心重重，畏首畏尾，今年不出兵，明年不打仗，使得孙策不断强大，于是并吞了江东。这是我不能理解的第二点。

曹操的智慧计谋超常出众，他用兵作战就像孙膑、吴起，但是他也曾在南阳被困，在乌巢遇险，在祁连遭难，在黎阳受逼，几乎败于北山，差点在潼关丧命，然后才取得了暂时的稳定。何况我才能低下，却想用十拿九稳的办法来平定天下。这是我不能理解的第三点。

曹操五次攻打昌霸不能取胜，四次渡过巢湖与孙权交战不利，任用李服而李服反而谋害他，委任夏侯渊镇守汉中而夏侯渊战败被杀。先帝常常称赞曹操能干，曹操还有这样的失败，何况我才能低下，哪里能够一定取胜？这是我不能理解的第四点。

从我出师到汉中来，至今只有一年的时间，但是已失去了赵云、阳群、马玉、阎芝、丁立、白寿、刘郃、邓铜等大将以及曲长、屯将七十多人，还有冲锋在前的勇士及賨叟、青羌的骑兵一千多人，这都是几十年间从四方召集来的精锐兵力，不是益州一州所能有的。如果再过几年，将要减少三分之二，到那个时候再凭什么去谋图伐敌呢？这是我不能理解的第五点。

现在百姓穷困，兵士疲累，而战事不能停息。战争不能停息，那么驻守和进攻，两者消耗的人力和物力是相等的。既然如此，却不及早攻打敌人，想凭一州之地，与魏贼长久相持。这是我不能理解的第六点。

难以预料的是事情的变化。从前先帝战败于长坂，曹操拍手称快，认为天下大局已定。可是后来先帝东面联合孙吴，西面攻取巴蜀，举兵北伐，夏侯渊被斩首，这是曹操的失算，而兴复汉朝王室的事业即将成功，但后来孙权违背了盟约，偷袭荆州，关羽失败被杀，先帝在秭归失误，曹丕灭汉自称皇帝。凡事都是这样，难以预料。我只有鞠躬尽瘁，死而后已。至于是成功还是失败，是顺利还是挫折，不是我的眼光所能预见的啊。

卷七 六朝唐文

李 密

李密（224—287），字令伯，一名虔，幼年丧父，母何氏改嫁，由祖母抚养成人。以对祖母孝敬甚笃而名扬于乡里。师事著名学者谯周，博览五经，尤精《春秋左传》。初仕蜀汉为尚书郎。蜀汉亡，晋武帝召为太子洗马，李密以祖母年老多病、无人供养而力辞。历任温县令、汉中太守。后免官，卒于家中。

陈情表

原文

臣密言：臣以险衅①，夙遭闵凶②。生孩六月，慈父见背③；行年四岁，舅夺母志④。祖母刘，愍臣孤弱⑤，躬亲抚养。臣少多疾病，九岁不行；零丁孤苦，至于成立。既无叔伯，终鲜兄弟；门衰祚(zuò)薄，晚有儿息。外无期功强近之亲⑥，内无应门五尺之童，茕(qióng)茕孑立，形影相吊。而刘夙婴疾病，常在床蓐，臣侍汤药，未曾废离。

逮奉圣朝，沐浴清化⑦。前太守臣逵，察臣孝廉；后刺史臣荣，举臣秀才。臣以供养无主，辞不赴命。诏书特下，拜臣郎中；寻蒙国恩，除臣洗马⁸。猥以微贱，当侍东宫，非臣陨首所能上报。臣具以表闻，辞不就职。诏书切峻，责臣逋慢⁹；郡县逼迫，催臣上道；州司临门，急于星火。臣欲奉诏奔驰，则以刘病日笃；欲苟顺私情，则告诉不许。臣之进退，实为狼狈。

伏惟圣朝以孝治天下，凡在故老，犹蒙矜育，况臣孤苦，特为尤甚。且臣少事伪朝，历职郎署，本图宦达，不矜名节。今臣亡国贱俘，至微至陋，过蒙拔擢，宠命优渥，岂敢盘桓⑩，有所希冀⑪？但以刘日薄西山，气息奄奄，人命危浅，朝不虑夕。臣无祖母，无以至今日；祖母无臣，无以终余年。母孙二人，更相为命，是以区区不能废远。

臣密今年四十有四，祖母刘今年九十有六，是臣尽节于陛下之日长，报养刘之日短也。乌鸟私情，愿乞终养。

臣之辛苦，非独蜀之人士及二州牧伯所见明知，皇天后土，实所共鉴。愿陛下矜愍愚诚，听臣微志。庶刘侥幸，卒保余年，臣生当陨首，死当结草⑫。臣不胜犬马怖惧之情，谨拜表以闻。

注 释

①**险衅**：厄运和罪过。②**夙**：早，指年幼时。**闵**：忧患。**凶**：凶险。③**见背**：父母或长辈去世。④**夺**：强行改变。**母志**：母亲守节抚孤的志愿。古代称妇女在丈夫死后不再嫁为"守志"。⑤**愍**：通"悯"，怜悯。⑥**期功**：古代丧服名。服丧一年为"期"，服丧九个月为"大功"，五个月为"小功"。⑦**沐浴**：本指洗脸洗澡，这里比喻受到熏陶。**清化**：清明的政治教化。⑧**洗马**：太子属官。⑨**逋慢**：回避怠慢。逋，逃。⑩**盘桓**：徘徊，迟疑不决的样子。⑪**有所希冀**：指有其他非分的希望。李密是蜀旧臣，现在因辞新职，怕被人指为标榜名节，所以反复说明。⑫**结草**：春秋时，晋大夫魏颗的父亲魏武子临终遗嘱要将爱妾殉葬。魏颗没有照办，而是将她嫁了出去。后魏颗与秦将杜回交战，见一老人结草把杜回绊倒，因而将杜回擒获。夜间梦见老人，自称是魏武子爱妾的父亲，特来报恩。

译 文

臣子李密呈奏：我因为命运坎坷，所以幼年便遭不幸。生下来才六个月，父亲就逝世了；还不到四岁，舅舅就逼迫母亲改嫁。祖母刘氏，怜悯我没了父亲，身体又弱，因此亲自抚养我。我小时多病，到了九岁还不能走路；一个人孤孤单单，生活困苦，就这样一直到长大成人。我既没有叔叔伯伯，也没有哥哥弟弟；我的家门衰落，没有福分，到了晚年才有儿子。外面没有关系较亲近的亲戚，家里头也没有可以照管门户的童仆，孤孤单单，形影相伴。而祖母刘氏多年疾病缠身，经常卧床不起。我侍奉汤药，从来没有间断和离开过。

等到事奉圣明的当朝，我感受着清明政治的教化。前次太守逵察举我为孝廉，后来刺史荣又推举我为秀才。我因为家中无人供养祖母，所以推辞了不去接受任命。陛下特地下了诏书，让我做郎中；不久又承蒙皇上恩典，授予我洗马的官职。我鄙陋微贱，却得到侍奉太子的殊荣，这是我死也难以报答皇上您的。我把这些情况写在奏表上想让您知道，因此辞谢而不接受职务。如今诏书急切严厉，责怪我逃避怠慢；郡县的长官苦苦相逼，催我上路；州中的官员也亲自到我家中催促，情况非常急迫。我想接受诏命赶快赴任，可是祖母的病却一天比一天严重；我想留在家中照看，申诉了苦衷，但依然得不到允许。因此我的处境实在窘迫。

我想，圣朝用孝道治理天下，凡属年老的人，尚且都受到怜悯和赡养，何况我的境遇如此孤独苦楚呢！再说我年轻的时候在蜀汉做官，担任过尚书郎的职务，本来所谋求的也就是高官厚禄，而不是名誉和节操。如今我的国家败亡，自己也成了一个卑贱的俘虏，十分渺小，十分鄙陋，却承蒙过分的提拔，恩宠如此丰厚，我怎么敢徘徊观望，有什么非分的想法呢？只是因为祖母刘氏已到了风烛残年，就像是太阳快要接近西方的山岭一样，气息微弱，生命垂危，早晨醒来，不知道晚上是否还能活着。如果没有祖母，我就活不到今天；祖母要是没有我，也无法度过剩下的岁月。祖孙二人，相依为命，所以我不忍心放弃对祖母的奉养而到远方去做官。

我今年四十四岁，祖母今年九十六岁。所以我向陛下尽忠的日子还多，但报答祖母养育之恩的日子却太短了。乌鸦尚且能够哺育它的父母，不忘养育之情，我也请求陛下能够让我为祖母刘氏养老送终。

我的辛酸苦楚，不仅仅蜀地的人士和二州的长官知晓，而且天地神明也都看得清清楚楚。希望陛下能怜悯我的赤诚，准许我实现这个小小的心愿。或许祖母可以侥幸地平安寿终。我活着应当为陛下献出生命，死后也应当像结草老人那样在暗中报答陛下的恩惠，我怀着惶恐畏惧的心情，恭恭敬敬地上表奏报陛下。

王羲之

　　王羲之（303—361），字逸少，汉族，东晋时期著名书法家，有"书圣"之称。其书法兼善隶、草、楷、行各体，广采众长，备精诸体，摆脱汉魏笔风，自成一家，影响深远。其书法代表作《兰亭集序》被誉为"天下第一行书"。

兰亭集序

原文

　　永和九年，岁在癸丑，暮春之初，会于会稽山阴之兰亭，修禊(xì)事也①。群贤毕至，少长咸集。此地有崇山峻岭，茂林修竹，又有清流激湍，映带左右，引以为流觞曲水②，列坐其次③，虽无丝竹管弦之盛，一觞一咏，亦足以畅叙幽情。是日也，天朗气清，惠风和畅。仰观宇宙之大，俯察品类之盛④，所以游目骋怀，足以极视听之娱，信可乐也。

　　夫人之相与，俯仰一世⑤，或取诸怀抱，晤言一室之内；或因寄所托，放浪形骸之外。虽取舍万殊，静躁不同，当其欣于所遇，暂得于己，快然自足，曾不知老之将至。及其所之既倦，情随事迁，感慨系之矣。向之所欣，俯仰之间，已为陈迹，犹不能不以之兴

●谢安

怀⑥，况修短随化⑦，终期于尽！古人云："死生亦大矣。"岂不痛哉！

每览昔人兴感之由，若合一契，未尝不临文嗟悼，不能喻之于怀⑧。固知一死生为虚诞，齐彭殇为妄作，后之视今，亦犹今之视昔，悲夫！故列叙时人，录其所述，虽世殊事异，所以兴怀，其致一也。后之览者，亦将有感于斯文。

注释

①**修禊**：古代习俗，每年农历三月上巳日，人们临水洗濯嬉游，以祛除不祥。②**流觞**：把漆制的酒杯盛酒放到曲水上游，任其顺流而下，停在谁面前，谁就取而饮之。觞，酒杯。**曲水**：引水环曲为渠，用来放流酒杯。③**次**：次序。④**品类**：指天地万物。⑤**俯仰**：低头和抬头，比喻短暂的时间。⑥**以**：因，为。**兴怀**：发出感慨。⑦**修短**：指人的寿命长短。**化**：造化，自然。⑧**喻之于怀**：从心里理解明白。

译文

永和九年，是癸丑年，暮春三月之初，我们聚会在会稽郡山阴县的兰亭，在水边嬉游欢宴，祛除不祥。许多有名的人物都到了，老老少少聚集在一起。这个地方有高峻的山岭，有茂盛的树木和修长的竹子，还有清水急流，像带子般辉映环绕在兰亭两侧。我们引来用作流觞的曲水，大家在曲水旁依次就座，虽然没有弦乐和管乐演奏的繁盛场面，但饮一杯酒咏一首诗，也足以欢畅地表达幽雅深情。这一天，天气晴朗，空气清新，和风温暖舒适。抬头观看天地之广阔，低头审察万物之繁盛；这样放眼浏览，舒展胸怀，尽情享受眼观和耳听的乐趣，真是心旷神怡啊！

人们在一起相处，很快地就可以度过一生，有的抒发自己的思想抱负，于室内相聚畅谈；有的把思想感情寄托在自己爱好的事物上，不受约束，放纵不羁地生活。虽然人们的要求或舍弃千差万别，安静或急躁性情相反，但当他们遇到自己喜好的事物，就感到高兴，得到暂时的满足，竟然不知衰老到来。等到他们对所向往的事物已经厌倦，情绪随事物和环境的变迁而改变，感慨也随之而生了。曾经所喜好的事物，瞬时成为陈迹，哪能不因此激起心头万千感慨，何况人生长短全凭造化，最后终将走向死亡呢！古人说："死生也是人生一件大事啊！"难道不令人悲痛吗！

常见古人产生感慨，观察其原因，往往像符契一样相合，面对古人的文章，我总是悲叹，自己心里不明白为什么会这样。固然知道，把死和生等同起来是虚妄荒诞的，把生命的长短等同起来也是胡说八道，后代的人看今天的人，就像今天的我们看古人，真是可悲啊！所以逐一记录兰亭集会者并抄录他们所作的诗赋，虽然时代不同，事随境迁，但所生发的感慨，其情致则是一样的。后来的读者，也会被我这篇文章引发出同样的感慨吧。

陶渊明

陶渊明（352或365—427），字元亮，又名潜，私谥"靖节"，世称靖节先生。东晋末至南朝宋初期诗人、辞赋家。曾任江州祭酒等职，最后一次出仕为彭泽县令，在职八十多天便弃职而去，从此归隐田园，被称为"古今隐逸诗人之宗"。

归去来辞

原文

归去来兮，田园将芜胡不归！既自以心为形役，奚惆怅而独悲！悟已往之不谏，知来者之可追；实迷途其未远，觉今是而昨非。

舟摇摇以轻飏，风飘飘而吹衣。问征夫以前路，恨晨光之熹微。乃瞻衡宇，载欣载奔。僮仆欢迎，稚子候门。三径就荒①，松菊犹存。携幼入室，有酒盈樽。引壶觞以自酌，眄(miǎn)庭柯以怡颜②。倚南窗以寄傲，审容膝之易安③。园日涉以成趣④，门虽设而常关。策扶老以流憩⑤，时矫首而遐观。云无心以出岫(xiù)⑥，鸟倦飞而知还。景翳翳以将入，抚孤松而盘桓⑦。

归去来兮，请息交以绝游。世与我而相遗，复驾言兮焉求？悦亲戚之情话，乐琴书以消忧。农人告余以春及，将有事于西畴。或命巾车，或棹孤舟。既窈窕以寻壑，亦崎岖而经丘。木欣欣以向荣，泉涓涓而始流。

善万物之得时，感吾生之行休。

已矣乎！寓形宇内复几时，曷不委心任去留？胡为遑遑欲何之⑧？富贵非吾愿，帝乡不可期。怀良辰以孤往，或植杖而耘耔⑨。登东皋以舒啸⑩，临清流而赋诗。聊乘化以归尽，乐夫天命复奚疑！

注释

①**三径**：这里借用汉朝蒋诩的典故。据说蒋诩归隐后，在院中开出三条小路，只和两个知己往来。②**眄**：闲散地观看。**柯**：树枝。③**审**：深知。**容膝**：形容屋子小。④**涉**：徒步过水。这里指行走游玩。⑤**策**：持，拿着。**扶老**：指拐杖。**流憩**：到了哪里就在哪里休息。⑥**岫**：山有穴叫岫。⑦**盘桓**：徘徊、流连。⑧**遑遑**：心神不定的样子。⑨**耘**：除草。**耔**：培土。⑩**皋**：水边高地。

译文

回去吧，田园将要荒芜了，为什么还不回去！既然是由于生计所迫，违背本心而出来做官，为什么要忧愁、惆怅而一个人独自悲哀呢！我已经明白过去的一切都已无法挽回，但未来的事情还可以补救；其实我迷路还不太远，已经懂得如今才是对的而以往是错误的。

小船轻快地行驶，清风徐徐地吹拂着衣服。向行人询问前方的道路，恨早晨的亮光太微弱。终于看到了我的房子，高兴得跑了起来。仆人们出来欢迎我，小儿子在门边等候。我的家园已快要荒芜了，但松树和菊花依然存在。拉着小孩进入内室，只见酒樽中已装满了酒。拿起酒壶酒杯自斟自饮，看到庭院中碧绿的树枝，这使我心情非常愉快。倚在南面的窗子上寄托傲世的情怀，深知狭小的房屋容易使人安心。每天在园中走一走便感到有不尽的乐趣，房门虽然安在那里但常常是关闭的。拄着拐杖走到哪里就在哪里休息，不时抬头远望。只见白云自然地从山岩间飘出，而飞累了的鸟儿也懂得返回山林休息。阳光暗淡下来，太阳就要下山了，我抚摸着孤松而独自徘徊。

回去吧，和世人断绝交游。我和这个世界合不来，我还驾车出来追求什么？听到亲人真诚知心的话，我感到高兴，喜欢弹琴和读书，这是为了忘掉忧愁。农夫告诉我春天到了，将要到西边的田里去耕作。我有时驾车，有时划船。有时随着曲折的溪水进入幽深的山谷，有时沿着高低不平的道路经过小山。只见花草树木充满旺盛的生机，长得非常茂盛；只见泉水细小而又清澈，刚刚从山中流出来。

我羡慕自然界的各种事物都得到大好时光,感叹我的生命即将完结。

算了吧!一个人在世上又能活多久呢?为什么不按照自己的心意决定去留?为什么这样急急忙忙想要到哪里去?富贵并不是我所希望得到的,长生不死成为神仙也不可能。希望能有一个好日子一个人出去走走,或者把拐杖插在田边,给庄稼除除草培培土。爬上东面的山冈,我仰天长啸;面对清澈的流水,我吟唱诗歌。姑且顺应自然的变化,以尽享天年吧,乐于上天命运的安排,还有什么犹豫彷徨的呢!

桃花源记

原 文

晋太元中,武陵人捕鱼为业。缘溪行①,忘路之远近。忽逢桃花林,夹岸数百步,中无杂树,芳草鲜美,落英缤纷。渔人甚异之,复前行,欲穷其林。林尽水源②,便得一山。山有小口,仿佛若有光。便舍船,从口入。

初极狭,才通人③。复行数十步,豁然开朗。土地平旷,屋舍俨然④,有良田、美池、桑竹之属,阡陌交通,鸡犬相闻。其中往来种作,男女衣著,悉如外人。黄发垂髫⑤,并怡然自乐。见渔人,乃大惊,问所从来,具答之⑥。便要还家⑦,设酒杀鸡作食。村中闻有此人,咸来问讯。自云先世避秦时乱,率妻子邑人,来此绝境,不复出焉,遂与外人间隔。问今是何世,乃不知有汉,无论魏、晋⑧。此人一一为具言所闻,皆叹惋。余人各复延至其家,皆出酒食。停数日,辞去。此中人语云:"不足为外人道也。"

既出,得其船,便扶向路⑨,处处志之⑩。及郡下,诣太守说如此。太守即遣人随其往,寻向所志,遂迷不复得路。

南阳刘子骥,高尚士也,闻之,欣然规往,未果,寻病终。后遂无问津者。

注释

①缘：沿。②林尽水源：桃林的尽头就是溪水的源头。③才通人：仅仅能容一个人行走。④俨然：形容整齐。⑤黄发垂髫：指黄白头发的老人与垂着头发的儿童。⑥具：通"俱"。⑦要：同"邀"。⑧无论：更不用说。⑨扶：沿着。向：以往。⑩志：记，这里指做标记。

译文

晋太元年间，武陵郡有一个以捕鱼为业的人。一天，他沿着一条小溪行船，也不知道走了多远。忽然见到一片桃花林，桃林在溪流两岸延伸了几百步远，中间没有别的树，芳草鲜美，落花到处都是。渔夫感到非常惊异，于是继续划船前进，想看一看林子的尽头到底有什么。桃林的尽处，也就是溪水的源头，在这里发现了一座山。山上有个小洞，好像有光线射出来。于是渔人把船停在岸边，从这个洞口走了进去。

开始，洞口非常狭窄，刚好能通过一个人。再往前走了几十步，豁然开朗。只见土地平整空旷，房屋整整齐齐，有肥沃的田地、美丽的池塘、桑树和竹子这一类东西。田间小道东西交错，鸡鸣狗叫的声音不时可以听见。这里来往耕作的男男女女衣着服饰都和外面的人一模一样。老人和小孩都非常快活，自得其乐。有人看到了渔人，大吃一惊，于是问渔人从哪里来，渔人详细地告诉了他。那人便邀渔人回家，摆了酒、杀了鸡款待他。村中听说来了这么一个人，都赶来向他问这问那。他们说自己的祖先为了逃避秦时的战乱，率领妻子儿女和乡人，来到这个与外界隔绝的地方，从此不再出去，因此和外界的人没有往来。他们问渔人当今是什么朝代，竟连汉朝都不知道，更不要说魏、晋了。渔人一一为他们讲了他的所见所闻，众人都惊叹惋惜。剩下的人分别请了渔人到他们家去做客，用酒菜热情招待。过了几天，渔人便告辞回家。村中人们嘱咐他说："您在这儿的见闻不要告诉外面的人。"

渔人出了洞口，找到了他的船，于是沿着先前的来路回去，并到处留下了记号。到了武陵郡下，渔人拜见太守向他陈述了自己的见闻。太守马上派人跟他一起去，寻找原先做的记号，谁知却迷了路再也找不到那条路了。

南阳人刘子骥，是一个品行极高的名士，听说了这件事，很高兴地打算亲自去寻找桃花源，但没有实现，不久就病死了。以后就再也没有寻访桃花源的人了。

五柳先生传

原 文

先生不知何许人也,亦不详其姓字。宅边有五柳树,因以为号焉。闲静少言,不慕荣利。好读书,不求甚解①;每有会意,便欣然忘食。性嗜酒,家贫不能常得。亲旧知其如此,或置酒而招之。造饮辄尽②,期在必醉;既醉而退,曾不吝情去留。环堵萧然③,不蔽风日,短褐穿结,箪(dān)瓢屡空,晏如也④。常著文章自娱,颇示己志。忘怀得失,以此自终。

赞曰⑤:黔(qián)娄之妻有言⑥:"不戚戚于贫贱,不汲汲于富贵⑦。"其言兹若人之俦(chóu)乎?衔觞赋诗⑧,以乐其志,无怀氏之民欤?葛天氏之民欤⑨?

注 释

①**不求甚解**:不追求深奥的理解。②**造**:到。**辄**:就。③**环堵**:四面的墙壁。**萧然**:空空的样子。指穷困无物。④**晏如**:安然自得的样子。⑤**赞**:史传的一种评论文字的名称。本文是仿史传写的,所以用"赞"来对传主作评论。⑥**黔娄**:春秋时鲁国的清高名士。⑦**汲汲**:形容竭力求取。⑧**衔觞**:口含酒杯,指饮酒。觞是古时一种酒杯。⑨**无怀氏、葛天氏**:都是传说中上古时代的氏族首领。据说在他们的时代,风俗淳厚朴实。

译 文

先生不知道是什么地方的人,也不知道他的姓氏名字。他的屋边有五棵柳树,因此就自号五柳先生。他安闲好静,不喜欢多说话,不羡慕荣华富贵。喜欢读书,不追求深奥的理解;每当读到会心之处,就高兴得忘了吃饭。喜好喝酒,因为家里穷,不可能经常喝。亲戚朋友知道这种情况,有时便摆下酒席去请他。他一去就喝个痛快,一定要使自己醉倒,醉了就回去,并不拘束于去留之人情。他家里空空荡荡,非常破旧,不避风雨和烈日;穿的粗布短衣到处都是破洞和补丁,箪和瓢常常是空着的,但他却安然自在。先生常常写文章自娱自乐,很能表达自己的志向。他忘却了世俗的得失,愿意用这种超然世外的态度过一生。

赞论说:黔娄的妻子说过:"不因为贫贱而忧伤,不贪图富贵而奔走。"这就是说五柳先生这一类人吧?他饮酒作诗,使自己的内心得到快乐,他是无怀氏时代的人呢?还是葛天氏时代的人呢?

孔稚珪

孔稚珪（447—501），南朝齐骈文家，字德璋。刘宋时，曾任尚书殿中郎。齐武帝永明年间，任御史中丞。东昏侯永元元年（499），迁太子詹事。死后追赠金紫光禄大夫。

北山移文

原　文

钟山之英，草堂之灵，驰烟驿路，勒移山庭①。

夫以耿介拔俗之标，潇洒出尘之想，度白雪以方洁，干青云而直上，吾方知之矣。若其亭亭物表，皎皎霞外，芥千金而不盼，屣万乘其如脱。闻凤吹于洛浦②，值薪歌于延濑③，固亦有焉。岂期终始参差，苍黄反复，泪翟子之悲，恸朱公之哭。乍回迹以心染，或先贞而后黩，何其谬哉！呜呼，尚生不存，仲氏既往；山阿寂寥，千载谁赏？

世有周子，俊俗之士；既文既博，亦玄亦史。然而学遁东鲁，习隐南郭；窃吹草堂④，滥巾北岳。诱我松桂，欺我云壑。虽假容于江皋⑤，乃缨情于好爵。

其始至也，将欲排巢父、拉许由、傲百氏、蔑王侯。风情张日，霜气横秋。或叹幽人长往，或怨王孙不游。谈空空于释部，核玄玄于道流。务光何足比，涓子不能俦。

及其鸣驺入谷，鹤书赴陇；形驰魄散，志变神动。尔乃眉轩席次，袂耸筵上，焚芰制而裂荷衣，抗尘容而走俗状。风云凄其带愤，石泉咽而下怆。望林峦而有失，顾草木而如丧。

至其纽金章，绾墨绶，跨属城之雄，冠百里之首。张英风于海甸，驰妙誉于浙右。道帙长摈，法筵久埋。敲扑喧嚣犯其虑，牒诉倥偬装其怀。琴歌既断，酒赋无续。常绸缪于结课，每纷纶于折狱。笼张、赵于往图，架卓、鲁于前录。希踪三辅豪，驰声九州牧。使其高霞孤映，明月独举，青松落荫，白云谁侣？磵户摧绝无与归，石径荒凉徒延伫。至于还飙入幕，写雾出楹，蕙帐空兮夜鹤怨，山人去兮晓猿惊。昔闻投簪逸海岸，今见解兰缚尘缨。

于是南岳献嘲，北陇腾笑，列壑争讥，攒峰竦诮。慨游子之我欺，悲无人以赴吊。故其林惭无尽，涧愧不歇，秋桂遣风，春萝罢月，骋西山之逸议，驰东皋之素谒。

今又促装下邑，浪栧上京。虽情投于魏阙，或假步于山扃⑥。岂可使芳杜厚颜，薜荔蒙耻，碧岭再辱，丹崖重滓⑦。尘游躅于蕙路，污渌池以洗耳。宜扃岫幌⑧，掩云关，敛轻雾，藏鸣湍，截来辕于谷口，杜妄辔于郊端。于是丛条瞋胆，叠颖怒魄。或飞柯以折轮，乍低枝而扫迹。请回俗士驾，为君谢逋客。

注释

①勒：刻。移：移文，与檄文相类的文体，用以晓谕。庭：指山前。②"闻凤"句：相传周灵王太子晋，即王子乔，不愿继王位，常漫游于伊水与洛水之间，好吹笙，声如凤鸣。洛浦，洛水边。③"值薪"句：晋人孙登在绵长的河岸遇见一位砍柴人，问他："你就这样度过一生吗？"砍柴人说："我听说圣人没有什么企求，只是以道德为本，对于砍柴为生，有什么值得奇怪而表示悲哀的呢？"于是为之歌唱两章而去。④窃吹草堂：借用南郭先生滥竽充数的典故，说明周子是伪装的隐士。⑤假容：指装模作样。江皋：江岸边的高地，这里借指隐士所居之处。⑥扃：门户。⑦重滓：重新蒙上污浊。⑧岫幌：山穴的帷幔。岫，山穴。幌，帷幔、窗帘。

译文

钟山的山神，草堂的神灵，从路上腾云驾雾地驰骋而来，在山前刻下这篇移文。

那些凭着耿直磊落、超尘脱俗的风度，怀着潇洒从容、与世俗不同的理想，品行可以与白雪比纯洁，可以与青云比高逸的人，我现在是了解他们了。像那超然于世俗之外，品格高洁如云霞一般，把千金看作草芥而不予顾盼，把万乘之位视如草鞋而可随意脱去，在洛浦吹奏凤鸣般的音乐，在绵长的河岸边唱樵歌的隐士，本来也是有的。可是，谁能料想到竟会有人前后不一，反复无常。真令人为墨翟的悲痛而流泪，为杨朱的哭泣而哀号。有的人虽然暂时隐居山林，而内心深深地被俗气所污染，有的人开始还是纯洁的，可后来却变得污浊不堪，这是多么荒唐的事！唉，尚长不在人间，仲长统也已逝去。山林寂寞冷落，千载以来，谁人赏识？

世间有位周先生，是个才智出众的人；能文博学，既懂玄学，又通史书。可是他仿效颜阖逃遁，学做南郭子綦归隐；在草堂冒充隐士，在北山伪装清高。诱惑我的青松丹桂，欺骗我的云霞涧壑。他虽然在江边的高山上装作隐士，内心却始终惦记着当官晋爵。

他刚来的时候，就像要超过巢父，压倒许由的样子，藐视百家，轻蔑王侯。那风度清致，遮天蔽日；气概凛冽，胜过秋霜。时而慨叹隐士长去不归，时而埋怨王孙不来交游。高谈一切皆空的佛经，深究玄而又玄的道家学派。务光哪能同他相比，涓子更不能与他匹敌。

等到朝廷的使臣带着前呼后拥的随从来到山里，皇帝征召的诏书送到山中，他就得意忘形，神魂颠倒，志向变化，心旌摇动。于是在征召的筵席上眉飞色舞，举袖伸手，焚毁了芰裳，撕破了荷衣，露出尘世的面目，表现出世俗的举止。北山的风云哀愁含恨，石上的清泉呜咽悲伤。遥望层林山峦，它们怅然若有所失，环顾花草树木，它们也似乎黯然神伤。

后来他佩着铜印，系着黑色绶带，成了掌管一郡中的大县、首屈一指的县令，英名炫耀于东海之滨，声誉远播于浙东。从此，永远摒弃了道家经典，长期尘封了佛法讲坛，鞭扑、审讯的喧嚣扰乱着他的心思，忙碌的公文诉状装满了他的胸怀。中断了抚琴吟唱，停止了饮酒赋诗。常常纠缠于应付考课杂事，每每忙碌于处理诉讼案件。想兼有往日张敞、赵广汉那样的政绩，超过旧时卓茂、鲁恭那样的功德。企图追随三辅贤豪的足迹，在天下官吏中传播自己的盛名。他使得云霞明月无人玩赏，青松白云无人相伴，岩穴崩塌无人回还，石径荒凉白白等候。以至于旋风吹入帐幕，云雾飘出堂前，香草帐幔空悬，夜间白鹤悲怨，山中隐士已去，早晨猿猴惊叫，以前只听说有人弃官逃到海边隐居，今天却见到有人解下兰佩戴上世俗的缨冠。

　　于是，引起南山嘲讽，北岭讥笑。深沟险壑争相讽刺，高峰峻岭伸长脖子讥诮。既慨叹周先生欺侮了我，又感伤没人前来慰问。因此，林木羞惭不已，涧水愧悔无及，桂花在秋风中飘落，女萝在月光下摇映。彼此传播着西山隐士的佳话，宣扬着东皋隐者的真情。

　　如今，周先生又在急整行装，赶赴京师。他虽然心向朝廷，却想借机再游北山。怎能让杜若厚颜相陪，薛荔遭受耻辱，碧岭再受羞耻，丹崖重遭玷污呢？他的脚会踩脏芳草小路上隐士的足迹，他洗手会玷污清澈的池水。应该关上山的窗帘，掩闭云霞封锁的山路，收起轻雾，藏起鸣泉，把他的车子挡在谷口，把他的马匹拦在山外。于是，簇簇枝条震怒，层层野草含愤，有的扬起树枝打断车轮，忽然又垂下枝桑扫去辙痕。请俗士的车驾赶快转回，我代表北山山神，谢绝你这个逃客。

魏　徵

　　魏徵（580—643），字玄成，唐朝政治家、史学家，著有《隋书》序论，《梁书》《陈书》《齐书》的总论等。其言论多见《贞观政要》。其中最著名的作品就是《谏太宗十思疏》。

谏太宗十思疏

原　文

　　臣闻求木之长者，必固其根本；欲流之远者，必浚(jùn)其泉源；思国之安者，必积其德义。源不深而望流之远，根不固而求木之长，德不厚而思国之安，臣虽下愚，知其不可，而况于明哲乎！人君当神器之重①，居域中之大②，不念居安思危，戒奢以俭，斯亦伐根以求木茂，塞源而欲流长也。

凡昔元首，承天景命③，善始者实繁，克终者盖寡。岂取之易，守之难乎？盖在殷忧必竭诚以待下④，既得志则纵情以傲物。竭诚则胡越为一体，傲物则骨肉为行路。虽董之以严刑⑤，振之以威怒，终苟免而不怀仁，貌恭而不心服。怨不在大，可畏惟人。载舟覆舟，所宜深慎。

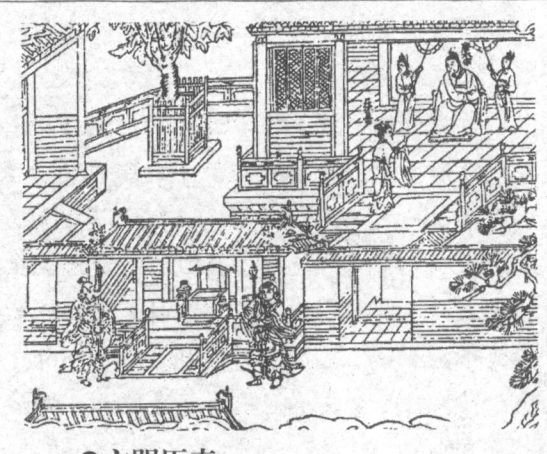
●主明臣直

诚能见可欲则思知足以自戒，将有作则思知止以安人⑥，念高危则思谦冲而自牧⑦，惧满盈则思江海下百川，乐盘游则思三驱以为度，忧懈怠则思慎始而敬终，虑壅蔽则思虚心以纳下，惧谗邪则思正身以黜（chù）恶，恩所加则思无因喜以谬赏，罚所及则思无以怒而滥刑。总此十思，弘兹九德，简能而任之⑧，择善而从之。则智者尽其谋，勇者竭其力，仁者播其惠，信者效其忠。文武并用，垂拱而治⑨。何必劳神苦思，代百司之职役哉！

注释

①**神器**：指帝位。②**域中之大**：天地间的重要位置。③**景**：明、大。④**殷忧**：深重的忧患。殷，深。⑤**董**：督责。⑥**作**：指大兴劳民伤财的建造事项。⑦**冲**：谦和。**牧**：这里指修养。⑧**简**：选择。⑨**垂拱而治**：天子垂衣拱手，无为而治。

译文

　　我听说要想使树木长得高大，一定要巩固它的根本；要想使水流得长远，一定要疏通它的源头；要想使国家得到安定，君王必须多施恩德，多行仁义。源泉不深却希望水流能够长远，根本不巩固却希望树木长得高大，恩德不深厚却希望国家安定，我虽然十分愚蠢，但也知道这是不可能的，更何况深明事理的聪明人呢！帝王担当统治天下的重任，占据天地间的重要位置，不在安定的时候想到危难，不戒除奢侈，力行节俭，就如同砍断树根而想使树木枝繁叶茂，堵塞源泉而想使水流得长远。

　　所有过去的帝王，承受上天的大命，善于创业的多，但善于守成的却很少。难道夺取天下容易而守住天下就很难吗？原因在于处于创业的艰难困苦之中时，一定竭尽诚心来对待部下，夺取天下之后，就放纵情欲而傲视他人，竭尽诚心，就是南北方不同的民族也会团结一致，傲视他人。那么即使是亲人也会疏远成为过路人。即使用严刑来督责他们，用威势来吓唬他们，结果大家也只图免去刑罚和威吓而不会怀念恩德，表面上恭敬但内心并不服气。臣民的怨恨不在事情的大小，可怕的是臣民不拥护。百姓像水一样，可以载船，也可以翻船。这是应当特别谨慎的。

　　应该能够做到：见到可爱的东西就想到要知足，以便警诫自己，将要大兴土木就想到要适可而止以便使人民安定，考虑到地位高随时会有危险就想到要谦虚并加强自我修养，怕自己会骄傲自满就想到要像江海一样处在河流的下游以容纳百川，喜欢游乐就想到国君每年最多只能打三次猎的规定，担心意志松懈就想到始终都要谨慎，害怕受蒙蔽就想到要虚心接受臣下的意见，担心听信谗言就想到要端正自己斥退小人，有所赏赐时就想到不要因一时高兴而赏赐不当，施行刑罚时就想到不要因为一时恼怒而滥用刑罚。要完全做到这十个"想到"，发扬九种美德，选择有才能的人而任用他们，选择好的意见而采纳。那么，聪明的人就能竭尽他的智谋，勇敢的人就会竭尽他的气力，仁义的人就能传播他的美德，诚实的人就会贡献他的忠心。这样文武同时发挥作用，君主就可以垂衣拱手而治理天下了。何必要国君来劳神费力，代替百官的职事呢！

骆宾王

　　骆宾王（约638—684），字观光，唐代诗人，与王勃、杨炯、卢照邻合称"初唐四杰"。于武则天光宅元年，为起兵扬州反武则天的徐敬业作《为徐敬业讨武曌檄》，敬业兵败，王那相杀徐敬业，骆宾王不知所终。

为徐敬业讨武曌檄

原　文

　　伪临朝武氏者，性非和顺，地实寒微。昔充太宗下陈，曾以更衣入侍。洎乎晚节①，秽乱春宫。潜隐先帝之私，阴图后房之嬖②。入门见嫉，蛾眉不肯让人③；掩袖工谗④，狐媚偏能惑主。践元后于翚翟⑤，陷吾君于聚麀⑥。加以虺蜴为心⑦，豺狼成性。近狎邪僻，残害忠良。杀姊屠兄，弑君鸩母⑧。神人之所同嫉，天地之所不容。犹复包藏祸心，窥窃神器。君之爱子，幽之于别宫；贼之宗盟，委之以重任。呜呼！霍子孟之不作，朱虚侯之已亡。燕啄皇孙⑨，知汉祚之将尽；龙漦帝后⑩，识夏庭之遽衰。

　　敬业，皇唐旧臣，公侯冢子，奉先君之成业，荷本朝之厚恩。宋微子之兴悲，良有以也；袁君山之流涕，岂徒然哉！是用气愤风云，志安社稷。因天下之失望，顺宇内之推心。爰举义旗，以清妖孽。南连百越，北尽三河；铁骑成群，玉轴相接。海陵红粟，仓储之积靡穷；江浦黄旗，匡复之功何远！班声动而北风起，剑气冲而南斗平。喑呜则山岳崩颓，叱咤则风云变色。以此制敌，何敌不摧？以此图功，何功不克？

　　公等或居汉地，或叶周亲⑪。或膺重寄于话言⑫，或受顾命于宣室⑬。言犹在耳，忠岂忘心？一抔之土未干⑭，六尺之孤何托⑮？倘能转祸为福，送往事居⑯，共立勤王之勋⑰，无废大君之命⑱，凡诸爵赏，同指山河。若其眷恋穷城，徘徊歧路，坐昧先几之兆⑲，必贻后至之诛⑳。请看今日之域中，竟是谁家之天下！

注　释

　　①洎：及，到。②嬖：宠幸。③蛾眉：形容女子的美貌。④掩袖：以袖掩面，故作娇态。⑤翚翟：有彩色羽毛的野鸡。⑥聚麀：是指多头公鹿共有一母鹿。⑦虺：毒蛇。⑧鸩：鸟名，羽毛有毒，浸酒饮之即死。⑨燕啄皇孙：西汉成帝，赵飞燕入宫为皇后，自己

无子而妒忌别人，暗害了许多皇子，使成帝无嗣。⑩**龙漦帝后**：传说夏朝有二龙落于宫廷，留下涎沫，夏帝用木盒收藏之。到周厉王末年，涎沫流出，变成黑鼋，一个宫女遇上而怀孕，生下一女即褒姒。褒姒后为周幽王妃子，周幽王宠爱她，于是废申后及太子，申后的父亲引犬戎入侵，杀死幽王灭亡西周。此以褒姒喻武则天。⑪**叶**：同"协"，合于。⑫**膺**：接受。**爪牙**：爪牙之臣。⑬**顾命**：皇帝临死的遗令。**宣室**：指受顾命的地方。⑭**抔**：捧。⑮**六尺之孤**：指中宗李显，当时已被废，软禁在房州。⑯**往**：死者，指高宗。**居**：生者。指中宗。⑰**勤王**：古代天子有难，臣下起兵救援，叫作勤王。⑱**大君**：天子，指高宗。⑲**坐**：白白地，徒然。**眜**：看不清楚。**几**：同"机"。⑳**贻**：招致。

译文

　　窃据帝位的武氏，她本性不温和善良，出身贫寒低贱。她从前是唐太宗的才人，曾利用服侍皇帝的机会得到宠幸。等到年事稍长，又与太子关系暧昧，她隐瞒了自己和先帝的私情，阴谋获得皇上的宠幸。她嫉妒后宫的所有佳丽，总想以自己的美貌压倒别人；她掩袖作态，卖弄姿色，谗毁他人，阴险毒辣，迷惑君主，谋得了皇后的地位，致使我们的君王乱了人伦。加上她心如蛇蝎，性如豺狼，亲近邪恶的小人，残害忠直善良的贤臣，杀害哥哥、姐姐，害死高宗，毒死亲母，使得人神所共恨，天地所不容。她还包藏祸心，想篡夺帝位。高宗心爱的儿子被她软禁起来，对武氏宗族却委以重任。哎！能扭转乾坤的霍光不在了，诛杀奸臣贼党的朱虚侯已经亡故了。赵飞燕残害皇子，预示着汉朝快完了；龙涎化为褒姒，标志着西周即将灭亡。

　　徐敬业是唐朝皇帝的老臣，是公侯的直系子孙。他继承先君的事业，担负国家的重任。宋微子见到殷墟荒凉而大兴悲叹，真有道理啊！袁君山痛哭流涕，难道是平白无故的感伤吗？因此正气可叫风云愤怒，壮志足使国家安定。趁着天下百姓对武氏的失望情绪，顺应海内民心的向背，于是举起义旗，决心铲除妖孽。南至百越，北达三河。战马成群结队，战车前后相接。海陵的红粟，粮仓的储积，无穷无尽；江浦一带，黄旗遍野，匡复天下的大功，指日可待！战马长嘶，似北风卷起；剑气冲天，与南斗相齐。怒气勃发，可使山岳崩摧；气愤号呼，能让风云变色。用这样的军队对付敌人，什么样的敌人不能消灭？用这样的军队建立功业，什么样的功业不能完成？

　　你们有的享有国家的封地，有的身为皇室的至亲，有的在外拥兵自重，有的在朝接受遗命。君王的话语还在耳边，怎能就忘恩负义？一捧坟土还未全干，六尺孤儿交托何人？倘若你们能转祸为福，送别去世的先帝，扶持继位的幼主，共同创建挽救王室的功业,不废弃先王的遗命,那么事成之后论功行赏,爵封王侯,可以指着山河起誓。如果还留恋一座四面受围的孤城,犹豫观望,坐失起义的良机,那么一定会招致杀身之祸。请放眼看看吧,今天全国之内,究竟是谁家的天下!

王　勃

王勃(约650—约676),字子安,唐代诗人。出身儒学世家,与杨炯、卢照邻、骆宾王并称为"初唐四杰"。擅长五律和五绝,主要文学成就是骈文,代表作品有《滕王阁序》等。

滕王阁序

原　文

　　南昌故郡,洪都新府。星分翼轸,地接衡庐。襟三江而带五湖,控蛮荆而引瓯越。物华天宝,龙光射牛斗之墟;人杰地灵,徐孺下陈蕃之榻。雄州雾列,俊彩星驰。台隍枕夷夏之交,宾主尽东南之美。都督阎公之雅望,棨戟遥临;宇文新州之懿范,襜帷暂驻。十旬休暇,胜友如云;千里逢迎,高朋满座。腾蛟起凤,孟学士之词宗;紫电清霜,王将军之武库。家君作宰,路出名区;童子何知,躬逢胜饯。

　　时维九月,序属三秋。潦水尽而寒潭清,烟光凝而暮山紫。俨骖騑于上路,访风景于崇阿;临帝子之长洲,得仙人之旧馆。层峦耸翠,上出重霄;飞阁流丹,下临无地。鹤汀凫渚,穷岛屿之萦回;桂殿兰宫,列冈峦之体势。披绣闼,俯雕甍,山原旷其盈视,川泽纡其骇瞩。闾阎扑地,钟鸣鼎食之家;舸舰迷津,青雀黄龙之轴。虹销雨霁,彩彻云衢。落霞与孤鹜齐飞,秋水共长天一色。渔舟唱晚,响穷彭蠡之滨;雁阵惊寒,声断衡阳之浦。

遥吟俯畅①,逸兴遄(chuán)飞。爽籁发而清风生②,纤歌凝而白云遏(è)③。睢(suī)园绿竹,气凌彭泽之樽;邺水朱华,光照临川之笔。四美具,二难并。穷睇眄(dì miǎn)于中天④,极娱游于暇日。

天高地迥,觉宇宙之无穷;兴尽悲来,识盈虚之有数⑤。望长安于日下,指吴会于云间。地势极而南溟深,天柱高而北辰远。关山难越,谁悲失路之人?萍水相逢,尽是他乡之客。怀帝阍(hūn)而不见,奉宣室以何年?

呜呼!时运不齐,命途多舛。冯唐易老,李广难封。屈贾谊于长沙,非无圣主;窜梁鸿于海曲,岂乏明时?所赖君子安贫,达人知命。老当益壮,宁移白首之心;穷且益坚,不坠青云之志。酌贪泉而觉爽,处涸辙以犹欢。北海虽赊⑥,扶摇可接⑦;东隅已逝,桑榆非晚。孟尝高洁,空怀报国之心;阮籍猖狂,岂效穷途之哭?

勃,三尺微命,一介书生。无路请缨,等终军之弱冠;有怀投笔,慕宗悫(què)之长风。舍簪笏(hù)于百龄,奉晨昏于万里⑧。非谢家之宝树⑨,接孟氏之芳邻。他日趋庭,叨陪鲤对;今晨捧袂(tāo),喜托龙门。杨意不逢,抚凌云而自惜;钟期既遇,奏流水以何惭?

呜呼!胜地不常,盛筵难再。兰亭已矣,梓(zǐ)泽丘墟。临别赠言,幸承恩于伟饯;登高作赋,是所望于群公。敢竭鄙诚,恭疏短引⑩。一言均赋,四韵俱成⑪:

滕王高阁临江渚,佩玉鸣鸾罢歌舞。

画栋朝飞南浦云,朱帘暮卷西山雨。

闲云潭影日悠悠,物换星移几度秋。

阁中帝子今何在?槛外长江空自流。

注释

①**遥吟俯畅**:一作"遥襟甫畅",意即开阔的胸怀刚刚畅快。②**爽籁**:参差不齐的

排箫声。③**白云遏**：白云停止飘动，形容歌声的美妙。④**睇、眄**：意思都是斜视。这里指放眼上下左右，尽情观赏。⑤**盈虚**：这里指兴衰、贵贱、穷通等。**数**：命运。⑥**赊**：远。⑦**扶摇**：旋风。⑧**奉晨昏**：这里指侍奉父亲。古人早晚要向父母请安，故称。**万里**：万里之远，借指父母所在地交趾。⑨**谢家之宝树**：东晋谢安曾称其侄谢玄为"吾家之宝树"。意为贤能子弟。⑩**疏**：分条陈述。这里指写作。**引**：引言，即序文。⑪**"一言"二句**：即"均赋一言，俱成四韵"的倒装。意即与会的人，各分一言（字）为韵，以四韵（八句）成篇。

译文

　　南昌是旧时豫章郡的古城，如今已成新设的洪州都府。它在天上属于翼、轸两星宿的分野，在地下连接着衡、庐两山的峰峦。前面连带着三江，周围环绕着五湖，西连荆楚，东接闽浙。物类有光华，天上有宝气，宝剑的光芒直射牛、斗两个星区；人中有俊杰，大地有灵气，陈蕃专为徐孺设下床榻。雄伟的州城，在烟雾中若隐若现；英俊的人才，像繁星一般活跃异常。城池坐落在夷夏交界的地方，主客都是东南地区的俊才。都督阎公，德高望重，远道来洪州坐镇；宇文州牧，品行高洁，赴任途中在此暂留。正逢十日休假的一天，好友像云一样汇聚于此；千里之远来此集会，高贵的宾客坐满席位。文笔能使蛟龙腾飞，凤凰起舞，孟学士是文学大师；兵器寒光闪闪，如电如霜，王将军武略超群。我父亲做交趾令，我由于省亲而路过这个闻名的地方，尚且年幼无知，竟有幸参加这个盛大的宴会。

　　时间正是九月，尚是暮秋时候。雨后的积水已经消尽，寒潭清澈；烟雾弥漫，霞光灿烂，周围的重山在暮色中呈现紫色。整整齐齐驾着马车出游，在崇山峻岭中欣赏美景；来到滕王的长洲，登上了仙人居住过的殿阁。这里山峦重叠，青翠的山峰高耸入云；高高的阁宇鲜红欲滴，下临深潭。仙鹤野鸭栖息的沙滩小洲，岛屿迂曲回绕，没有尽头；桂树兰木建造的宫殿，随着山势起伏而排列。推开彩绘的大门，俯视雕饰的屋脊，极目远眺，山峰平原尽收眼底；河流湖泊，浩瀚迷茫，令人惊骇。房屋遍地，这是享不尽荣华富贵的人家，船只塞满渡口，上面雕刻着青雀或黄龙的图案。彩虹消散，雨过天晴，阳光普照，满天霞云。空中的晚霞和孤寂的野鸭仿佛齐在飞行，清碧的秋水和蔚蓝的长空好像融为一色。渔人划着小船，唱着欢歌满载而归，歌声在整个彭蠡湖上空回荡；雁儿在寒气中惊叫，向南飞翔，停落在衡阳的水边。

　　放声长吟，登高俯视，十分舒畅，兴致也十分高昂。排箫悠扬，吹来阵阵清风，歌声响起，遏止了浮云。个个都像当年梁孝王睢园中的嘉宾，酒量如海，豪气远远超过了彭泽县令陶渊明；又如曹操父子门下的文士，能文善书，可以和谢灵运媲美。良辰、美景、赏心、乐事，自古难全，而如今却齐备，贤主、嘉宾，千载不遇，而如今却欢聚一堂。在阁上四处观望美景，在假日里尽情享受游览之乐。

　　天高地远，我觉察到了时空的无穷无尽；欢乐逝去，悲哀袭来，我明白了兴衰贵贱都由命中注定。在夕阳西下时，遥望都城长安；在云雾苍茫中，指点江浙。地势倾斜，到尽头是极深的南海，天柱高耸，北斗星非常遥远。关山难以翻越，谁会为不得志的人悲伤？今天偶尔聚在一起的，全都是来自他乡的宾客。怀念京都却难以望见，到什么时候才能被君王召见呢？

　　唉！命运是那样的不好，前途多么坎坷。冯唐容易衰老，李广难得封侯。使贾谊蒙受委屈，被贬谪到长沙，并不是没有圣明的君主；使梁鸿逃亡到海边，难道是当时的政治不清明？幸好君子能够安于贫困，通达的人能够知道自身的命运。年纪虽大，但志气却更加旺盛，怎能在白头时改变心愿；虽然穷困，但应更加坚强，不抛弃远大的志向。君子喝了贪泉的水也觉得凉爽，鱼儿处在干涸的车辙中也要开心。北海虽然很远，但是乘着风也能到达；朝阳已经消逝然，追逐暮景也不晚。孟尝是高洁之士，可他一辈子白白地怀抱报效国家的热情；阮籍疯疯癫癫，我们怎能学他那种穷途的哭泣？

　　我地位卑微，只是一介书生。虽然和终军一样都是二十来岁，却无处请缨杀敌，我也怀有投笔从戎之志，羡慕宗悫那种"乘长风破万里浪"的英雄气概。如今，我舍弃了一生的功名，不远万里前去侍奉我的父亲。我不是谢玄那样的俊才，却有幸和在座诸君会面。不久我将聆听父亲的教诲，今天我能恭敬地拜见各位，高兴得如同登上龙门。我过去碰不到杨得意那样的人，只有朗读着自己的作品来怜惜自己。今天遇到了钟子期这样的知音，弹奏一曲高山流水，又有什么羞愧呢？

　　唉！名胜之地不能常游，盛大的宴会也再难碰上。兰亭宴集已成陈迹，金谷园也已变成废墟。侥幸在盛大的宴会上承受厚爱，临别时作这一篇序文，至于登高作赋，只有指望在座诸公。我只是冒昧地尽我微薄的诚意，作了短短的序言，在座诸位都按各自分到的韵字作诗，我已写成了四韵八句：

　　高高的滕王阁，耸立在大江边，佩玉叮当，车铃响起，歌舞已经结束。南浦的云霞，早晨时飞过雕梁画栋，西山的风雨起落，黄昏时珠帘卷起。闲静的白云，在清潭中留下倒影，日子就这样悠然而过，物换星移，谁知经过了多少春秋。当年建筑楼阁的滕王，如今到哪里去了呢？只有栏杆外的江水，默默地向前奔流。

李 白

李白（701—762），字太白，号青莲居士，唐代诗人，被后人誉为"诗仙"，与杜甫并称"李杜"。代表作有《望庐山瀑布》《行路难》《蜀道难》《将进酒》《梁甫吟》《早发白帝城》等。

春夜宴桃李园序

原文

夫天地者，万物之逆旅①；光阴者，百代之过客。而浮生若梦②，为欢几何？古人秉烛夜游③，良有以也④。况阳春召我以烟景，大块假我以文章⑤。会桃李之芳园，序天伦之乐事。群季俊秀，皆为惠连。吾人咏歌，独惭康乐。幽赏未已，高谈转清。开琼筵以坐花，飞羽觞而醉月⑥。不有佳作，何伸雅怀？如诗不成，罚依金谷酒数⑦。

注释

①**逆旅**：旅馆，客舍。②**浮生**：一种消极的人生观，以为世事无定，生命短促，好像浮萍生活在水面上一样。③**秉烛夜游**：指人生短促，应及时行乐。④**良**：确实。**以**：原因。⑤**大块**：指大地，大自然。**假**：借。**文章**：指锦绣河山。⑥**飞羽觞**：比喻杯盏交错，开怀痛饮。⑦**罚依金谷酒数**：晋人石崇家有金谷园，经常宴客于园中，当筵赋诗，没有写成的就罚酒三杯。

译文

天地是万物的客舍，时间是百代的过客。人生漂浮不定，好似梦幻一般，欢乐的日子又有多少呢？古代的人夜晚拿着蜡烛游玩，实在有道理啊！何况正逢温暖的春天，那烟雨迷蒙的美好景色在召唤我，大自然在我面前显示出一派锦绣风光。相会在桃李花开、香气馥郁的花园，畅谈兄弟们之间的乐事。诸位弟弟俊美才秀，都有谢惠连的风采。而我吟咏诗篇，独自以为不能和谢灵运相比而感到惭愧。幽美的景色还没欣赏完,大家纵情的言谈开始变得清雅。坐在花丛中间,摆开丰盛的宴席,酒杯频频高举,在月光下开怀痛饮,醉又何妨?没有出色的作品,怎能抒发高雅的情怀?如果作诗不成,那就只好按照金谷园的先例,罚酒三杯。

李 华

李华(715—766),字遐叔,唐代文学家。与萧颖士齐名,世称"萧李"。与萧颖士、颜真卿等共倡古义,开韩、柳古文运动之先河。主张"尊经""载道"。

吊古战场文

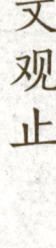

浩浩乎平沙无垠①,夐(xiòng)不见人②,河水萦带,群山纠纷③。黯兮惨悴,风悲日曛④。蓬断草枯⑤,凛若霜晨。鸟飞不下,兽铤(tǐng)亡群⑥。亭长告余曰:"此古战场也。常覆三军。往往鬼哭,天阴则闻。"伤心哉!秦欤?汉欤?将近代欤⑦?

①浩浩:广大的样子。**平沙**:平旷的沙漠,文中指旷野。②夐:遥远。③纠纷:错落连绵。④曛:昏暗。⑤蓬:飞蓬,草的一种。⑥铤:快走、快跑。⑦将:还是。

广阔啊!空旷的沙漠无边无际,没有人烟。黄河像衣带般蜿蜒曲折,群山连绵起伏。天空暗沉压抑,寒风悲号,天色昏暗。飞蓬断根,野草枯萎,寒气逼人,像下霜的早晨一般。飞鸟在天空盘旋着不敢落脚,野兽在仓皇的奔走中与同伴失散。亭长告诉我:"这里曾是古代的战场,传说有军队在这里全军覆没,所以常常有人在阴雨天听到鬼哭声。"伤心啊!这是哪个朝代的战场呢?秦朝?汉朝?还是近代?

原文

吾闻夫齐、魏徭戍，荆、韩召募。万里奔走，连年暴露①。沙草晨牧，河冰夜渡。地阔天长，不知归路。寄身锋刃，腷(bì)臆谁诉②？秦、汉而还③，多事四夷④。中州耗斁(dù)⑤，无世无之。古称戎、夏，不抗王师。文教失宣⑥，武臣用奇。奇兵有异于仁义，王道迂阔而莫为⑦。呜呼噫嘻！

注释

①暴露：置身于野地露天之下。②腷臆：烦闷的心情。③而还：以后，以来。④事：战事。⑤耗斁：破坏，毁坏。⑥文教：文明教化，礼仪教化。失宣：指未能得到提倡。⑦王道：指仁义礼乐之道。迂阔：不切实际。莫为：没有人遵守。

●古时用兵

译文

我听闻战国时期的齐、魏、楚、韩招募士兵去守边打仗。这些士兵长途跋涉奔赴战场，常年过着日晒雨淋的生活。清晨，他们在沙漠的草地上放牧；深夜，他们趁着河面结冰抢渡过河。天地如此辽阔，他们却不知回家的路在何方。他们将全部的身家性命寄托在手中的刀剑之上，他们心中的苦闷又该向谁诉说呢？秦汉之后，所有朝代的边境都战乱频繁，中原地区因此日益凋敝。古人说，无论是戎夷还是华夏，都不会与朝廷的仁义之师相对抗。后来，礼义教化开始废弛，而武将们则热衷于奇兵妙计的施展。奇兵妙计不同于礼义教化，后者被认为是迂腐而不切实际的说教，所以被弃不用。唉！可叹啊！

原文

吾想夫北风振漠，胡兵伺便①，主将骄敌，期门受战。野竖旄(máo)旗，川回组练②。法重心骇，威尊命贱。利镞穿骨，惊沙入面。主客相搏，山川震眩。声析江河③，势崩雷电。至若穷阴凝闭，凛冽海隅，积雪没胫，坚冰在须，鸷鸟休巢④，征马踟蹰；缯纩无温⑤，堕指裂肤。当此苦寒，天假强胡，凭陵杀气⑥，以相剪屠。径截辎重⑦，横攻士卒。都尉新降，将军覆没。尸填巨港之岸，血满长城之窟。无贵无贱，同为枯骨。可胜言哉！鼓衰兮力尽，矢竭兮弦绝，白刃交兮宝刀折，两军蹙兮生死决⑧。降矣哉？终身夷狄。战矣哉？骨暴沙砾。鸟无声兮山寂寂，夜正长兮风淅淅。魂魄结兮天沉沉，鬼神聚兮云幂幂。日光寒兮草短，月色苦兮霜白。伤心惨目，有如是耶？

注释

①伺便：乘机。②组练：指军队。③析：崩裂。④休巢：歇巢不出。⑤缯纩：指冬衣。⑥凭陵：凭借。杀气：指寒冷的天气。⑦径截：恣意截击。⑧蹙：迫近。

译文

我想象出这样的场景：北风呼啸着席卷了沙漠，胡兵伺机偷袭军营。主将骄傲而轻敌，等敌军杀到军营门口时，他们才仓促应战。军旗高高竖立在原野之上，士兵身着战袍在河岸边来回奔跑。军法严厉苛刻，士兵心中惊骇，主帅威严，士兵卑贱。锋利的箭头穿筋透骨，风卷起沙子直扑人的脸面。两军杀得昏天黑地，使群山震动，使江河崩裂，使雷电迸发。天气阴沉乌云密布，凛冽的寒气侵袭了边塞之地，地上的积雪没过了小腿，连脸上的胡须都结了冰，再凶猛的飞禽也躲回了巢穴，战马因寒冷而徘徊不前，士兵的冬衣单薄，根本无法抵御严寒，他们的皮肤被冻裂，手指被冻断。这样酷寒的天气，却给偷袭的胡人提供了便利，他们趁着如此恶劣的天气前来烧杀抢掠。他们肆意截击我们的粮草和物资，拦腰里向我们的军队袭来。都尉刚刚投降，将军接着战死于沙场。江河两岸堆满了尸体，鲜血填满了长城的洞窟。死去的人没有贵贱之分，最终都要化为枯骨。这样惨绝人寰的场景说得尽吗？鼓声衰竭啊力气渐弱，利箭用尽啊弓弦断绝，白刃相接啊宝刀折断，两军对垒啊生死决战。降敌？将一辈子沦为夷狄。战斗？将暴尸于黄沙之上。雀鸟噤声啊山野无声，寒夜漫长啊风声凄厉。魂魄凝聚啊天色暗沉，鬼神聚集啊云层厚重。天光暗淡啊百草枯萎，月色凄苦啊冰霜惨白。世上还有比这更凄惨的场景吗？

原文

　　吾闻之：牧用赵卒，大破林胡，开地千里，遁逃匈奴。汉倾天下，财殚力痛①。任人而已，其在多乎？周逐猃狁，北至太原，既城朔方②，全师而还。饮至策勋，和乐且闲，穆穆棣棣，君臣之间。秦起长城，竟海为关③，荼毒生灵，万里朱殷④。汉击匈奴，虽得阴山，枕骸遍野⑤，功不补患。

注释

　　①痛：疲惫，病。②城：筑城，建城。朔方：北方。③竟海：一直到海。④朱殷：深红色，文中指流血死亡。⑤枕骸：尸骨相枕。

译文

　　我听闻，李牧这位战国时期的名将曾率领赵国的军队大败匈奴，将他们驱逐出境，为赵国开辟了大片的疆土。汉朝的皇帝倾尽全国之力攻打匈奴，结果导致国内财政空虚国力虚弱。边疆是否安定，关键在于是否用对了人，岂在士兵的多寡？周朝曾将猃狁驱逐到北方的太原，在北方建城后，周朝的军队凯旋。军队回到京城后，前去宗庙进行祭祀，并设宴庆功授勋，君臣之间其乐融融。秦始皇征调百姓修长城，一直修到东面的海滨，并在此设立关塞。残害百姓，血流成河，民不聊生。汉朝北击匈奴，虽然将阴山纳入了汉朝的版图之中，但代价是军民死伤无数，骸骨堆满了战场。由此可见，战争带来的好处和功劳抵不过由此而产生的祸患。

原文

　　苍苍蒸民①，谁无父母？提携捧负，畏其不寿。谁无兄弟，如足如手？谁无夫妇，如宾如友？生也何恩？杀之何咎？其存其没，家莫闻知。人或有言，将信将疑。悁悁心目②，寤寐见之③。布奠倾觞，哭望天涯。天地为愁，草木凄悲。吊祭不至，精魂何依？必有凶年④，人其流离。呜呼噫嘻！时耶？命耶？从古如斯。为之奈何？守在四夷。

注释

　　①蒸民：广大百姓。蒸，同"烝"。②悁悁：忧苦，忧闷。③寤寐：睡梦中。④凶年：出现灾荒的年景。

译文

苍苍众生，谁没有父母？谁不是尽心尽力地奉养父母，生怕他们不能寿终正寝？谁没有情谊深厚的兄弟？谁没有相互敬重的伴侣？他们在世时，得到过国家的什么好处？又是因为什么要惨遭杀害？他们上战场后，家里人就失去了他们的音信，连是生是死都不清楚，偶尔听到传言，心中却是将信将疑。亲人们内心痛苦，只能与他们在梦中相聚，家人设祭洒酒，遥望着天边，伤心得泪流满面。此情此景，天地为之动容，草木为之悲泣。路途如此遥远，亲人们的吊祭之情难以到达，那他们的魂魄又将依附在哪里呢？大战过后，灾荒之年必将出现，百姓又将流离失所。唉！多可悲啊！这样的悲剧到底是什么原因造成的？是时势？还是命运？从古至今，这样的灾祸一直存在，该怎样杜绝灾祸的出现呢？只有实施仁政，让四夷来给天子守卫边疆才是真正的解决之道。

刘禹锡

刘禹锡（772—842），字梦得。唐朝文学家，有"诗豪"之称。刘禹锡诗、文俱佳，涉猎题材广泛，与柳宗元并称"刘柳"，与韦应物、白居易合称"三杰"，与白居易合称"刘白"，有《陋室铭》《竹枝词》《杨柳枝词》《乌衣巷》等名篇。

陋室铭

原 文

山不在高，有仙则名；水不在深，有龙则灵。斯是陋室，惟吾德馨①。苔痕上阶绿，草色入帘青。谈笑有鸿儒②，往来无白丁③。可以调素琴，阅金经。无丝竹之乱耳，无案牍之劳形④。南阳诸葛庐，西蜀子云亭。孔子云：何陋之有？

注释

①馨：能散布到远处去的芳香。②鸿儒：大学者。鸿，大。③白丁：无官职的平民。这里指缺乏文化的人。④案牍：指官府的文书。形：身体。

译文

山，不在于高，有神仙住着就会出名；水，不在于深，有蛟龙潜藏就会显灵。这虽是一间简陋的小室，但我的德行却远近闻名。青苔爬满台阶，一片翠绿；芳草映入窗帘，青碧怡人。平时谈笑，有饱学之士；来往结交，无鄙陋之人。可以弹琴，可以观经。没有管弦乐曲扰乱心境，没有官府文书劳神伤身。南阳有诸葛亮的茅庐，西蜀有扬雄的方亭。孔子说："这有什么简陋的呢？"

杜 牧

杜牧（803—约852），字牧之，号樊川居士，诗歌以七言绝句著称，内容以咏史抒怀为主，英发俊爽，多切经世之物，人称"小杜"，以别于杜甫"大杜"。与李商隐并称"小李杜"。

阿房宫赋

原文

六王毕，四海一。蜀山兀，阿房出。覆压三百余里，隔离天日。骊山北构而西折，直走咸阳。二川溶溶，流入宫墙。五步一楼，十步一阁；廊腰缦回，檐牙高啄。各抱地势，钩心斗角①。盘盘焉，囷囷焉，蜂房水涡，矗不知其几千万落。长桥卧波，未云何龙②？复道行空③，不霁何虹？高低冥迷，不知西东。歌台暖响，春光融融；舞殿冷袖，风雨凄凄。一日之内，一宫之间，而气候不齐。

妃嫔媵嫱，王子皇孙，辞楼下殿，辇来于秦，朝歌夜弦，为秦宫人。明星荧荧，开妆镜也；绿云扰扰④，梳晓鬟也；渭流涨腻，弃脂水也；烟斜雾横，焚椒兰也；雷霆乍惊，宫车过也；辘辘远听，杳不知其所之也。一肌一容，尽态极妍，缦立远视，而望幸焉⑤。有不得见者，三十六年。燕、赵之收藏，韩、魏之经营，齐、楚之精英，几世几年，取掠其人，倚叠如山。一旦不能有，输来其间。鼎铛玉石，金块珠砾，弃掷逦迤，秦人视之，亦不甚惜。

嗟乎！一人之心，千万人之心也。秦爱纷奢，人亦念其家。奈何取之尽锱铢⑥，用之如泥沙？使负栋之柱，多于南亩之农夫；架梁之椽，多于机上之工女；钉头磷磷⑦，多于在庾之粟粒⑧；瓦缝参差，多于周身之帛缕；直栏横槛，多于九土之城郭；管弦呕哑，多于市人之言语。使天下之人，不敢言而敢怒，独夫之心，日益骄固。戍卒叫，函谷举。楚人一炬，可怜焦土。

呜呼！灭六国者，六国也，非秦也。族秦者⑨，秦也，非天下也。嗟夫！使六国各爱其人，则足以拒秦。秦复爱六国之人，则递三世，可至万世而为君，谁得而族灭也？秦人不暇自哀，而后人哀之；后人哀之而不鉴之，亦使后人而复哀后人也！

注释

①**钩心斗角**：房屋和中心区相勾连，即钩心。屋角对凑，状如相斗，故称斗角。②**未云何龙**：古人认为云从龙，有龙必有云。③**复道**：楼阁间架木构成的空中通道。④**绿云**：比喻妇女黑润而稠密的头发。**扰扰**：纷纷扬扬。⑤**幸**：古代指天子车驾到达某地。⑥**锱铢**：古代极小的重量单位。二十四铢为一两，六铢为一锱。⑦**磷磷**：水里的石头密集，这里是形容密集的样子。⑧**庾**：露天谷仓。⑨**族**：古代的一种酷刑，多至诛灭九族。

译文

六国灭亡，天下统一。蜀山的树木被砍伐一空，阿房宫得以建成。它覆盖了三百多里的地面，遮天蔽日。它从骊山北面开始修建再折向西面，一直到咸阳。渭水和樊川的水缓缓流动，一直流进宫内。五步一楼，十步一阁；走廊迂回曲折，屋檐高高耸起，如同鸟雀啄食，亭台楼阁随着地势起伏，向中心区靠拢，屋角相向，宛如互相争斗。宫室盘旋起伏，曲折环绕，既像蜂房，又似水涡，高高耸立在那里，不知道有几千万座。长桥横卧波面，天空无云，哪里会飞来"苍龙"？复道架设在空中，并非雨过天晴，怎么会出现"彩虹"？房屋高低错落，让人眼花缭乱，分不出东南西北。台上歌声温柔，让人感到春天一样的温暖；舞殿上彩袖飘飞，仿佛是风雨交加，让人感到阵阵寒意。一天之内，一宫之间，气候各异。

六国的后宫佳丽、王子皇孙，离开自己的楼阁宫殿，乘坐华车来到秦国，早晨唱歌，夜晚弹琴，成了秦王后宫的侍妾。明星闪闪，原来是打开了梳妆的镜子；黑云弥漫，原来是早晨梳理头发；渭水上漂满了油腻，原来是倒掉的带有胭脂香粉的洗脸水；烟雾缭绕，原来是在焚烧香料；雷声突然响起，原来是宫车经过；车轮辘辘作响，声音越来越远，不知它最终到了哪里。佳丽们的全身上下，都打扮得非常光鲜诱人，她们久久地站立着，目视远方，希望君王能够驾临。有人就这样等了三十六年，也没见过始皇一面。燕、赵、韩、魏、齐、楚收藏的金银珠宝，是他们几代人从他们的国民手中掠夺搜刮得来的，堆在库房里像山一样高。一旦不能继续占有，就被秦王运到阿房宫。秦王把宝鼎当作铁锅，把美玉当作顽石，把黄金当作土块，把珍珠当作沙砾，丢得到处都是，秦人对待这些金银财宝并不怎么爱惜。

唉，一个人的心愿，也就是千万个人的心愿。秦王喜欢奢侈浪费，人们也顾念自己的家。为什么搜刮它们的时候一丝一毫都不放过，但用起来却像泥沙一样呢？使承受栋梁的柱子，比田野中的农民还多；架在梁上的椽条，比织机上工作的妇女还多；钉头密密麻麻，比仓中的粟米还多；瓦缝参差不齐，比身上帛布的丝缕还多；纵横交错的栏杆，比全国的城池还多；乐器演奏发声，比集市上的人声还要嘈杂。这就让全国的人，敢怒而不敢言，而众叛亲离的帝王心里，却日益骄横顽固。陈胜、吴广率先起义，函谷关被刘邦攻下，项羽一把火把阿房宫烧成一片灰烬。

唉！使六国灭亡的，是六国自己，并不是秦国。使秦朝灭亡的，是秦王朝自己，并不是天下人。唉！假使六国各自爱护自己的人民，那么就足以抵抗秦国。假使秦王朝爱护六国的人民，那么就可以传递三世，甚至万世都做皇帝，谁能够消灭他们的家族呢？秦人来不及痛惜自己的亡国，后人却替他们伤心；后人虽替他们哀伤，但没有吸取教训，这就会使更后来的人来哀叹他们啊！

韩愈

韩愈（768—824），字退之。世称"韩昌黎""昌黎先生"。唐代杰出的文学家、思想家。

韩愈是唐代古文运动的倡导者，被后人尊为"唐宋八大家"之首，与柳宗元并称"韩柳"，有"文章巨公"和"百代文宗"之名。后人将其与柳宗元、欧阳修和苏轼合称"千古文章四大家"。

原 道

原 文

博爱之谓仁，行而宜之之谓义，由是而之焉之谓道①，足乎己无待于外之谓德②。仁与义为定名，道与德为虚位。故道有君子小人，而德有凶有吉。老子之小仁义，非毁之也，其见者小也。坐井而观天，曰天小者，非天小也。彼以煦煦为仁，孑孑为义，其小之也则宜③。其所谓道，道其所道，非吾所谓道也；其所谓德，德其所德，非吾所谓德也。凡吾所谓道德云者，合仁与义言之也，天下之公言也④。老子之所谓道德云者，去仁与义言之也，一人之私言也。

周道衰，孔子没，火于秦。黄、老于汉，佛于晋、魏、梁、隋之间。其言道德仁义者，不入于杨，则入于墨；不入于老，则入于佛。入于彼，必出于此。入者主之，出者奴之。入者附之，出者污之。噫，后之人其欲闻仁义道德之说，孰从而听之？老者曰："孔子，吾师之弟子也。"佛者曰："孔子，吾师之弟子也。"为孔子者，习闻其说，乐其诞而自小也，亦曰"吾师亦尝师之"云尔。不惟举之于其口，而又笔之于其书。噫，后之人虽欲闻仁义道德之说，其孰从而求之？甚矣！人之好怪也。

不求其端，不讯其末，惟怪之欲闻。

古之为民者四，今之为民者六。古之教者处其一，今之教者处其三。农之家一，而食粟之家六；工之家一，而用器之家六；贾之家一，而资焉之家六⑤。奈之何民不穷且盗也？古之时，人之害多矣。有圣人者立，然后教之以相生相养之道。为之君，为之师。驱其虫蛇禽兽而处之中土。寒然后为之衣，饥然后为之食。木处而颠，土处而病也⑥，然后为之宫室。为之工以赡其器用，为之贾以通其有无，为之医药以济其夭死，为之葬埋、祭祀以长其恩爱，为之礼以次其先后，为之乐以宣其湮郁，为之政以率其怠倦，为之刑以锄其强梗。相欺也，为之符玺、斗斛、权衡以信之；相夺也，为之城郭、甲兵以守之。害至而为之备，患生而为之防。今其言曰："圣人不死，大盗不止。剖斗折衡，而民不争。"呜呼！其亦不思而已矣。如古之无圣人，人之类灭久矣。何也？无羽毛鳞介以居寒热也，无爪牙以争食也。

是故君者，出令者也；臣者，行君之令而致之民者也；民者，出粟米麻丝、作器皿、通货财，以事其上者也。君不出令，则失其所以为君；臣不行君之令而致之民，则失其所以为臣；民不出粟米麻丝、作器皿、通货财，以事其上，则诛。今其法曰："必弃而君臣，去而父子，禁而相生相养之道⑦。以求其所谓清净寂灭者。"呜呼！其亦幸而出于三代之后，不见黜于禹、汤、文、武、周公、孔子也；其亦不幸而不出于三代之前，不见正于禹、汤、文、武、周公、孔子也。

帝之与王，其号虽殊，其所以为圣一也。夏葛而冬裘，渴饮而饥食，其事虽殊，其所以为智一也。今其言曰："曷不为太古之无事？"是亦责冬之裘者曰："曷不为葛之之易也？"责饥之食者曰："曷不为饮之之易也。"传曰："古之欲明明德于天下者，先治其国；欲治其国者，先齐其家；欲齐其家者，先修其身；欲修其身者，先正其心；欲正其心者，先诚其意。"然则古之所谓正心而诚意者，将以有为也。今也欲治其心，而外天下国家，灭其天常，子焉而不父其父，臣焉而不君其君，民焉而不事其事。孔子之作《春秋》也，诸侯用夷礼，则夷之；进于中国，则中国之。经曰："夷狄之有君，不如诸夏之亡。"《诗》曰："戎狄是膺（yīng），荆舒是惩。"今也，举夷狄之法，而加之先王之教之上，几何其不胥而为夷也？

夫所谓先王之教者，何也？博爱之谓仁，行而宜之之谓义，由是而之焉之谓道，足乎己无待于外之谓德。其文，《诗》《书》《易》《春秋》；其法，礼、乐、刑、政；其民，士、农、工、贾；其位，君臣、父子、师友、宾主、昆弟、夫妇；其服，麻、丝；其居，宫、室；其食，粟米、果蔬、鱼肉。其为道易明，而其为教易行也。是故以之为己，则顺而祥；以之为人，则爱而公；以之为心，则和而平；以之为天下国家，无所处而不当。是故生则得其情，死则尽其常⑧。郊焉而天神假（gé）⑨，庙焉而人鬼飨（xiǎng）。曰："斯道也，何道也？"曰："斯吾所谓道也，非向所谓老与佛之道也。尧以是传之舜，舜以是传之禹，禹以是传之汤，汤以是传之文、武、周公，文、武、周公传之孔子，孔子传之孟轲。轲之死，不得其传焉。荀与扬也，择焉而不精，语焉而不详。由周公而上，上而为君，故其事行。由周公而下，下而为臣，故其说长。"然则如之何而可也？曰："不塞不流，不止不行⑩。人其人，火其书，庐其居⑪，明先王之道以道之，鳏寡、孤独、废疾者有养也，其亦庶乎其可也。"

注　释

①**是**：指上文所说的仁义。**之**：往，这里指进修。**道**：应该行走的路，应该遵循的道理。②**足乎**：是说仁义发于内心，有足够的自我修养。**外**：外界的影响。③**"彼以"三句**：意谓老子不了解仁义的巨大意义，而停留在言辞颜色或生活小节上。④**公言**：公理。⑤**资焉**：依靠商贾以取得生活资料。⑥**木处**：树上架巢而居。**土处**：穴居野处。⑦**"必弃"三句**：指僧人见君不下拜，所以说弃而君臣；弃世出家，所以说去而父子；不事生产劳动，

所以说禁而相生相养之道。⑧**死则尽其常**：意谓尽了君臣、父子之义，能够终其天年。常，即上文的天常。⑨**郊**：指祭天，古代祭天在南郊。**假**：通作"格"，感通，降临的意思。⑩**"不塞不流"二句**：意谓老、佛之道不加塞止，则儒家的圣人之道不得流行。⑪**庐其居**：意谓把僧尼、道士住的寺观庙宇改为民用的庐舍。

译 文

　　泛爱大众叫作仁，行动适宜叫作义，从仁义出发去立身行事叫作道，自己的心中本来充满仁义而不求之于外来影响叫作德。仁和义是有具体内容的定名，道和德是不具体的虚位。所以道就有君子之道和小人之道的分别，德有凶德和吉德的不同。老子贬低仁义的意义，不是有意诋毁仁义，而是由于他所见狭小的缘故。这就像是坐在井中观天，说天很小，其实并不是天很小。老子把小恩小惠看作仁，把细谨小节看作义，因而贬低仁义的意义，就不足为怪了。老子所讲的道，是把他对道的理解当作道，不是我讲的道；老子所讲的德，是把他对德的理解当作德，不是我讲的德。我所讲的道和德，都是包括仁与义来谈的，是天下的公理；老子所讲的道与德，都是抛开仁与义来谈的，是一己的私见。

　　自从周王朝权力衰微，孔子去世后，诗书史籍被秦烧毁，黄、老之学盛行于汉，佛教盛行晋、魏、梁、隋之间。所以谈论道德仁义的人，不是信奉杨朱的学说，就是信奉墨翟的学说；不是信奉黄老学说，就是信奉佛教学说。推崇那一说，一定排斥这一说；推崇一说，就奉为宗主；排斥一说，就看作隶属；推崇一说，就极力吹捧它；排斥一说，就肆意诋毁它。唉！后世的人想听仁义道德的学说，到底听从谁呢？崇尚老子学说的人说："孔子是我们先师的弟子。"信奉佛教的人说："孔子是我们佛祖的弟子。"推崇孔子学说的人，听惯了老、佛两家的说法，喜欢这些怪诞的说法而轻视自己，也跟着说："我们的老师曾经向老子、佛教学习呢。"不但说在嘴上，而且写在书上。唉！后世的人虽然想听到仁义道德的学说，但他们从哪里去探求呢？人们爱好怪诞之说也太过了！不推求事物的开端，不探究其发展情况和影响，只要是怪诞之说就想听。

　　古时候的百姓只有四种，士、商、农、工；现在增为六种了，士、商、农、工、僧、道。古时候只有士民主教化，居四民之一；现在士和僧、道并主教化，居六民之三。这样，一户农民，要供六户人家的口粮；一户工匠，要供六户人家的器具；一户商民，要供六户人家的生活资料。怎么能不使百姓穷困，被迫去做盗贼呢！古时候，人类遇到的危害很多。有圣人出来，教导人们共同生活和长育的道理、方法；为他们设立君主，为他们设立师长，替他们驱走虫、蛇、禽兽而定居在中原。冷了帮他们找穿的，饿了帮他们找吃的。住在树上容易掉下来，住在洞里容易生病，就帮他们建筑宫室。为人们分设工民，来供应他们的充足器具；为人们分设商民，来互通他们的有无；为人们寻找医药，来拯救他们的夭折死亡；为人们倡导葬埋祭祀，来增长他们的恩爱感情；为人们规定礼节，来序列他们的尊卑长幼；为人们制作音乐，来宣泄他们的抑郁苦闷；为人们布施政教，来督率怠惰；为人们设立刑罚，来锄除强暴。有欺骗别人的事，便为人们设置符节、印章、斗斛、权衡，来表明诚信；有侵略别人的事，便为人们筑城墙、制武器来防守。总之，祸害到来而圣人给他们先做了准备，患难发生而圣人给他们先做了预防。现在老子一派人的言论说："如果圣人不死，大盗窃国的事就不会停止；只有打碎了斗斛，折断了秤杆，百姓才不会争夺。"唉！说这种话的人也实在是没仔细想一想罢了！如果古时候没有圣人，人类早已灭迹。为什么这样说呢？人类没有羽毛鳞甲来适应严寒酷热的环境，没有锐爪利牙来与禽兽争夺食物。

　　因此，君主是发布命令的；臣子是执行君主的命令而施行到百姓身上的；百姓是生产粟米麻丝、制作器皿、流通货物钱财来事奉上面的统治者的。君主不发布命令，就失去了他做君主的职责；臣子不奉行君主的命令而施行到百姓，就失去了他做臣子的职责；百姓不生产粟米麻丝、制作器皿、流通货物钱财来事奉上面的统治者，就应该受到责罚。现在的佛法说："必须废弃你的君臣礼节，断绝你的父子亲属关系，取消你的共同生活和长育的道理、方法。"以求得他们所谓的清净寂灭的境界。唉！这些荒诞的说法侥幸地出现在夏、商、周三代之后，没有被禹、汤、文、武、周公、孔子废黜掉；这些荒诞的教法，又不幸没有出现在夏、商、周三代之前，没有得到禹、汤、文、武、周公、孔子的纠正。

　　五帝和三王，他们的名字虽然不同，而其之所以为圣却是相同的。夏天穿粗麻布衣服，冬天穿皮袄，口渴了饮水，肚子饿了吃饭，这些事情虽然不同，但做得很明智却是一样的。现在老子一派人的言论说："为什么不像太古时代那样无为而治呢？"这也就好像指责冬天穿皮袄的人说："为什么不做穿麻布衣那样容易的事呢？"责备肚子饿了而吃饭的人说："为什么不做饮水那样容易的事呢？"《礼记》说："古时候想宣扬大德于天下的人，先要治理他的国家；要治理他的国家，先整肃他的家庭；要整肃他的家庭，先要修养他自身；要修养他自身，先要端正他的心志；想端正他的心志，先要他有诚意。"因此，古时候所谓端正心志而有诚意的人，是将要有所作为（即治国平天下）呢。现在崇奉佛教、老子学说的人也想整治他们的思想，却把天下国家当作外物，废止人类的天然秩序，做儿子的不孝敬他的父亲，做臣子的不尊奉他的君主，做百姓的不履行他的义务。孔子写作《春秋》的时候，凡中原地区的诸侯如果采用夷礼的，便把他看作夷人；夷人如果能采用中原地区礼节的，便把他看作中原地区的诸侯。《论语》说："夷狄虽然有君主，但没有礼义，不如中原虽然也偶尔无君，却礼义不废。"《诗经》说："要攻打西方北方的戎、狄，要惩罚南方的荆、舒。"现在却把夷狄的教法，加在先王的教化之上，那么与叫大家都成为夷人有什么差别吗？

所谓先王的教导是什么呢？泛爱大众叫作仁，做事行动适宜叫作义，从仁义出发去立身行事叫作道，自己心中本来具有仁义而不求之于外来影响叫作德。先王之教的文字是《诗经》《尚书》《周易》《春秋》；治国的办法是礼节、音乐、刑法、政治；它的人民就是士、农、工、商；秩序伦理就是君臣、父子、师友、宾主、兄弟、夫妇；衣服是麻布和丝绸；住宅是宫室；食物就是粟米、果蔬、鱼肉。总之，先王之教的道理容易明了，教化容易施行。因此，用它来律己，就和顺而吉祥；用它来待人，就仁爱而公正；用它来涵养心性，就气和心平；用它来治理天下国家，就没有什么事情处理不恰当。因此，人活着就能够顺他的情意生活，人死时就可以享尽他的天年，祭天神就使天神感动，祭祖庙就使祖宗享用。有人会问："这个道是什么道呢？"我说："这正是我所说的道，不是前面说的老子和佛教的道。尧把这个道传给舜，舜把这个道传给禹，禹把这个道传给汤，汤把这个道传给文王、武王、周公，文王、武王、周公传给孔子，孔子传给孟轲，孟轲死后，此道就没有传下来。后来的荀况和扬雄，虽然都有成就，但他们的言论还欠简择、不精辟，阐述的道理还欠详尽。从周公上推，尧、舜、禹、汤、文、武在上做君王，所以他们的功德广泛施行；从周公下推，孔子、孟轲在下为臣民，所以他们的言论长久流传。"既然这样，对这种情况怎么办才可以呢？回答说："佛老之道不加堵塞、不禁止，先王之道就不能流传，不能施行。必须迫使僧尼道士还俗于四民之中各就其业，烧毁传布佛老教义的书，把他们住的寺观庙宇改为民用庐舍，大力宣传先王之道来引导他们，使天下的鳏夫、寡妇、孤儿、孤老、残疾和病患，生活都有保障，这样也就差不多算可以了。"

卷七 六朝唐文

原 毁

原文

　　古之君子，其责己也重以周①，其待人也轻以约②。重以周，故不怠；轻以约，故人乐为善。闻古之人有舜者，其为人也，仁义人也。求其所以为舜者，责于己曰："彼，人也；予，人也。彼能是，而我乃不能是！"早夜以思，去其不如舜者，就其如舜者③。闻古之人有周公者，其为人也，多才与艺人也。求其所以为周公者，责于己曰："彼，人也；予，人也。彼能是，而我乃不能是！"早夜以思，去其不如周公者，就其如周公者。舜，大圣人也，后世无及焉；周公，大圣人也，后世无及焉。是人也，乃曰："不如舜，不如周公，吾之病也。"是不亦责于身者重以周乎？其于人也④，曰："彼人也，能有是⑤，是足为良人矣。能善是，是足为艺人矣。"取其一，不责其二；即其新，不究其旧。恐恐然惟惧其人之不得为善之利。一善，易修也。一艺，易能也。其于人也，乃曰："能有是，是亦足矣。"曰："能善是，是亦足矣。"不亦待于人者轻以约乎！

注释

　　①**责**：要求。**重以周**：严格而周全。②**轻以约**：宽容而简单。③**就**：追求。④**于**：对待。⑤**是**：优点。

译文

　　古时候的君子严格而全面地要求自己，宽容而简约地对待他人。因为要求严格，所以他们在道德修养的方面从不懈怠。因为待人宽容，所以别人都乐意做好事。他们听说舜是古时一位大仁大义的圣人，便思考舜之所以成为圣人，同时质问自己："舜是人，我也是人，他能做到的，为什么我却做不到！"于是，他们冥思苦想，想方设法地改正不如舜的地方，尽力地向舜的为人靠拢。他们听说周公是位多才多艺的古人，便思考周公之所以多才多艺，同时质问自己："周公是人，我也是人，他能做到的，为什么我却做不到！"于是，他们冥思苦想，想方设法地改正不如周公的地方，尽力地向周公的行为靠拢。舜和周公都是古代的大圣人，后世没有人能与他们相媲美。但古时的君子却说："我比不上舜，也比不上周公，这是我的缺点。"他们这些行为不就是严格而全面地要求自我吗？然而，对待他人，却说："那个人能有这样的优点，就算得上是善良的人了，能擅长做这件事，就算得上是才能出众的人了。"对对方的某个方面予以肯定，而不再对其他方面予以苛求，只肯定对方今日的成绩，而不追究他往日的过错，小心谨慎地对待对方，生怕对方的长处和成绩得不到应有的待遇。做一件好事很容易，要掌握一项技能也不是难事。古之君子面对他人时，却说："能做到这样，就够了。"还说："能擅长做这个，就够了。"这不正是宽容而简约地对待他人吗？

原　文

今之君子则不然。其责人也详，其待己也廉①。详，故人难于为善。廉，故自取也少。己未有善，曰："我善是，是亦足矣。"己未有能，曰："我能是，是亦足矣。"外以欺于人，内以欺于心，未少有得而止矣。不亦待其身者已廉乎？其于人也，曰："彼虽能是，其人不足称也。彼虽善是，其用不足称也②。"举其一，不计其十；究其旧，不图其新③。恐恐然惟惧其人之有闻也④。是不亦责于人者已详乎！夫是之谓不以众人待其身⑤，而以圣人望于人⑥，吾未见其尊己也。

注　释

①廉：少。②用：才能，本领。③图：考虑。④闻：名望。⑤待：对待。⑥望：期望，希望。

译　文

今天的君子则不一样，他们往往严格地要求别人，对自身的要求却很低。因为要求过于严格，所以他人做好事就不容易了；而对自己实行低标准，自己就难以进步了。他们没有做成什么好事，却说："我能够做到这样，已经足够了。"没有什么过人的才能，却说："我能有这样的本事，已经足够了。"他们对外欺骗了别人，对内欺骗了自己的良心，还没有取得什么进步就停滞不前了。这不正是以低标准要求自己吗？他们面对他人时，却说："虽然那个人具备这样的能力，但他的人品不值得称道。那个人虽然擅长这个，但他的才能不值得称道。"现在的君子往往喜欢抓住他人某方面的不足,而对他人其他方面的长处视而不见;往往喜欢追究他人过去的过失,而忽视他人今日的进步。整天惶惶不安,生怕别人拥有了好名声。这不正是严格地要求别人吗?这就是用低于常人的标准来要求自己,却以圣人的标准去要求别人,我看不出他们是尊重自己的啊!

原文

虽然,为是者,有本有原,怠与忌之谓也①。怠(dài)者不能修②,而忌者畏人修。吾尝试之矣。尝试语于众曰:"某良士,某良士。"其应者,必其人之与也;不然,则其所疏远不与同其利者也;不然,则其畏也。不若是,强者必怒于言,懦者必怒于色矣。又尝语于众曰:"某非良士,某非良士。"其不应者,必其人之与也;不然,则其所疏远不与同其利者也;不然,则其畏也。不若是,强者必说于言③,懦者必说(yuè)于色矣。是故事修而谤兴,德高而毁来。呜呼!士之处此世,而望名誉之光、道德之行,难已④!将有作于上者,得吾说而存之,其国家可几(jī)而理欤!

注释

①怠:懒惰。②修:上进。③说:同"悦"。④已:同"矣"。

译文

尽管如此,这些人做出这些行为还是有根源可寻的,其根源就是懒惰和嫉妒。懒惰之人无法取得进步,而心怀嫉妒之心的人则害怕他人取得进步。我曾经做过试验,尝试着对众人说:"某某是贤良的人,某某是贤良的人。"那些随声附和、极力肯定我所说的,必定是与某某关系亲密的人,要不就是与某某关系疏远没有利益冲突的人,或者是害怕他的人。否则的话,性格强硬的人必定会愤怒地出言反对,而个性软弱的人也会表现出愤愤之色。我也曾经试探地对众人说:"某某不是贤良的人,某某不是贤良的人。"那些保持沉默,不附和我的观点的人,十之八九是某某的亲朋好友,要不就是与他关系疏远没有利益冲突的人,或者是害怕他的人。否则的话,性格强硬的人必定会高兴地出言赞同,而个性软弱的人也会喜形于色。正因为这样,事业成功之后,诽谤随之而来,德望提高之后,恶言也会接踵而至。唉!读书人身处如今这样的世界,想要实现名誉的光大,德行的推广,实在是难如登天。想要身居上位而又想有所作为的人,如果能听到我所说的话并牢记心中,那么国家就差不多能治理好了!

杂说一

原　文

龙嘘气成云,云固弗灵于龙也。然龙乘是气,茫洋穷乎玄间,薄日月,伏光景①,感震电②,神变化③,水下土④,汩陵谷⑤,云亦灵怪矣哉!

云,龙之所能使为灵也。若龙之灵,则非云之所能使为灵也。然龙弗得云,无以神其灵矣。失其所凭依,信不可欤!

异哉!其所凭依,乃其所自为也。《易》曰:"云从龙。"既曰龙,云从之矣!

注　释

①**伏光景**:指龙驾着云常常可以遮蔽日月的光亮。②**感**:同"撼",撼动。③**神变化**:神奇变化。④**水**:降雨。**下土**:大地。⑤**汩**:水奔流的样子,这里指淹没。

译　文

龙吐出气来化成云,云不会比龙更神灵。然而龙乘着这云气,腾云驾雾游遍天空,靠近日月,遮蔽它们的光辉,撼动那电闪雷鸣,变化莫测,雨落到地上,淹没了山谷,云也是有灵性的啊!

云,是龙使得它灵异的,至于龙的灵异,就不是云能够赋予它的。但是,龙没有云,便不能显示它的灵异。失去它所凭借依靠的东西,就不行!

奇妙啊!龙所凭借依靠的东西却是它自己创造出来的。《易经》说:"云是跟着龙的。"既然叫作龙,云自然会跟着它了。

杂说四

原　文

世有伯乐,然后有千里马①。千里马常有,而伯乐不常有,故虽有名马，祗辱于奴隶人之手，骈(pián)死于槽枥之间②，不以千里称也③！

马之千里者，一食或尽粟一石。食马者不知其能千里而食也④。是马也，虽有千里之能，食不饱，力不足，才美不外见，且欲与常马等不可得，安求其能千里也？

策之不以其道，食(sì)之不能尽其材⑤，鸣之而不能通其意，执策而临之曰："天下无马。"呜呼！其真无马邪？其真不知马也！

注 释

①"世有"二句：谓有伯乐才能发现千里马。②"骈死"句：谓和一般的马同死在马厩里。③**不以千里称也**：不被人称为千里马。④**不知其能千里而食也**：不当千里马去饲养它。食，通"饲"，喂养。⑤**材**：资质；本能。

译 文

世上先有善于相马的伯乐，然后千里马才能被发现。千里马是经常有的，但伯乐却不常有，所以，即使有日行千里的名马，也只能埋没在养马人的手里，和普通马一起死在马厩里，不能凭借千里马的才能受到人们称赞。

日行千里的马，每吃一餐大约要吃一石粮食。养马的人不知道它能日行千里，不按千里马的食量去喂饱它。这匹马，即使有驰骋千里的才能，但由于没有吃饱，力气不足，才能和优点不能显露出来，甚至想要它达到普通马的水平都办不到，又怎么能要求它日行千里呢！

驾驭它不能掌握方法，饲养它不能满足它的食量，听到它嘶鸣又不能理解它的意思，反而拿着马鞭指着它说："天下没有好马。"唉！难道真是没有好马？那是真的不认识好马啊！

卷八 唐文

师　说

原文

　　古之学者必有师。师者，所以传道受业解惑也。人非生而知之者，孰能无惑？惑而不从师，其为惑也，终不解矣。

　　生乎吾前，其闻道也，固先乎吾，吾从而师之；生乎吾后，其闻道也，亦先乎吾，吾从而师之。吾师道也，夫庸知其年之先后生于吾乎①？是故无贵无贱②，无长无少，道之所存，师之所存也。

　　嗟乎！师道之不传也久矣③，欲人之无惑也难矣。古之圣人，其出人也远矣，犹且从师而问焉；今之众人，其下圣人也亦远矣，而耻学于师。是故圣益圣，愚益愚。圣人之所以为圣，愚人之所以为愚，其皆出于此乎？

　　爱其子，择师而教之。于其身也，则耻师焉，惑矣！彼童子之师，授之书而习其句读者也，非吾所谓传其道、解其惑者也。句读之不知，惑之不解，或师焉，或不焉(fǒu)④，小学而大遗，吾未见其明也。

　　巫医、乐师、百工之人，不耻相师。士大夫之族，曰师、曰弟子云者，则群聚而笑之。问之，则曰："彼与彼年相若也，道相似也。位卑则足羞，官盛则近谀⑤。呜呼！师道之不复，可知矣。巫医、乐师、百工之人，君子不齿，今其智乃反不能及，其可怪也欤！

圣人无常师，孔子师郯(tán)子、苌(cháng)宏、师襄、老聃。郯子之徒，其贤不及孔子。孔子曰："三人行，则必有我师。"是故弟子不必不如师，师不必贤于弟子，闻道有先后，术业有专攻，如是而已。

李氏子蟠，年十七，好古文，六艺经传皆通习之⑥，不拘于时，学于余。余嘉其能行古道，作《师说》以贻之。

注释

①庸知：岂知。②无：无论。③师道：从师学道的风尚，从师求学的道理。④或师：指不知句读而从师学习。或不：指惑之不解而不从师学习。⑤"位卑"二句：意谓以位卑于己的人为师，则有失身份，感到耻辱；以大官为师，则又有近于谄谀的嫌疑。⑥六艺经传：六经的经文和传文。六艺，指六经，就是《诗》《书》《礼》《乐》《易》《春秋》。经，六经的正文。传，解释经的著作。

译文

古代求学的人一定要有老师。老师，是传授道理、讲授学业、解答疑难的。人不是一生下来就有知识、懂道理的，谁能没有疑难呢？有疑难而不从师学习，他的疑难就永远不能解决了。

出生在我前面的，他懂得"道"，自然比我早，我跟着他学习；出生在我后面的，如果他懂得"道"，也比我早，我也跟着他学习。我是学"道"呀，难道管他比我先出生还是后出生吗？因此，不论地位高低，不论年龄大小，"道"在哪里，老师就在哪里。

唉！从师学道的风尚已经失传很久了，想要人没有疑难问题也太难了。古时候的圣人，远远超过一般人，尚且向老师请教；现在的普通人，远远低于圣人，但却耻于向老师学习。因此，圣人就更加圣明，愚人就更加愚昧。圣人之所以成为圣人，愚人之所以成为愚人，大概就是由于这一点吧。

一个人爱自己的孩子，就选择老师来教育他，自己却耻于向老师学习，这太糊涂了！那些孩子们的老师，只是拿着书本教孩子学会其中的句读，并不是我所说的传授道理、解答疑难的老师。句读不理解，去找老师请教，疑难不能解答，却不去找老师请教，这是学了小知识而遗弃了大学问，我看不出这是明智。

巫医、乐师及各种工匠,他们不以互相学习为耻辱,而士大夫这类人,如果有人说起"老师""学生"等,那么大家就会聚在一起加以嘲笑。问他们为什么嘲笑,就说:"他和他年龄差不多,懂得的道理也差不多。"称地位低的人为老师就感到羞耻,称官职高的人为老师就认为近于谄谀。唉!从师学道的风尚不能恢复,由此可知了!巫医、乐师和各种工匠,是君子瞧不起的人,现在君子的见识反而不如他们,这真是奇怪啊!

圣人没有固定的老师,孔子曾经向郯子、苌宏、师襄、老聃请教。郯子这些人,他们贤能比不上孔子。孔子说:"三个人走在一起,一定有可以做我的老师的人。"因此,学生不一定不如老师,老师也不一定比学生高明,懂得"道"有先有后,学问也各有专长,不过如此罢了。

有个叫李蟠的孩子,今年十七岁,爱好古文,六经的经文和传文全都学习了,不受时俗的束缚,在我这里求学。我赞赏他能实行古人的从师之道,就写了这篇《师说》赠给他。

进学解

原文

国子先生晨入太学,招诸生立馆下,诲之曰:"业精于勤,荒于嬉;行成于思,毁于随。方今圣贤相逢,治具毕张。拔去凶邪,登崇俊良。占小善者率以录,名一艺者无不庸。爬罗剔抉,刮垢磨光。盖有幸而获选,孰云多而不扬?诸生业患不能精,无患有司之不明。行患不能成,无患有司之不公。"

言未既,有笑于列者曰:"先生欺余哉!弟子事先生①,于兹有年矣②。先生口不绝吟于六艺之文,手不停披于百家之编。纪事者必提其要,纂言者必钩其玄。贪多务得,细大不捐。焚膏油以继晷(guǐ),恒兀兀以穷年;先生之业,可谓勤矣。骶排异端③,攘斥佛老;补苴(jū)罅(xià)漏④,张皇幽眇;寻坠绪之茫茫⑤,独旁搜而远绍⑥;障百川而东之,回狂澜于既倒⑦。先生之于儒,可谓劳矣。沉浸醲(nóng)郁,含英咀华⑧。作为文章,其书满家。

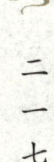

上规姚姒⁹，浑浑无涯；周《诰》殷《盘》，佶屈聱牙；《春秋》谨严，《左氏》浮夸；《易》奇而法，《诗》正而葩；下逮《庄》《骚》，太史所录；子云、相如，同工异曲；先生之于文，可谓闳其中而肆其外矣⑩！少始知学，勇于敢为；长通于方，左右具宜；先生之于为人，可谓成矣。然而公不见信于人，私不见助于友。跋前疐后，动辄得咎。暂为御史，遂窜南夷。三年博士，冗不见治。命与仇谋，取败几时！冬暖而儿号寒，年丰而妻啼饥。头童齿豁，竟死何裨？不知虑此，反教人为！"

先生曰："吁，子来前！夫大木为杗⑪，细木为桷⑫，欂栌、侏儒⑬，椳、闑、扂、楔⑭，各得其宜，施以成室者，匠氏之工也。玉札、丹砂，赤箭、青芝，牛溲、马勃，败鼓之皮，俱收并蓄，待用无遗者，医师之良也。登明选公，杂进巧拙，纡余为妍，卓荦为杰⑮，校短量长，惟器是适者，宰相之方也。昔者孟轲好辩，孔道以明，辙环天下，卒老于行。荀卿守正，大论是弘，逃谗于楚，废死兰陵。是二儒者，吐辞为经，举足为法，绝类离伦，优入圣域，其遇于世何如也？今先生学虽勤而不由其统，言虽多而不要其中，文虽奇而不济于用，行虽修而不显于众。犹且月费俸钱、岁靡廪粟⑯，子不知耕，妇不知织，乘马从徒，安坐而食，踵常途之役役，窥陈编以盗窃；然而圣主不加诛，宰臣不见斥，非其幸欤！动而得谤，名亦随之，投闲置散，乃分之宜。若夫商财贿之有亡，计班资之崇庳⑰，忘己量之所称，指前人之瑕疵，是所谓诘匠氏之不以杙为楹⑱，而訾医师以昌阳引年⑲，欲进其豨苓也⑳。"

注　释

①**事**：侍奉。旧时代学生跟老师学习，这种关系也称"事"。②**兹**：此，今。**有年**：多年。③**觝排**：排斥。④**补苴**：弥补。**罅**：裂缝，漏洞。⑤**寻**：理出。**坠绪**：指已衰落不振的儒学。⑥**旁**：广泛。**绍**：继承。⑦**狂澜**：狂涛，比喻异端。**既倒**：已经倾倒。⑧**含英咀华**：指对文章的精华，细细咀嚼体味。⑨**规**：取法。**姚**：虞舜的姓。**姒**：夏禹

的姓。⑩闳：大。中：文章内容。肆：恣肆。外：文章形式。⑪宗：屋梁。⑫桷：屋椽。⑬榰栌：斗拱。侏儒：短椽。⑭椳：门臼，用来承门枢。闑：门中央所竖短木。扂：门闩。楔：门两旁所竖的长木柱。⑮卓荦：指突出，不凡。⑯靡：通"糜"，耗费。廪粟：米仓的米。⑰崇庳：高低。⑱杙：小木桩。⑲訾：诋毁，指责。⑳豨苓：又名猪苓，利尿药，久服损肾。

译文

国子先生一大早就走进太学，召集全部学生站在学馆下，教导他们说："学业靠勤奋而进步，因贪玩而荒废；德行靠深思熟虑而成就，因随俗苟且而毁败。当今贤臣圣主相聚在一起，国家法度政令能贯彻执行。铲除凶险奸邪的坏人，选拔德才兼备的好人，具有一点优点的人都已录用，有一技之长的人没有不被提拔使用的。国家搜罗人才，剔除不好的，选择优秀的，让这些人克服缺点，做出成绩。可能有无才而侥幸得到提拔的，哪里有能力强而不被举用呢？你们怕的应是自己学业不能进步，不要担心主管官吏不明察；怕的应是自己德行不能成就，不必担心主管官吏的不公正。"

话还没有说完，有一个学生就在队伍中嘲笑说："先生欺骗我们！我跟先生学习，已经有几年的时间了。先生嘴不停地吟诵六经的文章，手不停地翻阅诸子百家的著作。对史籍一类的著作必提出书中要点，对理论性的著作，必探索其中精深的义理。贪图多学而又要求有所收获，知识不管大小都不会舍弃。点灯熬油，夜以继日，常常终年苦学不倦。先生对于学业，可称勤奋了。先生抵制儒家之外的学说，排斥佛教和道家。补充儒学的缺漏不足，阐发其精致的义理。寻求茫无头绪的失传了的儒学，独自广泛搜求，远承孔孟。防堵大小河流泛滥，引它们东流入海，把已经倾泻的狂涛挽转过来。先生对于儒家，可称得上劳苦功高了。您沉浸在内容醇厚的儒家典籍之中，玩味其中的精华，写起文章来，参考书满屋子都是。向上学习虞

●崇师问道

书、夏书的深远无穷，周书、殷书的曲折艰深，《春秋》的一字不苟，《左传》的铺张华美，《周易》的变化无穷而又有规律，《诗经》的内容纯正和辞藻华丽。向下学习《庄子》《离骚》，司马迁的《史记》，扬雄、司马相如的辞赋，好像不同的乐曲同样美妙动听。先生写的文章，可说内容精深博大，文辞波澜壮阔了。您少年时刚懂得学习，就勇于实践，长大后通晓为人行事的道理，事事都处理适当。先生对于为人处世，可称成熟完备了。但是，在公事中却不被人信任，于私下里也得不到朋友的帮助，处境困顿，动不动就获罪惹祸。只短暂地做了御史，便被贬谪到南方边远地区；三年当博士，担任个闲散职务，表现不出您的政治才能。命运跟您的仇敌相勾结，使您屡遭挫败。即使在温暖的冬天，孩子也叫冷；在丰收年成，妻子也挨饿哭泣。头秃齿落，到死有什么好处呢？不知道去考虑这里的原因，反而教别人去跟着做。"

　　先生说："哎！你到前面来。你要知道，大木头做屋梁，小木头做椽子。斗拱、梁上椽、门臼、门中短木、门闩、门楔，每一种木都得到合理使用，用来建成房屋，这是木匠的技术。地榆、朱砂、天麻、龙芝、车前草、马屁菌、破败的鼓皮，兼收并蓄，备齐待用而没有一样被遗漏，这是医师的高明技术。选拔人才，公正无私，好的和差的一起量才录用。以屈曲稳重、不露锋芒的为可嘉，以超凡出众的为英杰。比较优劣长短，务必做到人尽其才，这是宰相的治国之术。从前孟轲喜欢辩论，孔子的学说才得以传播，他周游列国，终于在周游中过完一辈子；荀况遵守正道，发扬光大了博大精深的儒学，为逃避别人的诋毁跑到楚国，后来被废为平民，死在兰陵。这两位先儒，言论成为经典，行为树为榜样，远远超过一般人，绰有余裕地进入圣人的行列。他们在当时社会上遭遇怎么样呢？现在先生我学习虽勤奋而不遵循儒学的纲领，言论虽多而不切合儒学的主旨。文章虽出众而无益于用，举止虽有修养而不比众人显著。尚且月月耗费俸钱，年年浪费国库的粮食；儿子不知耕种，妻子不知纺织。出门时骑着马，带着服侍的随众，安稳地享受一切。追随世俗之道而劳苦奔走，看看古书东抄西摘而没有创见。虽然如此，皇帝都不予惩罚，宰相也不予斥责，这难道不是先生我的幸运吗？一举一动都被毁谤，名声也跟着被毁。把我放在闲散的位置上，这是理所当然的。如果计较俸禄的多少，较量官位的高低，忘记了自己的能力同什么职位相称，却去指责当权者的过失，这就好比责备木匠不用小木桩做柱子，批评医师不该用菖蒲使病人延年益寿，而要他用对延年益寿不起作用的豨苓一样。"

与陈给事书

原　文

愈再拜^①：愈之获见于阁下有年矣。始者亦尝辱一言之誉。贫贱也，衣食于奔走，不得朝夕继见。其后阁下位益尊，伺候于门墙者日益进^②。夫位益尊，则贱者日隔；伺候于门墙者日益进，则爱博而情不专。愈也道不加修，而文日益有名。夫道不加修，则贤者不与^③；文日益有名，则同进者忌。始之以日隔之疏，加之以不专之望，以不与者之心，而听忌者之说。由是阁下之庭，无愈之迹矣。

去年春，亦尝一进谒于左右矣^④。温乎其容，若加其新也；属乎其言，若闵其穷也^⑤。退而喜也，以告于人。其后如东京取妻子^⑥，又不得朝夕继见。及其还也，亦尝一进谒于左右矣。邈乎其容^⑦，若不察其愚也^⑧；悄乎其言，若不接其情也。退而惧也，不敢复进。

今则释然悟，翻然悔曰：其邈也，乃所以怒其来之不继也；其悄也，乃所以示其意也。不敏之诛^⑨，无所逃避。不敢遂进，辄自疏其所以，并献近所为《复志赋》以下十首为一卷，卷有标轴。《送孟郊序》一首，生纸写，不加装饰。皆有揩字注字处，急于自解而谢，不能竢更写^⑩。阁下取其意而略其礼可也。

愈恐惧再拜。

注　释

①**再拜**：古代一种隆重的礼节，先后拜两次，表示郑重奉上的意思。②**伺候**：等候，此处有依附的意思。**门墙**：原指师门，此处泛指尊者的门下。③**贤者**：此处指陈给事。④**进谒**：前去拜见。⑤**闵**：同"悯"，怜恤，哀伤。⑥**妻子**：指妻子和儿女。⑦**邈**：远，此处形容脸上表情冷漠。⑧**若不察其愚**：好像没有察见我的隐衷。⑨**诛**：责备。⑩**竢**：等待。

译 文

　　韩愈再拜：我很荣幸同您相识这么多年了，相识之初我也曾受到你的一些赞赏。后来因为我贫贱，为了生存而四处奔波，所以很难得以经常见面。此后，您的地位日渐尊贵，依附侍候在您身旁的人也是日渐增多。地位尊贵了，与贫贱之人便会渐渐地疏远间隔；伺候在门下的人日渐增加，身边赏识的人多了，可能对旧友的情意就不那么看重了。这些年我在德行修为方面没有进步，而所写的文章却一天比一天多而出名了。德行不长进，那么贤德的人便不会赞扬；文章越来越有名，与我同路求进的人便会有妒忌之心。当初，您我因为不能经常相见而日渐疏远，到后来可能是我对你友情不看重的一些私下抱怨，而您又怀着不再赏识的情绪，并且听了妒忌者的闲话，因而您的门庭之中，就看不到我的足迹了。

　　去年春天，我曾经去你府上拜访过一次。当时您面色温和，好像是接待新近结交的朋友一样；谈话连续不断，似有同情我穷困的处境。我告辞回来，非常高兴，便把这些情况告诉了别人。后来，我去东京接妻子儿女，又不方便经常见面了。等我回来后，也曾去您府上拜访过您一次。您表情冷漠，好像不体察我个人的苦衷；沉默寡言，好像是不理会我的情意。告辞回来，心中恐惧，不敢再登门拜见。

　　现在我恍然大悟，非常懊悔，心里想：您当时冷漠的表情，可能是责怪我不常去拜见的缘故；谈话很少，可能是在暗示这种意思的缘故。对我性情愚钝的责怪，我是无法逃避的。我不敢马上去拜见您，就自己写信陈述事情的缘由，同时献上近日写的《复志赋》等十篇诗文作为一卷，卷有标签和轴。《送孟郊序》一文，用生纸写成，没有装饰，并且有涂改和加字的地方，因为我急于向您解释误会并表示道歉，所以来不及重新誊写清楚。希望您接受我的心意，不计较我在礼节上的不周之处。

　　我诚惶诚恐，再拜。

应科目时与人书

原 文

　　月、日，愈再拜：

　　天池之滨①，大江之濆②，日有怪物焉，盖非常鳞凡介之品汇匹俦也③。其得水，变化风雨，上下于天不难也。其不及水，盖寻常尺寸之间耳，无高山、大陵、旷途、绝险为之关隔也，然其穷涸，不能自致乎水，为猵(bīn)獭之笑者④，盖十八九矣。如有力者，哀其穷而运转之，盖一举手、一投足之劳也。然是物也，负其异于众也，且曰："烂死于沙泥，吾宁乐之；若俛首帖耳，摇尾而乞怜者，非我之志也。"是以有力者遇之，熟视之若无睹也。其死其生，固不可知也。

今又有有力者当其前矣，聊试仰首一鸣号焉，庸讵(jù)知有力者不哀其穷而忘一举手⑤、一投足之劳，而转之清波乎？其哀之，命也；其不哀之，命也。知其在命，而且鸣号之者，亦命也。

愈今者实有类于是，是以忘其疏愚之罪，而有是说焉。阁下其亦怜察之。

注　释

①天池：指南海。②渍：水边。③常鳞凡介：一般的鱼类、贝类。比喻平凡的人。品汇：指同一类东西。④猵獭：水獭，半水栖动物。⑤讵：怎么，何以。

译　文

某月某日，韩愈再拜：

传说在天池的边上，大江的水边，都会有怪物的存在，这些怪兽不是平常鱼类水兽等动物可以比得上的。它若得了水，就会呼风唤雨，可以在上天与下地之间自由往返。如果得不到水，便会如寻常所见的那种形状，不用广阔险峻的高山土丘就可以把它困住。它在没有水的时候，不能自己造出水来。它们十次有八九次都会被猵獭之流嘲笑。如果碰到有力量的人，可怜它们的窘境而把它们转移到有水的地方，只不过是举手之劳。但是这种怪物，自负和一般东西不同，它会说："就算烂死在沙泥里，我也高兴。俯首帖耳，摇尾乞怜，不是我的志向。"因此有能力帮它的人遇到它，熟视无睹，不会理会他们。它的死活，我们也就无从知晓了。

现在它又碰到一个有能力帮助它的人走到它的面前，它试着抬头鸣叫一声，可是不知道那有能力的人会不会可怜它的窘境，行举手之劳，把它转移到水里边？别人同情它，是它的命。别人不可怜它，也是它的命。知道生死有命还鸣号求助的，也是它的命。

我（韩愈）如今确实有点类似于它，所以不顾自己的浅陋，而写下这些话，希望阁下您垂怜并理解我。

送孟东野序

原　文

　　大凡物不得其平则鸣。草木之无声，风挠之鸣①。水之无声，风荡之鸣。其跃也，或激之②；其趋也，或梗之；其沸也，或炙之。金石之无声，或击之鸣。人之于言也亦然。有不得已者而后言，其谓也有思③，其哭也有怀④。凡出乎口而为声者，其皆有弗平者乎！

　　乐也者，郁于中而泄于外者也⑤，择其善鸣者而假之鸣。金、石、丝、竹、匏、土、革、木八者，物之善鸣者也⑥。维天之于时也亦然⑦，择其善鸣者而假之鸣。是故以鸟鸣春，以雷鸣夏，以虫鸣秋，以风鸣冬。四时之相推敓⑧，其必有不得其平者乎！其于人也亦然。人声之精者为言，文辞之于言，又其精也，尤择其善鸣者而假之鸣。

　　其在唐、虞，咎陶、禹⑨，其善鸣者也，而假以鸣。夔弗能以文辞鸣⑩，又自假于《韶》以鸣。夏之时，五子以其歌鸣⑪。伊尹鸣殷⑫。周公鸣周⑬。凡载于《诗》《书》六艺⑭，皆鸣之善者也。周之衰，孔子之徒鸣之⑮，其声大而远。传曰："天将以夫子为木铎⑯。"其弗信矣乎？其末也，庄周以其荒唐之辞鸣⑰。楚，大国也，其亡也，以屈原鸣⑱。臧孙辰、孟轲、荀卿⑲，以道鸣者也。杨朱⑳、墨翟、管夷吾、晏婴、老聃、申不害、韩非、慎到、田骈、邹衍、尸佼、孙武、张仪、苏秦之属，皆以其术鸣。秦之兴，李斯鸣之㉑。汉之时，司马迁、相如、扬雄㉒，最其善鸣者也。其下魏、晋氏㉓，鸣者不及于古，然亦未尝绝也。就其善者，其声清以浮，其节数以急，其辞淫以哀，其志弛以肆。其为言也，乱杂而无章。将天丑其德莫之顾邪？何为乎不鸣其善鸣者也？

唐之有天下，陈子昂、苏源明、元结、李白、杜甫、李观，皆以其所能鸣。其存而在下者，孟郊东野始以其诗鸣。其高出魏、晋，不懈而及于古，其他浸淫乎汉氏矣㉔。从吾游者，李翱、张籍其尤也。三子者之鸣信善矣。抑不知天将和其声而使鸣国家之盛邪？抑将穷饿其身，思愁其心肠，而使自鸣其不幸邪？三子者之命，则悬乎天矣。其在上也，奚以喜㉕？其在下也，奚以悲？

东野之役于江南也，有若不释然者㉖，故吾道其命于天者以解之。

注释

①挠：意为摇晃。②激：这里意为阻遏。③思：意为多虑。④怀：意为感伤。⑤郁：意为蓄积。⑥金、石、丝、竹、匏、土、革，木八者：这是古时制作乐器的材料，这里指代各种乐器。金，指钟；石，指磬；丝，指琴、瑟；竹，指箫、笛；匏，指笙、竽；土，指埙；革，指鼗、鼓；木，指柷、敔。⑦时：指时节。⑧推敚：意为挪移交替。⑨唐：帝尧的国号。虞：帝舜的国号。咎陶：是舜的臣子，负责司法和制定法令。禹：是舜的臣子，后来成为夏朝国王。⑩夔：舜时乐官。⑪五子：夏王太康的五个弟弟。⑫伊尹：商代的贤相。⑬周公：即姬旦，周武王弟，成王之叔。⑭六艺：指《诗经》《尚书》《易》《礼》《乐》《春秋》六经。⑮孔子：儒家创始人，他的弟子将他的言论集为《论语》一书。⑯木铎：木舌的铃。⑰庄周：战国时期思想家、哲学家，道家代表人物，著《庄子》。⑱屈原：战国时期楚国人，著名诗人，著有《离骚》《九歌》《九章》等诗篇。⑲臧孙辰：春秋时期鲁国人，其言论见《国语》《左传》。孟轲：战国时期人，儒家代表人物，其言行见《孟子》。荀卿：战国时期人，其言行见《荀子》。⑳杨朱：战国时期思想家。㉑李斯：战国末期人，曾任秦国丞相，著有《谏逐客书》《论督责书》。㉒司马迁：西汉时人，著名史学家，文学家，著有《史记》。相如：即司马相如，西汉著名辞赋家。扬雄：西汉著名儒学家兼辞赋家，著有《太玄》《法言》等。㉓魏、晋氏：意为魏晋两朝。㉔浸淫：意为渗透，接近。㉕奚以：何以。㉖释然：意为舒畅。

译文

天下万物在不平静的时候都会发出声响：草木本来没有声音，风摇动它时便发出了声响。水本来没有声音，风震荡它时便有了声响。水浪腾涌，可能有东西在阻遏水势；水流湍急，可能有东西阻塞了水道；水花沸腾，可能有火在烧煮它。

金属石器本来没有声音，有人敲击它就会发出声响。人的语言也是如此，往往到了不得不说的时候才发言。人们唱歌是为了表达情思，人们哭泣是因为有所怀恋，凡是从口中发出而成为声音的，大概都有它不能平静的原因吧！

音乐，是人们心中郁闷而抒发出来的心声，人们选择最适合发音的器物来奏乐。金、石、丝、竹、匏、土、革、木这八种乐器，是各类物质中发音最好的。上天对于一年四季也是这样，选择最适合发声的事物而借它来发出声音。于是春天让百鸟啁啾，夏天让雷霆轰鸣，秋天让虫声唧唧，冬天让寒风呼啸。一年四季互相推移变化，或许一定有它不能平静的原因吧！对于我们人类来说也是如此。人类声音的精华是语言，文辞对于语言而言，又是它的精华，所以要选择善于表达的人，依靠他们来表达意见。

在唐尧、虞舜时，咎陶、禹是最善于表达的，因此借助他们来表达。夔不能用文辞来表达，他就借演奏《韶》乐来表达。夏朝的时候，太康的五个弟弟用他们歌声来表达。殷朝善于表达的是伊尹，周朝善于表达的是周公。凡是记载在《诗经》《尚书》等儒家六种经典上的诗文，都是表达得很高明的。周朝衰落时，孔子这类人表达看法，他们的声音洪大而被传播遥远。经传上说："上天将使孔子成为宣扬教化的人。"这难道不是真的吗？周朝末年，庄周用他那广大无边的文辞来表达。楚国是大国，它灭亡时候的情景靠着屈原的创作来表达。臧孙辰、孟轲、荀卿等人用他们的学说来表达。杨朱、墨翟、管夷吾、晏婴、老聃、申不害、韩非、慎到、田骈、邹衍、尸佼、孙武、张仪、苏秦这些人，都在通过发表各自的主张来表达。秦朝的兴起，李斯是表达者。在汉朝，司马迁、司马相如、扬雄是其中最善于表达的人。此后的魏朝、晋朝，能表达的人虽比不上古代，但是也并未绝迹。就其比较好的表达者来说，他们作品的声音一般多清轻而虚浮，节奏短促而急迫，辞藻艳丽而伤感，志趣颓废而放旷；他们的文辞，杂乱而没有章法。这可能是上天厌弃这个时期的丑德败行而不愿垂青的缘故吧？为何没有那些善于表达的人出来表达呢？

唐朝时期，陈子昂、苏源明、元结、李白、杜甫、李观，都凭他们的出众才华来表达心声。在这之后还活着的人当中，孟东野（孟郊）开始用他的诗歌来表达感情。这些作品超过了魏晋的作品，有些作品经过不懈的努力已经达到了上古诗作的水平。其他作品也都接近了汉朝的水准。同我交往的人中，李翱、张籍可能是最突出的了。他们三位的文辞表达确实很是精妙。但不明白上天是在应和他们的声音，让他们的作品表达国家的强盛呢？还是将让他们贫穷饥饿，愁肠百结，使他们作品表达自身的不幸遭遇呢？他们三位的命运，就掌握在上天的手里了。身居高位有什么可喜的，身沉下僚又有什么可悲的！

东野即将远赴江南地区去就任县尉，心里似乎有想不开的地方，所以我以这番命由天定的言论来解开他心中的疙瘩。

送李愿归盘谷序

原文

太行之阳有盘谷。盘谷之间，泉甘而土肥，草木藂（cóng）茂，居民鲜少。或曰："谓其环两山之间，故曰盘。"或曰："是谷也，宅幽而势阻，隐者之所盘旋。"友人李愿居之。愿之言曰："人之称大丈夫者，我知之矣。利泽施于人，名声昭于时。坐于庙朝，进退百官，而佐天子出令。其在外，则树旗旄①（máo），罗弓矢，武夫前呵，从者塞途，供给之人，各执其物，夹道而疾驰。喜有赏、怒有刑，才畯（jùn）满前，道古今而誉盛德，入耳而不烦。曲眉丰颊，清声而便（pián）体，秀外而惠中，飘轻裾，翳长袖，粉白黛绿者，列屋而闲居，妒宠而负恃②，争妍而取怜③。大丈夫之遇知于天子，用力于当世者之所为也。吾非恶此而逃之，是有命焉，不可幸而致也。

"穷居而野处，升高而望远。坐茂树以终日，濯（zhuó）清泉以自洁。采于山，美可茹；钓于水，鲜可食。起居无时，惟适之安。与其有誉于前，孰若无毁于其后；与其有乐于身，孰若无忧于其心。车服不维，刀锯不加，理乱不知④，黜陟（chù zhì）不闻。大丈夫不遇于时者之所为也，我则行之。

"伺候于公卿之门，奔走于形势之途，足将进而趑趄⑤（zī jū），口将言而嗫嚅⑥（niè rú）。处污秽而不羞，触刑辟而诛戮。侥倖于万一，老死而后止者，其于为人贤不肖何如也？"

昌黎韩愈，闻其言而壮之。与之酒而为之歌曰："盘之中，维子之宫；盘之土，可以稼；盘之泉，可灌可沿；盘之阻，谁争子所？窈而深⑦，廓其有容⑧；缭而曲，如往而复。嗟盘之乐兮，乐且无央⑨。虎豹远迹兮，蛟龙遁藏；鬼神守护兮，呵禁不祥。饮且食兮寿而康，无不足兮奚所望？膏吾车兮秣吾马，从子于盘兮，终吾生以徜徉。"

注释

①**旗旄**：古代大臣出使、大将出征，皇帝赐旗，旗上系旄牛尾或鸟羽，作为有指挥权的标志。②**负恃**：自以为有恃仗，意即自恃美貌。③**妍**：美丽。**取怜**：得到爱怜。④**理乱**：治和乱。唐人避高宗李治的名号，凡是用"治"的地方，都改写为"理"。⑤**趑趄**：迟疑不前的样子。⑥**嗫嚅**：想说又吞吞吐吐不敢说的样子。⑦**窈**：幽静。⑧**廓**：空阔。**其**：助词，无意义。**有容**：可以容纳许多东西。⑨**无央**：没有完尽，无穷无尽。

译文

太行山的南面有一个盘谷。盘谷中间，泉水甘美，土地肥沃，草木茂盛，居民稀少。有人说，因为它在两山的环绕之间，所以叫盘谷。有人说，这个山谷，地方幽静而形势险要，是隐士盘桓往来的地方。我的朋友李愿住在那里。李愿说："那些被称为大丈夫的人，我是知道的。他有利益恩惠施给别人，名望声誉显赫于当世。他坐在朝廷之上，决定百官的进退升降，辅佐皇帝发号施令。他在外面，便竖立旗帜，排列着弓箭，武士在前面吆喝开道，随从人员挤满了道路；服侍的仆役，各人拿着东西，排列在道路的两旁迅速地奔走。他高兴了就有奖赏，他发怒了就有刑罚。许多才学出众的人在他面前，说古道今，称颂他的美好品德，听在耳朵里并不感到满足。那些眉毛弯曲，脸颊丰腴，声音清亮，体态轻盈，外貌秀美，资质聪慧的美人；穿着轻软的衣服，拖着长长的衣袖，脸上搽满白粉，眉毛画得黛黑的姬妾，住在一间间房子里闲着没事，嫉妒别人得宠，总以为自己是天姿国色，互相比赛打扮，希望得到怜爱。这些就是得到皇帝赏识信任，在当时拥有很大权势的大丈夫的所作所为。我不是讨厌这些人才逃避它；那是命运注定，不能侥幸得到呀。

"住在穷乡僻壤，登上高山眺望远景。逍遥地坐在茂密的树荫下过日子，用清冽的泉水把自己洗得干干净净。山里采的野菜，甜美可口；水里钓的鱼虾，味鲜可吃。起居没有一定时间，只求舒适安逸。与其先受人称赞，不如以后没人毁谤；与其享受形体上的快乐，不如精神上没有忧虑。功名利禄不会束缚我，残酷的刑罚不会触及我；政事的好坏不理会，官职的升降不关心。这是没有遇上时机的大

"有的人守在贵族大官的门口,等待接见;在有权势的人家,来往奔走。脚将要跨进人家的大门又不敢进去,口将要说话又不敢说出。处在卑下污辱的地位却不觉得羞耻,触犯了刑律就被杀死。这种为了侥幸得到一个机会,直到老死才肯罢休的人,他们的为人到底是好还是不好呢?"

韩愈听了他的话非常赞赏。敬了他一杯酒,并为他写了一首歌:"盘谷的中间,是你的宫室。盘谷的土地,可以耕种。盘谷的泉水,可以洗浴,可以沿着散步。盘谷的险阻,谁来和你争夺。盘谷寂静幽深,空阔得能包容万物。盘谷回环曲折,行人好像向前走,不知不觉又绕回。啊,盘谷中的快乐无穷无尽。虎豹跑得远远的啊,蛟龙也逃开躲藏。鬼神守护着啊,呵斥禁止各种不祥之物。喝着盘谷的水吃着盘谷的食物啊,延年益寿又安康。没有什么不满足的啊,还有什么更高的欲望?准备好我的车啊,喂饱我的马,跟你去盘谷隐居啊,且让我这一生也逍遥游玩。"

送董邵南序

原文

燕、赵古称多感慨悲歌之士①。董生举进士②,连不得志于有司③,怀抱利器④,郁郁适兹土⑤。吾知其必有合也。董生勉乎哉!

夫以子之不遇时,苟慕义强仁者,皆爱惜焉⑥。矧燕、赵之士出乎其性者哉⑦!然吾尝闻风俗与化移易,吾恶知其今不异于古所云邪?聊以吾子之行卜之也。董生勉乎哉!

吾因之有所感矣。为我吊望诸君之墓⑧,而观于其市,复有昔时屠狗者乎⑨?为我谢曰:"明天子在上,可以出而仕矣。"

注释

①**燕、赵**:战国时,燕国位于今河北北部、辽宁西部一带;赵国位于今山西北部、河北西部一带。②**董生**:指董邵南。③**有司**:古代设官分职,各有专司,故称。这里指主持进士考试的礼部官。④**利器**:比喻杰出的才能。⑤**兹土**:当时河朔三镇幽州(领州九,治所在今北京西南)、成德(领州四,治所在今河北正定)、魏博(领州七、治所在

今河北大名），都自置官吏，割据而不受朝廷节制。⑥彊：同"强"，勉力。⑦矧：况且。⑧望诸君：乐毅，战国时燕国名将，辅佐燕昭王击破齐国，成就霸业，后被诬陷，离燕归赵，赵封之于观津（今河北武邑东南），称"望诸君"。⑨屠狗者：据《史记·刺客列传》记载，高渐离曾以屠狗为业。其友荆轲刺秦王未遂而被杀，高渐离替他报仇，也未遂而死。这里泛指不得志的豪侠义士。

译文

　　自古有言燕、赵之地多出慷慨激昂的豪侠之士。董生赶考进士，但是接连几次都没有被主考官录取，满怀的才能，却无计可施，心情抑郁地要到燕赵之地去。我知道董生此行一定会有所收获。董生，努力吧！

　　像你这样怀才不遇的人，如果碰到仰慕而勉力实行仁义的人，都会同情怜惜你的。何况燕、赵一带的豪侠之士奉行仁义是出于他们的本性使然呢！但是我曾听说风俗是随着教化而改变的，我怎能去猜测现在比起古时候所说的没有什么两样呢？那么就由你此行去证实吧。董生，努力吧！

　　我由于你的这次远行而产生了很多感想。拜托你帮我去望诸君乐毅的墓上去凭吊一番，并且到那里的街市上逛逛，看看是否还有过去的屠狗者一类的豪侠义士吗？替我向他们殷勤致意："圣明天子在上执政，可以出来任职效忠了！"

祭十二郎文

原文

　　年、月、日，季父愈闻汝丧之七日，乃能衔哀致诚，使建中远具时羞之奠，告汝十二郎之灵：

　　呜呼！吾少孤，及长，不省所怙(hù)，惟兄嫂是依。中年，兄殁(mò)南方，吾与汝俱幼，从嫂归葬河阳。既又与汝就食江南①，零丁孤苦，未尝一日相离也。吾上有三兄，皆不幸早世。承先人后者，在孙惟汝，在子惟吾。两世一身，形单影只。嫂尝抚汝指吾而言曰："韩氏两世，惟此而已！"汝时尤小，当不复记忆；吾时虽能记忆，亦未知其言之悲也！

　　吾年十九，始来京城。其后四年，而归视汝。又四年，吾往河阳省坟墓,遇汝从嫂丧来葬。又二年,吾佐董丞相于汴州,汝来省吾,止一岁,请归取其孥。明年,丞相薨²,吾去汴州,汝不果来。是年,吾佐戎徐州,使取汝者始行,吾又罢去,汝又不果来。吾念汝从于东,东亦客也,不可以久;图久远者,莫如西归,将成家而致汝。呜呼!孰谓汝遽去吾而殁乎?吾与汝俱少年,以为虽暂相别,终当久相与处。故舍汝而旅食京师,以求斗斛之禄。诚知其如此,虽万乘之公相,吾不以一日辍汝而就也³!

去年,孟东野往,吾书与汝曰:"吾年未四十,而视茫茫,而发苍苍,而齿牙动摇。念诸父与诸兄,皆康强而早世,如吾之衰者,其能久存乎?吾不可去,汝不肯来,恐旦暮死,而汝抱无涯之戚也。"孰谓少者殁而长者存,强者夭而病者全乎?

呜呼!其信然邪?其梦邪?其传之非其真邪?信也,吾兄之盛德而夭其嗣乎?汝之纯明而不克蒙其泽乎⁴?少者、强者而夭殁,长者、衰者而存全乎?未可以为信也!梦也,传之非其真也,东野之书,耿兰之报,何为而在吾侧也?呜呼!其信然矣!吾兄之盛德而夭其嗣矣,汝之纯明宜业其家者,不克蒙其泽矣。所谓天者诚难测,而神者诚难明矣!所谓理者不可推,而寿者不可知矣!

虽然,吾自今年来,苍苍者或化而为白矣,动摇者或脱而落矣,毛血日益衰,志气日益微⁵,几何不从汝而死也。死而有知,其几何离?其无知,悲不几时,而不悲者无穷期矣。

汝之子始十岁,吾之子始五岁,少而强者不可保,如此孩提者,又可冀其成立邪?呜呼哀哉!呜呼哀哉!

汝去年书云:"比得软脚病,往往而剧。"吾曰:"是疾也,江南之人常常有之。"未始以为忧也。呜呼,其竟以此而殒其生乎?抑别有疾而致斯乎?

汝之书，六月十七日也；东野云：汝殁以六月二日；耿兰之报无月日。盖东野之使者，不知问家人以月日；如耿兰之报，不知当言月日。东野与吾书，乃问使者，使者妄称以应之耳？其然乎？其不然乎？

今吾使建中祭汝，吊汝之孤与汝之乳母。彼有食可守以待终丧，则待终丧而取以来；如不能守以终丧，则遂取以来。其余奴婢，并令守汝丧。吾力能改葬，终葬汝于先人之兆，然后惟其所愿。

呜呼！汝病吾不知时，汝殁吾不知日，生不能相养以共居，殁不能抚汝以尽哀，敛不凭其棺，窆(biǎn)不临其穴⑥。吾行负神明，而使汝夭。不孝不慈，而不得与汝相养以生，相守以死。一在天之涯，一在地之角，生而影不与吾形相依，死而魂不与吾梦相接。吾实为之，其又何尤！彼苍者天，曷(hé)其有极！自今以往，吾其无意于人世矣！当求数顷之田于伊、颍之上⑦，以待余年。教吾子与汝子，幸其成；长吾女与汝女，待其嫁。如此而已。

呜呼！言有穷而情不可终，汝其知也邪？其不知也邪？呜呼哀哉！尚飨(xiǎng)⑧！

注释

①**就食江南**：去江南谋生。②**薨**：古时诸侯和二品以上大官死亡称薨。③**辍**：中止，离开。**就**：趋从，接受。④**克**：能够。**蒙**：承受。⑤**毛血**：指体质。**志气**：指精神。⑥**窆**：落葬。⑦**顷**：一百亩为一顷。**伊、颍**：伊水和颍水，这里指韩愈的家乡。⑧**尚飨**：也作"尚享"，旧时祭文常用作结尾。尚，庶几，希望。飨，用酒食款待人，泛指请人享受。

译文

某年某月某日，叔父韩愈听到你去世的消息的第七天，才能忍着悲痛来表达真诚的心意，派了建中从远道备办时鲜作为祭品，在你十二郎的灵前倾诉衷情：

唉！我从小就失去了父亲，到长大成人，不知道依靠谁，全赖大哥大嫂的抚养。大哥正当中年的时候，在南方去世，我和你都还小，跟着大嫂回到河阳安葬大哥，接着又和你一起去江南谋生，孤苦伶仃，从来不曾分开过一天。我上面有三个哥哥，都不幸死得早,继承先人的后代,孙一辈只有你,儿一辈只有我,两代人都是一个,好不形影孤单!大嫂曾经抚摸着你又指着我说:"韩氏两代,只有这两个了!"你那时还很小,一定不记得了;我当时虽然能够记住,也不懂得嫂嫂话中包含的悲伤之情啊!

我十九岁那年,才来到京城,过了四年,我回家去看你。又过了四年,我去河阳扫墓,碰到你归葬嫂嫂回来。又过了两年,我在汴州辅佐董丞相,你来探望我,只住了一年,你要求回家去接妻子。第二年,董丞相逝世,我离开汴州,结果你没有来。这一年,我在徐州节度使手下辅佐军事工作,派去迎接你的人才动身,我又罢官辞职,结果你又没有来。我想你跟我东来徐州,徐州也是异乡客地,不可以长久停留。为长远打算,不如西归河阳家乡,把家安置好再去接你来。唉,谁料到你突然离开我而去世了呢!我和你当时都还很年轻,以为虽然暂时分别,最后一定会长久住在一起,所以我离开你而旅居到京师谋生,以求得一点点俸禄。如果知道会是现在这样的情形,就是拥有车马万乘的公卿宰相之职,我也不会离开你一天而去上任啊!

去年,孟东野去江南,我写信给你:我年纪不满四十,已经视力模糊,头发花白,牙齿松动。想起伯叔和两位哥哥,都身体强壮却过早地去世,像我这样衰弱的人,能够活得长久吗?我不能离开这里,你又不肯来这里,恐怕有一天死了,使你抱着无限的忧伤啊!谁知道年轻的你死了而年长的我活着,身强的你短命,而体弱的我倒还保全了。

唉!难道是真的如此呢?还是做梦呢?还是传来的消息不真呢?如果是真的,我哥哥具有美好的德行而他的儿子却夭亡了吗?你那样纯正贤明而不能够承受我哥哥的福泽吗?年轻身强的早死而年长体弱的却活下来吗?不能认为这是真的啊!如果是梦,传来的消息不真,那么,孟东野的信、耿兰的报告,为什么却在我的身边呢?唉!这是真的如此啊!我哥哥具有美好的德行而他的儿子却过早地死去了!你是纯正贤明可以继承家业的人,却不能够承受我哥哥的福泽啊!这就是说,老天爷真难猜测,神灵真难明白了!这就是,事理不能够推求,年寿也不能预先知道了!

虽然这样,我自从今年以来,花白的头发已经变为全白了,松动的牙齿已经脱落,体质一天天更加衰弱,精神一天天更加萎靡,没有多久时间也可能跟你一道死啊!人死后如果有知觉,眼下的分离就没有多少时间了;人死后如果没有知觉,这悲伤也不会有多久了,不悲伤倒是无穷无尽的。

你的儿子才十岁，我的儿子才五岁，年轻身强的人尚且不能保全活下来，像这样的幼小孩童，又可以期望他们成长自立吗？唉，可悲可痛啊！唉，可悲可痛啊！

你去年的信中说，近来得了腿脚无力的病，时常发作很厉害。我说，这个病，江南的人经常有，就没有替你担忧。唉！难道竟是因为这个病夺去了你的生命吗？还是另外有别的病才到这个地步？

你的信，是去年六月十七日写的。孟东野说，你去世是今年六月二日；耿兰的报告没有月和日。那是因为东野的使者不知道向家人问你去世的月日；耿兰的报告，不知道应当讲明月日。东野为了给我写信，才问使者，使者就随便讲个月日回答他，是这样的呢？或者不是这样的呢？

现在我派建中来祭你，安慰你的儿子和你的乳母，他们有钱粮可以守到丧期完毕，那就等到丧期完毕我再接他们来；如果不能守到丧期完毕，那就现在接了来。其余的仆人婢女，都要他们守你的丧。我有能力给你改葬，总归要把你葬在祖先的墓地，这样做了以后，才算了却我的心愿。

唉！你得病我不知道在什么时候，你去世我不知道是什么日子；你活着的时候我们不能住在一起互相照顾，你死了我不能抚摸着你的尸体哭泣哀悼；你入殓时我不能在棺材旁守灵，你安葬时我不能亲自送你到墓穴。我的所作所为对不起神明，使你短命而死。我对父兄不孝，对侄儿不慈，不能和你生活在一起互相照顾，守在一起直到老死。一个在天边，一个在地角。你活着的时候，影子不和我的形体互相依靠；你死了，灵魂不和我在梦中接触。这实在都是我造成的，能够怨谁呢？那苍苍的老天爷啊，这悲痛难道有个尽头吗！从今以后，我没有心思再去做官了，应当在伊水、颍河一带置办几顷田地，来消磨剩下的日子，教育我的儿子和你的儿子，期望他们长大成才；抚养我的女儿和你的女儿，等到把她们嫁出去。就这样罢了！

唉！话有说完的时候而哀痛之情没办法终止。你知道呢？还是不知道呢？唉，可悲可痛啊！你来享用这些祭品吧！

祭鳄鱼文

原 文

维年月日，潮州刺史韩愈，使军事衙推秦济①，以羊一、猪一，投恶溪之潭水②，以与鳄鱼食，而告之曰：

昔先王既有天下，列山泽，罔绳擉刃③，以除虫蛇恶物为民害者，驱而出之四海之外。及后王德薄，不能远有，则江、汉之间，尚皆弃之，以与蛮夷、楚越，况潮，岭、海之间，去京师万里哉？鳄鱼之涵淹卵育于此，亦固其所。

今天子嗣唐位，神圣慈武。四海之外，六合之内，皆抚而有之。况禹迹所揜④，扬州之近地，刺史、县令之所治，出贡赋以供天地、宗庙、百神之祀之壤者哉？鳄鱼其不可与刺史杂处此土也！

刺史受天子命，守此土，治此民，而鳄鱼睅然不安溪潭⑤，据处食民畜、熊、豕、鹿、獐，以肥其身，以种其子孙；与刺史亢拒⑥，争为长雄。刺史虽驽弱，亦安肯为鳄鱼低首下心，伈伈睍睍⑦，为民吏羞，以偷活于此邪？且承天子命以来为吏，固其势不得不与鳄鱼辨。

鳄鱼有知，其听刺史言：潮之州，大海在其南。鲸鹏之大，虾蟹之细，无不容归，以生以食，鳄鱼朝发而夕至也。今与鳄鱼约：尽三日，其率丑类南徙于海，以避天子之命吏！三日不能，至五日；五日不能，至七日；七日不能，是终不肯徙也。是不有刺史听从其言也。不然，则是鳄鱼冥顽不灵，刺史虽有言，不闻不知也。夫傲天子之命吏，不听其言，不徙以避之，与冥顽不灵而为民物害者，皆可杀。刺史则选材技吏民，操强弓毒矢，以与鳄鱼从事，必尽杀乃止。其无悔！

注 释

①**军事衙推**：刺史的属官。 ②**恶溪**：即潮安县境内的韩江。 ③**擉**：同"戳"，刺。 ④**揜**：

通"掩"。⑤睅然：同"悍然"，勇猛，无所畏惧的样子。⑥亢拒：通"抗拒"。⑦伈伈：恐惧的样子。睍睍：不敢正视的样子。⑧丑类：众类，指大小鳄鱼。

译文

　　某年某月某日，潮州刺史韩愈派遣军事衙推秦济，把一只羊、一头猪，投进韩江的深水中，给鳄鱼吃，同时劝诫它们说：

　　从前三皇五帝统治了天下，阻绝高山大泽，结绳为网，使用锋利的刀枪，除掉危害民间的虫蛇恶物，把它们赶到四海以外的地方。到了东周以后的君主，德行浅薄，不能领有远处的地方，就是长江和汉水流域的土地，尚且抛弃给了蛮、夷、楚、越，何况潮州在五岭和大海的中间，距离京师万里呢？鳄鱼在这里潜伏、繁殖，也本来是自然的。

　　现在的天子继承唐朝的帝位，神圣仁慈而又英武，四海之外、宇宙以内的地方，都属唐朝统治。何况潮州是大禹的足迹所曾经到达过的与古代扬州相邻的地方，是刺史、县令所治理的区域，是进呈贡物，缴纳捐税，以供天子对天地、祖宗和各种神明的祭祀的地方呢！鳄鱼是不能跟刺史同住在这个地方的。

　　刺史受了天子的命令，镇守这块土地，管理这里的百姓，而鳄鱼胆敢不安分守己，潜伏在溪底，盘踞在人们栖息之处，吃掉老百姓的牲口和熊、猪、鹿、獐一类野物，来养肥自己的身体，繁殖自己的子孙；和刺史抗拒，要争个上风。刺史即使无能懦弱，又怎肯对鳄鱼低头屈服？胆小怕事，给治理人民的官吏们丢脸，在这里苟且偷生呢！而且我奉皇上命令来这里做官，因此不能不和鳄鱼说清道理。

　　鳄鱼有知，且听刺史的话：潮州这地方，大海在它的南面，大到鲸鱼和大鹏，小到虾子和螃蟹，没有哪一种不可以在大海里安居乐业，在那里生存，在那里吃喝；鳄鱼从恶溪早上动身晚上就可以到那里

●化及於兽

现在，我和鳄鱼约定：三天之内，希望你带领你的同伴向南边迁移到大海去，避开皇上派来治理百姓的官吏；三天不行，就五天；五天不行，就七天；如果七天不行，那就是永远不肯迁移；那是你不把刺史放在眼里，不听从我的话；要不然，就是鳄鱼愚蠢顽劣，不可教化，所以刺史虽然说了这么一番话，你仍然等于没听到，不理会。要知道，藐视皇上派遣的官吏，不听他的话，不迁移出去避开他，以及愚蠢顽劣、不可教化，成为人民大害的，都可以杀掉。那么，刺史就要挑选武艺高强的差役和健壮民丁，拿了强弓毒箭，跟鳄鱼进行战斗，必定要完全杀尽方才罢休。希望你那时不要后悔！

柳子厚墓志铭

原文

　　子厚讳宗元。七世祖庆，为拓跋魏侍中，封济阴公。曾伯祖奭，为唐宰相，与褚遂良、韩瑗俱得罪武后，死高宗朝。皇考讳镇[①]，以事母弃太常博士，求为县令江南。其后以不能媚权贵，失御史。权贵人死，乃复拜侍御史。号为刚直，所与游皆当世名人。

　　子厚少精敏，无不通达，逮其父时，虽少年，已自成人。能取进士第，崭然见头角，众谓柳氏有子矣。其后以博学宏词授集贤殿正字。俊杰廉悍，议论证据今古，出入经史百子，踔（chuō）厉风发，率常屈其座人，名声大振，一时皆慕与之交。诸公要人，争欲令出我门下，交口荐誉之[②]。

　　贞元十九年，由蓝田尉拜监察御史。顺宗即位，拜礼部员外郎。遇用事者得罪，例出为刺史。未至，又例贬州司马。居闲，益自刻苦，务记览，为词章，泛滥停蓄[③]，为深博无涯涘，而自肆于山水间。

　　元和中，尝例召至京师，又偕出为刺史，而子厚得柳州。既至，叹曰："是岂不足为政邪？"因其土俗，为设教禁，州人顺赖。其俗以男女质钱，约不时赎，子本相侔[④]，则没为奴婢。子厚与设方计[⑤]，悉令赎归。其尤贫力不能者，令书其佣，足相当，则使归其质。观察使下其法于他州，比一岁，免而归者且千人。衡、湘以南为进士者，皆以子厚为师。其经承子厚口讲指画为文词者，悉有法度可观。

其召至京师而复为刺史也，中山刘梦得禹锡，亦在遣中，当诣播州。子厚泣曰："播州，非人所居，而梦得亲在堂，吾不忍梦得之穷，无辞以白其大人，且万无母子俱往理。"请于朝，将拜疏，愿以柳易播，虽重得罪，死不恨。遇有以梦得事白上者，梦得于是改刺连州。呜呼！士穷乃见节义。今夫平居里巷相慕悦，酒食游戏相征逐，诩诩强笑语以相取下⑥，握手出肺肝相示，指天日涕泣，誓生死不相背负，真若可信；一旦临小利害，仅如毛发比，反眼若不相识；落陷阱，不一引手救，反挤之又下石焉者，皆是也。此宜禽兽夷狄所不忍为，而其人自视以为得计，闻子厚之风，亦可以少愧矣。

子厚前时少年，勇于为人，不自贵重顾藉⑦，谓功业可立就，故坐废退⑧。既退，又无相知有气力得位者推挽，故卒死于穷裔。材不为世用，道不行于时也。使子厚在台省时，自持其身，已能如司马、刺史时，亦自不斥。斥时有人力能举之，且必复用不穷。然子厚斥不久，穷不极，虽有出于人，其文学辞章，必不能自力以致必传于后，如今，无疑也。虽使子厚得所愿，为将相于一时，以彼易此，孰得孰失，必有能辨之者。

子厚以元和十四年十一月八日卒，年四十七。以十五年七月十日，归葬万年先人墓侧。子厚有子男二人：长曰周六，始四岁；季曰周七，子厚卒乃生。女子二人，皆幼。其得归葬也，费皆出观察使河东裴君行立。行立有节概，重然诺，与子厚结交，子厚亦为之尽，竟赖其力。葬子厚于万年之墓者，舅弟卢遵。遵，涿人，性谨慎，学问不厌。自子厚之斥，遵从而家焉，逮其死不去。既往葬子厚，又将经纪其家⑨，庶几有始终者。

铭曰：是惟子厚之室，既固既安，以利其嗣人。

注释

①**皇考**：死去的父亲。**镇**：柳镇，曾被命为太常博士，他辞谢，愿为宣城（今属安徽省）令。这时他的母亲已死，"以事母弃太常博士"不确。②**交口荐誉**：众口一词予以推荐，赞誉。③**泛滥停蓄**：形容学问文章的广博和深厚。④**子本**：利息和本钱。**相侔**：相等。⑤**与设方计**：替债务人设法。⑥**诩诩**：能说会道，取悦别人。**以相取下**：互相谦虚，表示尊重。⑦**不自贵重顾藉**：不尊重、爱惜自己，结交不应结交的人，指柳宗元参加王叔文集团，韩愈认为这是柳宗元的失误。⑧**坐**：获罪。**废退**：指远谪边地，不用于朝廷。⑨**经纪**：经营，料理。

译文

柳子厚，名宗元。他的第七世祖柳庆，做过北魏王朝的侍中，封为济阴公。曾伯祖柳奭，做过唐朝的宰相，和褚遂良、韩瑗都得罪了武则天，在高宗时候被杀。父亲名柳镇，因为要侍奉母亲，辞掉太常博士，要求到江南道做县令。后来升到殿中侍御史，因为不愿巴结权贵，被免除了御史官职。那位权贵死了，才又担任侍御史，被人们称赞刚强而正直，因此和他来往的都是当代有名的人物。

子厚年轻时就精明聪敏，没有什么不通晓。当他父亲还在世的时候，虽然年轻，却已自立成人，能够取得进士及第，才能表现得很突出。大家说柳氏有好儿子了。后来因为考中博学宏词科，授予集贤殿正字的官职。他为人才能出众而且很有锋芒，所发议论，能用现在的事和古时的事做证据，广泛而深入地引用经史百子的著作，刚劲有力，意气风发，经常使同座的人折服，因此名声大振，一时人们都很仰慕，愿意和他交友。当政的人都争着使他成为自己的门下士，互相推荐赞誉他。

贞元十九年，他由蓝田尉提升为监察御史。顺宗继承皇位，被任为礼部员外郎，碰到当权的王叔文等得罪了宪宗皇帝被贬逐，子厚被视为同党照例被放出朝廷去做刺史；还没有到任，又照例贬永州司马。处在闲散的虚职上，更加刻苦学习，特别注意背诵和阅读。写起文章来，文笔既汪洋恣肆，又雄厚精练，学问广博深厚，同时任意在山水之中游览。

元和年间，曾经照例被召回到国都长安，又和原先一道被贬的人都到偏远的州郡担任刺史，子厚被派到柳州。到了那里，他叹道："这里难道不值得我施展政治才能吗？"按照当地的习惯，对人民进行教化，颁布禁令，柳州的人都服从他，信任他。那里的习惯，穷人们借债，常常用儿女去抵押，预先约好，如果不按时赎回，到了利息和本钱相等时，就没收抵押的儿女做奴仆和婢女。子厚给穷人们想办法，全部叫他们把儿女赎回去。那些特别贫困实在没有能力赎回的，子厚就叫他们把自己所劳动的工资数目记下来，等到这数目完全和债款本利相等了，就命令债主放回抵押的儿女。观察使把这种办法推行到其他的州，到了一年，被免除奴隶身份而回到自己家里的人将近一千个。衡山和湘水以南应考进士科的人，都拜子厚做老师，那些曾经受到子厚亲自指点的人，文章都写得合乎规范，值得欣赏。

当他召到京师再出来做刺史的时候，中山人刘禹锡也在派出者之列，应当去播州。子厚流着泪说："播州不是中原人可以住的地方，而梦得还有老母在堂，我不忍看着梦得困难，没有理由把去播州的事告诉他的老母亲，并且万万没有母子同往播州的道理。"将要向朝廷请求，上书皇帝，愿意把柳州换播州，即使因此再加一重罪，死了也不怨恨。正碰上有人把刘禹锡的困难向皇上说明，刘禹锡因此改做连州刺史。唉！士人遇上穷困才能表现出节操。现今平时同住在里巷中，互相仰慕要好，吃喝玩乐你来我往很密切，虚伪地奉承对方，装模作样地说笑，互相亲热尊重，握着手像要挖出肺肝给人看，指天对日哭泣，发誓生死都不背离变心，那诚恳的样子，像真可以相信；一旦遇到小小的利害，小得仅像毛发一样，就翻着眼睛像不认识；对方落入陷阱，不仅不肯伸手去救，反而挤他下去再投块石头的人，到处都是。这样的事情，连禽兽和野蛮人都不忍做，而那种人却自以为得计。听了子厚的风格，也可以稍稍知道惭愧了吧。

子厚从前年轻时，做人敢作敢为，不懂得爱惜自己，以为可以很快建功立业，因此受到牵连而被贬谪。既遭贬谪，又无知心朋友、担任重要官职的人推荐提携，所以终于死在边远的地方，才能不被当世使用，主张不能在当时推行。假使子厚在御史台和尚书省时，自己知道怎样对待自己，已经能够像后来当州司马和刺史那样，也自然不会遭到贬斥；被贬斥之后，如果有人能够极力保举他，也一定可以再起用而不至于穷困。然而如果子厚被贬斥的时间不长，困穷不到极点，即使有某方面可以超过别人，他在文学创作方面，一定不能自己努力达到这样大的成就，流传于后世，这是无疑的。即使子厚达到自己的目的，在有限的一段时间里做了将相，拿那功名事业来换这文传后世，哪是得，哪是失，这一定有人能够辨明的。

子厚在元和十四年十一月八日逝世，享年四十七岁。在元和十五年七月十日，把灵柩运回去，安葬在万年县祖墓旁。子厚有两个儿子，大的叫周六，才四岁；小的叫周七，子厚逝世以后才出生。两个女儿，都很小。他的灵柩能运回去安葬，一切费用都是观察使河东裴行立君负担的。行立有气节，答应人家的事就一定做到。跟子厚交情很深。子厚也很替他尽力，结果得到了行立的帮助。安葬子厚到万年县墓地上的，是他舅父的儿子卢遵。卢遵是涿县人，生性谨慎，好学不倦。从子厚被贬那天起，卢遵就带了自己一家跟着他一起住，直到他死了也不离开。他已经去万年县安葬了子厚，还要代替子厚经营管理家务，这也可算是一个有始有终的人。

铭道：这是子厚的墓穴，既坚固又安稳，以利于他的后代。

卷九　唐宋文

柳宗元

柳宗元（773—819），字子厚，"唐宋八大家"之一，唐代文学家、思想家。与韩愈并称为"韩柳"，与刘禹锡并称"刘柳"，与王维、孟浩然、韦应物并称"王孟韦柳"。柳宗元一生留诗文作品达六百余篇。

捕蛇者说

原　文

永州之野产异蛇，黑质而白章。触草木尽死，以啮(niè)人，无御者。然得而腊(xī)之以为饵①，可以已大风、挛踠(luánwǎn)、瘘、疠，去死肌，杀三虫。其始，太医以王命聚之，岁赋其二，募有能捕之者，当其租入。永之人争奔走焉。

有蒋氏者，专其利三世矣。问之，则曰："吾祖死于是，吾父死于是，今吾嗣为之十二年，几死者数矣②。"言之，貌若甚戚者。余悲之，且曰："若毒之乎？余将告于莅事者③，更若役，复若赋，则如何？"蒋氏大戚，汪然出涕曰："君将哀而生之乎？则吾斯役之不幸，未若复吾赋不幸之甚也。向吾不为斯役，则久已病矣。自吾氏三世居是乡，积于今六十岁矣，而乡邻之生日蹙，殚其地之出，竭其庐之入，号呼而转徙，饥渴而顿踣④。触风雨，犯寒暑，呼嘘毒疠⑤，往往而死者相藉也。曩与吾祖居者⑥，今其室十无一焉；与吾父居者，今其室十无二三焉；与吾居十二年者，今其室十无四五焉。非死则徙尔，而吾以捕蛇独存。悍吏之来吾乡，叫嚣乎东西，隳突乎南北⑦，哗然而骇者，虽鸡狗不得宁焉。吾恂恂而起⑧，视其缶⑨，而吾蛇尚存，则弛然而卧⑩。谨食之，时而献焉。退而甘食其土之有，以尽吾齿。盖一岁之犯死者二焉，其余则熙熙而乐，岂若吾乡邻之旦旦有是哉！今虽死乎此，比吾乡邻之死则已后矣，又安敢毒邪？"

余闻而愈悲。孔子曰："苛政猛于虎也。"吾尝疑乎是，今以蒋氏观之，犹信。呜呼！孰知赋敛之毒，有甚是蛇者乎！故为之说，以俟夫观人风者得焉⑪。

注释

①**腊**：干肉。这里作动词，风干。**饵**：食物。这里指药物。②**几**：几乎，差一点儿。**数**：多次。③**莅事者**：管这事的官吏。④**顿踣**：困顿僵仆。⑤**毒疠**：毒气。疠，疫气。⑥**曩**：从前。⑦**隳突**：破坏奔突，极言骚扰。⑧**恂恂**：担心的样子。⑨**缶**：大肚小口的瓦罐。⑩**弛然**：安心的样子。⑪**俟**：等待。**人风**：民情风俗。

译文

永州的山野中出产一种特异的蛇，黑的底色，上面有许多白色的斑纹。这种蛇碰到草木，草木都要死亡，如被这种蛇咬伤，那就无药可治，非死不可。但把它抓住晒干做成药品，却可以治好麻风病、手足弯曲不直的毛病，还可以治好脖子肿、恶疮，除掉死掉的肌肉，杀死身体内的寄生虫。开始的时候，太医奉皇帝的命令去收集这种毒蛇，每年征收两次，招募那些有能力捕到这种蛇的人，用蛇充当他们的租税。永州的人争先恐后地去捉这种蛇。

有一个姓蒋的人，他们家专门享受这种捕蛇抵税的好处已经有三代了。我问他，他就说："我祖父被这种蛇咬死，我父亲也被这种蛇咬死，如今我继承捕蛇这种职业已经有十二年了，有好几次都差点没命了。"说着，脸上显示出忧郁的神色。我为他感到悲哀，就说："你讨厌做这事吗？我将告诉管这事的官员，更换你的差事，恢复你的赋税，怎么样？"姓蒋的听后，非常忧伤，眼泪汪汪地哭着说："您想可怜我，让我活下去吗？可是我做这种活计的不幸，还不至于像恢复我赋税的不幸那么严重。如果我不做这活计的话，那我早就困苦不堪了。自从我们家三代住在这儿，到如今已经有六十年了，而乡邻们的生活一天比一天窘迫。用尽了他们田中生产出的物品，花完了家中的收入，哭号着四处迁徙，由于饥渴倒地而死。人们受到狂风暴雨、严寒酷暑的摧残，呼吸着毒气，常常可见到死者的尸体互相叠压。从前和我祖父住在一起的人，如今是十家没有一家存在了；和我父亲住在一起的人，如今是十家没有两三家存在了；和我同住十二年的人，如今是十家没有四五家存在了。不是死了就是搬走了，但我却因为捕蛇而侥幸单独活了下来。凶悍的官吏来到我们乡里，到处吆喝叫骂，冲撞骚扰，因此受惊骇而呼喊的，不仅是百姓，连鸡狗都不得安宁。我提心吊胆地爬起来，看看那个装蛇的罐子，蛇还在那里面，我就可以放心地去睡觉。我小心谨慎地喂养它，到时候了就献上去。回来之后就可以香甜地吃着自己田里收获的东西，来度过我的余年。一年之中冒生命危险的时候只有两次，其余的日子就可以快快乐乐地度过了，哪会像我的乡邻一样，天天都面临死亡的威胁呢！如今我就是被蛇咬死也死在我乡邻的后面了，又怎么敢憎恨这个职业呢？"

我听后更加悲伤。孔子说："暴政比老虎还凶猛。"我曾经怀疑过这句话。今天从蒋氏的遭遇看来，才相信了。唉！谁能想到赋敛的毒害，比这种蛇更厉害呢！因此我写下这篇文章，等待那些考察民情的官员对这有所了解。

种树郭橐驼传

郭橐驼①，不知始何名。病偻，隆然伏行，有类橐驼者，故乡人号之"驼"。驼闻之曰："甚善，名我固当。"因舍其名，亦自谓"橐驼"云。其乡曰丰乐乡，在长安西。驼业种树，凡长安豪家富人为观游及卖果者，皆争迎取养。视驼所种树，或迁徙，无不活，且硕茂，蚤实以蕃。他植者，虽窥伺效慕，莫能如也。

有问之，对曰："橐驼非能使木寿且孳也②，能顺木之天③，以致其性焉尔④。凡植木之性，其本欲舒，其培欲平，其土欲故，其筑欲密。既然已，勿动勿虑，去不复顾。其莳也若子，其置也若弃，则其天者全，而其性得矣。故吾不害其长而已，非有能硕茂之也；不抑耗其实而已，非有能蚤而蕃之也。他植者则不然：根拳而土易⑤，其培之也，若不过焉则不及。苟有能反是者，则又爱之太殷，忧之太勤，旦视而暮抚，已去而复顾。甚者爪其肤以验其生枯，摇其本以观其疏密，而木之性日以离矣。虽曰爱之，其实害之；虽曰忧之，其实仇之。故不我若也。吾又何能为哉！"

●养树得养人术

问者曰："以子之道，移之官理，可乎？"驼曰："我知种树而已，官理非吾业也。然吾居乡，见长人者⑥，好烦其令，若甚怜焉，而卒以祸。旦暮吏来而呼曰：'官命促尔耕，勖尔植⑦，督尔获，蚤缫而绪⑧，蚤织而缕，字而幼孩⑨，遂而鸡豚⑩！'鸣鼓而聚之，击木而召之。吾小人辍飧饔以劳吏者，且不得暇，又何以蕃吾生而安吾性邪？故病且怠。若是，则与吾业者，其亦有类乎？"

问者嘻曰："不亦善夫！吾问养树，得养人术。"传其事，以为官戒也。

注释

①**橐驼**：骆驼。这里指驼背。②**孳**：繁殖。③**天**：这里指树木生长的自然规律。④**致其性**：充分发展它的本性。⑤**根拳**：根部弯曲。**土易**：泥土更换。⑥**长人者**：指官吏。⑦**勖**：勉励。⑧**缫**：煮茧丝。⑨**字**：养育。⑩**遂**：成长。**豚**：小猪。

译文

郭橐驼,不知他起初叫什么名字。由于得了佝偻病,脊背弯曲成为驼背,走路时背部高高隆起,脸朝地面,有些像骆驼,因此乡里的人给他起了个外号叫"驼"。郭橐驼听到后说:"很好!用这个外号叫我的确很恰当。"因此他干脆舍弃本名不用,也把自己叫作橐驼。他所在的那个乡叫丰乐乡,在长安的西面。郭橐驼以种树为职业,凡是长安城中富贵人家想建造观赏游玩的园林,或者是卖果品的人,都争着把他雇用到家中。郭橐驼所种的树,或者是他移栽的树,没有不成活的,而且长得高大茂盛,结实又早又多。其他那些种树的人虽然在暗中观察仿效,却没有一个能比得上他。

有人问他种树的奥妙,他回答说:"我并不能使树木活得久而且繁殖得多,只不过能顺着树木的天性,使它的本性能够得到充分的发展罢了。凡是种植树木,它的规律是:树根要舒展,土要培平,用原来的土,砸密实。种好之后,不要再动它为它担心,可以离开不管了。种的时候,要像爱护自己的孩子一样,种好之后,不再管它就像扔掉一样。那么树木的天性就能保全,因而能按自身的规律生长。所以说我只是不妨害它自由生长罢了,并没有什么能使它高大挺拔、枝繁叶茂的妙法;只不过是不抑制和损耗它的果实罢了,并没有什么能使它结果又早又多的诀窍。别的种树的人都不这样,种树的时候,树根是弯曲的,泥土是新换的;培土时,不是太多就是太少。即使有不这样做的人,却又过分地关心它的生长,过多地忧虑它不能成活,早晨去看看,晚上去摸摸,已经离开了却又回来再看;有的人甚至抠破树皮来检验它的死活,摇动树根来看培的土是松还是紧,这样一来,树木的天性就一天天地被破坏了。虽说是爱它,其实是害它;虽说是为它担忧,其实是仇视它。因此他们比不上我,其实我又有什么特殊的本领呢?"

问的人说:"把你种树的方法应用到做官治理百姓方面去,可以吗?"郭橐驼说:"我只知道种树罢了,当官治理百姓,并不是我的事。但我住在这个乡里,看到那些当官的,喜欢颁布繁多的政令,好像是非常爱怜百姓,但最终却给百姓带来了灾祸。一天到晚只见衙役来了就喊:'长官命令你们早点耕田,勉励你们种植,督促你们收获,早些煮茧抽丝,早些纺纱织布,要抚育你们的小孩,喂养你们的鸡和猪。'又是擂鼓召集他们,又是敲梆子传呼他们。我们这些百姓即使放下碗筷不吃饭,专来招待这些官吏,也还是忙不过来,又哪有时间使我们生产兴旺,生活安定呢?所以我们非常困苦疲乏。如果这样说,那么当官治理百姓和我栽种树木是不是也有相同之处呢?"

发问的人赞叹说:"不也很好吗!我问种树的方法,居然懂得了当官治理百姓的道理。"于是我把这件事记下来作为官吏们的鉴戒。

梓人传

原文

裴封叔之第①，在光德里。有梓人款其门②，愿佣隟宇而处焉③。所职寻引、规矩、绳墨④，家不居砻斫之器⑤。问其能，曰："吾善度材，视栋宇之制，高深、圆方、短长之宜，吾指使而群工役焉。舍我，众莫能就一宇。故食于官府，吾受禄三倍；作于私家，吾收其直大半焉⑥。"他日，入其室，其床阙足而不能理⑦，曰："将求他工。"余甚笑之，谓其无能而贪禄嗜货者。

注释

①**裴封叔**：柳宗元的妹夫，曾做过长安县令。②**梓人**：古代木工。《考工记·总序》载：木工有七，其一为梓人，专造饮器、箭靶和钟磬的架子。后世亦称建筑工人为"梓人"。③**隟宇**：空闲的房屋。④**寻引**：计量长度的工具，古代八尺为寻，十丈为引。**规矩**：校正方圆的器具。规，圆规。矩，曲尺。**绳墨**：画直线用的工具。⑤**砻斫**：砍磨。砻，磨刀石。斫，刀、锯、斧之类的工具。⑥**直**：通"值"。⑦**阙**：通"缺"。

译文

裴封叔的家在长安西南光德里。一天，有一位木匠敲他的门，希望能租一间空屋子居住。这个木匠有寻引、规矩、绳墨，但家里却不储备磨砺和砍削的器具。问他有什么能耐，他说："我善于计算、测量木材，观看房屋的规模和房屋的高深、圆方、短长的适合与否，我指挥分配而由众工匠干活。离开我，大家就不能建成一栋房子。所以我在官府做事，得到的俸禄比别人多三倍；在私人家里干活，我收取工钱的一大半。"后来有一天，我走进他的房间，他的床缺了腿却不能修理，解释说："我准备请别的工匠来修理。"我觉得他十分可笑，说他是没有才能却贪图俸禄、喜爱钱财的人。

原文

其后，京兆尹将饰官署①，余往过焉。委群材②，会众工。或执斧斤③，或执刀锯，皆环立向之。梓人左持引，右执杖，而中处焉。量栋宇之任④，视木之能，举挥其杖曰："斧！"彼执斧者奔而右；顾而指曰："锯！"彼执锯者趋而左。俄而斤者斫，刀者削，皆视其色，俟其言⑤，莫敢自断者。其不胜任者，怒而退之，亦莫敢愠焉。画宫于堵，盈尺而曲尽其制，计其毫厘而构大厦，无进退焉。既成，书于上栋曰"某年某月某日某建"，则其姓字也。凡执用之工不在列。余圜视大骇，然后知其术之工大矣。

继而叹曰：彼将舍其手艺，专其心智，而能知体要者欤！吾闻劳心者役人，劳力者役于人。彼其劳心者欤！能者用而智者谋，彼其智者欤！是足为佐天子相天下法矣！物莫近乎此也。

注释

①**京兆尹**：古代官名，为三辅（治理京畿地区的三位官员，即京兆尹、左冯翊、右扶风）之一。②**委**：堆积。③**斧斤**：砍木的工具。④**任**：承担。⑤**俟**：等待。

译文

后来，京兆尹将要整修官衙的房屋，我到过那里。那里蓄积了很多木材，集合了许多工匠。有的手拿斧头，有的手拿刀锯，都面朝着那个木匠围成一圈站着。木匠左手拿着引绳，右手拿着木杖，站在中间。他衡量房屋的负荷，审察木材的承受力。挥动他的木杖说："用斧子砍！"那些拿斧子的就跑到右边去砍；回头指着木材说："用锯子锯！"那拿锯的就跑到左边去锯。一会儿，拿斧子砍的人，拿刀削的人，都看着他的脸色，等待他的发话，没有敢自做主张的。那些不能胜任工作的人，被他愤怒地斥退，也没有谁敢露出怨恨。他在墙上绘了官署房子的图形，刚满一尺大小的图形却细致详尽地画出了它的规模。按照图上微小的尺寸计算，建造起的高楼大厦，没有一点误差。房屋建成后，在屋梁上写道"某年某月某日某建"，原来是他的姓名，凡是他役使的工匠都不能列名其上。我环视后大吃一惊，然后才懂得他技术的精湛和伟大啊！

之后我就感叹：他应该是放弃了自己的手艺，专门挖掘自己的思想与智慧，才能够知道全局要领的人吧！我听说用脑力的人役使别人，用体力的人被别人役使。他大概是劳心的人吧！有技艺的人出力劳动，有才智的人出谋划策，他大概是有才智的人吧！这些足可以让辅佐天子、治理国家的人效法学习的呀！天下的事情没有比这更相似的了。

原文

彼为天下者本于人。其执役者，为徒隶、为乡师、里胥①；其上为下士，又其上为中士、为上士②；又其上为大夫、为卿、为公。离而为六职③，判而为百役。外薄四海④，有方伯、连率⑤。郡有守，邑有宰，皆有佐政。其下有胥吏，又其下皆有啬(sè)夫、版尹⑥，以就役焉，犹众工之各有执技以食力也。彼佐天子相天下者，举而加焉，指而使焉，条其纲纪而盈缩焉，齐其法制而整顿焉，犹梓人之有规矩、绳墨以定制也。择天下之士，使称其职；居天下之人，使安其业。视都知野，视野知国，视国知天下，其远迩细大，可手据其图而究焉，犹梓人画宫于堵而绩于成也。能者进而由之，使无所德；不能者退而休之，亦莫敢愠。不衒能，不矜名。不亲小劳，不侵众官，日与天下之英才讨论其大经。犹梓人之善运众工而不伐艺也。夫然后相道得而万国理矣。

注释

①**徒隶**：服役的犯人，泛指从事各种劳动的底层民众。**乡师**：一乡之长。**里胥**：一里之长。②**士**：周时最低一级的贵族。③**六职**：指治、教、礼、敬、刑、事六种职事，此处泛指各种不同的事务。④**薄**：接近，迫近。⑤**方伯、连率**：指地方上封疆大吏。据《礼记·王制》：十国为连，设连帅；二百一十国为州，设方伯。⑥**啬夫**：秦汉时小乡设啬夫一人，管理诉讼和赋税。**版尹**：乡中掌管户籍的官吏。

译文

那些治理国家的人应以人为本。那些具体执差役的人为徒隶，为乡师、里胥，职位稍微高一点的是下士，再上面是中士、上士，再往上是大夫、卿、公。可以分为六大类职事，再详细分为百官。京城外接近四邻各族居住的地域，有方伯、连率等封疆大吏，一郡有郡守，一个县有邑宰，都有辅佐的官。这下面有管文书的小吏，再下面都有乡官啬夫、管户籍的版尹，来执行差役。就像众多的工匠，各凭技艺以自食其力。那些辅佐天子、治理国家的人，推荐并提拔人才，指挥并使用他们。整理纲纪而予以进退，规范法制而加以整顿。这就好像那位木匠有正方圆和定曲直的工具而制定房屋规模一样。选择天下的士人，使他们各称其职；安置天下的老百姓，使他们安居乐业。看了国都就能了解乡村，看了乡村就能了解诸侯国，看了诸侯国就能了解整个天下。天下地方的远近大小，可以根据手中的图本来研究、了解。这就好像木匠把房屋的图样画在墙上，依图建成了房屋一样。把有才能的人提拔上来任用，使他不必对任何人感恩戴德；把没有才能的人辞退去休整，使他不敢恼恨。不夸耀自己的才能，不夸大自己的名声，不亲自去做那些细微的小事，不干涉众官的工作，每天和天下的杰出人士探讨治理国家的重大方针。这就像木匠善于指挥运用众工匠而不夸耀自己的手艺一样。这样才算是找到了做宰相的正道，整个国家也就得以治理了。

原　文

相道既得，万国既理，天下举首而望曰："吾相之功也。"后之人循迹而慕曰："彼相之才也。"士或谈殷、周之理者，曰伊、傅、周、召①，其百执事之勤劳而不得纪焉。犹梓人自名其功而执用者不列也。大哉相乎！通是道者，所谓相而已矣。其不知体要者反此。以恪勤为公，以簿书为尊，衒能矜名。亲小劳，侵众官，窃取六职百役之事，听听于府庭，而遗其大者、远者焉。所谓不通是道者也。犹梓人而不知绳墨之曲直、规矩之方圆、寻引之短长，姑夺众工之斧斤刀锯以佐其艺，又不能备其工，以至败绩，用而无所成也。不亦谬欤？

注　释

①**伊**：伊尹，商初大臣。曾辅佐商汤灭夏。**傅**：傅说，殷王武丁大臣。**周**：周公，武王之弟，佐助武王灭商，后辅佐成王治理天下。**召**：召公，周武王之弟，名奭，辅佐武王灭殷商，周成王时，与周公旦一起辅佐成王管理国家。

译　文

做宰相的方法已经得到，整个国家也已经治理，天下的人就会抬头仰望着说："这是我们宰相的功劳啊！"后人也会追念他的政绩而钦慕地说："这是那个宰相的才能啊！"士人有谈论殷、周治理政绩的，都会提到伊尹、傅说、周公、召公，而其他从事具体事务的百官的勤劳，却没有被记载流传下来。就好比木匠自己题名记功，而那些干活的木匠却不能列名一样。宰相的功劳很大啊！能通晓这个道理的人，就只有宰相而已。那些不懂得全局要领的人却与此相反。他们将恭谨劳苦当作功业，把处理公文作为重任。夸耀自己的才能名声，亲自去做那些琐碎的小事，干涉众官的工作，侵夺部下官吏应做的事拿来自己做，在大庭广众之前大声争辩，却丢掉了那些重大长远的事情。这是所说的不懂得做宰相的道理的人。就好像木匠不懂得绳墨的曲直，圆规矩尺的方圆，寻引的短长，姑且夺取工匠们的斧子刀锯来帮助他们发挥技艺，却又不能完成他们的工作，以致事情失败。使用了他们，却不能取得成就，这难道不荒谬吗？

原　文

或曰："彼主为室者，傥或发其私智①，牵制梓人之虑，夺其世守而道谋是用，虽不能成功，岂其罪邪？亦在任之而已。"余曰："不然。夫绳墨诚陈，规矩诚设，高者不可抑而下也，狭者不可张而广也。由我则固，不由我则圮(pǐ)。彼将乐去固而就圮也，则卷其术，默其智，悠尔而去②，不屈吾道，是诚良梓人耳。其或嗜其货利，忍而不能舍也，丧其制量，屈而不能守也，栋桡(náo)屋坏，则曰：'非我罪也。'可乎哉？可乎哉？"

余谓梓人之道类于相，故书而藏之。梓人，盖古之审曲面势者，今谓之"都料匠"云。余所遇者，杨氏，潜其名。

注　释

①傥或：假若。②悠尔：悠然，满不在乎的样子。

译　文

有人说："那个建造房子的主人，假如发挥自己的聪明，处处约束木匠的规划，不采用木匠世代相传的经验，而听从过路人的意见，房子不能建成，难道是木匠师傅的过错吗？只是因为主人不信任木匠造成的呀！"我说："这不对！如果绳墨、规矩确实具备，长短尺寸已经确定，那么高的地方就不能压低放下，窄的不能扩张放大。按照木匠的意见办则房屋坚固，不按照木匠的意见办房屋就要倒塌。如果建屋的主人宁愿不要坚固而选择可能导致房屋倒塌的结构，那么木匠只有藏起本事，不说出自己的智谋，悠然离去，不屈辱背离他的道理，这才是真正的好木匠。如果只是贪图屋主的财物，忍气吞声舍不得离去，丧失自己的制度尺寸，屈从他人而不能坚守原则,那样栋梁弯曲,屋宇损坏,却说:'这不是我的罪过。'这可以吗?这可以吗?"

我认为做木匠的道理,与做宰相的道理相类似,所以写下来收藏好。木匠,大概就是古代审查木材曲直形体的人,现在称为"都料匠"。我所遇见的木匠姓杨,名字是潜。

钴鉧潭西小丘记

原文

得西山后八日,寻山口西北道二百步,又得钴鉧潭①。西二十五步,当湍而浚者为鱼梁②。梁之上有丘焉,生竹树。其石之突怒偃蹇③,负土而出,争为奇状者,殆不可数。其嵚然相累而下者④,若牛马之饮于溪;其冲然角列而上者⑤,若熊罴之登于山。

注释

①**钴鉧潭**:因潭的形状像熨斗而被称为钴潭。钴鉧,熨斗。②**鱼梁**:用石砌成的拦截水流、中开缺口以便捕鱼的堰。③**偃蹇**:形容山石错综盘踞之貌。④**嵚然**:倾斜的样子。⑤**冲然**:向上或向前的样子。**角列**:像兽角那样排列。

译文

寻得西山以后的第八天,我沿着山口向西北探行两百步,又探得了钴鉧潭。距潭西二十五步,在水势急、水很深的地方,有一道阻水的坝。坝顶上有一座小丘,小丘上生长着竹子和树木。小丘上的石头突出隆起、错综盘曲,破土而出,竞相形成各种奇特怪异的形状,多得数都数不清。那些倾斜重叠、相伏而下的石头,就像牛马在溪边饮水;那些高耸突出、如兽角斜列往上冲的石头,就像熊罴在山上攀登。

原文

丘之小不能一亩①,可以笼而有之。问其主,曰:"唐氏之弃地,货而不售。"问其价,曰:"止四百。"余怜而售之②。李深源、元克己时同游,皆大喜,出自意外。即更取器用,铲刈秽草,伐去恶木,烈火而焚之。嘉木立，美竹露，奇石显。由其中以望，则山之高，云之浮，溪之流，鸟兽之遨游，举熙熙然回巧献技③，以效兹丘之下。枕席而卧，则清泠(líng)之状与目谋④，瀯瀯(yíng)之声与耳谋⑤，悠然而虚者与神谋，渊然而静者与心谋。不匝旬而得异地者二⑥，虽古好事之士，或未能至焉！

注释

①不能：不足，不满，不到。②售之：买进它。这里的"售"是买的意思。③熙熙然：和悦的样子。回巧：呈现巧妙的姿态。技：指景物姿态的各自特点。④清泠：形容景色清凉明澈。⑤瀯瀯：象声词，像水回旋的声音。⑥匝：满，遍。

译文

这小丘很小，不足一亩，可以把它装到袖子里占有它。我打听它的主人是谁，有人说："这是唐家不要的地方，想出售却卖不出去。"我问它的价钱，有人说："只要四百文。"我同情小丘的不遇，把它买了下来。李深源、元克已这时和我一起游览，都非常高兴，认为这是出乎意料的收获。于是就又取来了一应用具，轮流铲割杂草，砍伐杂树，点燃大火把它们烧掉。美好的树木耸立起来了，秀美的竹子显露出来了，奇峭的石头呈现出来了。站在小丘中间眺望，只见山岭高峻，云朵飘浮，溪流潺潺，飞鸟走兽在自由自在地游玩，万物都和谐愉快地呈现巧妙的姿态、呈献各种技艺，都呈现在这个小丘之下。枕着石头席地而卧，清凉明爽的景状使我们双目舒适，淙淙潺潺的水声十分悦耳，悠远空阔的天空与精神相通，深沉至静的大道与心灵相合。我不满十天就得到了两处风景胜地，即使古代爱好山水的人士，也未必达到这地步吧。

原文

噫！以兹丘之胜，致之沣(fēng)、镐(hào)、鄠(hù)、杜①，则贵游之士争买者，日增千金而愈不可得。今弃是州也，农夫渔父过而陋之，价四百，连岁不能售。而我与深源、克已独喜得之，是其果有遭乎②？书于石，所以贺兹丘之遭也。

注释

①沣、镐、鄠、杜：都是在当时京都长安附近的豪门贵族聚居的地方。②其：岂，难道。

译 文

唉！凭着这小丘优美的景色，如果把它放到长安附近沣、镐、鄠、杜等地，那么喜欢游赏的贵族争相购买它，每天增加一千金，恐怕也买不到。如今它被弃置在这永州，农民、渔夫走过也鄙视它，售价仅四百文钱，一连多年也卖不出去。而唯独我和李深源、元克己偏偏因得到它而高兴，这难道是确实有所谓遭际遇合吗？我把这篇文章写在石碑上，用来祝贺我和小丘的相遇。

小石城山记

原 文

自西山道口径北①，逾黄茅岭而下②，有二道。其一西出，寻之无所得；其一少北而东，不过四十丈，土断而川分，有积石横当其垠。其上为睥睨梁欐之形③，其旁出堡坞④，有若门焉。窥之正黑，投以小石，洞然有水声⑤，其响之激越，良久乃已。环之可上，望甚远，无土壤而生嘉树美箭，益奇而坚，其疏数偃仰，类智者所施设也。

注 释

①**径北**：直行向北。②**黄茅岭**：在今湖南省永州市零陵县城西面。③**睥睨**：城上的矮墙。**梁欐**：屋子的正梁，这里形容地势。④**坞**：土堡。⑤**洞然**：投石入水的声音。

译 文

从西山路口一直向北走，越过黄茅岭往下去，有两条路：一条路向西走，沿着它走过去什么也没得到；另一条稍微偏北而后向东，走了不到四十丈，路就被一条河流截断了，有一积石山横挡在这条路的尽头。石山顶部生成矮墙和栋梁的形状，旁边又凸出一块好像堡垒，有一个像门的洞。往洞里探望一片漆黑，扔一块小石子进去，咚的一下有水响声，那声音很洪亮，好久才消失。石山可以盘绕着登到山顶，站在上面望得很远。山上没有泥土却长着好的树木和竹子，形状奇特、质地坚硬。竹木分布疏密有致、高低不齐，好像是有智慧的人特意布置的。

原 文

噫！吾疑造物者之有无久矣①。及是，愈以为诚有。又怪其不为之于中州②，而列是夷狄，更千百年不得一售其伎，是固劳而无用。神者倘不宜如是，则其果无乎？或曰："以慰夫贤而辱于此者。"或曰："其气之灵③，不为伟人，而独为是物。故楚之南少人而多石。"是二者，余未信之。

注　释

①**造物者**：指所谓创造万物的神灵。②**中州**：中原，黄河中下游河南的古称，意为国之中，华夏之中。③**其气**：指天地之气。

译　文

啊！我怀疑造物主的有无已很久了。到了这儿，我更加相信造物主确实存在。但又奇怪它不把这小石城山安放到中原地区，而是把它放置在这荒僻的蛮夷之地。即使历经千百年也不能向世人显示自己的奇异景色，这简直是白费力气而毫无用处。神灵的造物者或许不应该这样做，那么造物者果真不存在吧？有人说："这是为了安慰那些被贬逐在此地的贤人。"也有人说："这里的山川钟灵之气不孕育伟人，却唯独凝聚成这奇山胜景，所以楚地的南部少出人才而多产奇峰怪石。"这两种说法，我都不相信。

王禹偁

王禹偁（954—1001），北宋文学家、史学家。字元之，济州钜野（今山东巨野县）人。太平兴国八年（983）进士，历任右拾遗、左司谏、知制诰、翰林学士。敢于直言讽谏，屡受贬谪。宋真宗即位，召还，复知制诰。后贬至黄州，故世称王黄州，后又迁蕲州病死。

黄冈竹楼记

原　文

黄冈之地多竹①，大者如椽（chuán）②，竹工破之，刳（kū）去其节③，用代陶瓦，比屋皆然④,以其价廉而工省也。

注释

①**黄冈**:今湖北省黄冈市。②**椽**:放在檩上架着屋顶的木条。③**剖**:刮削。④**比屋**:挨家挨户。比,紧挨,靠近。

译文

黄冈地区盛产竹子,大的像椽子那样粗,竹匠剖开它,削掉它的竹节,用来代替土制的瓦,每家的房屋都是这样,因为竹瓦价格既便宜又省工。

原文

子城西北隅①,雉堞(dié)圮毁②,蓁莽(zhēn)荒秽③,因作小楼二间,与月波楼通④。远吞山光,平挹(yì)江濑(lài)⑤,幽阒(qù)辽夐(xiòng)⑥,不可具状。夏宜急雨,有瀑布声;冬宜密雪,有碎玉声。宜鼓琴,琴调和畅;宜咏诗,诗韵清绝;宜围棋,子声丁丁(zhēng)然⑦;宜投壶⑧,矢声铮铮然。皆竹楼之所助也。

注释

①**子城**:附属于大城的小城。②**雉堞**:城上的矮墙。③**蓁莽**:草木杂乱丛生。④**月波楼**:黄冈的一座城楼,也是王禹偁修筑。⑤**挹**:汲取,看取。此指望见。**濑**:从沙石上流过的急水。⑥**阒**:寂静。**夐**:遥远。⑦**丁丁**:象声词,形容棋子敲击棋盘时发出的清脆悠远之声。⑧**投壶**:古代士大夫宴饮时做的一种投掷游戏,是一种从容安详、讲究礼节的活动。以矢投壶中,投中次数多者为胜。胜者斟酒使败者饮。

译文

在黄冈子城的西北角,城墙上排列如齿状的矮墙坍塌毁坏,茂密的野草丛生,一片荒凉肮脏的景象。我清理那块空地,建造了两间小竹楼,与月波楼相接连。登上竹楼,远眺可以尽览山色,平视可以将江滩、碧波尽收眼底,清幽静谧、辽阔绵远的景象,实在无法一一描述出来。夏天适宜听急骤的下雨声,那雨声好像激流的瀑布拍打岩石的声音;冬天适宜听密集的下雪声,那雪声好像细小的玉片落在地面的声音。这里适宜弹琴,琴的旋律清虚和畅;这里适宜吟诗,诗的韵味清雅绝妙;这里适宜下棋,棋盘上落子声丁丁动听;这里适宜投壶,箭落壶内声铮铮悦耳。这些美妙的声音都是靠着竹楼的帮助才得来的。

原文

公退之暇①，被鹤氅衣②，戴华阳巾③，手执《周易》一卷，焚香默坐，消遣世虑。江山之外，第见风帆沙鸟④，烟云竹树而已。待其酒力醒，茶烟歇，送夕阳，迎素月，亦谪居之胜概也。

●黄冈竹楼

注释

①**公退**：办完公事，退下休息。②**被**：穿着。**鹤氅衣**：用鸟羽制的披风。③**华阳巾**：道士所戴的头巾。④**第**：但，只。

译文

在公务办完后的空闲，我披着鹤氅，戴着华阳巾，手拿一卷《周易》，焚香静坐于楼中，消除世俗杂念。除了水色山光之外，只能看到风中白帆、沙洲飞鸟，轻烟云雾和竹林花树罢了。等到酒醒之后，茶炉的烟火已经熄灭，送走落日，迎来皓月，这也是我谪居生活中的赏心悦目的美景吧。

原文

彼齐云、落星①，高则高矣；井幹、丽谯②，华则华矣。止于贮妓女，藏歌舞，非骚人之事，吾所不取。

注释

①**齐云**：齐云楼，在今苏州，相传是五代时韩浦建造。**落星**：落星楼，在今南京，三国时孙权所建。②**井幹**：井幹楼，汉武帝在长安所建。**丽谯**：丽谯楼，曹操所建。

译文

那齐云楼、落星楼，高是算高了。井幹楼、丽谯楼，华丽也算是非常华丽了。可它们只是用来蓄养歌伎美女，安置一些能歌善舞的人，不是风雅之士应该做的事，对我来说是不可取的。

原 文

吾闻竹工云："竹之为瓦，仅十稔；若重覆之，得二十稔。"噫！吾以至道乙未岁①，自翰林出滁上②；丙申，移广陵③；丁酉，又入西掖④；戊戌岁除日⑤，有齐安之命⑥；己亥闰三月⑦，到郡。四年之间，奔走不暇，未知明年又在何处，岂惧竹楼之易朽乎？后之人与我同志⑧，嗣而葺之，庶斯楼之不朽也。

注 释

①**至道**：宋太宗赵光义年号。**乙未岁**：至道元年，即995年。②**自翰林出滁上**：作者因讪谤朝廷罪由翰林学士贬为滁州刺史。③**丙申**：至道二年（996）。**广陵**：今扬州。④**丁酉**：至道三年（997）。**西掖**：中书省的别称，即至道三年作者由扬州回京复任刑部郎中知制诰。⑤**戊戌**：宋真宗咸平元年（998）。**除日**：大年三十。⑥**齐安**：黄州，郡治在今湖北省黄冈市。作者这一年因编写《太祖实录》，直书史事，宰相对其不满，被贬至黄州。⑦**己亥**：真宗咸平二年（999）。⑧**同志**：志同道合。

译 文

我听竹匠说："竹制的瓦，只能用十年，如果铺两层，能用二十年。"唉，我在至道元年，由翰林学士被贬到滁州，至道二年调到扬州，至道三年重返中书省，咸平元年除夕，又接到贬往齐安的调令，今年闰三月来到齐安郡。四年当中，四处奔波没有空闲，不知道明年又去什么地方，难道还怕竹楼容易朽坏吗？希望接任我的人和我志趣相同，接着修缮它，希望这座竹楼能够永不朽坏。

李格非

李格非（约1045—约1105），北宋文学家，女词人李清照之父。李清照《上枢密韩公诗二首》诗序中称"父祖皆出韩公（大学士韩琦）门下"，可知其父祖辈皆为"蚤有盛名，识量英伟"，著有《礼记说》等。

书《洛阳名园记》后

原文

洛阳处天下之中，挟崤（xiáo）、黾之阻①，当秦、陇之襟喉②，而赵、魏之走集③，盖四方必争之地也。天下当无事则已，有事则洛阳必先受兵④。予故尝曰："洛阳之盛衰，天下治乱之候也。"

注释

①**挟**：拥有。**黾**：黾隘，古隘道名。即今河南信阳西南的平靖关。②**秦**：秦地，今陕西一带。**陇**：今陕西西部和甘肃一带。**襟喉**：衣襟和咽喉，比喻险要而关键的地方。③**赵、魏**：战国时期赵国（今山西、陕西、河北一带）和魏国（今河南北部、山西西南部一带）。④**受兵**：遭遇战乱。

译文

洛阳地处全国的中央，拥有崤山、黾隘的险阻，正当秦川、陇地的要害之地，又是赵、魏往来的必经要道，是四方诸侯必争之地。天下如果太平无事也就罢了，一旦有战事，那么洛阳一定率先受到兵灾。因此我曾经说过："洛阳的兴盛和衰败是天下太平或动乱的征兆。"

原文

唐贞观、开元之间，公卿贵戚开馆列第于东都者，号千有余邸。及其乱离，继以五季之酷①。其池塘竹树，兵车蹂践（cù）②，废而为丘墟，高亭大榭，烟火焚燎，化而为灰烬，与唐共灭而俱亡，无余处矣。予故尝曰："园囿之兴废，洛阳盛衰之候也。"

注释

①**五季**：五代（后梁、后唐、后晋、后汉、后周）。**酷**：兵祸酷烈。②**蹴**：用脚踢。

译文

唐朝贞观、开元年间，高官重臣、皇亲国戚在东都洛阳营建馆舍府邸的，号称有一千多座。等到唐朝后期遭受动乱而流离失所，接着是五代的残酷破坏。那些池塘、竹林树木，受战车的践踏，破败成为土堆废墟；高耸的亭台、宽大的楼阁，受战火的焚烧，消失掉成为一堆灰烬，跟唐朝一起灰飞烟灭，没有留下一处。我因此曾说："馆第园林的繁盛或毁灭就是洛阳兴旺或衰败的征兆啊。"

原文

且天下之治乱，候于洛阳之盛衰而知；洛阳之盛衰，候于园囿之兴废而得，则《名园记》之作，予岂徒然哉？

译文

况且天下的太平或动乱，考察洛阳的兴盛或衰败就可以得知；洛阳的兴盛衰败，窥伺馆第园林的繁盛或荒废就能得知，那么我作《洛阳名园记》，难道是徒劳无益、白费笔墨吗？

原文

呜呼！公卿大夫方进于朝①，放乎一己之私，自为之，而忘天下之治忽②，欲退享此，得乎？唐之末路是已。

注释

①**进于朝**：被朝廷提拔任用。②**治忽**：治理或纷乱。

译文

唉！公卿大夫们正被朝廷提拔任用，放纵自己的私欲，为所欲为，却忘却了国家大事的治理与荒乱，那么，他们想要退隐之后享受这种园林之乐，能办得到吗？唐朝走向灭亡穷途末路就是这样造成的啊！

范仲淹

范仲淹（989—1052），字希文，北宋政治家、文学家。范仲淹政绩卓著，文学成就突出。他倡导的"先天下之忧而忧，后天下之乐而乐"思想和仁人志士节操，对后世影响深远。有《范文正公文集》传世。

严先生祠堂记

原文

先生①，光武之故人也，相尚以道。及帝握《赤符》②，乘六龙③，得圣人之时，臣妾亿兆，天下孰加焉？惟先生以节高之。既而动星象④，归江湖⑤，得圣人之清，泥涂轩冕，天下孰加焉？惟光武以礼下之。

注释

①先生：本姓庄，后人避汉明帝刘庄讳改其姓，一名遵，字子陵，余姚人。少有高名，与刘秀同游学。刘秀即位后他改名隐居。②赤符：《赤伏符》，刘秀军至鄗地，儒生彊华献《赤伏符》，谓刘秀上应天命，当继汉统为帝。③乘六龙：《乾》卦：时乘六龙以御天。意思是乘着六爻的阳气来控御天下。④动星象：传说光武与严子陵共卧，子陵把脚放在光武帝腹上。次日，太史奏天客星犯帝座甚急，光武帝笑道："我这是与故人严子陵同卧而已。"古代迷信，常把星象与人事相附会。⑤归江湖：光武帝任严子陵为谏议大夫，严子陵不受，隐居耕钓于富春山（今浙江桐庐）。

译文

严先生是光武帝的老朋友，他们之间一向以道义互相推崇。等到光武帝得到《赤符》，乘驾着六龙的阳气，获得了登极称帝的时机，统治千千万万的人民，天下谁能超过他呢？只有严先生以其节操超过他。后来先生惊动了天上的星象，归隐乡间，做到了圣人自然清净的境界，视官爵显贵如泥土，天下又有谁能超过他呢？只有光武帝屈尊自己的身份用礼节来结交他。

原文

在《蛊》之上九①，众方有为，而独"不事王侯，高尚其事"，先生以之。在《屯》之初九②，阳德方亨，而能"以贵下贱，

●严子陵披羊裘钓大泽中

大得民也",光武以之。盖先生之心,出乎日月之上;光武之量,包乎天地之外。微先生不能成光武之大,微光武岂能遂先生之高哉?而使贪夫廉,懦夫立,是大有功于名教也。仲淹来守是邦,始构堂而奠焉。乃复为其后者四家,以奉祠事。又从而歌曰:云山苍苍,江水泱泱。先生之风,山高水长。

注释

①《蛊》:是《周易》六十四卦中第十八卦。全卦的内容主要讲儿子继承父业的事。
②《屯》:《周易》六十四卦中第三卦。屯卦为始生之卦,它讲的是一个事物始生起步之艰难。

译文

在《周易·蛊》卦的"上九"爻辞中说,大家正当有所作为的时候,有人偏偏不事奉王侯,保持自己品德的高尚。先生就是这样做的。在《周易·屯》卦的"初九"爻辞中说,帝王的威德正当旺盛,有人能够"以高贵的身份交结卑贱的人,深得民心"。光武帝正是这样做的。这是因为先生的胸怀超出于日月之上;光武帝的气量包含到了天地以外。没有先生就不能成就光武帝气量的宏大;没有光武帝又怎能促成先生品质的崇高呢?先生的作为使贪婪的人清廉起来,使胆怯的人振作起来,这对于名分和礼教是有很大功劳的。来到这个州任职之后,我才开始建造祠堂来祭奠先生。又免除了先生后代的四户人家的劳役和赋税,让他们负责祠堂祭祀的事情。随后又作了一首歌来歌颂先生:云山青苍,江水深广,先生的风度,比山还高,比水还长。

岳阳楼记

原文

庆历四年春,滕子京谪守巴陵郡。越明年,政通人和,百废具兴。乃重修岳阳楼,增其旧制①,刻唐贤、今人诗赋于其上,属(zhǔ)予作文以记之。
予观夫巴陵胜状,在洞庭一湖。衔远山②,吞长江,浩浩汤汤(shāng),

横无际涯；朝晖夕阴，气象万千。此则岳阳楼之大观也。前人之述备矣。然则北通巫峡，南极潇湘，迁客骚人，多会于此，览物之情，得无异乎？

若夫霪雨霏霏，连月不开，阴风怒号，浊浪排空；日星隐曜，山岳潜形，商旅不行，樯倾楫摧③，薄暮冥冥，虎啸猿啼。登斯楼也，则有去国怀乡④，忧谗畏讥，满目萧然，感极而悲者矣。

至若春和景明，波澜不惊，上下天光⑤，一碧万顷，沙鸥翔集，锦鳞游泳，岸芷汀兰，郁郁青青。而或长烟一空，皓月千里，浮光耀金⑥，静影沉璧⑦，渔歌互答，此乐何极！登斯楼也，则有心旷神怡，宠辱皆忘，把酒临风，其喜洋洋者矣。

嗟夫！予尝求古仁人之心，或异二者之为。何哉？不以物喜，不以己悲⑧。居庙堂之高，则忧其民；处江湖之远，则忧其君。是进亦忧，退亦忧。然则何时而乐耶？其必曰"先天下之忧而忧,后天下之乐而乐"欤！噫！微斯人，吾谁与归？

注释

①**增其旧制**：扩大原来的规模。②**衔**：包含。**远山**：指洞庭湖中的君山。③**樯倾楫摧**：指船只毁坏。樯，桅杆。楫，船桨。④**去国**：离开国都。⑤**上下天光**：明净的天空倒映在水里，天水融为一色。"上"指天，"下"指水。⑥**浮光耀金**：月映水上如金光闪耀。⑦**沉璧**：指水中月影。 ⑧**"不以物喜"二句**：指思想感情不因为环境的好坏和个人的得失而或喜或悲。

译文

庆历四年的春天，滕子京被贬到巴陵郡担任太守。到了第二年时，巴陵郡的政事民情都很顺畅，百姓安居乐业，一切荒废待兴的事都兴办起来了。他决定重新修建岳阳楼，扩大它原来的规模，把唐朝名人和现代人的诗赋都刻在楼上，特意嘱托我写一篇文章来记述这件事。

我放眼望巴陵之美景，全部集中于洞庭湖之上。它衔接着远方青山，接纳了长江，浩浩荡荡的流水，无边无际；早晨的阳光，傍晚的月色，景致在不经意间千变万化。这便是岳阳楼上可以一观的壮美景色。这些美景前人已经描述得很详细了。然而,它北通巫峡,南到潇湘,那些降职远调的官员和来到这里的文人墨客,看到此景的心情,难道没有不同吗?

如果遇到那连绵不断的雨密密地下着,接连几个月没有晴天,寒风怒号,浑浊的浪头腾空而起,隐没了太阳和星星的光辉,山峰的线条也不见了,商人和旅客不能赶路,船上的桅杆倒了,桨也断了,一到傍晚,天色昏暗下来,似虎在怒吼,猿猴在哀啼。这时候登上这座楼,此时此景会让人伤感,想起远离国都,怀念家乡,害怕别人诽谤自己、嘲笑自己,只觉得满眼是凄凉的景象,感慨不已,忍不住神伤起来。

当然也有如春天温和,阳光明媚的好天气,风平浪静,湖光天色相映,碧绿无边,沙鸥有时飞翔,有时停聚,美丽的鱼儿游来游去,岸边的香芷洲上的兰花,香气扑鼻,长得非常茂盛。有时候大片烟雾完全消散,明亮的月色照耀着千里湖面,有时水波荡漾,金光闪闪,有时水面不起一丝波纹,静静的月亮的倒影像沉在水里的一块玉璧,渔歌这边唱,那边和,这种乐趣哪里有尽头!此时登上这座楼,就会心胸开朗,精神愉快,忘却了荣辱,端起酒杯面对和风,只有喜气洋洋。

唉!我曾探求过那些古代道德高尚的人的思想感情,或许和上面两种心情都不同。为什么呢?他们不会因为环境顺利而高兴,也不会因为自己失意就神伤。他们若身在朝廷为官,便会时刻想着百姓疾苦;若身居偏远的民间,也会为皇帝忧国忧民。这样在朝廷也忧虑,在民间也忧虑。那么什么时候他们才会快乐呢?他们一定会说"要在天下人忧虑之前忧虑,在天下人享乐之后享乐"啊!唉!倘若没有这种人,我将和谁是一路呢?

司马光

司马光(1019—1086),字君实,号迂叟。北宋政治家、史学家、文学家。宋神宗时,因反对王安石变法,离开朝廷十五年,主持编纂中国第一部编年体通史《资治通鉴》。历仕仁宗、英宗、神宗、哲宗四朝,卒赠太师、温国公,谥文正。平生著作甚多,有《温国文正司马公文集》《稽古录》等。

谏院题名记

原文

古者谏无官，自公、卿、大夫至于工、商，无不得谏者。汉兴以来始置官①。夫以天下之政，四海之众，得失利病，萃于一官使言之②，其为任亦重矣。居是官者，当志其大，舍其细；先其急，后其缓；专利国家，而不为身谋。彼汲汲于名者，犹汲汲于利也，其间相去何远哉！

注释

①**汉兴以来始置官**：秦代就有谏议大夫，汉武帝时置谏大夫，专掌议论。②**萃**：集中。

译文

古代没有专门设置进谏的官职，上自官居高位的公卿大夫，下至工匠、商人，没有不能进谏的人。汉朝兴盛以后，开始设置谏官。将天下所有的政事，四海之内的百姓，国家社稷的得与失、优与劣，都集中到谏官身上并让他说出来。他的责任相当重啊！居于这个官职的人应该记住国家大事，舍弃细微小事；先考虑情况紧急之事，后考虑不紧要的事；一心为国家谋求利益，而不为自身打算。那些急切追求敢于纳谏名声的人，与迫切追求私利的人一样，他们距谏官的标准是多么遥远啊！

原文

天禧初①，真宗诏置谏官六员，责其职事。庆历中，钱君始书其名于版②。光恐久而漫灭，嘉祐八年，刻著于石。后之人将历指其名而议之曰："某也忠，某也诈，某也直，某也曲。"呜呼！可不惧(jù)哉？

注释

①**天禧**：宋真宗赵恒年号（1017—1021）。②**钱君**：钱明逸，字子飞，钱易子，杭州临安人。由殿中丞策制科，转太常博士。为吕夷简所知，擢右正言。首劾范仲淹、富弼"更张纲纪，纷扰国经"。宋仁宗庆历年间（1041—1048）曾为右正官，谏院供职。**版**：古代写字时用的木板、木片。

译　文

　　天禧初年，真宗下诏设立谏官六名，规定他们各自的职责。庆历中期，钱君开始将谏官的名字书写在木板上，我担心时间长了字迹会被磨掉，于是在嘉祐八年时，我将谏官的名字刻在石头上，以后的人就可以清楚地指着这些名字评论道："某某人是忠臣，某某人奸佞，某某人正直，某某人偏邪。"啊，难道会不心存戒惧吗？

钱公辅

　　钱公辅（1021—1072），字君倚，宋代作家。少从胡翼之学，有名吴中，历任江宁知州、扬州知州等职。

义田记

原　文

　　范文正公①，苏人也。平生好施与，择其亲而贫、疏而贤者，咸施之。方贵显时，置负郭常稔之田千亩②，号曰"义田"，以养济群族之人。日有食，岁有衣，嫁娶凶葬皆有赡。择族之长而贤者主其计，而时共出纳焉。日食，人一升；岁衣，人一缣③，嫁女者五十千④，再嫁者三十千；娶妇者三十千，再娶者十五千；葬者如再嫁之数，葬幼者十千。族之聚者九十口，岁入给稻八百斛，以其所入，给其所聚，沛然有余而无穷⑤。屏而家居俟代者与焉⑥，仕而居官者罢莫给。此其大较也。

注　释

　　①**范文正公**：范仲淹，字希文，谥文正，亦称范履霜，北宋著名政治家、文学家、军事家、教育家。②**负郭**：靠近外城。③**缣**：双经双纬的粗厚织物。这里泛指做衣服用的布匹。④**千**：古代将铜钱用绳子贯穿在一起，一千钱为一贯。五十千即五十贯。⑤**沛然**：

充裕。⑥**屏**：退隐。

译　文

范仲淹，苏州人，一生乐于用钱财周济别人。他选择那些关系亲近而贫穷、关系疏远而贤能的人予以帮助。当他尊贵显赫的时候，他购置了靠近外城能常年保收的良田一千亩，称作"义田"，用来养活、救济许多同族的人，使这些人天天有饭吃，年年有衣穿。这些人的嫁女、娶妻、殡葬之事，他都予以资助。他选择家族中年长而且贤德的人主管账目，定期总计收入和支出。每天吃的饭，一人一升米。每年穿的衣服，每人一匹布帛，嫁女儿的供给五十千钱，闰女改嫁的供给三十千钱，娶儿媳妇的发给三十千钱，再娶的发给十五千钱，安葬死者的钱和闰女再嫁的数目相同，埋葬小孩的给十千。同族聚居的人有九十多

●同气清忠

人，义田每年收入供分配用的稻子八百斛。用它所收入的粮食供应在这里聚居的族人，充足有剩余而没有穷乏之时。退隐赋闲在家、等候任职的人予以供给，出仕为官的人则停止供给。这就是义田的大致情况。

原　文

初，公之未贵显也，尝有志于是矣，而力未逮者二十年。既而为西帅①，及参大政②，于是始有禄赐之入，而终其志。公既殁，后世子孙修其业，承其志，如公之存也。公虽位充禄厚，而贫终其身。殁之日，身无以为敛，子无以为丧。惟以施贫活族之义③，遗其子而已。

注　释

①**西帅**：范仲淹曾任陕西经略安抚副使。②**参大政**：宋代参知政事的别称。③**活**：养活。

译文

　　当初,范公还未尊贵显达的时候就曾立志做这件事,但在二十年间他的经济力量一直没能达到。后来他做了陕西经略安抚副使,继而入朝做参知政事,从此才开始有了俸禄赏赐的收入,终于实现了自己的志愿。他去世之后,后代的子孙继续经管他的事业,继承他的遗志,就像他在世的时候一样。范公虽然官位很高、俸禄优厚,但是终身安于清贫。他逝世的时候,遗体都没有好衣服来入殓,子女们也没有钱财为他举办像样的丧事。他只是把布施穷人、养活亲族的道义,留传给了他的子女罢了。

原文

　　昔晏平仲敝车羸马①,桓子曰②:"是隐君之赐也。"晏子曰:"自臣之贵,父之族,无不乘车者;母之族,无不足于衣食者;妻之族,无冻馁者;齐国之士,待臣而举火者三百余人③。如此,而为隐君之赐乎?彰君之赐乎?"于是齐侯以晏子之觞,而觞桓子。予尝爱晏子好仁,齐侯知贤,而桓子服义也。又爱晏子之仁有等级,而言有次第也。先父族,次母族,次妻族,而后及其疏远之贤。孟子曰:"亲亲而仁民,仁民而爱物。"晏子为近之。今观文正公之义田,贤于平仲,其规模远举,又疑过之。

注释

　　①**晏平仲**:晏婴,春秋时期齐国大夫。②**桓子**:春秋时期齐国贵族。姓田,名天宇。③**举火**:生火做饭。

译文

　　古时候晏平仲乘破车、驾瘦马。陈桓子对他说:"这是隐瞒君主的赏赐啊。"晏子回答说:"自从我做了高官以后,父亲的同族没有不坐车的;母亲的亲族没有衣食不足的;妻子的亲人没有挨饿受冻的;齐国的士人等待我接济才能生火做饭的有三百多人。像这样的例子是隐藏君主的赏赐呢?还是彰明君主的赏赐呢?"于是齐侯就拿晏子的酒来罚桓子喝酒。我曾经仰慕晏子喜好仁德,齐君赏识贤者,而桓子能服从大义。又仰慕晏子的仁德有亲疏等级之分,而说话井然有次序:先说父亲亲族,后说母亲亲族,再说妻子的亲族,最后才提到关系疏远的贤者。孟子说:"由爱自己的亲人而施仁德于民众,由对民众仁德而爱惜世间万物。"晏子的行为接近这一点啊。现在看范文正公的购置义田这件事,是比晏平仲还要贤明啊。义田的规模之大影响之远,恐怕要超过晏子。

原 文

呜呼!世之都三公位①,享万钟禄②,其邸第之雄、车舆之饰、声色之多、妻孥之富,止乎一己而已,而族之人不得其门者,岂少也哉?况于施贤乎!其下为卿、为大夫,为士,廪稍之充③、奉养之厚,止乎一己而已,而族之人操壶瓢为沟中瘠者④,又岂少哉?况于它人乎!是皆公之罪人也。

公之忠义满朝廷,事业满边隅,功名满天下,后世必有史官书之者,予可无录也。独高其义,因以遗其世云。

注 释

①**三公**:古代丞相、太尉、御史大夫的合称,泛指高官。②**万钟禄**:形容俸禄十分多。钟,古代的容器,一钟等于六斛四斗。③**廪稍**:当时公家免费供给的俸粮称"廪"或"稍"。④**操壶瓢**:拿着葫芦壳乞讨。**沟中瘠**:因贫困而饿死于荒野。

译 文

啊!当今世上那些身居三公职位,享受高俸禄的人,他们宅第的雄伟,车驾的华丽,歌伎舞女的众多,妻子儿女的富有,只不过是用来供自己人享受罢了。本族的亲人不能登门的,难道还少吗?更何况帮助疏远的贤者呢?地位在他们之下的卿、大夫、士等官员,他们俸禄的充裕,待遇的丰厚,也仅供自己人享受而已。本族的亲人,手拿葫芦壳讨饭,贫困而饿死在荒野的人,难道少吗?何况对于其他人呢?这些人都是范文正公的罪人啊!

范文正公的忠义誉满朝堂,事业的成就满边疆,功名传遍天下,后代一定会有史官记载这些事的,我可以不用记录了。我只是推崇他的道义,因而作这篇记以留赠世人。

李 觏

李觏(1009—1059),字泰伯,号盱江先生,北宋哲学家、文学家。博学通识,尤长于礼。他不拘泥于汉、唐诸儒的旧说,敢于抒发己见,推理经义,成为"一时儒宗"。

袁州州学记

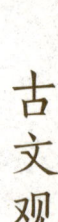

原文

皇帝二十有三年①,制诏州县立学。惟时守令有哲有愚,有屈力殚虑②,祇顺德意③;有假官借师,苟具文书。或连数城,亡诵弦声④。倡而不和,教尼不行。

注释

①**皇帝二十有三年**:这里指宋仁宗二十三年,即庆历五年(1045)。②**屈力**:费尽心力。③**祇**:恭敬。④**诵弦**:古代学校里读诗,只口诵的叫"诵",用乐器配合的叫"弦"。原指应根据季节采取不同的学习方式。后泛指读书、学习。《礼记·文王世子》:"春诵夏弦,大(太)师诏之。"

译文

庆历五年,宋仁宗颁发诏书命令各州县设立学校。当时的州县长官,有的人贤明,有的人愚昧。有的人穷尽才力、竭尽思虑,恭敬地遵循皇帝的旨意;有的人假借官府、师长的名义,草率地上呈一个奉命办学的公文。有些地方一连几座城邑都听不到诵读诗歌的声音。宋仁宗倡导的事下面的官员不予响应,使得教化停滞,不能推行。

原文

三十有二年,范阳祖君无泽知袁州①。始至,进诸生,知学宫阙状,大惧人材放失,儒效阔疏,亡以称上意旨。通判颍川陈君佖②,闻而是之,议以克合③。相旧夫子庙狭隘不足改为,乃营治之东。厥土燥刚,厥位面阳,厥材孔良。

注释

①**祖君无泽**：祖无泽，字泽之，北宋上蔡（今河南上蔡县）人。②**通判**：官名，地位略次于州府长官，与知州、知府共理政事。**陈君佖**：陈佖，字复之。宋时福州长乐（今福州长乐区）人，进士，曾任过颍川（今河南禹州一带）通判。③**克合**：意见一致。

译文

仁宗皇帝三十二年，范阳人祖无泽出任袁州知州。他刚上任，就召见众多儒生，了解学馆残缺破败的情况。他非常担心人才散失，儒学的教化作用会逐渐削弱，不符合皇上的旨意。本州通判颍川人陈佖听说后同意他的看法，二人意见完全一致。他们仔细察看旧有的夫子庙，觉得它太狭窄不能改建为学馆，于是决定在城的东面建造新学馆。那里土地干燥坚硬，地势向阳，建筑材料非常优良。

原文

殿堂门庑，黝垩丹漆①，举以法②。故生师有舍，庖廪有次。百尔器备③，并手偕作。工善吏勤，晨夜展力，越明年成。

注释

①**黝**：浅黑色。**垩**：白色土，可用来粉饰墙壁。**丹**：红色。**漆**：黑色。②**举以法**：按照前人法度、规矩。③**百尔**：一切，所有的。

译文

学馆的大殿、厅堂、大门、走廊，分别漆成淡黑色、白色、红色、黑色，全部按照前人的法度。因此，儒生和老师都有自己的屋舍，厨房和粮仓都排列有序。一切器具完备，大家动手，一起协作。工匠技艺高超，官吏勤奋做事，夜以继日施展才力，过了一年，学馆就建成了。

原文

舍菜且有日①。盱江李觏谂于众曰②：惟四代之学③，考诸经可见已。秦以山西鏖六国④，欲帝万世，刘氏一呼而关门不守，武夫健将卖降恐后，何耶？《诗》《书》之道废，人惟见利而不闻义焉耳。孝武乘丰富，世祖出戎行⑤，皆孳孳学术⑥。

俗化之厚，延于灵、献⑦。草茅危言者⑧，折首而不悔，功烈震主者，闻命而释兵。群雄相视，不敢去臣位，尚数十年。教道之结人心如此。今代遭圣神，尔袁得圣君，俾尔由庠序践古人之迹⑨。天下治，则谭礼乐以陶吾民⑩；一有不幸，尤当仗大节，为臣死忠，为子死孝。使人有所赖，且有所法，是惟朝家教学之意。若其弄笔墨以徼利达而已，岂徒二三子之羞？抑亦为国者之忧。

注释

①**舍菜**：即"释菜"，古代入学时祭祀先圣先师的一种典礼。见于《礼记·月令》："上丁，命乐正习舞，释菜。" ②**盱江**：水名，在今江西东部。③**四代**：指虞、夏、商、周四代。④**山西**：崤山以西，在今河南洛宁县北。⑤**世祖**：指东汉光武帝刘秀。⑥**孳孳**：同"孜孜"，指孜孜不倦、努力不懈。⑦**灵、献**：指东汉汉灵帝、汉献帝。⑧**草茅**：指民间，代指在野之人。⑨**庠序**：古代的地方学校，周代称庠，殷代称序。区别于天子的辟雍、诸侯的泮宫等大学，后泛称学校。⑩**谭**：同"谈"，讲习。

译文

举行祭孔的开学仪式将指日可待，盱江人李觏勉励众人说：虞、夏、商、周四代的办学之事，我们查考各种经书就可以知道了。秦国凭借崤山以西的力量与六国激烈战斗，想要万世称帝，却因刘邦一声号召，函谷关的大门便守不住了。勇猛杀敌的士卒、英勇善战的将领，争相卖身投降唯恐落后于人，这是为什么呢？因为秦国时，《诗》《书》讲的道理早已废弃，人们只看见私利却听不到正义的声音罢了。汉武帝在民富国强的时候登基，光武帝出身在军队里，他们都能孳孳不倦地推行儒家学说。

汉朝的风俗教化淳厚，一直延续到汉灵帝、汉献帝的时代。当时，那些身在民间敢于直言的人，即使被杀头也不后悔；那些功绩显赫、威震天下的将军，一听到命令就交出兵权。许多割据称霸的人互相观望，谁都不敢丢掉臣位自立称帝，这种局面尚且维持了数十年。儒家的教化道义维系人心竟能达到这种地步。现在国家碰上了圣明的皇帝，你们袁州人又遇到了贤明的长官，使你们能够通过学馆的教育，追随古代圣贤的遗迹。天下安定的时候，就讲习礼乐来教化百姓。一旦发生动乱，更应当依靠高尚的节操，做臣子的要为忠义而死，做人子的要为父尽孝而死。使人们有所依赖，并且有所效法。这就是朝廷办学的本意。如果有人舞文弄墨，只是为了谋求名利地位，这难道仅仅是你们的羞耻吗？或许也是治国之人所忧虑的。

卷十　宋文

欧阳修

欧阳修（1007—1072），字永叔，号醉翁、六一居士，北宋政治家、文学家，官至翰林学士、枢密副使、参知政事，谥号文忠，世称欧阳文忠公。后人将其与韩愈、柳宗元和苏轼合称"千古文章四大家"。与韩愈、柳宗元、苏轼、苏洵、苏辙、王安石、曾巩被世人称为"唐宋八大家"。欧阳修是在宋代文学史上开创一代文风的文坛领袖，领导了北宋诗文革新运动，继承并发展了韩愈的古文理论。

梅圣俞诗集序

原文

予闻世谓诗人少达而多穷①，夫岂然哉？盖世所传诗者②，多出于古穷人之辞也。凡士之蕴其所有而不得施于世者③，多喜自放于山巅水涯之外④。见虫鱼草木、风云鸟兽之状类，往往探其奇怪，内有忧思感愤之郁积，其兴于怨刺⑤，以道羁臣寡妇之所叹⑥，而写人情之难言。盖愈穷则愈工⑦。然则非诗之能穷人⑧，殆穷者而后工也⑨。

注释

①**达**：闻达，这里指在仕途上顺利得志。**穷**：困顿，这里指在仕途上困窘不得志。

②**盖**：副词，表不确定。③**蕴其所有**：怀抱才华和理想。蕴，蕴藏。④**放**：放任，纵情。⑤**怨刺**：讽刺。⑥**羁臣**：即"羁旅之臣"，指旅居在外或被贬谪的官员。⑦**工**：精工，精美。⑧**穷**：使……穷。⑨**殆**：大概。

译 文

我听闻世人常说：诗人仕途一帆风顺的少，困顿不顺的多。难道真的是这样吗？大概是因为世间所流传的诗作多是由古代困厄之士所写的吧。大凡怀瑾握瑜而又不能在世上充分施展才华的士人，一般都喜爱纵情于山水之间，看见虫鱼草木、风云鸟兽这些事物，往往会加以探究它们的奇特怪异之处。如果内心蕴藏着忧愁感慨，那么他们就会通过讽刺来表达逐臣、寡妇的慨叹，写出了人们所难于言说的感受。大概越困顿就能写得越精美。既然这样，大概是穷困潦倒后才能写出好诗来，而不应该是写诗使人穷困潦倒。

原 文

予友梅圣俞①，少以荫补为吏②，累举进士，辄抑于有司③，困于州县凡十余年。年今五十④，犹从辟书⑤，为人之佐，郁其所蓄不得奋见于事业⑥。其家宛陵，幼习于诗，自为童子，出语已惊其长老。既长，学乎六经仁义之说，其为文章，简古纯粹，不求苟说于世，世之人徒知其诗而已。然时无贤愚，语诗者必求之圣俞。

注 释

①**梅圣俞**：名尧臣，字圣俞，宣城（今安徽宣城）人，世称宛陵先生。北宋著名现实主义诗人。欧阳修挚友。②**荫补**：因祖上有功而被选为官吏。荫，指因前辈功勋而得官。补，指官员有缺额，选人授职。③**抑**：打压，抑制。④**今**：通"近"，将近。⑤**辟书**：征召的文书。⑥**郁**：压抑，使不得抒发。

译 文

我的好友梅尧臣，年轻时因为祖上有功而被补为官吏，几次参加科举考试，却总是被主考部门打压抑制，在地方郁郁不得志十多年。年纪将近五十了，还要等待别人征召的文书，去辅佐别人的工作。他郁积着自己的才华跟智慧，不能在政治上充分地表现出来。他的家乡在宛陵，小时候就学习写诗。当他还是孩童的时候，写出的诗句就已使得长辈们为之惊艳。长大之后,他学习了儒家仁义的学说，写起文章来简洁古朴，他不希望通过苟且来取悦于世人，因此世人只知道他会写诗罢了。然而时人无论贤愚，谈论诗歌必然要向梅圣俞请教。

原文

圣俞亦自以其不得志者，乐于诗而发之，故其平生所作，于诗尤多。世既知之矣，而未有荐于上者。昔王文康公尝见而叹曰①："二百年无此作矣！"虽知之深，亦不果荐也②。若使其幸得用于朝廷，作为"雅""颂"③，以歌咏大宋之功德，荐之清庙④，而追商、周、鲁《颂》之作者，岂不伟欤？奈何使其老不得志而为穷者之诗，乃徒发于虫鱼物类、羁愁感叹之言？世徒喜其工，不知其穷之久而将老也，可不惜哉！

注释

①王文康公：即王曙，字晦叔，号文康，河南人，北宋名臣。②果：最终。③"雅""颂"：二者均为《诗经》内容分类的名称。前者为朝廷的乐曲，后者为宗庙祭祀的乐曲。④清庙：帝王的宗庙。

译文

梅圣俞自己也喜欢用诗歌来抒发不得志的抑郁，所以他一生所创作的作品，诗歌占的数量很多。世上之人虽然已经知道，但却未能把他推荐给朝廷。王文康公过去曾经见到梅圣俞的诗作，慨然叹曰："两百年内没有这样的好作品啊！"虽然对他已经有这么高的评价，但最终也未能把他推荐上去。如果使他能够有幸被朝廷任用，写出像"雅""颂"这样的作品，颂扬我大宋皇朝的丰功伟绩，进献到宗庙里，追随商颂、周颂、鲁颂的作者，岂不是一件很了不起的事？为何要使他到老还是郁郁不得志，只能写一些困顿之人才作的诗歌，徒劳地在虫鱼之类上抒发穷苦哀愁的感叹呢？世人只知道喜欢他诗歌的雕润精工，却不知道他已经困厄如此之久，而将要徐徐老去，难道不可惜吗？

原文

圣俞诗既多，不自收拾。其妻之兄子谢景初，惧其多而易失也，取其自洛阳至于吴兴以来所作，次为十卷。予尝嗜圣俞诗，而患不能尽得之，遽喜谢氏之能类次也，辄序而藏之。其后十五年，圣俞以疾卒于京师，余既哭而铭之，因索于其家，得其遗稿千余篇，并旧所藏，掇其尤者六百七十七篇，为一十五卷。呜呼！吾于圣俞诗，论之详矣，故不复云。

译文

　　梅圣俞的诗歌已经有很多，自己却不加整理。他的内侄谢景初因为害怕诗作太多而有所遗失，所以收集了他从洛阳到吴兴这段时间的作品，整理为十卷。我曾经很喜爱圣俞的诗作，常担心不能得到他的全集，后又高兴地看到谢景初能够分类排序，所以就为它写了序并把它收藏起来。过了十五年，梅圣俞因病在京师溘然长逝，我痛哭流涕并为他写了墓志铭，趁此机会向他家里索求遗文，得到遗留下来的诗稿一千多篇。加上我以前所收藏的，选取了其中较优秀的诗作，分为十五卷，共六百七十七篇。呜呼！我对于圣俞诗歌的评论已经够详细了，所以就不再多费笔墨了。庐陵欧阳修写了这篇序。

五代史伶官传序①

原 文

　　呜呼！盛衰之理，虽曰天命，岂非人事哉！原庄宗之所以得天下②，与其所以失之者③，可以知之矣。

　　世言晋王之将终也，以三矢赐庄宗而告之曰："梁，吾仇也；燕王，吾所立；契丹与吾约为兄弟，而皆背晋以归梁。此三者，吾遗恨也。与尔三矢，尔其无忘乃父之志！"庄宗受而藏之于庙④。其后用兵，则遣从事以一少牢告庙⑤，请其矢，盛以锦囊，负而前驱，及凯旋而纳之。

　　方其系燕父子以组⑥，函梁君臣之首，入于太庙，还矢先王，而告以成功，其意气之盛，可谓壮哉！及仇雠已灭⑦，天下已定，一夫夜呼，乱者四应，仓皇东出，未见贼而士卒离散，君臣相顾，不知所归，至于誓天断发，泣下沾襟，何其衰也！岂得之难而失之易欤？抑本其成败之迹，而皆自于人欤？

　　《书》曰："满招损，谦得益。"忧劳可以兴国，逸豫可以亡身⑧，自然之理也。故方其盛也，举天下之豪杰，莫能与之争；及其衰也，数十伶人困之，而身死国灭，为天下笑。夫祸患常积于忽微，而智勇多困于所溺⑦，岂独伶人也哉！

注释

①伶：为古乐官名。宫廷里供统治者娱乐表演的人物。②原：推本求源，推究。③其：代词，指代庄宗。④庙：太庙，帝王祭祀祖先的宗庙。⑤从事：这里指负责具体事务的官员。一少牢：用猪、羊各一头做祭品。牢，祭祀用的牲畜。⑥组：丝带，这里指绳索。⑦仇雠：仇人。⑧逸豫：逍遥游乐，不能居安思危。⑦溺：沉迷。

译文

　　唉！国家盛衰的道理，虽说有天命决定之说，难道说没有人为造成的吗？探究庄宗取得天下的原因，与他为何会失去天下，就可以完全明白了。

　　世人传言晋王李克用在临死前，将三支箭交给了庄宗，并告诉他说："梁国是我的仇敌，燕王是我推立的，契丹与我约为兄弟，可是后来他们都背叛我而去投靠了梁国。这三件事是我的遗恨。交给你这三支箭，就是要时刻提醒你不要忘记为你父亲报仇雪恨的志向。"庄宗接到箭后将其收藏在宗庙里。以后每当庄宗出兵打仗，都会派手下随从官员用猪羊去祭告祖先，并从宗庙里恭敬地取出箭来，装在漂亮的丝织口袋里，让人背着在军前开路，等打了胜仗回来，再把箭放回宗庙。

　　当他用绳子绑住燕王父子，用小木匣装着梁国君臣的头，走进太庙，把箭交还到晋王的灵前，向先父禀告他生前报仇的志向现在已经完成，他那时的神情气概，是多么威风！等到仇敌已经消灭，天下已经安定，一人在夜里发难，叛乱的人四面响应，他慌张中出兵东进，可是还没见到乱贼，部下的兵士就已经纷纷逃散，君臣们你看着我，我看着你，不知道去向哪里为好；此刻他已经到了割下头发来对天发誓，抱头痛哭，眼泪沾湿衣襟的可怜地步，怎么会如此地衰败差劲呢！难道如古人所言取得天下难，而失去天下容易，才会这样的吗？还是认真探究他成功失败的原因，全部都是由于人事造成的呢？

　　《尚书》中说："自满会招来祸患，谦虚则能得到益处。"忧劳会使国家兴盛，安乐可以使自身灭亡，这是自然的道理。因此，在他兴盛时，普天下的豪杰，没有谁能和他相争；到他衰败时，仅仅数十个乐官就可以将他困住，最后身死国灭，被天下人耻笑。大的祸患都是由一点一滴极小的错误积累而造成的，纵使是聪明有才能和英勇果敢的人，也多半沉溺于某种爱好之中，受其迷惑而结果陷于困穷，难道只有乐工吗！

丰乐亭记

原 文

　　修既治滁之明年①，夏，始饮滁水而甘。问诸滁人②，得于州南百步之近。其上则丰山耸然而特立，下则幽谷窈然而深藏③，中有清泉瀚(wěng)然而仰出④。俯仰左右，顾而乐之。于是疏泉凿石，辟地以为亭，而与滁人往游其间。

注 释

　　①滁：今安徽滁州市。②问诸：即问之于。诸，兼词，之于。③窈然：深远貌，幽深貌。④瀚然：汩汩涌流之貌。

译 文

　　我治理滁州的第二年夏天，才开始觉得滁州的水喝起来很甘甜。向滁州的人民询问水源在何处后，在滁州南面近百步处找到了它。它的上面是丰山，高耸独立；下面则是清幽的山谷，幽深地藏着；中间则是清泉所在，水沸涌着汩汩而出。我环看四周，都很满意。于是，我凿开石头疏导泉水，并开辟一块空地建造了一座小亭，经常和滁州的老百姓一起来这里游玩。

原 文

　　滁于五代干戈之际①，用武之地也。昔太祖皇帝尝以周师破李景兵十五万于清流山下②，生擒其将皇甫晖、姚凤于滁东门之外，遂以平滁。修尝考其山川，按其图记③，升高以望清流之关④，欲求晖、凤就擒之所。而故老皆无在者⑤，盖天下之平久矣。自唐失其政，海内分裂，豪杰并起而争，所在为敌国者⑥，何可胜数？及宋受天命，圣人出而四海一⑦。向之凭恃险阻，划削消磨⑧，百年之间，漠然徒见山高而水清。欲问其事，而遗老尽矣。今滁介江淮之间，舟车商贾，四方宾客之所不至，民生不见外事而安于畎(quǎn)亩衣食⑨，以乐生送死。而孰知上之功德，休养生息，涵煦于百年之深也？

注释

①干戈：古代兵器，此处指战争。②清流山：在今滁州城西南。③图记：地图跟史书记载。④清流之关：清流山关口。宋太祖大败南唐军队之地。⑤故老：同下"遗老"，经历过往事的老人。⑥所在：到处。⑦圣人：指宋太祖赵匡胤。⑧划削：铲除。消磨：磨灭。⑨畎亩：田地。畎，田地中间的沟。

译文

在五代战争动乱年间，滁州是经常发生战争的地方。以前宋太祖赵匡胤曾经带领后周军队在清流山下面击败李璟十五万人马，并在滁州城东门外面活捉了大将皇甫晖跟姚凤，从而攻克了滁州。我曾经考察过这里的山川地理，按照地图上的记载，我站在高处眺望清流山关口，想看一看这两位大将被抓的地方。而那些知道往事的老人都死了，大概是因为天下已经太平很久了吧。自从唐朝失掉政权，四海之内分崩离析，豪杰之士纷纷起来争夺天下，相互对峙的政权，哪里数得过来？等到宋王朝接受上天的任命，太祖一出现，四海就统一了。以前所依靠的那些险要地势都被铲平了。这一百年内，太平无事只见高山清水。我想要询问以前发生的战事，当时那个时代留下来的人早都去世了。今天的滁州介于长江和淮水之间，商人的船只车马跟四方的客人都不会到这里来。人民不能见到外面发生的事情，只是安心于田园生活，乐意如此生活并一直到老。哪里知道这是皇上的功德，使百姓休养生息，滋润养育了一百年之久呢？

原文

修之来此，乐其地僻而事简①，又爱其俗之安闲。既得斯泉于山谷之间，乃日与滁人仰而望山，俯而听泉，掇幽芳而荫乔木，风霜冰雪，刻露清秀②，四时之景无不可爱。又幸其民乐其岁物之丰成③，而喜与予游也。因为本其山川，道其风俗之美，使民知所以安此丰年之乐者，幸生无事之时也。

夫宣上恩德，以与民共乐，刺史之事也。遂书以名其亭焉。

注释

①事简：政务简明。②刻露：犹毕露，完全显露。③岁物：指谷物。因其一年收成一次，故谓。

译 文

我来到这个地方,很喜欢这里地处偏僻,政务简明,又很爱它风俗安适清闲。既然在这个山谷之间发现这个泉水,于是每天都跟滁州人民一起来此游玩,仰望高山,低头听泉。春天采摘幽香的野花,夏天在繁盛的大乔木乘凉,秋天风霜,冬天冰雪,完全显露出它的清丽秀美,四季的风景,无一不令人感到喜爱。那时又庆幸遇到百姓为那年谷物的丰登而高兴,乐意与我出游。于是为此根据这里的山脉河流,叙说这里美好的风俗,让民众知道安享丰收之年的快乐,是因为有幸生于这个没有战争的时代。

宣传皇帝的恩惠功德,和民众共享幸福快乐,这是刺史应该做的事。于是就写下这篇文章来为这座亭子起名。

醉翁亭记

原 文

环滁皆山也①。其西南诸峰,林壑尤美。望之蔚然而深秀者,琅琊也。山行六七里,渐闻水声潺潺而泻出于两峰之间者,酿泉也。峰回路转②,有亭翼然临于泉上者③,醉翁亭也。作亭者谁?山之僧智仙也。名之者谁?太守自谓也。太守与客来饮于此,饮少辄醉,而年又最高,故自号曰醉翁也。醉翁之意不在酒,在乎山水之间也。山水之乐,得之心而寓之酒也。

若夫日出而林霏开,云归而岩穴暝,晦明变化者④,山间之朝暮也。野芳发而幽香,佳木秀而繁阴,风霜高洁,水落而石出者,山间之四时也。朝而往,暮而归,四时之景不同,而乐亦无穷也。

至于负者歌于涂,行者休于树,前者呼,后者应,伛偻提携⑤(yǔ lǚ),往来而不绝者,滁人游也。临溪而渔,溪深而鱼肥;酿泉为酒,泉香而酒洌⑥(sù)。山肴野蔌,杂然而前陈者,太守宴也。宴酣之乐,非丝非竹,射者中,弈者胜,觥(gōng)筹交错,起坐而喧哗者,众宾欢也。苍颜白发,颓乎其中者，太守醉也。

已而夕阳在山，人影散乱，太守归而宾客从也。树林阴翳⁷，鸣声上下，游人去而禽鸟乐也。然而禽鸟知山林之乐，而不知人之乐；人知从太守游而乐，而不知太守之乐其乐也。醉能同其乐，醒能述以文者，太守也。太守谓谁？庐陵欧阳修也。

注释

①**环**：环绕。**滁**：滁州。②**峰回路转**：山势回环，路也跟着转弯。回，转弯。③**翼然**：指亭子四角翘起，像鸟展翅的样子。④**晦明变化**：或暗或明，变化不一。⑤**伛偻**：弯腰驼背的样子，指老年人。**提携**：拉着手领着走，指小孩。⑥**洌**：极清。⑦**阴翳**：树荫遮蔽着。

译文

环绕着滁州城的都是山。它的西南方的各个山峰，树林和山谷尤其优美。望过去树木茂盛、幽深秀丽的，是琅琊山。在山上走了六七里，渐渐地听到潺潺的流水声，水从两座山峰之间奔泻出来的，是酿泉。山势回环，路也跟着转弯，有座亭子四角翘起，像鸟儿张开翅膀一样，靠近酿泉边上，这就是醉翁亭。造亭子的是谁？是这山里的和尚智仙。给亭子取这个名字的是谁？是太守用自己的别号来称呼它。太守和客人们到这里来宴饮，喝一点点酒就醉了，而年纪又最大，所以自称醉翁。醉翁的心思不在于喝酒，而在于游山玩水。游山玩水的快乐，内心领略了，又通过喝酒来寄托这种快乐。

早晨太阳出来，树林里的雾气散开，傍晚烟云聚拢，山石洞穴又阴暗起来，这样由明变暗、由暗变明的情形，就是山中的早晨和傍晚。野花开放，发出清幽的香气；树木枝繁叶茂，形成一片浓密的绿荫；天高气爽，霜色洁白；山谷里水落下去，石头露出来，这就是山中一年四季的景象。早上去，傍晚回，四季的风景不同，游玩的乐趣也无穷无尽。

至于背着东西的人在路上唱着歌，走路的人在树下休息，前面的人大声呼唤，后面的人随声答应，驼着背的老人和被牵着的小孩，来来往往络绎不绝，这是滁州的人在山里游玩。到溪里捕鱼，溪水很深，鱼很肥；用酿泉的水酿酒，泉水香甜，酒色清纯；野味野菜，纷纷摆在桌前，这是太守在举行宴会。宴会喝酒的乐趣，不在于动听的音乐，投壶的人投中了，下棋的人下赢了，就罚输的喝酒，于是酒杯酒筹交互错杂，一时坐着，一时站起，大声喧闹，这是太守的宾客在尽情地欢乐啊！苍老的容颜、雪白的头发，醉醺醺地坐在他们中间，这是太守喝醉了。

　　后来傍晚的太阳落在西山上，人影散乱，这是太守回府，客人们跟着他。浓密的树荫遮盖着，上上下下的鸟叫声响成一片，这是游人离去了，鸟儿在尽情欢唱。但是鸟儿只知道山林里的快乐，却不知道游人的快乐；游人只知道跟着太守游玩很快乐，却不知道太守因为看到他们快乐而感到很快乐。喝醉了能和大家一起快乐，酒醉以后能够用文章记下这些快乐情形的，是太守。太守是谁？是庐陵的欧阳修啊。

秋声赋

原　文

　　欧阳子方夜读书①，闻有声自西南来者，悚然而听之②，曰："异哉！"初淅沥以萧飒③，忽奔腾而砰湃，如波涛夜惊，风雨骤至。其触于物也，铮铮铮铮④，金铁皆鸣，又如赴敌之兵，衔枚疾走⑤，不闻号令，但闻人马之行声。予谓童子："此何声也？汝出视之。"童子曰："星月皎洁，明河在天⑥，四无人声，声在树间。"

注　释

　　①**欧阳子**：欧阳修自称。②**悚然**：惊悚的样子。③**淅沥**：象声词，形容轻微的风雨声、落叶声等。**萧飒**：形容风雨吹打草木发出的声音。④**铮铮铮铮**：象声词，金属相击的声音。⑤**衔**：用嘴含。**枚**：像筷子的东西，两头有带，可系于颈上。古时行军或袭击敌军时，让士兵衔枚以防出声。⑥**明河**：银河。

译　文

　　我晚上正在读书的时候，听到有声音从西南方传来，惊悚地听了听，说道：

●秋声赋

"奇怪啊！"刚开始，这声音像朦胧的细雨，其中还夹杂风吹草木的声音，接着又忽然飞奔疾驰起来，声势极大，就像那夜里海浪相互撞击，狂风暴雨忽然来临。当它与物体接触的时候，会发出金属相互撞击的声音，（仔细一听）又像士兵横衔枚于口中，急速地赶往前线杀敌，听不见任何发号施令的声音，只听见有士兵跟马匹行进的声音。（于是）我问童子说："这是什么声音？你出去看看。"童子回答说："星光灿烂，月色皎洁，银河横亘在天上，周围没有人的声音，那声音是从树林里传来的。"

原文

予曰："噫嘻，悲哉！此秋声也，胡为乎来哉？盖夫秋之为状也①，其色惨淡，烟霏云敛②；其容清明，天高日晶③；其气栗冽④，砭人肌骨⑤；其意萧条，山川寂寥⑥。故其为声也，凄凄切切，呼号奋发。丰草绿缛而争茂⑦，佳木葱茏而可悦⑧。草拂之而色变，木遭之而叶脱。其所以摧败零落者，乃一气之余烈。

注释

①状：情状，特征。②烟霏：云烟弥漫。敛：收敛。③日晶：日光明亮。④栗冽：寒冷。栗，通"凓"。⑤砭：刺。⑥寂寥：空旷，高远，辽阔。⑦绿缛：形容草木碧绿繁茂。⑧葱茏：形容草木青翠而茂盛。

译文

我说："哎，悲哀啊！这就是秋天的声音，它是怎么来的呢？这大概就是秋天的特征，它的色调凄惨暗淡，烟雨霏霏而云彩收敛；它的形貌清新明丽，天高气爽，太阳明晃晃；它的气候寒冷凛冽，刺人肌骨；它的意境冷落肃杀，山岳江河空旷高远。所以它发出的声音凄清急切，呼啸着不可遏阻。茂盛浓密的绿草丛争相繁盛，树木青翠欲滴而使人高兴。然而，当秋风吹过草地时，小草就要变枯；掠过森林时，树木就要落叶。它能够使花草凋零，树木枯萎的原因，乃是因为秋气的余威。

原文

"夫秋，刑官也①，于时为阴，又兵象也②，于行为金。是谓天地之义气，常以肃杀而为心③。天之于物，春生秋实。故其在乐也，商声主西方之音④，夷则为七月之律。商，伤也，物既老而悲伤。夷，戮也，物过盛而当杀。

注释

①**刑官**：掌刑法的官吏。②**兵象**：战争的征象。③**肃杀**：形容秋冬天气寒冷，草木凋落。④**商声**：五声之一，这里指秋声。

译文

"秋天就是掌刑法的官吏执行的季节，它在时令上属于阴；而秋天又是战争的征象，在五行上属于金。这就是所谓的天地间的义气，它常常表现为天气寒冷，草木凋落。造物主让万物在春天生长，在秋天结实。所以秋天在音乐的五声之中属于商调。商调是代表西方的乐调，夷则是七月的曲律。商，就是'伤'，当万物衰老了，都会产生悲伤之情。夷，就是杀戮，万物过了繁盛期就应该衰亡。

原文

"嗟乎！草木无情，有时飘零。人为动物，惟物之灵。百忧感其心，万事劳其形，有动乎中，必摇其精①。而况思其力之所不及，忧其智之所不能。宜其渥然丹者为槁木②，黟然黑者为星星③。奈何非金石之质，欲与草木而争荣？念谁为之戕贼④，亦何恨乎秋声？"

童子莫对，垂头而睡。但闻四壁虫声唧唧，如助予之叹息。

注释

①**摇**：耗费。**精**：精力。②**渥**：红润的脸色。③**黟然**：黑色的样子。④**戕**：残害。

译文

"啊！草木本为无情之物，有时还不免飘摇零落。何况人为万物之灵长。千愁万绪煎熬着他们的心灵，琐碎的杂事使他们疲于奔劳。在心中有所触动，必定会耗费他们的精力，更何况思考他们体力不能做到的，忧虑他们智力不能解决的事情呢。这样自然使他们色泽红润的小脸变得苍老枯槁，乌黑的头发变得鬓发花白。既然如此，为什么还要用不是金石做成的身体，去像草木那样争夺一时的繁盛呢？我们应当好好想想到底是谁给自己带来了这么多的伤害，又何必只去怨恨这秋声呢？"

童子回答不上来，低着头就睡了。只是听到四周的虫声在叫，好像是在附和我的叹息。

祭石曼卿文

原文

维治平四年七月日①，具官欧阳修②，谨遣尚书都省令史李敭至于太清③，以清酌庶羞之奠④，致祭于亡友曼卿之墓下，而吊之以文曰：

呜呼曼卿！生而为英，死而为灵。其同乎万物生死，而复归于无物者，暂聚之形；不与万物共尽，而卓然其不朽者，后世之名。此自古圣贤莫不皆然。而著在简册者昭如日星⑤。

注释

①**维治平**：治平年间（1064—1067），北宋时宋英宗赵曙的年号，共计四年。维，发语词。②**具官**：唐宋以后，官吏在奏疏、函牍或其他应酬文字中，常把应写明的官职爵位写作"具位"，表示谦敬。欧阳修写作此文时，官衔是观文殿学士刑部尚书亳州军州事。③**尚书都省**：尚书省，管理全国行政的官署。**令史**：管理文书工作的官。**李敭**：其人资料不详。④**清酌庶羞**：清醇美酒，多样佳肴。这里指祭奠用品。庶，众多。羞，通"馐"，味美的食品。⑤**简册**：这里指史籍。

译文

在宋英宗治平四年七月的某日，卑职欧阳修派遣尚书都省令史李敭到太清乡下，用清醇美酒和多样佳肴作奠仪献祭在死去的好友石曼卿的墓前，并写了一篇祭文吊祭说：

唉！曼卿啊，你活着时是英雄，死后也是神灵。与万物同生共死，最后又化为云烟，就像是暂时相聚的形体；又不与万物一样湮没不闻而卓然特立、永垂不朽，为后人留下英名。从古到今的圣贤之人，没有不是这样的，而载入史册的人像日月星辰一样明亮。

原文

呜呼曼卿！吾不见子久矣，犹能仿佛子之平生①。其轩昂磊落，突兀崚嵘而埋藏于地下者，意其不化为朽壤②，而为金玉之精。不然，生长松之千尺，产灵芝而九茎。奈何荒烟野蔓③，荆棘纵横，风凄露下，走磷飞萤④？但见牧童樵叟，歌吟而上下，与夫惊禽骇兽，悲鸣踯躅（zhí zhú）而咿嘤（yīng）⑤。今固如此，更千秋而万岁兮，安知其不穴藏狐貉与鼯鼪（hé wú shēng）⑥？此自古圣贤亦皆然兮，独不见夫累累乎旷野与荒城⑦！

呜呼曼卿！盛衰之理，吾固知其如此，而感念畴昔⑧，悲凉凄怆，不觉临风而陨涕者，有愧夫太上之忘情。尚飨（xiǎng）！

注 释

①**平生**：指平素的志趣、情谊、业绩等。②**意**：想来。**朽壤**：腐土。③**荒烟野蔓**：比喻空旷偏僻，冷落荒凉。荒烟，空旷荒凉的原野上的雾气。野蔓，蔓生的野草。④**磷**：一种非金属元素。夜晚时在墓地或荒野出现的淡绿色磷光，世俗迷信称为"鬼火"，实是由磷质与空气接触后燃烧所呈现的微弱绿光。⑤**咿嘤**：象声词。鸟兽啼叫声。⑥**狐貉**：亦作"狐狢"，兽名，狐与貉。**鼯鼪**：泛指小动物。⑦**累累乎**：众多的样子。⑧**畴昔**：从前。

译 文

唉！曼卿啊，我已经很久没有看见你了，但依稀能记得你平素的志趣、情谊、业绩呢。你器宇轩昂，磊落光明，高大威武，就算埋藏在地下，想来也不会化为腐土，而是会变成金玉的精华。即使不是这样，也要长成千尺高的松树，出产具有九根茎的灵芝草呢！无奈的是这里人烟稀少，野草丛生，荆棘遍地；而且风声凄惨，霜露直降；磷火晃动，萤火虫到处飞走；只能见到牧童与樵夫，唱着山歌来来往往。还有那受惊的飞禽走兽徘徊，发出悲惨的叫声。今天已然是这个样子，如果再过个千百万年，又怎能知道它的洞穴里面是不是藏着狐狸貉子、鼯鼠和黄鼠狼？况且自古以来，圣贤之人也都是这样，难道就没有看到那许多相连的空旷的野地和荒芜的城市吗？

唉！曼卿啊，古往今来兴盛跟衰败的道理，我早就知道是这样的。只不过想到从前的情景，感到悲凉凄惨，不禁临风落泪，对于先人所谓的"太上忘情"，我感到有些惭愧。希望你来享用这些祭品！

苏 洵

苏洵（1009—1066），字明允，自号老泉，北宋文学家，与其子苏轼、苏辙并以文学著称于世，世称"三苏"，均被列入"唐宋八大家"。苏洵擅长于散文，尤其擅长政论，议论明畅，笔势雄健。

管仲论

原文

管仲相威公①，霸诸侯，攘夷狄。终其身齐国富强，诸侯不敢叛。管仲死，竖刁、易牙、开方用②。威公薨于乱③，五公子争立，其祸蔓延，讫简公，齐无宁岁。夫功之成，非成于成之日，盖必有所由起；祸之作，不作于作之日，亦必有所由兆。故齐之治也，吾不曰管仲，而曰鲍叔。及其乱也。吾不曰竖刁、易牙、开方，而曰管仲。何则？竖刁、易牙、开方三子，彼固乱人国者，顾其用之者④，威公也。夫有舜而后知放四凶⑤，有仲尼而后知去少正卯。彼威公何人也？顾其使威公得用三子者，管仲也。仲之疾也，公问之相。当是时也，吾意以仲且举天下之贤者以对⑥。而其言乃不过曰：竖刁、易牙、开方三子，非人情，不可近而已。

注释

①**管仲**：春秋时期齐国著名的政治家、思想家。一称管敬仲，名夷吾，字仲。齐颍上（颍水之滨）人。出身微贱。辅佐齐桓公实行了一系列重大的政治和社会改革，使齐桓公成为春秋时期第一个霸主。**威公**：即齐桓公，宋人避讳，改桓为威。②**竖刁**：齐国宦官。**易牙**：齐国厨师。**开方**：原卫国公子。三人均为齐桓公宠臣。③**薨**：古代称王侯死亡。④**顾**：文言连词，但，但看。⑤**四凶**：相传为尧舜时代四个恶名昭彰的部族首领。⑥**且**：将要。

译文

　　管仲在齐桓公朝当宰相的时候，称霸诸侯，抗拒异族入侵，终其一生，齐国都是富荣强大的，诸侯都不敢造反。而当管仲死了之后，竖刁、易牙、开方得到任用。齐桓公死于宫廷内斗，五位公子对皇位你争我夺，祸乱蔓延到齐简公朝，齐国一直没有太平的日子。功业的建成，不是始于告成的那一日，而是必定在其先就有兴发的缘起；祸难的发作，不是始于爆发的那一日，也是必定在其先就有败坏的缘由。所以齐国的和平昌盛，我不会说是管仲所造就的，而是说鲍叔。等到它开始不太平，我不会说是竖刁、易牙、开方造成的，而是说是管仲。为什么呢？竖刁、易牙、开方这三个人，固然是扰乱齐国的人，但任用他们的人却是齐桓公。有了舜帝才驱逐了四个恶名昭彰的部族首领；有了孔子才诛杀了乱政的少正卯。他齐桓公是什么人？让齐桓公有机会任用这三个人的正是管仲。管仲生病时，齐桓公向他咨询何人能当丞相。在那个时候，我认为管仲将要推举天下的贤人来应对。没想到他也只不过是说"竖刁、易牙、开方，这三个人不择手段，不能靠近"罢了。

原文

　　呜呼！仲以为威公果能不用三子矣乎？仲与威公处几年矣，亦知威公之为人矣乎？威公声不绝于耳，色不绝于目，而非三子者，则无以遂其欲①。彼其初之所以不用者，徒以有仲焉耳。一日无仲，则三子者可以弹冠而相庆矣②。仲以为将死之言可以絷威公之手足耶③？夫齐国不患有三子，而患无仲。有仲，则三子者，三匹夫耳。不然，天下岂少三子之徒哉？虽威公幸而听仲，诛此三人，而其余者，仲能悉数而去之耶？呜呼！仲可谓不知本者矣。因威公之问④，举天下之贤者以自代，则仲虽死，而齐国未为无仲也。夫何患三子者？不言可也。

●丑次同车

注释

①**遂**：满足。②**弹冠相庆**：含贬义，指坏人得意的样子。③**絷**：拘禁，束缚。④**因**：趁机。

译文

唉！管仲难道认为齐桓公果真能够不重用这三个人吗？管仲和齐桓公相处了几年，也应该能知道齐桓公的为人吧？齐桓公是音乐不绝于耳，女色不离其眼的，如果没有这三个人就无法满足他的这种欲望。他当初之所以没能重用他们，只不过是因为有管仲存在罢了。如果有一天管仲死了，那么这三个人就可以弹着帽子相互庆祝了。管仲难道认为临死的话能够绑住齐桓公的手脚吗？齐国并不担心有这三个人，而是担心没有了管仲。如果有管仲在，那么这三个人也只不过是平常的人而已。如果不是这样，普天之下还少这种类型的人吗？即使齐桓公有幸能够听管仲的话，诛杀这三个人，那么其他像这种类型的人，管仲难道能够全部都除掉吗？唉！管仲可以说是不知道源头所在。如果抓住齐桓公问他的机会，推举天下的贤人仁者替代自己，那么管仲虽然死了，齐国也不至于没有像管仲这样的人才来治理。那何必担心这三个人呢？这中间的道理不说也明白。

原文

五伯莫盛于威①、文。文公之才，不过威公，其臣又皆不及仲；灵公之虐，不如孝公之宽厚。文公死，诸侯不敢叛晋，晋袭文公之余威，犹得为诸侯之盟主百余年。何者？其君虽不肖②，而尚有老成人焉。威公之薨也，一败涂地，无惑也，彼独恃一管仲，而仲则死矣。

注释

①**五伯**：伯，通"霸"。五霸指春秋时期齐桓公、晋文公、楚庄王、吴王阖闾、越王勾践。
②**不肖**：不贤明，不成器。

译文

春秋五霸最强的莫过于齐桓公和晋文公。晋文公的才华不及齐桓公，他的臣子也都无法与管仲相比。其孙晋灵公暴虐残忍也不如齐孝公宽容仁厚。但是晋文公死后，诸侯不敢反叛晋国，晋国沿袭晋文公留下来的威力，还能继续当诸侯的盟主一百多年。这是为什么？晋国的国君虽然不济，但尚有老成持重的贤人辅佐。

可是齐桓公死后,齐国则彻底失败。这应该没什么可疑惑的,因为他只依赖管仲一个人,但是管仲已经死了。

原文

夫天下未尝无贤者,盖有有臣而无君者矣。威公在焉,而曰天下不复有管仲者,吾不信也。仲之书①,有记其将死论鲍叔、宾胥无之为人,且各疏其短②,是其心以为数子者皆不足以托国③。而又逆知其将死④,则其书诞谩(dàn màn)不足信也⑤。吾观史鳅(qiū)⑥,以不能进蘧伯玉,而退弥子瑕,故有身后之谏;萧何且死,举曹参以自代⑦。大臣之用心,固宜如此也。夫国以一人兴,以一人亡。贤者不悲其身之死,而忧其国之衰,故必复有贤者,而后可以死。彼管仲者,何以死哉?

注释

①**仲之书**:管仲著有《管子》86篇,今存76篇。其中《牧民》《权修》《形势》《七法》等篇是管仲言论思想的记录。②**疏**:注释,解释,指出。③**托国**:谓以国事付托,受国事付托。④**逆**:预先。⑤**诞谩**:荒诞虚妄。⑥**史鳅**:春秋时期卫国大夫。卫灵公宠爱小人弥子瑕,却不任用贤臣蘧伯玉,史鳅多次进谏未果。死后仍让他儿子把他的尸体放到卫灵公窗下,终于使卫灵公觉悟。⑦**曹参**:萧何死后举荐曹参,他所创立的规章制度,曹参做了宰相,仍照着施行。

译文

普天之下并不是没有贤人仁者,大概是有贤臣而没有君王任用吧。齐桓公在位的时候,就说过天下不会再出现管仲这样的人,我不相信这样的话。《管子》一书里面记载,临死之时,管仲与人讨论鲍叔和宾胥无的为人,并且能够把他们的短处指出来。这是他心里认为这几个人都不能治理国家,而且又预先知道他将要死去,那么这本就是荒诞虚妄不足以相信的。我看那史鳅因不能够推举蘧伯玉而屏退弥子瑕,所以死后还要上谏。萧何将要死去的时候,举荐曹参来替代自己。这些大臣的用意本来就应该如此。国家因为一个人而兴盛,因为一个人而衰亡。贤臣仁者不会为自己的死而悲哀,而是担忧国家的衰落,所以一定要有贤人来代替自己,自己才可以安心地死去。没有做到这一点的管仲,怎么就这样撒手而去了呢?

苏 轼

苏轼（1037—1101），字子瞻，号铁冠道人、东坡居士，世称苏东坡、苏仙，北宋著名文学家。在诗、词、散文、书、画等方面取得了很高的成就。与欧阳修并称"欧苏"，为"唐宋八大家"之一。有《东坡七集》《东坡易传》《东坡乐府》等传世。

刑赏忠厚之至论

原　文

尧、舜、禹、汤、文、武、成、康之际，何其爱民之深，忧民之切，而待天下以君子长者之道也。有一善，从而赏之，又从而咏歌嗟叹之，所以乐其始而勉其终。有一不善，从而罚之，又从而哀矜惩创之，所以弃其旧而开其新。故其吁俞之声①，欢休惨戚②，见于虞、夏、商、周之书。成、康既没，穆王立而周道始衰，然犹命其臣吕侯③，而告之以祥刑④。其言忧而不伤，威而不怒，慈爱而能断，恻然有哀怜无辜之心，故孔子犹有取焉。

《传》曰："赏疑从与⑤，所以广恩也；罚疑从去⑥，所以慎刑也。"当尧之时，皋陶为士⑦。将杀人，皋陶曰杀之三，尧曰宥之三。故天下畏皋陶执法之坚，而乐尧用刑之宽。四岳曰："鲧可用。"⑧尧曰："不可，鲧方命圮族。"⑨既而曰："试之。"何尧之不听皋陶之杀人，而从四岳之用鲧也？然则圣人之意，盖亦可见矣。

《书》曰："罪疑惟轻，功疑惟重。与其杀不辜，宁失不经。"呜呼，尽之矣。可以赏，可以无赏，赏之过乎仁；可以罚，可以无罚，罚之过乎义。过乎仁，不失为君子；过乎义，则流而入于忍人。故仁可过也，义不可过也。古者赏不以爵禄，刑不以刀锯。赏之以爵禄，是赏之道行于爵禄之所加，而不行于爵禄之所不加也。刑以刀锯，是刑之威施于刀锯之所及，而不施于刀锯之所不及也。先王知天下之善不胜赏，而爵禄不足以劝也；知天下之恶不胜刑，而刀锯不足以裁也。是故疑则举而归之于仁，以君子长者之道待天下，使天下相率而归于君子长者之道⑩。故曰：忠厚之至也。

《诗》曰："君子如祉⑪，乱庶遄已⑫。君子如怒，乱庶遄沮。"夫君子之已乱，岂有异术哉？制其喜怒，而无失乎仁而已矣。《春秋》之义，立法贵严而责人贵宽。因其褒贬之义以制赏罚，亦忠厚之至也。

注释

①吁：疑问声。俞：应词。②欢休：和善。惨戚：悲哀。③吕侯：人名，一作甫侯，周穆王之臣，为司寇。周穆王用其言论作刑法。④祥刑：刑而谓之祥者，即刑期无刑之意，故其祥莫大焉。⑤赏疑从与：言与赏而疑，则宁可与之。⑥罚疑从去：言当罚而疑，则宁可去之。⑦士：狱官。⑧四岳：唐尧之臣，羲和之四子也，分掌四方之诸侯。一说为一人名。⑨方：违抗。圮：毁坏。⑩相率：相继。⑪祉：福。⑫遄：迅速。

译文

唐尧、虞舜、夏禹、商汤、周文王、周武王、周成王、周康王年间，那时候的君主时刻心系着百姓，经常为百姓的事而忧心忡忡，经常以君子长者的态度来对待天下人。当有人做好事时，在奖赏他之外，又会用歌曲赞美他，为他有一个好的开始而高兴，并勉励他坚持到底。如果有人做了不好的事，处罚他之外，又哀怜同情他，希望他抛弃错误而开始新生。欢喜和忧伤的感情，同意和不同意的声音，见于虞、夏、商、周的历史书籍里。成王、康王死后，穆王继承王位，周朝的王道就开始走向衰落了。但是穆王还是吩咐大臣吕侯，告诫他使用"祥刑"。他讲的话忧愁但不悲伤，威严但不愤怒，慈爱而能决断，有哀怜无罪者的好心肠。因此，孔子把这篇《吕刑》选进《尚书》里。

《尚书》传文说："奖赏时若发现有可疑者应照样留在应赏之列，为的是推广恩泽；处罚时若遇到有可疑者应该从应罚之列除去，为的是谨慎地使用刑法。"尧当政时期，皋陶担任掌管刑法的官员。他要处死一个人，皋陶三次说当杀，尧帝却一连三次说应当宽恕。所以天下人都惧怕皋陶执法坚决，而赞赏尧帝用刑宽大。四方诸侯的首领建议："鲧可以任用。"尧说："不可用！鲧违抗命令，毁谤同族。"过后，他还是说："试用一下吧。"为什么尧不认同皋陶处死犯人的主张，却听从四岳任用鲧的建议呢？这就是圣人的心意，从这里便能看出来了。

　　《尚书》说："罪行量刑轻重若有可疑时，宁可从轻处置；衡量功劳大小时若有有疑处，则宁可从重奖赏。与其容易导致错杀无辜的人，则宁可犯执法失误的过失。"唉！这句话充分表达了忠厚之意啊。可以奖赏也可以不奖赏时，奖赏就变得过于仁慈了；可以惩罚也可以不惩罚时，罚则超出了义法。过于仁慈，这并不会失去君子的修为；而超出义法，就会显得过于残暴了。所以说，仁慈是可以超过的，义法则是不可以超过的。古人行奖赏时不用爵位和俸禄，行刑罚时不用刀锯。用爵位、俸禄行赏，只会对可以得到爵位、俸禄的人起作用，无法影响到不能得到爵位和俸禄的人。而用刀锯作刑具，只会对受这种刑的人起作用，对不受这种刑的人无法起作用。古代君主明白天下之善行是奖赏不完的，更不能都用爵位、俸禄来奖赏；同样地，天下的罪恶也是罚不完的，不能都用刀锯来制裁。所以当赏罚有疑问时，就以仁爱之心对待。用君子长者的宽厚仁慈对待天下人，使天下人都相继回到君子长者的忠厚仁爱的道路上来，所以说这就是赏罚到了极点啊！

　　《诗经》说："君子若高兴纳谏，祸乱便会快速平息；君子若怒斥谗言，祸乱也会快速平息。"君子平息祸乱，难道有特异功能吗？他只是适时地控制自己的喜怒，不偏离仁慈宽大的原则罢了。《春秋》的大义是，立法贵在严苛，责人则贵宽大。根据它的褒贬原则来制定赏罚规则，这也是一种忠厚之至啊！

卷十一　宋文

喜雨亭记

原文

亭以雨名。志喜也①。古者有喜，则以名物，示不忘也。周公得禾，以名其书②；汉武得鼎，以名其年③；叔孙胜敌，以名其子④。其喜之大小不齐，其示不忘一也。

注释

①**志**：记。②**周公得禾，以名其书**：周成王的同母弟唐叔得到一种异禾。这种禾是两禾生在不同的田亩上，而合生一穗。于是，他献给成王，成王送给周公。周公受禾后，作《嘉禾》一篇。《嘉禾》文已佚亡，今《尚书》仅存篇名。(《尚书·周书·微子之命》)③**汉武得鼎，以名其年**：据《汉书·武帝纪》记载，元鼎元年（前116）五月，得宝鼎于汾水，于是改元为元鼎元年。《通鉴考异》认为得宝鼎应在元鼎四年（前113），元鼎年号是后来追改的。④**叔孙胜敌，以名其子**：鲁文公十一年，北狄鄋瞒国伐鲁，鲁文公派叔孙得臣御敌，打败了鄋瞒并击杀其国君侨如，于是叔孙将自己的儿子命名为侨如，以表其功。

译文

亭子以"雨"命名，是要纪念一件令人高兴的事情。古时候有了高兴的事，就用它来命名事物，以示永远铭记。成王赏赐给周公一棵异株合穗的稻谷，周公的新书就命名为《嘉禾》。汉武帝在汾水得到一方宝鼎，就用元鼎做了年号。叔孙得臣在和狄人侨如的战争中取得胜利，就给儿子取名侨如。虽然令人愉悦的事情大小有异，可是不想忘记的本意是一样的。

原文

予至扶风之明年①,始治官舍。为亭于堂之北,而凿池其南,引流种树,以为休息之所。是岁之春,雨麦于岐山之阳②,其占为有年③。既而弥月不雨,民方以为忧。越三月,乙卯乃雨,甲子又雨,民以为未足。丁卯大雨,三日乃止。官吏相与庆于庭,商贾相与歌于市,农夫相与忭(bián)于野,忧者以喜,病者以愈,而吾亭适成。

注释

①扶风:凤翔府,今陕西凤翔府。苏轼曾做过凤翔府判官,于嘉祐六年(1061)到任。②雨麦:上天下麦子。③有年:丰收。

译文

到扶风任职后的第二年,我才开始重新修建官府。正厅的北面,我修建了一座亭子,又在亭子以南新挖了一方池塘,流水可以从此流入灌溉植被,一方绝好的休息之地就此诞生。这一年春,岐山南面下了一场雨,占卜的认定今年会丰收。之后整整有一个月的时间没有下雨,老百姓都焦灼万分。一直到四月初二这一天,才下了一场雨。九天以后又下了一场雨。老百姓们还不满足。十四日这天又下了一场大雨,持续了三天三夜。官员们在府里举杯庆贺,做生意的人在集市上放声歌唱,农民们在田地里也是尽情欢笑,不高兴的人也高兴起来,病人的病也好了,我的亭子也正好在这个时节修建完成。

原文

于是举酒于亭上,以属客而告之①,曰:"五日不雨可乎?"曰:"五日不雨则无麦。""十日不雨可乎?"曰:"十日不雨则无禾。""无麦无禾,岁且荐饥②,狱讼繁兴而盗贼滋炽。则吾与二三子,虽欲优游以乐于此亭③,其可得耶?今天不遗斯民,始旱而赐之以雨。使吾与二三子得相与优游而乐于此亭者,皆雨之赐也。其又可忘耶?"

注释

①属客:指斟酒给客人喝。②荐饥:连年饥荒。荐,重。③优游:从容不迫的样子。

译文

我们在亭里摆酒庆贺，在敬客人喝酒时，我说："如果再过五天不下雨行不行？"大家回应道："如果再过五天不下雨，今年的麦子就没有收成了。"我接着问："如果再过十天不下雨呢？"大家又回应道："如果这样的话，今年的稻子也没有收成了。""如果麦子和稻子今年都没有收成，那么挨饿的人就会增多，偷盗的人也会增多，刑事案件也会增多，那样的话，我们还可以怡然自得地聚在亭里一起喝酒作乐吗？幸运的是，老天没有忘了这里的老百姓，干旱没多长时间就下了一场大雨，我也才能和大家一起欢聚在这个亭子中寻欢作乐，我们都要感谢这场大雨啊！如此有意义的事情我们怎么可以遗忘呢？"

原文

既以名亭①，又从而歌之，曰："使天而雨珠，寒者不得以为襦②；使天而雨玉，饥者不得以为粟。一雨三日，伊谁之力？民曰太守。太守不有，归之天子。天子曰不然，归之造物。造物不自以为功，归之太空。太空冥冥，不可得而名。吾以名吾亭。"

注释

①名：命名。②襦：短袄。

译文

亭子被冠名以后，我们接着讴歌它，歌词是："如果天降珍珠，饱受寒冷侵袭的人并不能用它做棉袄；如果天降宝玉，忍饥挨饿的人不能拿它果腹。而现在连续下了三天的雨，我们要将归功于谁呢？老百姓们要感谢太守，太守说这不是我的功劳，他归功于当朝天子。天子推托说，这不是我的功劳，这一切都要感谢造物主。造物主说，这也不是我的功劳，要感谢就感谢上天吧！可是上天缥缈开阔，说不出个结果。所以我的亭子就以这场雨来命名了。"

石钟山记

原文

《水经》云①："彭蠡之口有石钟山焉②。"郦元以为下临深潭，微风鼓浪,水石相搏,声如洪钟。是说也,人常疑之。今以钟磬置水中③,虽大风浪不能鸣也,而况石乎!至唐李渤始访其遗踪,得双石于潭上,扣而聆之,南声函胡④,北音清越,枹止响腾,余韵徐歇。自以为得之矣。然是说也,余尤疑之。石之铿然有声者,所在皆是也,而此独以钟名,何哉?

●舟行适临汝

注释

①《水经》:我国古代一部专门记录江水河道的地理书籍,关于本书的作者有所争议,一说是汉代的桑钦,一说是西晋的郭璞。②彭蠡:今江西省北部的鄱阳湖。③磬:古代的打击乐器,形状像曲尺,一般是由石头或者是玉石制成的。④函胡:同"含糊",重浊而模糊。

译文

《水经》里说:"彭蠡湖的湖口,有一座石钟山。"郦道元觉得它下面有深潭,微风吹着波浪,水和石头相互碰撞,就发出了像钟声一样的声音。因此得名"石钟山"。人们经常怀疑这种说法是否正确。现在把钟和磬放在水中,即使有非常大的风和浪也无法发出声音,更何况是石头呢!到了唐代,李渤开始按照郦道元的足迹,在深潭上找到两块石头,敲打它们然后听,南面的石头声音厚重模糊,北面的石头声音清亮高昂,停止敲打,声音还在升腾,余音渐渐消失。李渤以为自己找到石钟山名字的由来了。但是对于这种说法,我却更加疑惑了。石块能够发出声音,这样的现象随处可见,但是只有这座山以"钟"命名,这是什么原因呢?

原文

元丰七年六月丁丑①,余自齐安舟行适临汝②,而长子迈将赴饶之德兴尉③,送之至湖口,因得观所谓石钟者。寺僧使小童持斧,于乱石间择其一二扣之，硿硿然。余固笑而不信也。至其夜月明，独与迈乘小舟至绝壁下。大石侧立千尺，如猛兽奇鬼，森然欲搏人；而山上栖鹘④，闻人声亦惊起，磔磔云霄间；又有若老人咳且笑于山谷中者，或曰："此鹳鹤也。"余方心动欲还，而大声发于水上，噌吰如钟鼓不绝⑤。舟人大恐。徐而察之，则山下皆石穴罅，不知其浅深，微波入焉，涵澹澎湃而为此也。舟回至两山间，将入港口，有大石当中流，可坐百人，空中而多窍，与风水相吞吐，有窾坎镗鞳之声⑥，与向之噌吰者相应，如乐作焉。因笑谓迈曰："汝识之乎？噌吰者，周景王之无射也；窾坎镗鞳者，魏庄子之歌钟也。古之人不余欺也！"

注 释

①**元丰**：宋神宗年号。**六月丁丑**：农历六月初九。②**齐安**：现湖北黄冈。**适临汝**：到临汝去。适，往。临汝，即汝州（今河南临汝）。苏轼曾经在元丰七年从齐安被调到临汝。③**饶之德兴尉**：饶州德兴县（现在江西德兴市）的县尉（主管一县治安的官吏）。④**栖鹘**：睡在巢里的鹘鸟。鹘，一种凶猛的鸟。⑤**噌吰**：这里形容洪亮的钟声。⑥**窾坎镗鞳**：象声词。

译 文

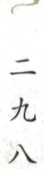

元丰七年六月初九，我由齐安坐船到临汝，同时我的大儿子苏迈要去饶州的德兴县当县尉，我把他送到湖口，因此有机会看到了传说中的石钟山。寺院里的和尚让小和尚拿着斧头，在众多的乱石中选了一两块来敲打，发出硿硿的声音。我只是微笑却并不相信。到了夜里月亮升起来的时候，我跟苏迈坐着小船来到了陡峭的悬崖下。巨大的岩石耸立在水边，有上千尺这么高，样子就像是凶猛的野兽和奇怪的鬼怪，阴森森的，似要向我们扑来；在上面休息的鹘鸟，听到人的声音，一下子受惊飞起，发出磔磔的声音向着云霄飞去；又有像是老人在山谷里咳嗽大笑的，有人说："是鹳鹤。"我心里感到害怕，正准备往回走，突然听到水上发出了非常大的声音，噌吰地像撞钟一样，一直在响。船夫感到十分害怕。我慢慢地观看，原来上下有很多石头的空洞和裂缝，不知道有多深，小的浪冲进去，在缝隙中受到阻力就会发出声音。小船驶回两座山之间，快要到达港口的地方，有一块大石头横亘在水中央，石头上能够容纳上百人，中间是空的，而且上面有很多小洞，风带着水冲击着这块石头，一吞一吐，就发出了窾坎镗鞳的声音，与刚才的噌吰的声音相互应和，就像是在奏乐一样。我笑着对苏迈说："你记得吗？噌吰的声音就像是周景王的无射钟发出来的声音一样，而窾坎镗鞳的声音就像是魏庄子的编钟发出来的声音。古人用'钟'来命名这座山，并没有欺骗我们啊！"

原 文

事不目见耳闻而臆断其有无，可乎？郦元之所见闻殆与余同①，而言之不详；士大夫终不肯以小舟夜泊绝壁之下，故莫能知；而渔工水师虽知而不能言；此世所以不传也。而陋者乃以斧斤考击而求之，自以为得其实。余是以记之②，盖叹郦元之简，而笑李渤之陋也。

注 释

①殆：大概，恐怕。②是以：因此。

译 文

事情不是亲眼所见、亲耳所闻，而只凭借主观的想象来判断是否存在，可以吗？郦道元见到的大概跟我相同，但是讲述却不是很详细；一般的士大夫又不愿意在夜晚坐小船到绝壁下观察，所以就无法了解真相；而那些打鱼的人和水手，即使知道真相却无法用言语表达出其中的原理；这就是世间所以不能把石钟山士得名的来历传下来的缘故。而那些见识浅薄的人居然用斧头敲打石块，认为自己得到的是石钟山命名的真正原因。我记录下来了这次游览的经历，一边感叹郦道元记录的简单，一边讥笑李渤的见识浅薄。

前赤壁赋

原 文

壬戌之秋，七月既望，苏子与客泛舟游于赤壁之下。清风徐来，水波不兴。举酒属客①，诵明月之诗，歌窈窕之章。少焉，月出于东山之上，徘徊于斗牛之间。白露横江，水光接天。纵一苇之所如，凌万顷之茫然。浩浩乎如冯虚御风，而不知其所止；飘飘乎如遗世独立，羽化而登仙。

于是饮酒乐甚,扣舷而歌之②。歌曰:"桂棹兮兰桨,击空明兮溯流光。渺渺兮予怀,望美人兮天一方③。"客有吹洞箫者,依歌而和之。其声呜呜然,如怨如慕,如泣如诉,余音袅袅,不绝如缕。舞幽壑之潜蛟,泣孤舟之嫠妇④。

苏子愀然⑤,正襟危坐而问客曰:"何为其然也?"

客曰:"'月明星稀,乌鹊南飞',此非曹孟德之诗乎?西望夏口,东望武昌,山川相缪,郁乎苍苍,此非孟德之困于周郎者乎?方其破荆州,下江陵,顺流而东也,舳舻千里,旌旗蔽空,酾酒临江⑥,横槊赋诗,固一世之雄也,而今安在哉?况吾与子渔樵于江渚之上,侣鱼虾而友麋鹿,驾一叶之扁舟,举匏樽以相属,寄蜉蝣于天地⑦,渺沧海之一粟,哀吾生之须臾,羡长江之无穷,挟飞仙以遨游,抱明月而长终。知不可乎骤得,托遗响于悲风⑧。"

苏子曰:"客亦知夫水与月乎?逝者如斯,而未尝往也;盈虚者如彼,而卒莫消长也。盖将自其变者而观之,则天地曾不能以一瞬;自其不变者而观之,则物与我皆无尽也。而又何羡乎?且夫天地之间,物各有主,苟非吾之所有,虽一毫而莫取。惟江上之清风,与山间之明月,耳得之而为声,目遇之而成色,取之无禁,用之不竭。是造物者之无尽藏也,而吾与子之所共适⑨。"

客喜而笑,洗盏更酌。肴核既尽,杯盘狼藉。相与枕藉乎舟中⑩,不知东方之既白。

●周瑜赤壁纵火

注释

①属：劝酒。②扣舷：敲打着船边。③美人：指所思念的人，不是说美貌的女子。④嫠妇：寡妇。⑤愀然：忧愁凄怆的样子。⑥酾酒：斟酒。这里是"洒酒"的意思。在江面上洒酒，表示对古代英雄豪杰的凭吊。⑦蜉蝣：一种秋夏之交生在水边的小虫，往往只能活几小时。这里用来比喻人生短促。⑧遗响：箫的余音。悲风：秋天凄厉的风。⑨共适：共同享受。适，享受的意思。⑩枕藉：互相枕着靠着睡觉。

译文

壬戌年的秋天，七月十六日，我与客人乘船游于赤壁之下。清风缓缓地吹拂，江面水波平静。举起酒杯，邀客人同饮，朗诵《月出》诗，吟唱《窈窕》一章。一会儿，月亮从东山上升起，徘徊在斗宿与牛宿之间。白茫茫的雾气笼罩着江面，水光与夜空连成一片。我们听凭这一叶小舟在茫茫万顷的江面上自由漂动。浩浩荡荡地就像凌空御风，不知道将要停留何处；轻快飘逸，就像离开了尘世，无拘无束，飞升羽化，登上仙境。

这时，大家喝着酒，高兴极了，敲着船舷唱起歌来。歌词是："桂木的棹啊兰木的桨，拍打着清澈的江水啊，迎着流动的波光。我悠远广阔的情怀啊，仰望着思念的人儿，她在天的那一方。"客人中有一个会吹洞箫的，随着歌声吹箫应和。箫声呜呜咽咽，像怨恨又似思慕，如哭泣又如倾诉，余音缭绕，若断若续，宛如绵绵的细丝，使潜伏在深渊中的蛟龙起舞，孤舟上的寡妇啜泣。

我不禁感伤起来，整整衣襟，端正地坐着，问客人道："箫声为什么这样的凄凉？"

客人说："'月明星稀，乌鹊南飞'，这不是曹孟德的诗句吗？向西望是夏口，向东望是武昌，山川缭绕，一片苍翠，这不是曹孟德被周瑜击败的地方吗？当他占领荆州，攻下江陵，顺长江东下的时候，战船前后相连，绵延千里，旌旗遮蔽了天空，临江斟酒，横握着长矛吟诗，本是一代英雄，可是现在却在哪里呢？何况你我在江中和沙洲上捕鱼打柴，以鱼虾为伴，以麋鹿为友，驾一叶孤舟，举起匏樽互相劝酒，寄托这像蜉蝣一样短促的生命于天地之间，渺小得像大海中的一颗谷粒，慨叹我们生命的短促，羡慕长江流水的无穷，希望偕同仙人遨游，与明月一同永存。我知道这不可能忽然得到，便只能寄箫声于悲凉的秋风。"

我说："您也知道那江水和月亮吗？江水永远不停地流逝，但其实并没有流走；月亮总是那样缺了又圆，但始终没有增减。如果从它们变化的一面来看，那么天地万物连一眨眼的瞬间都有变化；如果从不变的一面来看，则万物和我们都将永恒。又有什么值得羡慕的呢？再说，天地之间，万物都有各自的主人。假如不是我所拥有的东西，即使是一丝一毫也不要取用。只有这江上的清风，山间的明月，耳朵听到了，就成为声音，眼睛看到了，就成为颜色，享有它们，无人禁止；使用它们，没有穷尽。这是大自然无穷无尽的宝藏，我和您可以共同享受它们。"

客人听了之后，高兴地笑了。洗净酒杯重新斟酒。菜肴果品已经吃光，席面上杯盘散乱。大家互相枕着靠着睡在船中，不知不觉东方已经发白。

后赤壁赋

原　文

是岁十月之望，步自雪堂，将归于临皋。二客从予，过黄泥之坂。霜露既降，木叶尽脱，人影在地，仰见明月，顾而乐之，行歌相答。已而叹曰："有客无酒，有酒无肴，月白风清，如此良夜何！"客曰："今者薄暮，举网得鱼，巨口细鳞，状如松江之鲈。顾安所得酒乎①？"归而谋诸妇，妇曰："我有斗酒，藏之久矣，以待子不时之需②。"

于是携酒与鱼，复游于赤壁之下。江流有声，断岸千尺，山高月小，水落石出。曾日月之几何③，而江山不可复识矣！予乃摄衣而上，履巉岩，披蒙茸，踞虎豹，登虬龙，攀栖鹘之危巢，俯冯夷之幽宫④。盖二客不能从焉。划然长啸⑤，草木震动，山鸣谷应，风起水涌⑥。予亦悄然而悲，肃然而恐，凛乎其不可留也。反而登舟，放乎中流，听其所止而休焉。时夜将半，四顾寂寥。适有孤鹤，横江东来，翅如车轮，玄裳缟衣⑦，戛然长鸣，掠予舟而西也。

须臾客去，予亦就睡。梦一道士，羽衣蹁跹⑧，过临皋之下，揖予而言曰："赤壁之游乐乎？"问其姓名，俛而不答。呜呼噫嘻！我知之矣！畴昔之夜⑨，飞鸣而过我者，非子也耶？"道士顾笑，予亦惊寤。开户视之，不见其处。

注释

①**顾**：表转折，但是的意思。**安所**：何处。②**子**：古代对男子第二人称的尊称。**不时**：预料不到的时候。③**曾日月之几何**：就两次游赤壁所见的景象对比而言，前为秋景，此为冬景。④**冯夷**：古代传说中的水神名。⑤**划然**：指长啸声。**啸**：撮口发出长而清的声音，借以抒发郁郁不乐的情怀。⑥**风起水涌**：原是自然现象。作者故意附会为长啸的结果，借以衬托自己的心情。⑦**玄裳缟衣**：黑裙白衣。⑧**羽衣**：道士穿的衣服。**蹁跹**：比喻道士体态轻盈。⑨**畴昔**：往日，这里指昨日。

译文

这一年的十月十五，我从雪堂步行出发，准备回临皋馆。两位客人跟着我，一起走过黄泥坂。这时已经降过霜露，树叶已落光了，人影映在地上，抬起头，只见明月当空。我们看着四周清幽的景色，很是快乐，于是一边走一边吟唱，互相酬答应和。过了一会儿，我叹息说："有客没有酒，有酒没有菜，月明风清，怎样度过这美好的夜晚呢！"客人说："今天傍晚，撒网捕到一条鱼，大嘴巴，细鳞片，样子像是松江鲈。但是从哪里能弄到酒呢？"回去后跟妻子商量，妻子说："我有一斗酒，贮存好久了，预备供您在料想不到的时候饮用。"

于是带着酒和鱼，再到赤壁下游览。江里的流水发出声响，两岸的峭壁高达千尺，山峰高耸，月亮显得很小，江水下落，石头显露出来。才过了多少时光，江山就变得不能认识了！我于是提起衣襟上岸，登着险峻的山崖，拨开丛生的杂草，蹲在宛如虎豹的石头上，爬上状如虬龙的古树，攀缘高处飞隼筑窝巢的悬崖，俯视水神幽深的水宫。两位客人都不能跟我到极高处。高声长啸，划破夜空，草木震动起来，山谷回响，风起浪涌。我也感到忧愁悲凉，心中恐惧，害怕得不敢再留在那里了。回到船上，任小船漂荡到江心，停在哪里就在哪里休息。这时快到半夜了。环视四周，寂寞空荡。恰好有只孤鹤，横过长江从东面飞来，翅膀有如车轮，黑裙白衣，戛然一声长鸣，掠过我的小船，向西飞去。

一会儿弃舟登岸，客人辞去，我也睡觉。梦见一个道士，穿着羽衣，轻盈飘逸，从临皋馆下经过。他向我拱手行礼，说："这次游赤壁游得快乐吗？"问他的姓名，他低头不答。啊！我知道了！"昨天晚上，一声长鸣从我船上飞过去的，不正是您吗？"道士回头对我笑了笑。我也惊醒了。开门一看，哪有他的影子。

方山子传

原　文

　　方山子①，光、黄间隐人也②。少时慕朱家、郭解为人③，闾里之侠皆宗之④。稍壮，折节读书，欲以此驰骋当世，然终不遇。晚乃遁于光、黄间，曰岐亭，庵居蔬食，不与世相闻。弃车马，毁冠服，徒步往来山中，人莫识也。见其所著帽，方耸而高，曰："此岂古方山冠之遗像乎⑤？"因谓之"方山子"。

注　释

　　①**方山子**：陈慥，字季常，父亲是太常少卿陈希亮。②**光**：光州，在今天的河南潢川。**黄**：黄州，在今天的湖北黄冈。③**朱家、郭解**：二人都是西汉时的游侠，喜替人排忧解难。④**宗**：敬重。⑤**方山冠**：汉代祭祀宗庙时乐舞者所戴的一种帽子。唐宋时，隐者常常喜欢戴着它。

译　文

　　方山子是光州、黄州一带的隐士。他年轻的时候非常仰慕西汉时期的游侠朱家和郭解，乡里的游侠也都十分敬重他。稍微长大一点以后，他改变了志向和做法，努力读书，想因此在当时施展抱负，但是一直都没有得到重用。晚年的时候，他在光州、黄州中间的岐亭隐居，住着茅草屋，吃着粗茶淡饭，不跟尘世间的俗人有所往来。他再也不坐以前的马车，把原来的帽子和礼服都毁掉了，每天在山里来来回回地走路，没有人知道他是谁。人们看到他戴的帽子，形状是方形的，而且又高高耸起，都说："这不是古代的方山冠的式样吗？"于是大家后来都叫他"方山子"。

原　文

　　余谪居于黄，过岐亭，适见焉。曰："呜呼！此吾故人陈慥季常也！何为而在此？"方山子亦矍然问余所以至此者①。余告之故。俯而不答，仰而笑，呼余宿其家。环堵萧然，而妻子奴婢皆有自得之意。余既耸然异之，独念方山子少时，使酒好剑②，用财如粪土。

前十九年,余在岐山,见方山子从两骑③,挟二矢,游西山、鹊起于前,使骑逐而射之,不获。方山子怒马独出,一发得之。因与余马上论用兵及古今成败,自谓一时豪士。今几日耳,精悍之色,犹见于眉间,而岂山中之人哉?

注 释

①矍然:惊奇注视的样子。②使酒:酗酒任性。③骑:一人一马为一骑。

译 文

我被贬职到黄州,经过岐亭,正好遇见他,我说:"哎呀!这是我的老朋友陈慥季常啊!你怎么会在这里?"方山子也十分吃惊,问我怎么会到这里,我跟他说了原因。他低下头不说话,然后就抬起头来哈哈大笑,招呼我到他家住。他家里什么都没有,但是他的老婆孩子以及奴婢都十分自得悠然。我已经觉得十分惊讶了。暗自回想方山子年轻的时候寄情于酒,喜爱刀剑,视金钱为粪土。

十九年前,我在岐山,看到方山子带着两个骑马的侍从,手里拿着两张弓到西山打猎。一只鹊鸟从他眼前飞走,他让随从射杀,结果没有射中,他突然抽打坐骑,奔跑出去,一箭就射中了鹊鸟。于是他跟我在马上聊起用兵谋略和还有古往今来成功和失败的道理,自己把自己比作是豪杰。这件事已经过去很长时间了,那精明剽悍的神态仍旧保留在眉目之间,这怎么能是山里的隐士呢?

原 文

然方山子世有勋阀,当得官,使从事于其间①,今已显闻。而其家在洛阳,园宅壮丽,与公侯等②。河北有田,岁得帛千匹,亦足以富乐。皆弃不取,独来穷山中,此岂无得而然哉?

注 释

①使:假使。②等:一样。

译 文

然而方山子家族世代建功业,他应该得到一官半职,假使他在官场混迹,那么他今天一定能够飞黄腾达。他家原本是在洛阳,园圃宅院富贵华丽,堪比公侯之家。他在河北有田产,每年能够有上千匹丝绸,足够过上富足的生活了。但是他不愿意要这一切,偏偏来到穷乡僻壤。假如不是自得其乐他会这么做吗?

原文

余闻光、黄间多异人,往往佯狂垢污①,不可得而见。方山子傥见之欤?

注释

①**佯狂**:装疯卖傻。**垢污**:涂抹脏东西。

译文

我听闻光州、黄州一带有很多不一般的人,他们一般都装疯卖傻,往自己身上涂抹脏东西,但是却一直没有机会见到他们。方山子可能见过他们吧?

苏 辙

苏辙(1039—1112),字子由,一字同叔,北宋文学家,"唐宋八大家"之一。苏辙与父亲苏洵、兄长苏轼齐名,合称"三苏"。生平学问深受其父兄影响,以散文著称,擅长政论和史论,苏轼称其散文"汪洋淡泊,有一唱三叹之声,而其秀杰之气终不可没"。

六国论

原文

尝读六国世家①,窃怪天下之诸侯以五倍之地、十倍之众,发愤西向,以攻山西千里之秦,而不免于灭亡,常为之深思远虑,以为必有可以自安之计。盖未尝不咎其当时之士虑患之疏而见利之浅,且不知天下之势也。

夫秦之所与诸侯争天下者,不在齐、楚、燕、赵也,而在韩、魏之郊;诸侯之所与秦争天下者,不在齐、楚、燕、赵也,而在韩、魏之野。

秦之有韩、魏，譬如人之有腹心之疾也。韩、魏塞秦之冲而蔽山东之诸侯②，故夫天下之所重者，莫如韩、魏也。

昔者范雎用于秦而收韩，商鞅用于秦而收魏，昭王未得韩、魏之心而出兵以攻齐之刚、寿，而范雎以为忧，然则秦之所忌者可见矣。秦之用兵于燕、赵，秦之危事也。越韩过魏而攻人之国都，燕、赵拒之于前，而韩、魏乘之于后，此危道也。而秦之攻燕、赵，未尝有韩、魏之忧，则韩、魏之附秦故也。夫韩、魏，诸侯之障，而使秦人得出入于其间，此岂知天下之势耶？委区区之韩、魏③，以当强虎狼之秦，彼安得不折而入于秦哉？韩、魏折而入于秦，然后秦人得通其兵于东诸侯，而使天下遍受其祸。

夫韩、魏不能独当秦，而天下之诸侯藉之以蔽其西，故莫如厚韩亲魏以摈秦④。秦人不敢逾韩、魏以窥齐、楚、燕、赵之国，而齐、楚、燕、赵之国因得以自完于其间矣。以四无事之国，佐当寇之韩、魏，使韩、魏无东顾之忧，而为天下出身以当秦兵。以二国委秦⑤，而四国休息于内，以阴助其急⑥，若此可以应夫无穷。彼秦者将何为哉？不知出此，而乃贪疆场尺寸之利⑦，背盟败约，以自相屠灭，秦兵未出，而天下诸侯已自困矣。至于秦人得伺其隙以取其国，可不悲哉！

注释

①六国：指齐、楚、燕、韩、赵、魏。**世家**：西汉司马迁所修《史记》体例的一种，主要用于记载诸侯的历史。六国各有世家。②**塞**：阻挡。**冲**：交通要道。③**委**：放弃，下文中的"委"是对付的意思。**区区**：形容很小。④**摈**：排斥，摈弃。⑤**以二国委秦**：把抵抗秦国的事托付给韩、魏。⑥**阴助**：暗暗地帮助。⑦**疆场**：国界的意思。

译文

我曾经阅读《史记》中的六国世家，私下感到奇怪的是，天下的诸侯，凭着五倍于秦的土地、十倍于秦的兵力，奋力向西攻打崤山以西地方千里的秦国，最后却不能免于被秦灭亡。我常常对这个问题深思远虑，认为一定会有使他们保全的计谋;因此,未尝不责怪当时的谋士,对祸患考虑得太疏忽,对利害的见识太浅薄,并且不能察明天下的形势。

秦国同诸侯们争夺天下的重要地区,不在齐、楚、燕、赵,而在韩、魏境内;各诸侯国同秦国争夺天下的重要地区,同样不在齐、楚、燕、赵,而在韩、魏郊外。韩、魏的存在,对秦国来说,就好像人有心腹之患。韩、魏两国阻塞着秦国的交通要道,掩蔽着崤山以东的各诸侯国,所以对天下各国来说,最重要的地方,没有能超过韩、魏两国的了。

从前范雎在秦国被重用,就设法拉拢韩国;商鞅在秦国被重用,就设法拉拢魏国。秦昭王没有得到韩、魏的归服,就出兵进攻齐国的刚、寿地区,范雎为此而担忧。这就可见秦国最顾忌的是什么了。秦国对燕、赵用兵,这对秦国来说,是危险的事情。因为越过韩、魏,去进攻别国的国都,前有燕、赵的抵抗,而韩、魏又会从后面乘机进攻,这是一条危险的道路。可是秦国攻打燕、赵两国,却不曾担心韩、魏从后面袭击,这是由于韩国和魏国依附了秦国的缘故。韩国和魏国是各诸侯国的屏障,却让秦人在两国通行无阻,这难道是了解天下的形势吗?放弃小小的韩、魏两国,让它们去抵挡如虎狼一般强大的秦国,它们又怎能不屈服而归附于秦国呢?韩、魏屈服而归附秦国,这以后秦国的军队便可以经过韩、魏对东方各诸侯国用兵,从而使整个天下都受到它的祸害。

韩国和魏国不能独自抵挡秦国,而天下的诸侯却依靠它来抵挡西面的秦国,所以不如加强与韩、魏的亲密关系,来抗拒秦国。秦国不敢跨越韩、魏来窥探齐、楚、燕、赵之国,那么,齐、楚、燕、赵之国也就能凭借这种局势保全了自己。以四个没有战争的国家,帮助面对敌寇的韩、魏,使韩、魏没有东顾之忧,从而替天下诸侯挺身而出,抵抗秦国。让韩、魏两国对付秦国,而四国在后方休养生息,并且暗暗地帮助两国解除患难,像这样,就可以应付一切变化的局面,那秦国又能怎么样呢?六国诸侯不出于这样的考虑,却贪图边境上的尺寸小利,背弃盟誓,毁坏信约,自相残杀,相互吞灭。秦国尚未出兵,而天下的诸侯已经疲惫不堪了,致使秦国等到可乘之机,攻取他们的国家,难道不令人悲叹吗?

上枢密韩太尉书

原文

太尉执事①：辙生好为文，思之至深。以为文者气之所形，然文不可以学而能，气可以养而致。孟子曰："我善养吾浩然之气。"今观其文章，宽厚宏博，充乎天地之间，称其气之小大②。太史公行天下，周览四海名山大川，与燕、赵间豪俊交游，故其文疏荡，颇有奇气。此二子者，岂尝执笔学为如此之文哉？其气充乎其中而溢乎其貌，动乎其言而见乎其文，而不自知也。

注释

①**太尉**：指韩琦。是宋仁宗时期的枢密使，掌管全国的兵权，就像是唐朝的太尉一样。**执事**：是指那些侍奉在左右的人，以前给有地位的人写信，为了表示尊重就向他身边的人打招呼。②**称**：相符合。

译文

太尉执事：我生来爱好写文章，常常思考着要怎样才能把文章写好。我觉得文章能够体现一个人的气质，但是文章并不是通过简单学习就能够写好的，气质却能够通过自身的修养得到。孟子说："我善于修养自己的阳刚正气。"现在来看他写的文章，宽厚广博，充塞在宇宙之间，跟他的气质相互映衬；司马迁走遍五湖四海，把天下的名胜古迹、高山名川都游览了一遍，跟燕地和赵地的英雄豪杰交朋友，所以他写的文章情节跌宕，很有奇伟之气。这两个人，难道是因为以前写过这样的文章就达到这样的境界吗？这是因为他们的气质中含有的内心活动表现在体形以外，通过他们的语言表现出来，而且在他们的文章中也有所体现，只是他们自己没有觉察到罢了。

原文

辙生十有九年矣。其居家所与游者，不过其邻里乡党之人①；所见不过数百里之间，无高山大野可登览以自广。百氏之书②，虽无所不读，然皆古人之陈迹，不足以激发其志气。恐遂汨(gǔ)没③，故决然舍去，求天下奇闻壮观,以知天地之广大。过秦、汉之故都,恣观终南、嵩、华之高,北顾黄河之奔流,慨然想见古之豪杰。至京师,仰观天子宫阙之壮,与仓廪府库、城池苑囿之富且大也,而后知天下之巨丽。见翰林欧阳公,听其议论之宏辨,观其容貌之秀伟,与其门人贤士大夫游,而后知天下之文章聚乎此也。太尉以才略冠天下,天下之所恃以无忧,四夷之所惮以不敢发,入则周公、召公,出则方叔、召虎④。而辙也未之见焉。

注 释

①**乡党**:这里是指乡里。周朝把五百家作为一党,一万两千五百家作为一乡。②**百氏**:是指春秋战国时期活跃着的诸子百家。③**汩没**:埋没。④**方叔**:周宣王时期的贤才,奉命向南征讨楚国。**召虎**:周宣王时期曾经带兵平定了淮夷。

译 文

我出生已经十九年了。我居住在家里时所交往的,不过就是邻居以及同乡的人,看到的也不过就是几百里以内的事物,没有高山和空旷的野地能够登上去观赏从而使自己的心胸宽广。诸子百家的书籍,虽然我都读了,但是这都是古人以前的东西,不能够让我的志气激发出来。我担心自己会因此被埋没,所以下定决心离开家乡,去寻访天下的奇闻壮观,从而能够更加了解宇宙的广阔。我走过秦朝和汉朝的旧都,尽情地观赏终南山、嵩山、华山的高险陡峻,向北看黄河奔流咆哮,让我想起了古代的英雄豪杰。到了京城,我看到皇帝居住的宫殿是如此壮观华丽,还有粮仓、库房、城池以及园林的精致和广阔,才明白天下是如此宏伟美丽。拜见了翰林学士欧阳修,听他说宏大的议论,看到他长得眉清目秀,跟他的学生贤才和士大夫做朋友,然后才知道天下的好文章都汇聚在这里。太尉您凭借着雄才大略在天下闻名,天下的百姓因为依靠着您而无忧无虑,四面的少数民族因为害怕您而不敢来侵犯,在朝廷上像周公和召公一样协助君主,带兵打仗就像方叔和召虎一样为国家守卫边疆,然而,到现在为止我还没有见过您。

原 文

且夫人之学也,不志其大①,虽多而何为?辙之来也,于山见终南、嵩、华之高,于水见黄河之大且深,于人见欧阳公,而犹以为未见太尉也。故愿得观贤人之光耀,闻一言以自壮,然后可以尽天下之大观而无憾者矣。

注释

①**志**：有志于。

译文

何况一个人学习，假如没有远大的抱负和志向，就算是学了很多的知识又有什么用呢？我此次前来，对于山，我见过了终南山、嵩山以及华山的高险伟峻；对于水，我见到了黄河的深广和巨大；对于人，我见过了欧阳公，可是还是因为没有拜见过您而感到遗憾。因此，我希望能够看一下贤才的风采，就算是听您说一句话也能够让我有雄心壮志，这样我就能够说自己已经看完了天下的壮观而没有任何遗憾了。

原文

辙年少，未能通习吏事。向之来，非有取于斗升之禄，偶然得之，非其所乐。然幸得赐归待选①，使得优游数年之间，将以益治其文，且学为政。太尉苟以为可教而辱教之，又幸矣！

注释

①**赐归待选**：朝廷允许回乡等待朝廷的选拔。

译文

我年纪不大，还没有弄明白做官应该做的事情。开始来到京城，并没有想要谋取微薄俸禄的念头。意外得到这种机会也并非我所愿。但是很高兴能够被恩赐回家乡等待朝廷的授官，让我有了足够悠闲的时间，我会更加深入地研究文章中的道理，并且学习从政之道。太尉如果觉得我还可以教导并且愿意屈尊教导我的话，我就会感到更加荣幸了。

黄州快哉亭记

原文

江出西陵，始得平地，其流奔放肆大①。南合湘、沅，北合汉、沔,其势益张。至于赤壁之下,波流浸灌②,与海相若。清河张君梦得,谪居齐安,即其庐之西南为亭,以览观江流之胜。而余兄子瞻名之曰"快哉"。

盖亭之所见,南北百里,东西一舍。涛澜汹涌,风云开阖③。昼则舟楫出没于其前,夜则鱼龙悲啸于其下。变化倏忽,动心骇目,不可久视④。今乃得玩之几席之上,举目而足。西望武昌诸山,冈陵起伏,草木行列,烟消日出,渔夫、樵父之舍,皆可指数⑤。此其所以为"快哉"者也。至于长洲之滨,故城之墟,曹孟德、孙仲谋之所睥睨,周瑜、陆逊之所驰骛,其流风遗迹,亦足以称快世俗。

昔楚襄王从宋玉、景差于兰台之宫。有风飒然至者,王披襟当之,曰:"快哉此风!寡人所与庶人共者耶?"宋玉曰:"此独大王之雄风耳,庶人安得共之?"玉之言盖有讽焉。夫风无雄雌之异,而人有遇不遇之变。楚王之所以为乐,与庶人之所以为忧,此则人之变也,而风何与焉?士生于世,使其中不自得,将何往而非病⑥?使其中坦然,不以物伤性,将何适而非快?今张君不以谪为患,收会稽之余⑦,而自放山水之间,此其中宜有以过人者。将蓬户瓮牖⑧,无所不快,而况乎濯长江之清流,挹西山之白云,穷耳目之胜以自适也哉?不然,连山绝壑,长林古木,振之以清风,照之以明月,此皆骚人思士之所以悲伤憔悴而不能胜者,乌睹其为快也哉⑨!

注　释

①**奔放**:水势迅急。**肆大**:水道浩大。肆,展开。②**浸灌**:浸透灌注。形容水势又大又猛。③**风云开阖**:形容云时而散开,时而聚合,变幻不定。④**不可久视**:形容江流汹涌,让人不敢久看。这里是就没有亭子时的情况说的。⑤**指数**:指点着数清。⑥**病**:这里指忧愁。⑦**收**:这里是结束的意思。**会稽**:即"会计",指管理钱财、赋税等事务,这里泛指公务。⑧**蓬户瓮牖**:用蓬草编成的门,用破瓮做的窗户,指贫苦人的住所。⑨**乌**:何,哪里。

译 文

　　长江流出西陵峡，开始进入平地，水势奔腾浩荡。南面汇合入湘水、沅水，北面汇合汉水、沔水，水势显得更加壮阔。流到赤壁之下，江水滔滔，就像是无际的海洋。清河县的张君梦得，贬官后住在黄州，他在靠近房舍的西南方修建了一座亭子，来观赏江流的胜景。我哥哥子瞻给它取了一个名字叫"快哉"。

　　在亭子里能看到的，从南到北可以上百里，从东到西三十里左右。波浪汹涌，风云变幻；白天，船只在亭前出没；夜晚，鱼龙在亭下悲鸣。从前没有亭子时，景色瞬息万变，使人触目惊心，不敢长久地观看。现在却可以在亭子里的茶几旁座位之上，尽情玩赏。向西眺望武昌的群山，只见峰峦起伏，草木排列成行，烟云消散，阳光普照，渔翁和樵夫的房舍都历历可数。这就是取名为"快哉"的缘故。至于那沙洲的岸边，旧城的废墟，曾为曹孟德、孙仲谋所窥视，是周瑜、陆逊大显威风的地方。那些遗留下来的传说和英雄事迹，也足以使一般的人称快了！

　　从前楚襄王和宋玉、景差在兰台宫游玩。一阵风吹来，飒飒作响，楚王敞开衣襟迎着风，说："这风多么使人快乐啊！这是我和百姓共有的吧？"宋玉说："这只是大王享受的雄风，百姓怎么能共同享受它呢？"宋玉的话大概是有所讽刺吧。风并没有雄雌之别，而人则有受与不受赏识的不同。楚王之所以感到快乐，而百姓之所以感到忧愁，正是由于人的境遇不同，跟风有什么关系呢？士人活在世上，如果心中不得志，那么，到什么地方没有忧愁呢？如果他胸怀坦荡，不因外物而妨害自己的性情，那么，到什么地方没有快乐呢？现在，张君不把被贬谪当作忧患，办完公务之后，便任情漫游山水之间。这大概是他心中有超过别人的地方。即使是用蓬草编门，用破瓮做窗，也没什么不快乐的。更何况洗涤着清澈的长江水，面对着西山的白云，赏尽耳闻目见的胜景来使自己舒畅呢？如果不是如此，那么，连绵不断的峦峰，幽深陡峭的沟壑，辽阔的森林，参天的古木，清风拂摇，明月高照，这些都是引起文人士子感到悲伤痛苦以至难以忍受的东西，哪里看得出它们能使人快乐呢！

曾 巩

　　曾巩（1019—1083），字子固，北宋散文家、史学家、政治家。曾巩出身儒学世家，为政廉洁奉公，勤于政事，关心民生疾苦。曾巩文学成就突出，其文"古雅、平正、冲和"，位列"唐宋八大家"，世称"南丰先生"。

寄欧阳舍人书

原文

去秋人还①，蒙赐书及所撰先大父墓碑铭②，反复观诵，感与惭并。

注释

①**去秋人还**：庆历六年（1046）的夏天，曾巩曾经派人给欧阳修送信，请欧阳修为他的祖父写一篇碑文。秋天的时候，欧阳修就把碑文写好，之后让来人带回去给曾巩。②**铭**：在器物上记述事实、功德等的文字。

译文

去年秋天我派去的人回来，多亏了您写信给我还给先祖父写了碑文，我多次地诵读这文章，感到十分感激，也十分羞愧。

原文

夫铭、志之著于世①，义近于史，而亦有与史异者。盖史之于善恶无所不书，而铭者，盖古之人有功德、材行、志义之美者，惧后世之不知，则必铭而见之，或纳于庙，或存于墓②，一也。苟其人之恶，则于铭乎何有？此其所以与史异也。其辞之作，所以使死者无有所憾，生者得致其严③。而善人喜于见传，则勇于自立；恶人无有所纪，则以愧而惧。至于通材达识④、义烈节士，嘉言善状，皆见于篇，则足为后法⑤。警劝之道，非近乎史，其将安近？

注释

①**铭、志**：是碑文的两个部分，韵文部分叫铭，而记述死者生前事迹的部分叫作志。②**或纳于庙，或存于墓**：古代的两种碑文，一种是在宗庙前立着的用来测量日影，祭祀的时候拴住牛羊等祭品的，还有一种就是墓碑。③**致**：表达。④**通材**：兼有多种才能的人。

⑤**法**：效仿。

译 文

墓志铭这样的文体之所以能够在世上十分受人尊重，是因为它存在的意义跟历史传记十分相似，但是也有跟历史传记不一样的地方。总体来说，历史传记是记录主人公的所有的事情，不管好坏都是要记载的。但是铭就可能是记录的那些有建功立业或者是德才兼备、有远大志向以及信守承诺的人，就像是害怕后人对他们不知道似的，一定要用铭文把他们的好人好事都记录下来。这样的铭文有的被放在家庙中，有的则被埋在墓地里，但是它们所表达的意思都是相同的。要是这个人是坏人，那他的墓志铭会怎么写呢？这就是墓志铭跟历史传记不一样的地方。写墓志铭是为了让已经死了的人不会再感到什么遗憾，让活着的人以此来表达自己对死去的人的思念和尊敬。做好事的人都希望自己的事迹被记载下来流传后世，就会努力做出一些成就；做坏事的人没有什么好事可以被记载下来，就会为此感到十分惭愧和忧虑；至于那些博通古今、明晓事理的人，道德高尚、忠肝义胆的人，他们说过的好话以及做过的好事，都被记录在铭文里，这就有充足的理由让后人学习他们，以他们为榜样。铭文具有警戒和鼓励的作用，要是不跟历史传记相似，还能跟什么相似呢？

原 文

及世之衰①，人之子孙者，一欲褒扬其亲而不本乎理。故虽恶人，皆务勒铭以夸后世②。立言者，既莫之拒而不为，又以其子孙之请也，书其恶焉，则人情之所不得，于是乎铭始不实。后之作铭者当观其人。苟托之非人，则书之非公与是，则不足以行世而传后。故千百年来，公卿大夫至于里巷之士莫不有铭③，而传者盖少，其故非他，托之非人，书之非公与是故也。

注 释

①**衰**：衰败。②**勒铭**：把铭文刻在石碑上。③**里巷之士**：一般的老百姓。

译 文

到了世风日下的时候，作为子孙后代，一心想着的都是要褒扬自己已经死去的亲人，但是却不根据事实情况。所以就算是作恶的人，也要刻石碑来向后人夸耀。撰写铭文的人，又不能拒绝不写，而且又被他们的子孙请求，要是直接把恶人做的坏事写下来,又显得于理不合,所以铭文就开始有不真实的地方了。子孙后代想要找撰写碑文的人,要观察写文的人的品性,要是委托的人不正直,撰写的碑文既不公正也不真实,那铭文就不会流行在当下,更不可能流传于后世。所以千百年来,上自达官贵人,下到黎民百姓,死了之后就没有人不写碑文的,但是流传下来的很少,原因不是别的,就是因为请求写文的人不合适,写下来的铭文不符合事实、不公正的原因。

原文

然则孰为其人而能尽公与是欤?非畜道德而能文章者无以为也①。盖有道德者之于恶人则不受而铭之,于众人则能辨焉。而人之行,有情善而迹非,有意奸而外淑②,有善恶相悬而不可以实指,有实大于名,有名侈于实。犹之用人,非畜道德者,恶作辨之不惑③,议之不徇④?不惑不徇,则公且是矣。而其辞之不工,则世犹不传,于是又在其文章兼胜焉。故曰非畜道德而能文章者无以为也,岂非然哉?

注释

①畜:积聚,怀藏。②淑:善良。③恶:怎么,如何。④徇:徇私。

译文

那么到底谁是适合的人而且能够写得既公平又正确呢?不是有高尚道德和文采好的人是不能够办到的。因为那些有高尚道德的人是不会帮恶人写铭文的,而且对于那些普通人就能够分出他们是好人还是坏人。但是人们的品行,有内心是善良的在表现上却好像并不是友善的,而那些内心大奸大恶的人却表现出一副十分友善的样子,做好事和做坏事相差得实在太大,所以无法详细地指出。因此这些铭文有实际情况大于名声的,也有一些名过其实的。这就好像是用人一样,没有高尚的道德,又怎么能清楚地辨认而不被迷惑,公正地评论而不徇私呢?不被迷惑、不徇私,就会跟事实相符而且公正。但是如果铭文的辞藻不够优美,还是无法在世间留传,所以撰写铭文的人一定要善于写文章,所以没有高尚的道德而且不善于写文章的人是没有办法写好铭文的,难道不是如此吗?

原文

然畜道德而能文章者,虽或并世而有,亦或数十年或一二百年而有之。其传之难如此，其遇之难又如此。若先生之道德文章，固所谓数百年而有者也。先祖之言行卓卓，幸遇而得铭其公与是，其传世行后无疑也。而世之学者，每观传记所书古人之事，至于所可感，则往往歔(xì)然不知涕之流落也①，况其子孙也哉？况巩也哉？其追晞(xī)祖德而思所以传之之由②，则知先生推一赐于巩而及其三世。其感与报，宜若何而图之？抑又思若巩之浅薄滞拙而先生进之，先祖之屯蹶(zūn jué)否(pǐ)塞以死而先生显之③，则世之魁闳(hóng)豪杰不世出之士④，其谁不愿进于门？潜遁幽抑之士⑤，其谁不有望于世？善谁不为？而恶谁不愧以惧？为人之父祖者，孰不欲教其子孙？为人之子孙者，孰不欲宠荣其父祖？此数美者，一归于先生。

注 释

①歔然：痛苦的样子。②晞：这里指仰慕。③蹶：挫折。显：使动用法，使……显贵。④魁闳：高大，这里指超群的才能。⑤潜遁幽抑之士：隐居的人和不得志的人。

译 文

但是，高尚道德与文采兼备的人，可能同时有多个，但是也有可能是几十年或者是一两百年才出现。铭文想要流传是那么不容易，能够遇到好的铭文的作者也是十分不易的，像先生您就是上面说到的几百年才出现一次的。我的祖先的言行都很杰出，幸运的是又遇到您把它写成铭文而且能给予他们公正和正确的评论，这样的铭文能够在现在流行，那肯定能够流传于后世的。世上的学者们，每次读到传记文章写到的以前的人的事迹时，看到文章中感动的地方，就会难过地流下泪水，更何况是死去的人的子孙后代呢？更何况是我呢？我钦慕祖先的高尚道德，想着要怎样才能让铭文流传下来，知道先生应允了我的请求为我的祖先写铭文，这恩惠能够推到我们家祖孙三代人。我的感恩和报答之情，要怎么表达呢？我又想着，像我这样才疏学浅的人受到先生的奖赏，跟我的祖先一样在艰难的处境中，多次遭遇阻碍，不得志一直到死去，但是先生却能够让他们在后人那里显贵，那么世间那些英雄豪杰，很少见被称为奇才的人，他们有谁不乐意投拜在您的门下呢？那些隐居在山野中没有显贵的人，他们有谁不希望自己被后世记住呢？于是，有谁能不愿做善事呢？有谁能做了恶事而不惭愧和恐惧呢？作为别人的父亲和祖父,谁不想好好地教导子孙后代呢?作为别人的子孙后代,谁不想要让自己的祖辈光荣呢?这所有一切的好事都要归功在先生身上。

原文

既拜赐之辱①,且敢进其所以然。所论世族之次,敢不承教而加详焉?愧甚不宣。

注释

①**拜赐**:拜谢或拜受赐赠,这里指接受赐予的书信和碑文。

译文

我非常荣幸地接受了您的恩赐,而且十分冒昧地向您表达我感激的原因。信中说到的关于我们家族的世系情况,我怎么敢不按照您的教诲仔细地审查呢?我感到十分惭愧,信上也无法表达我的感情。

王安石

王安石(1021—1086),字介甫,号半山,北宋著名政治家、文学家。曾主持变法,因守旧派反对,熙宁七年(1074)罢相。一年后,宋神宗再次起用,旋又罢相,退居江宁。死后追赠太傅。王安石在文学上有突出成就。其散文论点鲜明、逻辑严密,有很强的说服力,充分发挥了古文的实际功用;短文简洁峻切、短小精悍,名列"唐宋八大家"。

读孟尝君传

原文

世皆称孟尝君能得士,士以故归之,而卒赖其力以脱于虎豹之秦。嗟呼!孟尝君特鸡鸣狗盗之雄耳①,岂足以言得士?不然,擅齐之强②,

得一士焉，宜可以南面而制秦③，尚何取鸡鸣狗盗之力哉？鸡鸣狗盗之出其门，此士之所以不至也。

注释

①**特**：仅仅，只是。②**擅**：凭借。③**南面**：面向南。

译文

世上的人都说孟尝君能够聚集天下有真实才学的人，人才也因此投奔到他那里去，而他也终于因为他们的帮助，能够从像虎豹一样的秦国那里逃脱出来。哎！其实孟尝君只不过是一群鸡鸣狗盗的人的头目罢了，怎么称得上是有能力搜揽人才的人呢？假如他不是这样，凭借着齐国的实力，就算是拥有一个有真才实学的人，也能够制服秦国在南面称王，哪里还用得着借助一些鸡鸣狗盗之辈的力量呢？鸡鸣狗盗之辈在他的家中出现，这正是那些有真才实学的人不去投靠他的原因啊。

游褒禅山记

原文

褒禅山亦谓之华山①。唐浮图慧褒始舍于其址，而卒葬之，以故其后名之曰褒禅。今所谓慧空禅院者，褒之庐冢也②。距其院东五里，所谓华山洞者，以其乃华山之阳名之也。距洞百余步，有碑仆道③，其文漫灭④，独其为文犹可识，曰"花山"。今言"华"如"华实"之"华"者，盖音谬也。

注释

①**华山**：在今天的安徽含山北面。②**庐**：房屋，房舍。**冢**：坟墓。③**仆道**："仆（于）道"的省略，倒在路旁。④**漫灭**：石碑上的文字因风化剥落而模糊不清。

译文

褒禅山又叫华山。唐朝的时候有个和尚慧褒开始在这里建造房屋居住，之后又埋葬在这里，因此，慧褒死了以后这座山就叫作褒禅山。现在的慧空禅院，就是慧褒和尚的房屋和坟墓所在的地方。这座禅院的东面五里之地有一个叫华山洞的地方，是因为位于华山的南面才这么有名。距离洞口有一百多步远的位置，有一块石碑倒在路上，碑文已经看不清了，只有其中几个字能隐约辨认出来，叫作"花山"。现在把"华"字读成"华实"的"华"，可能是把字音读错了。

原　文

其下平旷，有泉侧出，而记游者甚众，所谓"前洞"也。由山以上五六里，有穴窈然①，入之甚寒，问其深，则其好游者不能穷也，谓之"后洞"。予与四人拥火以入，入之愈深，其进愈难，而其见愈奇。有怠而欲出者②，曰："不出，火且尽。"遂与之俱出。盖予所至，比好游者尚不能十一，然视其左右，来而记之者已少。盖其又深，则其至又加少矣。方是时，予之力尚足以入，火尚足以明也。既其出③，则或咎其欲出者，而予亦悔其随之，而不得极乎游之乐也。

注　释

①**窈然**：幽深的样子。②**怠**：懈怠。③**既**：已经，……以后。**其**：助词。

译　文

山洞下面地势平坦宽阔，有一道泉水从边上的墙壁上流了出来，到这里游玩并且在山洞墙壁上题字的人非常多，这就是人们说的"前洞"。顺着山路向上走五六里，有一个幽深的山洞，走到洞里，人们会感到十分寒冷，有人要问这个洞有多深，就连那些特别喜欢游山玩水的人也没能走到它的尽头，这个洞被人们称为"后洞"。我和我的四个朋友举着火把往前走，越往里走，前进就越难，但是看到的景色就越绮丽。有一个同伴懈怠了，他不想往前走，说道："我们要是不往回走，手里的火把就要烧完了！"所以大家都跟着他一起出来了。我估量着我们达到的深度跟那些喜欢游玩的人相比还不够十分之一，但是看看周围洞穴的墙壁，到这里题字的人已经很少了。可能洞穴越深，到的人就越少吧。当我才从山洞中退出来的时候，我还是有力气继续往前走的，火把也是能够继续照明的。退出来之后，就有人抱怨那个主张要退出来的人，我也十分遗憾自己跟着大家一起出来了，没能尽情地享受游玩的乐趣。

原　文

于是予有叹焉。古人之观于天地、山川、草木、虫鱼、鸟兽，往往有得，以其求思之深而无不在也。夫夷以近①，则游者众，险以远，则至者少。而世之奇伟、瑰怪②、非常之观，常在于险远，而人之所罕至焉，故非有志者不能至也。有志矣，不随以止也，然力不足者，亦不能至也。有志与力，而又不随以怠，至于幽暗昏惑而无物以相之，亦不能至也。然力足以至焉，于人为可讥，而在己为有悔。尽吾志也而不能至者，可以无悔矣，其孰能讥之乎？此予之所得也。

●褒禅山

注释

①夷：平坦。②瑰怪：瑰丽奇异。

译文

对于此事我有所感叹。古代的人在观察天地、山川、草木、虫鱼、鸟兽的时候往往会收获些心得，这是因为他们深入思考且处处如此。那些平坦而且距离较近的地方，游客就很多；艰难险阻多且距离较远的地方，能够到达的人就很少了。但是世上的奇伟、瑰丽和不同寻常的景观经常是在偏远危险而且很少有人能够到达的地方，所以没有坚强的毅力是不能够到达的。有毅力，不会因为别人在半路上停下，可是如果体力不够，也是没办法到达的。有毅力和体力，又不因为别人懒怠而松懈，但是到了幽深昏暗的地方，如果没有外物的帮助，还是不能够到达的。然而如果有足够的体力却没能到达，在别人眼里是可以嘲笑的，自己也会悔恨。如果尽了自己最大的努力却还是没有到达，那就没有必要悔恨了，谁又会责怪或者嘲笑他呢？这就是我得到的道理。

原文

予于仆碑，又有悲夫古书之不存，后世之谬其传而莫能名者①，何可胜道也哉②？此所以学者不可以不深思而慎取之也。四人者：庐陵萧君圭君玉,长乐王回深父,予弟安国平父、安上纯父。

注释

①**谬其传**:以讹传讹。②**胜**:尽。

译文

　　对于那块倒在路上的石碑,我又悲叹可惜古代的书籍文献不复存在,后人又会以讹传讹地弄混许多事情的真相,这样的例子怎么能举完呢?这就是读书人对于学问不能不谨慎思考再做出选择的原因啊。跟我一起游玩的四个人是:庐陵的萧君圭字君玉,长乐县的王回字深父,我的弟弟安国字平父和安上字纯父。

卷十二　明文

宋　濂

宋濂（1310—1381），字景濂，号潜溪，明初著名政治家、文学家、史学家。与高启、刘基并称"明初诗文三大家"，又与章溢、刘基、叶琛并称"浙东四先生"。被明太祖朱元璋誉为"开国文臣之首"，学者称其为太史公、宋龙门。宋濂与刘基均以散文创作闻名，并称为"一代之宗"。其散文质朴简洁，雍容典雅，各有特色。

送天台陈庭学序

原文

西南山水，惟川蜀最奇。然去中州万里，陆有剑阁栈道之险①，水有瞿唐滟滪之虞②。跨马行，则竹间山高者，累旬日不见其巅际。临上而俯视，绝壑万仞③，杳莫测其所穷，肝胆为之掉栗④。水行，则江石悍利，波恶涡诡，舟一失势尺寸，辄糜碎土沉，下饱鱼鳖。其难至如此！故非仕有力者，不可以游；非材有文者，纵游无所得；非壮强者，多老死于其地。嗜奇之士恨焉。

注释

①**剑阁**：指栈道（指在悬崖峭壁靠木板铺成的道路），现位于四川东北大、小剑阁间，在古代是连接川、陕两地的交通要道。②**滟滪**：滟滪堆，瞿塘峡峡口的险滩。③**仞**：古时度量单位，每仞即现在的八尺。④**掉栗**：发抖。

译文

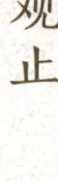

西南最秀美的山水当数四川地区，堪称一道奇观。但是，四川与中原相隔数万里，陆地上剑阁、栈道设障，水上瞿塘峡、滟滪堆等让人担忧。就算骑马前行，在竹林等险峻地形中奔波十几天，也没法看到峰顶。如果在顶处往下看，人们会看到几万尺的幽深峭壁，谷底一望无际，让人感到害怕不已。要是选择水路，各种尖利礁石遍布江中，江水凶猛不已，多有变化的旋涡，只要稍微不慎离开航道，就会被撞碎，沉入江中成为鱼鳖的美食。前往四川的路途真的是太困难了！所以，只有做官的有钱人才能到此处游览；要不是满腹经纶的人，就算去了，也不会有任何收获；要不是身体强壮的人，到了那里，大多会在那里老死。这对于那些喜欢游览奇观的人来说，真是太遗憾了。

原文

天台陈君庭学①，能为诗，由中书左司掾②，屡从大将北征，有劳，擢四川都指挥司照磨③，由水道至成都。成都，川蜀之要地，扬子云、司马相如、诸葛武侯之所居④，英雄俊杰战攻驻守之迹，诗人文士游眺饮射、赋咏、歌呼之所，庭学无不历览。既览必发为诗，以纪其景物时世之变，于是其诗益工。越三年，以例自免归，会予于京师⑤。其气愈充，其语愈壮，其志意愈高，盖得于山水之助者侈矣。

注释

①**天台**：天台府，即现今浙江天台。②**中书左司掾**：中书省设立的左司部门成员。在明代时，中书省设立了左右两司。③**照磨**：管理文书总卷的官吏，属于指挥司下属。④**扬子云**：扬雄（前53—前18），西汉辞赋家、文学家、哲学家、语言学家，字子云，四川成都人。**司马相如**：四川成都人，西汉时期著名文学家。**诸葛武侯**：诸葛亮，任三国蜀汉丞相一职。⑤**京师**：这里指江苏南京市。

译文

陈庭学,浙江天台人,非常擅长作诗。他凭借中书左司掾一职位,多次跟大将奔赴战场,建立功绩,被升为四川都指挥司照磨,经水路前往成都。成都既是四川重要场所,也是扬雄、司马相如、诸葛亮几人待过的地方。陈庭学依次游览了曾经英雄豪杰们留下的战争痕迹,历代文人们登临、喝酒对酌、吟诗颂歌的地方。每游览一个地方,他就会作诗表达内心感受,将景物以及世事变化记录下来,所以自从去了四川,他的诗歌有了很大的进步。三年后,按照惯例,庭学辞掉官职,回到家乡,和我在京师团聚。他的精神比以往更加饱满,说话也豪气不少,有了更加远大的志向,这或许是巴蜀的山水带来的吧。

原文

予甚自愧,方予少时,尝有志于出游天下,顾以学未成而不暇。及年壮可出,而四方兵起,无所投足。逮今圣主兴而宇内定①,极海之际,合为一家,而予齿益加耄矣②。欲如庭学之游,尚可得乎?

注释

①圣主:朱元璋。②耄:老。

译文

我内心真是非常惭愧。年少时,我曾立下志向要游遍天下,但是因未完成学业,所以一直没有时间;到了壮年可以出游时,又遇到连年战乱,没有可去之地;到了现在,圣明的君主平定了天下,一片和谐,但我却老年力衰。我还能像庭学一样去四处游走吗?

原文

然吾闻古之贤士,若颜回、原宪①,皆坐守陋室,蓬蒿没户,而志意常充然,有若囊括于天地者,此其故何也?得无有出于山水之外者乎?庭学其试归而求焉,苟有所得,则以告予,予将不一愧而已也。

注释

①颜回、原宪:二人都是孔子的学生。颜回,即颜渊。原宪,即子思。

译 文

但我知道以前的贤士们,比如像孔子的学生颜回、原宪,都是常年住在简陋的住所中,门户被隐蔽在杂草中,即便如此,他们却依旧拥有充分的意气和志向,仿佛他们能将天地万物包揽于心。这是为什么呢?难道还有什么比山水更吸引人吗?庭学你在回家之后,可以在这方面尝试一下,要是有收获,就跟我说一声,这样一来,我心中就不只惭愧而已了。

刘 基

刘基(1311—1375),字伯温,青田县南田乡(今浙江省温州市文成县)人,故称刘青田,元末明初军事家、政治家、文学家,明朝开国元勋。明洪武三年(1370)封诚意伯,故又称刘诚意。武宗正德九年追赠太师,谥号文成,后人称其刘文成、文成公。

卖柑者言

原 文

杭有卖果者,善藏柑,涉寒暑不溃①,出之烨然②,玉质而金色,剖其中,干若败絮。予怪而问之曰:"若所市于人者,将以实笾豆③,奉祭祀,供宾客乎?将衒外以惑愚瞽乎④?甚矣哉为欺也!"

卖者笑曰:"吾业是有年矣。吾赖是以食吾躯。吾售之,人取之,未闻有言,而独不足子所乎?世之为欺者不寡矣,而独我也乎?吾子未之思也。今夫佩虎符、坐皋比者⑤,洸洸乎干城之具也⑥,果能授孙、吴之略耶?峨大冠、拖长绅者,昂昂乎庙堂之器也,果能建伊、皋之业耶?盗起而不知御,民困而不知救,吏奸而不知禁,法斁而不知理⑦,坐糜廪粟而不知耻⑧。观其坐高堂,骑大马,醉醇醲而饫肥鲜者⑨,孰不巍巍乎可畏、赫赫乎可象也⑩？又何往而不金玉其外、败絮其中也哉！今子是之不察，而以察吾柑！"

予默默无以应。退而思其言，类东方生滑稽之流。岂其忿世嫉邪者耶，而托于柑以讽耶？

注释

①**涉**：经历。**溃**：腐坏。②**烨然**：光彩鲜明的样子。③**笾豆**：宴会和祭祀时盛食品或供品的器具。竹制的叫笾，木制的叫豆。④**衒**：炫耀。**瞽**：瞎子。⑤**皋比**：虎皮。这里指虎皮椅子。⑥**洸洸**：威武的样子。**干城**：指保卫国家。干，盾牌。⑦**斁**：败坏。⑧**縻**：通"糜"，耗费。**廪粟**：国库的粮食，这里指俸禄。⑨**饫**：饱食。⑩**象**：效法。

译文

杭州有个卖水果的人，善于贮藏柑子，经过严寒酷暑柑子也不腐烂，拿出来仍然色彩鲜艳，玉石般的质地，黄金般的颜色。但是剖开当中一看，干枯得像破旧的棉絮。我很奇怪，就责问他："你要卖给别人的这些水果，是准备用来装在盘子里面，供奉祭祀或招待客人用的呢？还是炫耀它的外表，用来迷惑那些傻瓜或盲人的呢？你这种欺骗行为，太过分了！"

那个卖水果的人却笑着说："我从事这个买卖已经有多年了，我依赖它养活自己。我卖人买，从来没听到过什么怨言，却偏偏只有您不满意而愤愤不平呢？世上行骗的人不少，难道就我一个吗？您就不好好想一想啊。如今那些佩带着虎符、坐虎皮交椅的人，威风凛凛，好像是个保卫国家的将才，他们果真能拿出孙武、吴起那样的策略来吗？那些戴着高大的帽子，拖着长长的衣带的人，神气十足，好像是朝廷的栋梁之材，他们果真能建立伊尹、皋陶那样的功业吗？强盗蜂起却不知道抵御，人民困苦却不知道解救，属下为非作歹却不知道禁止，法纪败坏却不知道整顿，白白地耗费国家的俸禄却不知道羞耻。看那些坐在高堂上，骑着大马，美酒喝得醉醺醺，山珍海味填满肚皮的人，哪一个不是看起来高不可攀、令人敬畏、显赫威武、值得效法呢？然而他们又何尝不是外表像金玉，而腹中像破棉败絮呢！今您不去考察这些，却来挑剔我的柑子！"

我沉默了，无话可答。回来再仔细品味他的话，觉得他有些像东方朔那样诙谐而能言善辩的人物，莫非他是个愤恨世道、仇视邪恶的人，却借柑子来进行讽刺吗？

方孝孺

方孝孺（1357—1402），字希直，一字希古，号逊志，因在汉中府任教授时，蜀献王赐名其读书处为"正学"，亦称"正学先生"，明朝学者、文学家。后因拒绝为发动"靖难之役"的燕王朱棣草拟即位诏书，被朱棣杀害。南明弘光帝时追谥"文正"。

豫让论

原文

士君子立身事主，既名知己，则当竭尽智谋，忠告善道①，销患于未形，保治于未然，俾身全而主安②。生为名臣，死为上鬼，垂光百世，照耀简策，斯为美也。苟遇知己，不能扶危于未乱之先，而乃捐躯殒命于既败之后，钓名沽誉，眩世炫俗③，由君子观之，皆所不取也。

注释

①**忠告善道**：诚挚地劝说，善意引导。出自《论语·颜渊》："忠告而善道之。"②**俾**：令，使。③**眩**：迷惑。**炫**：炫耀。

译文

有品德有智慧的人建立功名以侍奉君王，既然被君主叫作知己，就应该把所有的智慧和计谋拿出来，诚实劝说，善意引导，在祸端出现之前就先将其消灭掉，在动乱开始前就将政治辅佐的清明安宁，从而保全自己性命，保全君主平安。在世时，他是闻名的臣子，去世后也能成为上等的魂魄，受尽后代美传，永葆史册，这样才值得赞扬。要是遇到了知己，他不能在危难发生前将其拯救，而是在失败后，为君主献出自己的生命，故意获得一个好名声，将世人所迷惑，这一行为在君子眼中，是万万不可取的。

原文

盖尝因而论之。豫让臣事智伯，及赵襄子杀智伯，让为之报仇，声名烈烈，虽愚夫愚妇，莫不知其为忠臣义士也。呜呼！让之死固忠矣，惜乎处死之道有未忠者存焉。何也？观其漆身吞炭，谓其友曰："凡吾所为者极难，将以愧天下后世之为人臣而怀二心者也。"谓非忠可乎？及观斩衣三跃，襄子责以不死于中行氏而独死于智伯，让应曰："中行氏以众人待我，我故以众人报之。智伯以国士待我，我故以国士报之。"即此而论，让有余憾矣。段规之事韩康，任章之事魏献，未闻以国士待之也，而规也、章也，力劝其主从智伯之请，与之地以骄其志，而速其亡也。郄疵之事智伯，亦未尝以国士待之也，而疵能察韩、魏之情以谏智伯，虽不用其言以至灭亡，而疵之智谋忠告，已无愧于心也。让既自谓智伯待以国士矣，国士，济国之士也。当伯请地无厌之日，纵欲荒暴之时，为让者，正宜陈力就列①，谆谆然而告之曰："诸侯大夫，各安分地，无相侵夺，古之制也。今无故而取地于人，人不与，而吾之忿心必生；与之，则吾之骄心以起。忿必争，争必败；骄必傲，傲必亡。"谆切恳告，谏不从，再谏之；再谏不从，三谏之；三谏不从，移其伏剑之死，死于是日。伯虽顽冥不灵，感其至诚，庶几复悟②，和韩、魏，释赵围，保全智宗，守其祭祀。若然，则让虽死犹生也，岂不胜于斩衣而死乎？让于此时，曾无一语开悟主心，视伯之危亡犹越人视秦人之肥瘠也。袖手旁观，坐待成败，国士之报曾若是乎？智伯既死，而乃不胜血气之悻悻，甘自附于刺客之流，何足道哉？何足道哉？

虽然，以国士而论，豫让固不足以当矣。彼朝为仇敌，暮为君臣，觍然而自得者③，又让之罪人也。噫！

注释

①列：本职。②庶几：也许，可能。③觍然：厚颜无耻的样子。

译文

我以前根据这个原则对豫让进行过评价。豫让是智伯的家臣。智伯被赵襄子所杀后，豫让为其报仇。赫赫声名，轰烈不已，就算是没有见识的平民们，也都知道他是一个仁义之士。哎，豫让之死可以算是忠贞了，只是他在处理死亡的方法上还有些不忠心的表现。何出此言呢？你看，他将全身涂满黑漆，将喉咙用吞炭方式变哑，将容貌与声音改变，还和朋友们这样说道："我做的一切都困难不已，我想用这样的方式来让那些当别人臣子却还有二心的后代们，心存愧疚啊！"你可以说他是不忠心的吗？待看到他大跳三下将赵襄子衣服砍断时，赵襄子责怪他，不为中行氏付出性命，却只为智伯如此时，豫让这样答道："中行氏待我和普通人没有区别，所以报答他时，我也待他和普通人一般；智伯待我如国士一般，所以我也应该如此报答他。"就凭借这一点话，豫让还是存在些许不足之处的。段规侍奉韩康子、任章侍奉魏献子时，并没有传闻说他们的君主对待他们和国士一般，即便如此，他们还是努力地劝告君主们答应智伯，把土地给他，让他更加骄傲，从而让他更快灭亡。郄疵在侍奉智伯时，也没有受到如国士一般的对待，但是对于韩、魏的意图，他却能够敏锐地察觉，并且积极劝告，虽然智伯没有听进去致使自己灭亡，但是郄疵敏锐的谋略和忠心的劝导，已经令他问心无愧了。豫让自以为是地认为智伯待他如国士一般，而国士应该是能够稳固国土的贤才。当智伯贪得无厌，让别人分割土地的时候，当智伯沉迷私欲，不理朝政，残暴不已的时候，正需要豫让积极奉献，倾尽所能，对智伯进行劝导："诸侯和大夫们应该安分守己地守住自己的国土，不能贪得无厌侵略他人，自古以来就是如此。现在平白无故索要别人的土地，要是对方不给，我肯定会心生愤怒，要是对方给了，我肯定会骄傲自满。有愤怒，肯定会发生斗争，有了斗争，肯定就会失败。一旦骄傲，肯定会傲慢，人一傲慢起来，肯定就会灭亡。"要充满耐心地不断地劝说，要是一次没成功，就再劝；再次劝说依旧失败，就来第三次；要是第三次依旧失败，那么就把拿剑自杀的行为放在这一天。虽然智伯生性好玩，昏庸不已，但是面对这种诚恳的行为，说不定会清醒过来，和韩、魏和好如初，撤除对赵国的包围，令智氏宗族得以保全，得以传承下去。要是这样，就算豫让死了，也如同活着一般，这难道不会比刺除赵襄子衣服后拿剑自杀的行为更加值得吗？在这时，豫让竟然没有对家主进行劝导和启发，眼看智伯陷入危难之中，却如同越人看秦人一般，将双手插在袖子中，在一旁观看，静等成败，难道国士就是如此报答知己的吗？直到智伯死了，这才开始愤恨不已，无法将心中的情感压制住，把自己列为刺客一列，这哪里值得被称赞呢？又有什么值得被称赞的呢？

就算如此，拿国士来权衡，豫让很明显是不达标的。但那些早上还是仇人，

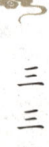

到晚上就成了君臣，还厚颜无耻扬扬得意的人，他们又成了豫让的罪人了。哎！

王　鏊

王鏊（1450—1524），字济之，号守溪，晚号拙叟，学者称其为震泽先生，明代文学家。王鏊博学有识鉴，经学通明，为弘治、正德间文体变革的先行者和楷模。有《震泽编》《震泽集》《震泽长语》《震泽纪闻》《姑苏志》等传世。

亲政篇

原文

《易》之《泰》曰①："上下交而其志同②。"其《否》曰："上下不交而天下无邦。"盖上之情达于下，下之情达于上，上下一体，所以为"泰"。下之情壅阏而不得上闻③，上下间隔，虽有国而无国矣，所以为"否"也。交则泰，不交则否，自古皆然。而不交之弊，未有如近世之甚者。君臣相见，止于视朝数刻，上下之间，章奏批答相关接、刑名法度相维持而已，非独沿袭故事④，亦其地势使然。何也？国家常朝于奉天门，未尝一日废，可谓勤矣。然堂陛悬绝，威仪赫奕，御史纠仪，鸿胪举不如法⑤，通政司引奏⑥，上特视之，谢恩见辞，惴惴而退，上何尝治一事，下何尝进一言哉？此无他，地势悬绝，所谓堂上远于万里，虽欲言无由言也。

注释

①《易》：即《易经》。《泰》：《易经》六十四卦之一。②**上下交而其志同**：意思是说君臣交好通气，就能志同道合。上，指君；下，指臣。③**阏**：堵塞。④**故事**：旧时典章制度。⑤**鸿胪**：明初设侍仪司，洪武九年（1376）改设殿庭仪礼司，三十年（1397）

定设鸿胪寺。正四品衙门。设卿1人，左、右少卿各1人。下设主簿厅，主簿1人，典收发文移。其属，司仪、司宾二署，各署丞1人，鸣赞4人，序班50人。司仪署典陈设、引奏。司宾署典少数民族及外国朝贡使臣。⑥**通政司**：官署名。明代始设"通政使司"，简称"通政司"，其长官为"通政使"。清代沿置，掌内外章奏和臣民密封申诉之件。俗称"银台"。

译 文

《周易》中的《泰卦》这样说道："君臣互相交流意见，就能得到一致的志向。"《否卦》说："君臣不能互相交流意见，国家就会毁灭。"这样来看，上面的意见能够传到下面，下面的建议能够传到上面，君臣合为一体，才能叫作"泰"。要是下面的情况被阻隔，没法传达到上面，君臣有了隔阂，国家就是一个摆设，因此就叫作"否"。因此，君臣互相交流就能顺畅，没有交流就会危机四伏，从古至今都是如此。但是上下不能通顺的短处，到了近世才更加严重。君臣见面，只是君王上朝时那短短的时刻，上下间，仅仅是通过奏章和批复来联系，靠法令与制度来维持而已。这不仅因为承接了旧时习俗，也在于悬殊的地位。何出此言呢？朝廷举行朝会总是在奉天门，没有废止过一天，可以算上勤勉了。但是，那殿堂前高高耸立的台阶，威严的仪式，御史监督着百官大臣的进退，鸿胪大臣会检举有失礼数的人，通政使将大臣们引领上奏，君主只是稍微接见，大臣便感谢皇恩退下，恐惧不安地从殿堂退下。皇上什么时候做过一件事？大臣们什么时候说过一句话？这没有别的原因，仅仅是因为地位悬殊太大，就像人们经常说的：君主和臣子虽然同处一个大殿中，但却相隔万里，臣子们即使想要向皇上陈述意见，却不知从何处讲起。

原 文

愚以为欲上下之交，莫若复古内朝之法。盖周之时有三朝：库门之外为正朝，询谋大臣在焉。路门之外为治朝，日视朝在焉。路门之内曰内朝，亦曰燕朝。《玉藻》云："君日出而视朝，退适路寝听政。"盖视朝而见群臣，所以正上下之分；听政而适路寝，所以通远近之情。汉制：大司马①、左右前后将军、侍中、散骑诸吏为中朝，丞相以下至六百石为外朝。唐皇城之北南三门曰承天，元正、冬至受万国之朝贡，则御焉，盖古之外朝也。其北曰太极门，其西曰太极殿，朔、望则坐而视朝，

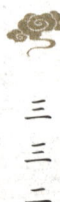

盖古之正朝也。又北曰两仪殿，常日听朝而视事，盖古之内朝也。宋时常朝则文德殿，五日一起居则垂拱殿，正旦、冬至、圣节称贺则大庆殿②，赐宴则紫宸殿或集英殿，试进士则崇政殿。侍从以下，五日一员上殿，谓之轮对，则必入陈时政利害。内殿引见，亦或赐坐，或免穿靴，盖亦有三朝之遗意焉。盖天有三垣③，天子象之。正朝，象太极也④；外朝，象天市也；内朝，象紫微也。自古然矣。

注释

①**大司马**：中国古代对中央政府中专司武职的最高长官的称呼。②**圣节**：唐开元十七年（729）八月五日玄宗生日，左丞相源乾曜、右丞相张说等上表请以是日为千秋节，制许之。后历代皇帝生日或定节名指皇帝、皇后、皇太后等的诞辰，又叫作"万寿节"。③**三垣**：紫微垣、太微垣、天市垣。④**太极**：即三垣中太微垣。

译文

我个人觉得，要想建立君臣之间有效沟通，不妨把古时的内朝制度恢复起来。周朝时，天子把朝制定为三种：库门外的"正朝"，用作天子咨询大臣意见，一起商讨国事；路门外的"治朝"，用作天子每日朝会；路门内的"内朝"，又叫作"燕朝"。《玉藻》中说道："日出之时，君主就开始接见大臣，政事在退朝后，集中到路寝专门处理。"无论如何，君主临朝依次与大小臣子见面，依此将上下名分确定到路寝处理政务，以此了解远近的情况：皇上与大司马、左右前后将军、侍中、散骑等见面，叫作"中朝"。与丞相下官吏到享受六百石俸禄官员见面，叫作"外朝"。唐朝时，皇城北面有三个门朝南，叫作"承天门"，元旦、冬至时，各国使臣会在这里给皇上朝见、进贡，这估计就是古时的外朝了。其北面是太极门，西面是太极殿，每月农历的初一、十五时，皇上便在这里与百官见面，处理政事，这估计就是古时的正朝。再往北走便是两仪殿，是皇上日常处理政事的场所，这估计是古时的内朝。宋代时，文德殿是皇上日常进行听朝的场所，垂拱殿是臣僚们给皇上请安的场所，每五天一次。每年的元旦、冬至，以及皇上诞辰典礼，都在大庆殿，紫宸殿或是集英殿是皇上赐宴的地方，进士考试在崇政殿。侍从以下的人员，以五天为期限，都会有一位官员朝见皇上，这叫作"轮对"，他会向皇上表述现在政事的利弊。皇上与臣子在内殿见面时，有时会赐予座位，或是将穿朝靴这一礼节免去，这或许还留存着周、汉、唐这三朝的制度吧。之前上天分为太微、天市、紫微这三垣，皇上是在仿照上天的运作方式。正朝仿照太极垣，外朝仿照天市垣，内朝仿照紫微垣，从古至今皆是这般。

原文

国朝圣节、正旦、冬至大朝会则奉天殿，即古之正朝也；常日则奉天门，即古之外朝也；而内朝独缺。然非缺也，华盖、谨身、武英等殿，岂非内朝之遗制乎？洪武中如宋濂、刘基①，永乐以来如杨士奇、杨荣等②，日侍左右，大臣蹇(jiǎn)义、夏元吉等③，常奏对便殿。于斯时也，岂有壅隔之患哉？今内朝未复，临御常朝之后，人臣无复进见，三殿高閟(bì)④，鲜或窥焉。故上下之情，壅而不通，天下之弊，由是而积。孝宗晚年，深有慨于斯，屡召大臣于便殿，讲论天下事。方将有为，而民之无禄，不及睹至治之美，天下至今以为恨矣。

注释

①**洪武**：明太祖朱元璋年号。**宋濂**：字景濂，号潜溪，浙江省浦江县人。汉族，元末明初文学家、史学家。方孝孺之师，曾任翰林，修《元史》，曾被明太祖朱元璋誉为"开国文臣之首"，学者称太史公。**刘基**：字伯温，汉族，浙江文成南田（原属青田）人，故时人称他刘青田，元末明初杰出的军事谋略家、政治家、文学家和思想家，明朝开国元勋，明洪武三年（1370）封诚意伯。②**杨士奇**：曾为翰林编纂官员，修正《太祖实录》。永乐初，进入内阁，长期辅佐政事。**杨荣**：文渊阁大学士，辅政于仁宗、宣宗、英宗三个朝代。③**蹇义**：明代大臣。字义之，巴县（今属重庆）人。洪武十八年进士，授中书舍人，颇称帝意，建文时超擢吏部右侍郎。永乐时历进吏部尚书，辅太子监国。与户部尚书夏原合称"蹇夏"。**夏元吉**：字惟哲，官至户部尚书，任职五个朝代，主持财政长达二十七年。④**閟**：关上。

译文

本朝皇上的诞辰、元旦、冬至等朝会都在奉天殿进行，类似于古时正朝；平时设朝于奉天门，类似于古代外朝；但是偏偏少了内朝。实际上，内朝没有少，在华盖、谨身、武英殿地进行朝会，不就是相当于古代的内朝吗？洪武年间，像是宋濂、刘基，永乐以来，如杨士奇、杨荣等，每天都在皇上身边侍奉；蹇义、夏元吉等，经常在便殿上向皇上禀告政事或回答皇帝的问话。那个时候，上下阻隔这一弊端存在吗？现在，内朝依旧没复原，皇上过了日常朝会后，大臣几乎就不会来了，三座大殿都门高幽深，几乎没人会看到殿内场景，所以君主和臣子出现了思想上的堵塞，无法有效沟通，国家存在的弊端也越来越多。孝宗皇帝晚年时，特别感慨这个问题，经常在便殿召集大臣们商讨政事，正当要做些什么时，他便驾崩了，天下的百姓们没有福气能够看到美好的平治景象，臣民们到现在还为此遗憾。

原　文

惟陛下远法圣祖，近法孝宗，尽铲近世壅隔之弊①。常朝之外，即文华、武英二殿，仿古内朝之意。大臣三日或五日一次起居，侍从、台谏各一员上殿轮对②。诸司有事咨决，上据所见决之，有难决者，与大臣面议之。不时引见群臣，凡谢恩辞见之类，皆得上殿陈奏。虚心而问之，和颜色而道之，如此，人人得以自尽。陛下虽深居九重，而天下之事灿然毕陈于前。外朝所以正上下之分，内朝所以通远近之情。如此，岂有近时壅隔之弊哉？唐、虞之时，明目达聪，嘉言罔伏，野无遗贤，亦不过是而已。

注　释

①**壅隔**：阻隔。②**台谏**：官名。唐时，台官与谏官分立。唐、宋侍御史、殿中侍御史与监察御史掌纠弹，通称为台官；谏议大夫、拾遗、补阙、正言掌规谏，通称谏官，合称台谏。

译　文

从远处来说，想要陛下能够借鉴一下圣明的祖先们，近处来说，要仿照孝宗帝，将近世出现的上下交流堵塞的弊端全部消除，除了日常的朝会外，还要在文华、武英两殿进行朝会，从而仿照古代的内朝制。每隔三天或是五天，大臣们就要进宫请安，侍从、谏官们各派一人轮流向皇上禀告政事，解答皇上的问题。各部有事请示裁决，皇上按照掌握的形势进行裁决；裁决困难的，和大臣们面议。这样不定期见面，但凡是谢恩、告退、觐见等公务，相关官吏皆可进殿禀告，皇上虚心进行询问，温和地进行引导。如此一来，每个人都能把想法说出来。虽然皇上住在九重宫内，但对于天下事物却能够了如指掌。外朝制度来端正上下的君臣之分，内朝来进行交流。要是如此，还会出现近世上下间堵塞的弊端吗？唐尧和虞舜时代，人们赞扬帝王耳聪目明，不会埋没好意见，不会弃置偏远地方的人才，也只是像我上面所描述的这般而已。

王守仁

　　王守仁（1472—1529），幼名云，字伯安，别号阳明。因曾筑室于会稽山阳明洞，自号阳明子，后人称之为阳明先生，亦称王阳明。明代著名思想家、文学家、哲学家和军事家，陆王心学之集大成者，精通儒家、道家、佛家。王守仁与孔子、孟子、朱熹并称"孔、孟、朱、王"。王守仁的学说王学（阳明学），是明代影响最大的哲学思想。其学术思想传至中国、日本、朝鲜半岛以及东南亚，成就冠绝有明一代。

瘗旅文

原文

　　维正德四年秋月三日①，有吏目云自京来者②，不知其名氏，携一子一仆，将之任，过龙场③，投宿土苗家④。予从篱落间望见之⑤，阴雨昏黑，欲就问讯北来事，不果。明早，遣人觇之⑥，已行矣。

　　薄午⑦，有人自蜈蚣坡来，云："一老人死坡下，傍两人哭之哀。"予曰："此必吏目死矣。伤哉！"薄暮，复有人来，云："坡下死者二人，傍一人坐哭。"询其状，则其子又死矣。明日，复有人来，云："见坡下积尸三焉。"则其仆又死矣。呜呼伤哉！

　　念其暴骨无主，将二童子持畚、锸往瘗之⑧，二童子有难色然。予曰：

"嘻！吾与尔犹彼也！"二童闵然涕下，请往。就其傍山麓为三坎⑨，埋之。又以只鸡、饭三盂，嗟吁涕洟而告之，曰：

呜呼伤哉！繄何人？繄何人？吾龙场驿丞余姚王守仁也⑩。吾与尔皆中土之产，吾不知尔郡邑，尔乌为乎来为兹山之鬼乎？古者重去其乡，游宦不逾千里。吾以窜逐而来此⑪，宜也。尔亦何辜乎？闻尔官吏目耳，俸不能五斗，尔率妻子躬耕可有也。胡为乎以五斗而易尔七尺之躯？又不足，而益以尔子与仆乎？呜呼伤哉！

尔诚恋兹五斗而来，则宜欣然就道，胡为乎吾昨望见尔容蹙然，盖不任其忧者？夫冲冒霜露，扳援崖壁，行万峰之顶，饥渴劳顿，筋骨疲惫，而又瘴疠侵其外，忧郁攻其中，其能以无死乎？吾固知尔之必死，然不谓若是其速，又不谓尔子、尔仆亦遽然奄忽也！皆尔自取，谓之何哉！吾念尔三骨之无依而来瘗尔，乃使吾有无穷之怆也。

呜呼伤哉！纵不尔瘗，幽崖之狐成群，阴壑之虺如车轮⑫，亦必能葬尔于腹，不致久暴尔。尔既已无知，然吾何能为心乎？自吾去父母乡国而来此，三年矣，历瘴毒而苟能自全，以吾未尝一日之戚戚也。今悲伤若此，是吾为尔者重，而自为者轻也。吾不宜复为尔悲矣。

吾为尔歌，尔听之。歌曰：连峰际天兮，飞鸟不通。游子怀乡兮，莫知西东。莫知西东兮，维天则同。异域殊方兮，环海之中⑬。达观随寓兮，莫必予宫。魂兮魂兮，无悲以恫。

又歌以慰之曰：与尔皆乡土之离兮，蛮之人言语不相知兮。性命不可期，吾苟死于兹兮，率尔子仆，来从予兮。吾与尔遨以嬉兮，骖紫彪而乘文螭兮⑭，登望故乡而嘘唏兮。吾苟获生归兮，尔子、尔仆尚尔随兮，无以无侣悲兮！道傍之冢累累兮，多中土之流离兮，相与呼啸而徘徊兮。餐风饮露，无尔饥兮。朝友麋鹿，暮猿与栖兮。尔安尔居兮，无为厉于兹墟兮⑮！

注释

①**正德四年**：1509年。正德为明武宗年号（1506—1521）。②**吏目**：明代散州或直隶州均设有吏目一人，掌助理刑狱之事，并管官署内部事务。③**龙场**：龙场驿，在今贵州修文县。④**土苗**：土著苗族。⑤**篱落**：篱笆。⑥**觇**：窥视。⑦**薄午**：近午。⑧**将**：携。**畚**：用草绳或竹篾编织成的盛物器具。**锸**：铁锹。⑨**坎**：坑。⑩**驿丞**：掌管驿站的官。主邮传迎送之事。⑪**窜逐**：放逐，流放。此处指贬谪。⑫**虺**：毒蛇。⑬**环海之中**：指中国。⑭**骖**：古代驾在车前两侧的马。**紫彪**：紫色斑纹的虎。**文螭**：有花纹的蛟龙。⑮**厉**：厉鬼。

译文

在大明正德四年七月初三，从京城来了一名吏目到这里，都不知道他们姓甚名谁。只看见他身边带着一个小儿，还有一个仆人，正在赶往上任的路上，路过龙场，夜晚投宿到一户苗族人家。我从篱笆缝隙中间望到他们，当天下着雨，天气昏暗，想靠近他聊聊北方的情形，却未能如愿。第二天清晨，派人再去探视，他们已经赶路走了。

快到中午的时候，有人从蜈蚣坡那边走来，说："有一个老人死于坡下，旁边有两个人哭得非常伤心。"我说："这一定是昨日见的那个吏目死了。可悲啊！"傍晚的时候，又有人来说："坡下死了两个人，旁边的一个人坐着长吁短叹。"我连忙问明他们的情状，方知他的儿子又死了。第二日，又有人跑来说："看到坡下堆了三具尸体。"啊？莫非他的仆人又死了。唉，令人伤心啊！

一想到他们的尸骨暴露于荒野，无人认领，于是我想带着两个童仆，拿着畚箕和铁锹，去那里埋葬他们。两个童仆脸上流露出害怕为难的情绪。我说："唉，我和你们，本像他们一样啊。"两个童仆怜悯地淌下眼泪，答应了一同去。于是在旁边的山脚下挖了三个坑，把他们埋葬了。并在墓前供上一只鸡、三碗饭，一边叹息，一边流着眼泪，向死者祭告说：

唉，悲伤啊！你们是什么人，什么人啊？我是此地龙场驿的驿丞、余姚王守仁呀。我和你都是中原地区的人，我还不知道你的家乡是哪里，你为什么要来做这座山上的鬼魂啊！古人不会轻易地离开自己的故乡，外出做官也不会超过千里。我是因为被流放才到此地，所以理所应当的。你又有什么罪过而非来不可呢？据说你的官职，也不过是一个小小的吏目而已。薪俸不过五斗米，你领着老婆孩子种田就会有这个收入了。为什么竟用这五斗米换去你堂堂七尺之躯？又为什么还要加上你的儿子和仆人啊？哎呀，太悲伤了！

如果你真的是为这五斗米而来，那你应该可以欢欢喜喜地上路的，为何昨日望见你皱着额头、面带愁容，似乎承受着沉重的焦虑呢？这一路上你们风餐露宿，路遇悬崖峭壁，走过万山峰顶，饥渴劳累，筋骨疲惫，又加上瘴疬侵其外，情绪沉重，难道能躲避此灾难吗？我料想你会有此劫难，可是没想到会如此之快，更没想到你的儿子、仆人也这样快地随你而去啊。都是你自己找来的呀，还能说什么呢？我不过是怜念你们三具尸骨无所归依才来埋葬你们罢了，却引起我的感慨。

唉，悲痛啊！纵然不葬你们，那幽暗的山崖上狐狸成群，阴深山谷中粗如车轮的毒蛇，也一定能够把你们葬在腹中，不致长久地暴露。你们已经没有了知觉，但我又怎能忍心呢？自从我离开父母家乡来到此地，现在已经有三个年头。历尽瘴毒而能勉强保全自己的性命，主要是因为我没有一天怀有忧戚的情绪啊。今天忽然如此悲伤，是我为你想得太多，却为自身想得很少。我不应该再为你悲伤了！

我来为你唱首歌吧，你们听听吧。我唱道：连绵的青山高耸入云天啊，飞鸟飞不过。想念家乡的游子啊，不知西东。不知西东啊，头顶的苍天都是一般相同。我们纵然相隔万里啊，都在四海的环绕之中。想得开的人儿啊到处为家啊，又何必守住那旧居一栋啊？灵魂啊，灵魂啊，莫要悲伤，莫要惊恐！

再唱一首歌来安慰你们的灵魂吧：我和你都是背井离乡的苦命人啊，蛮人的语言谁也听不懂啊，性命没指望啊，前程一场空。如果我也死在这地方啊，请带着你子你仆紧相从啊。我们一起遨游同嬉戏，其乐也无穷。驾驭紫色虎啊，乘坐五彩龙；登高望故乡啊，放声叹息长悲恸。如果我有幸能生还啊，你尚有儿子仆人在身后随从；不要以为无伴侣啊，就悲悲切切常哀痛啊。道旁累累多枯冢啊，中原的游魂卧其中，与他们一起呼啸，一起散步从容。餐清风啊，饮甘露啊，莫愁饥饿腹中空。麋鹿朝为友啊，到晚间再与猿猴栖一洞。安心守分居墓中啊，可不要变成厉鬼村村寨寨乱逞凶！

唐顺之

唐顺之（1507—1560），字应德，一字义修，号荆川。明代军事家、散文家、数学家，抗倭英雄。唐顺之以兵部郎中督师浙江，曾亲率兵船于崇明破倭寇于海上。嘉靖三十九年（1560），督师抗倭途中不幸染病，于通州（今江苏南通）去世。

信陵君救赵论

原　文

论者以窃符为信陵君之罪①，余以为此未足以罪信陵也。夫强秦之暴亟矣，今悉兵以临赵，赵必亡。赵，魏之障也。赵亡，则魏且为之后。赵、魏，又楚、燕、齐诸国之障也，赵、魏亡，则楚、燕、齐诸国为之后。天下之势，未有岌岌于此者也。故救赵者，亦以救魏；救一国者，亦以救六国也。窃魏之符以纾魏之患②，借一国之师以分六国之灾，夫奚不可者？然则信陵果无罪乎？曰：又不然也。余所诛者，信陵君之心也。

注　释

①**信陵君**：魏昭王少子，安釐王的异母弟，战国时期魏国著名的军事家。②**纾**：解除。

译　文

评论的人，将盗取兵符当作是信陵君的错，我觉得，这并不该怪罪他。当时，秦国已经非常暴虐，将所有兵力对准赵国进攻，赵国肯定会毁灭。赵国是魏国的保护伞，要是赵国毁灭，那么下一个灭亡的就是魏国。而赵国和魏国又是楚、燕、齐等国家的保护伞，要是赵国和魏国毁灭，那么剩下的也会接连毁灭。天下的局面，真的是到了最危险的境地。所以，救助了赵国，其实就是救了魏国；救了一个国家，就是救了六个国家。盗用魏国兵符解除魏国的危险，借用一个国家军队救助六国的灾难，哪里错了呢？如此看来信陵君真的没有错吗？我说：又不是。我要谴责的，是信陵君的内心。

原　文

信陵一公子耳，魏固有王也。赵不请救于王，而谆谆焉请救于信陵，是赵知有信陵，不知有王也。平原君以婚姻激信陵①，而信陵亦自以婚姻之故，欲急救赵，是信陵知有婚姻，不知有王也。其窃符也，非为魏也，非为六国也，为赵焉耳；非为赵也，为一平原君耳。使祸不在赵，而在他国，则虽撤魏之障、撤六国之障，信陵亦必不救。使赵无平原，或平原而非信陵之姻戚，虽赵亡，信陵亦必不救。则是赵王与社稷之轻重，不能当一平原公子，而魏之兵甲所恃以固其社稷者，只以供信陵君一姻戚之用。幸而战胜，可也；不幸战不胜，为虏于秦，是倾魏国数百年社稷以殉姻戚，吾不知信陵何以谢魏王也？

注释

①**平原君**：嬴姓，赵氏，名胜。东武（山东武城）人，战国时期赵国宗室大臣，赵武灵王之子，赵惠文王之弟。

译文

信陵君只是一个公子而已，但是魏国原本是有君主的。赵国没有向魏王求助，却向信陵君恳诚地发出请求，这是赵国仅知道信陵君，却不知魏王。平原君借婚姻去刺激信陵君，信陵君也因是姻亲，所以想快点救助赵国，这样是信陵君只晓得姻亲，而不知道有魏王。他偷兵符，不是为救魏国，不是为救六国，仅仅是为救赵国罢了；也不是为赵国，只是为平原君而已。要是灾难不发生在赵国，而是别的国家，那样就算是解除魏国的保护伞，解除了六国的保护伞，信陵君肯定也不会相助。要是平原君不在赵国，或平原君与信陵君不是姻亲关系，就算赵国毁灭，信陵君肯定也不会相助。这样一来，赵王与整个国家，竟不如平原君重要，魏国依靠的军队与守备，也仅仅是给信陵君的姻亲使用了。还好胜利了，要是失败了，成为秦国的俘虏，这就是将魏国百年江山陪葬给了姻亲，我真不晓得信陵君要如何给魏王请罪。

原文

夫窃符之计，盖出于侯生①，而如姬成之也。侯生教公子以窃符，如姬为公子窃符于王之卧内，是二人亦知有信陵，不知有王也。余以为信陵之自为计，曷若以唇齿之势激谏于王，不听，则以其欲死秦师者而死于魏王之前，王必悟矣。侯生为信陵计，曷若见魏王而说之救赵，不听，则以其欲死信陵君者而死于魏王之前，王亦必悟矣。如姬有意于报信陵，曷若乘王之隙而日夜劝之救，不听，则以其欲为公子死者而死于魏王之前，王亦必悟矣。如此，则信陵君不负魏，亦不负赵。二人不负王，亦不负信陵君。何为计不出此？信陵知有婚姻之赵，不知有王。内则幸姬，外则邻国，贱则夷门野人，又皆知有公子，不知有王。则是魏仅有一孤王耳。

注释

①侯生：信陵君的食客。

译文

窃取兵符来救助赵国，应该是侯生想出，如姬完成的。侯生教信陵君靠偷取兵符去救助赵国，如姬为帮信陵君，从魏王就寝处拿到兵符，这就是说，这二人也只晓得信陵君，不晓得魏王。我觉得，信陵君为自己着想，不如用激烈的言辞向魏王努力进谏，假如魏王听不进去，就用他已经打算和秦军以死相拼的决心，在魏王面前自尽，而魏王必定会觉悟。侯生为信陵君着想，不如亲自与魏王见面进行劝说，要是魏王听不进去，那么他就用打算为信陵君而死的决心，在魏王面前死去，魏王必定会觉悟。如姬如果想向信陵君报恩，不如在魏王空闲时刻，日夜进行劝说，要是魏王听不进去，那么她就用打算为信陵君而死的决心，在魏王面前死去，魏王必定会觉悟。如此一来，信陵君就不用得罪魏王，也不会得罪赵国。侯生与如姬就不会得罪魏王，也不会得罪信陵君。为何不用这样的方法呢？因信陵君只晓得姻亲所在的赵国，不晓得魏王。身边的宠妾，外面的邻国，低级低下的夷门看守，全部只是知晓信陵君，不晓得魏王。这样一来，魏国只是有个被孤立的君王而已。

原文

呜呼！自世之衰，人皆习于背公死党之行而忘守节奉公之道，有重相而无威君，有私仇而无义愤，如秦人知有穰^{ráng}侯①，不知有秦王，虞卿知有布衣之交，不知有赵王，盖君若赘旒久矣②。由此言之，信陵之罪，固不专系乎符之窃不窃也。其为魏也，为六国也，纵窃符犹可。其为赵也，为一亲戚也，纵求符于王，而公然得之，亦罪也。

注释

①穰侯：魏冉，亦作魏厓，战国时期秦国大臣。秦昭襄王母宣太后的弟弟，曾为秦国将军、相国。②赘旒：比喻多余无用的事物。

译文

唉！这个世道自从衰败开始，人们就逐渐惯于与公道背驰，而为私自好友卖命，将固守贞操公平行事的法则忘在脑后。有位高职重的宰相而没有威严的君王；有私人恩怨而没有正义的愤恨。就如同秦人只晓得穰侯，却不晓得秦王；虞卿只晓得平民朋友，却不晓得赵王。大概君王如同多余的事物一般，时间已经长久了。这样看来，信陵君的过错，的确不全是因为盗取了兵符。要是他是为魏国、为六国，就算是偷了兵符也情有可原；但假如仅为赵国，为姻亲，就算是求魏王给予兵符，通过正当行为拿到它，也是有罪的。

原文

虽然，魏王亦不得为无罪也。兵符藏于卧内，信陵亦安得窃之？信陵不忌魏王，而径请之如姬，其素窥魏王之疏也；如姬不忌魏王，而敢于窃符，其素恃魏王之宠也。木朽而蛀生之矣。古者人君持权于上，而内外莫敢不肃。则信陵安得树私交于赵？赵安得私请救于信陵？如姬安得衔信陵之恩？信陵安得卖恩于如姬？履霜之渐，岂一朝一夕也哉！由此言之，不特众人不知有王，王亦自为赘旒也。

译文

即便这样，也不能说魏王没有责任。兵符在他卧室中藏着，信陵君怎么能偷到呢？信陵君没有顾忌魏王，径直向如姬求助，是因为他很早就察觉到了魏王的疏忽；如姬没有顾虑魏王，有胆量偷兵符，是因为她一直都受到魏王的宠爱。木头腐朽时就会滋生蛀虫。古时，君主掌握大权，朝廷里里外外都恭恭敬敬。这样的话，信陵君如何能与赵国私交？赵国如何能求助于信陵君？如姬如何能对信陵君心存感恩？信陵君如何利用自己对如姬的恩情请求相助？脚踩到寒霜就知晓冬天即将来临，怎么是一朝一夕呢？这样来看，不只是大家不知晓魏王，就连魏王自己，也将自己视作多余的事物了。

原文

故信陵君可以为人臣植党之戒①，魏王可以为人君失权之戒。《春秋》书葬原仲、翬(huī)帅师②，嗟夫！圣人之为虑深矣！

注释

①**值党**：树立派别。②**原仲**：陈国大夫。他去世后，好友季友偷偷去陈国把他下葬。孔子将此视作结党营私。**翚**：羽父，鲁国大夫。宋国对郑进行讨伐，也让鲁国出兵，鲁隐公拒绝，翚坚持请求带兵出征。孔子将此视为目无君主。

译文

因此，信陵君能够看作臣子私自勾结党羽的借鉴，魏王能够看作君主失去大权的借鉴。《春秋》曾经记录了季友偷偷埋葬原仲，翚强迫隐公出兵的事件。哎！圣人思考的问题真的是长远啊！

宗 臣

宗臣（1525—1560），字子相，号方城山人，江苏兴化人，明代文学家，杨继盛因弹劾奸臣严嵩而被害，宗臣赙以金，为严嵩所恶，出为福建参议，以御倭寇功升福建提学副使，卒官。诗文主张复古，与李攀龙等齐名，为"嘉靖七子"（后七子）之一。

报刘一丈书

原文

数千里外，得长者时赐一书，以慰长想，即亦甚幸矣；何至更辱馈(kuì)遗(wèi)，则不才益将何以报焉①？书中情意甚殷②，即长者之不忘老父，知老父之念长者深也。

注释

①**不才**：我，谦辞。②**殷**：真切。

译文

在千里之外，能常常收到您的信，安慰我深深的想念之情，已经让我倍感荣幸了，怎能让您给予礼物，如此破费呢？我该如何报答啊？您的信里字字真切，可以看出您一直记得我父亲,也能明白为何我父亲一直对您牵挂不已了。

原文

至以"上下相孚①,才德称位"语不才,则不才有深感焉。夫才德不称,固自知之矣,至于不孚之病,则尤不才为甚。

注释

①孚:相信,信任。

译文

对于您来信里用"上下间应彼此信任,能力品质应与职位相符"的话来勉励我,我非常有感触。我的能力品质和职位不相符,我很早就知晓了。对于上下间彼此不信任,在我这里也表现得更突出。

原文

且今之所谓孚者何哉?日夕策马,候权者之门。门者故不入,则甘言媚词作妇人状,袖金以私之①。即门者持刺入,而主人又不即出见,立厩中仆马之间,恶气袭衣袖,即饥寒毒热不可忍,不去也。抵暮,则前所受赠金者出,报客曰:"相公倦,谢客矣,客请明日来。"即明日又不敢不来。夜披衣坐,闻鸡鸣即起盥栉②,走马推门③。门者怒曰:"为谁?"则曰:"昨日之客来。"则又怒曰:"何客之勤也!岂有相公此时出见客乎?"客心耻之,强忍而与言曰:"亡奈何矣,姑容我入。"门者又得所赠金,则起而入之。又立向所立厩中。幸主者出,南面召见④,则惊走匍匐阶下。主者曰:"进!"则再拜,故迟不起,起则上所上寿金。主者故不受,则固请;主者故固不受,则又固请,然后命吏纳之,则又再拜,又故迟不起,起则五六揖始出。出揖门者曰:"官人幸顾我⑤,他日来,幸无阻我也!"门者答揖。大喜,奔出。马上遇所交识即扬鞭语曰:"适自相公家来,相公厚我!厚我。"且虚言状。即所交识亦心畏相公厚之矣。相公又稍稍语人曰:"某也贤,某也贤。"闻者亦心计交赞之。此世所谓上下相孚也。长者谓仆能之乎?

注释

①**袖**：藏在衣袖里。②**盥栉**：洗脸梳头。③**走马**：骑马奔跑。④**南面召见**：古时坐北朝南为尊，而南面召见则暗含轻视。⑤**官人**：对守门人的尊称。

译文

再说，现在说到的上下彼此信任到底是指什么呢？一天到晚骑马在当权者门口恭候，看门人专门刁难不愿禀告时，他就蜜语甜言，展示出女人般的媚态，悄悄把在袖子里藏好的金子递给他。等看门人拿名片禀告完，主人又不立刻见面，他只能在马棚中站着，与仆人和马群混在一起，衣服被臭气熏着，就算又冷又饿或是酷暑难耐，他也不敢走开。傍晚，那个拿了金子的看门人过来跟客人说："相公很疲劳了，不见客人，你明天再过来吧。"第二天又不能不过来。当晚披衣而坐，一听见鸡叫便立马梳洗，骑马过去叫门。看门人口气严厉地喊着："谁啊？"他答道："昨天来的那个。"看门人生气地说："客人你怎么这么勤快！相公这个时候怎么会出来见面呢？"他感到羞辱无比，但又隐忍地说："这也没法子啊，您就让我进去吧。"看门人又拿到了钱才让他进去。他还是在昨天的马棚里站着。幸好主人来了，面向南边让他过去。他就小心翼翼地小跑过去，在台阶下站着。主人说："进来。"他拜了几下，有意拖延着不起身，等站起来就把礼金给了主人。主人故意不拿，他便不断恳求。主人再次坚持着，他继续恳求。之后主人喊手下收下礼金。他再次拜谢，再次有意拖延不起身，等站起来不断作揖后才离开。出来又向看门人作揖，说："谢谢官人照顾，日后我再来，希望您不要拦着。"看门人向他还礼，他便高兴地跑出去。骑马碰到熟人，高高将马鞭扬起，得意地说："我刚才从相公家出来，相公非常看重我，非常看重我！"还夸张地讲述和他见面的场景。甚至是那些熟人，也因为相公对他的看重，而心里充满了敬畏。相公有时随便和他人说道："某人有些才干，某人有些才干。"凡是听到的人在心里都想着，应该如何迎合，一起赞扬他。这便是世上的上下彼此相信了。您说，我可以这样做吗？

原文

前所谓权门者，自岁时伏腊一刺之外①，即经年不往也。间道经其门②，则亦掩耳闭目，跃马疾走过之，若有所追逐者。斯则仆之褊衷③。以此长不见悦于长吏，仆则愈益不顾也。每大言曰："人生有命，吾惟守分而已。"长者闻之,得无厌其为迂乎?

注释

①伏腊:夏天伏日与冬天腊日。②间:有时。③褊衷:心胸狭隘。

译文

前文提到的有权势的人家,除了过年过节送上名片之外,我整年都不去他们家。有时从他们门口走过,也要把耳朵捂住,把眼睛闭上,骑着快马疾驶过去,就如有人在追我一般。这便是我的心胸狭窄,所以我一直都不受长官喜爱,但我还是完全不屑。我经常口出狂言:"人生在世,天命已定,我仅需安分守己。"您听了这些话,可能不会厌恶我的迂腐吧?

归有光

归有光(1507—1571),字熙甫,又字开甫,别号震川,世称"震川先生",明代散文家。归有光崇尚唐宋古文,其散文风格朴实,感情真挚,是明代"唐宋派"代表作家,被称为"今之欧阳修",后人称赞其散文为"明文第一"。与唐顺之、王慎中并称"嘉靖三大家"。

吴山图记

原文

吴、长洲二县①,在郡治所②,分境而治。而郡西诸山,皆在吴县。其最高者,穹窿、阳山、邓尉、西脊、铜井。而灵岩,吴之故宫在焉,尚有西子之遗迹。若虎丘、剑池及天平、尚方、支硎,皆胜地也。而太湖汪洋三万六千顷,七十二峰沉浸其间,则海内之奇观矣。

注释

①吴、长洲:吴县,今已撤销并入江苏苏州市,为吴中区。长洲,明代县名,后并

入吴县。明朝二县均属苏州府管辖。②**郡治所**：州府官署所在地，此处是指苏州府治。当时吴县和长洲县的衙门也设在苏州城内。

译文

吴县、长洲都在吴郡郡治的范围内，划定界线而治。郡西多山，属于吴县。里面的高峰，有穹窿、阳山、邓尉、西脊、铜井等。灵岩山，坐落着春秋时期吴国的官殿，在此处还能见到西施遗迹。虎丘、剑池，还有天平、尚方、支硎等地方，也全是闻名的风景名胜。太湖浩瀚缥缈，足有三万六千顷，湖中屹立着七十二座山峰，真是海中的奇景了。

原文

余同年友魏君用晦为吴县，未及三年，以高第召入为给事中①。君之为县有惠爱，百姓扳(pān)留之不能得②，而君亦不忍于其民，由是好事者绘《吴山图》以为赠。

●仁平贤守

注释

①**高第**：在吏部举行的考核中列为上等者称高第。**给事中**：官名。秦汉为列侯、将军、谒者等的加官。常在皇帝左右侍从，备顾问应对等事。因执事在殿中，故名。魏或加官，或为正官。晋以后为正官。隋开皇六年(586)，于吏部置给事郎。唐属门下省。元以后废门下省，而留给事中。明给事中分吏、户、礼、兵、刑、工六科，掌侍从规谏，稽查六部之弊误，有驳正制敕之违失、章奏封还一权。②**扳留**：挽留。又作"攀留"，即攀缘车驾挽留，表示对离任者功绩的肯定和对离去的眷念。

译文

我的同年好友魏用晦君任吴县县令还不到三年，就以优异的成绩选入朝中任给事中。魏君任县令时，实行了很多利民的方法，他离职时，百姓们都苦心挽留他，但没有成功，魏君对百姓们也心存不舍，于是有位热心人便画了一幅《吴山图》送给他。

原文

夫令之于民诚重矣①。令诚贤也，其地之山川草木亦被其泽而有荣也；令诚不贤也，其地之山川草木亦被其殃而有辱也。君于吴之山川，盖增重矣。异时吾民将择胜于岩峦之间，尸祝于浮屠、老子之宫也②，固宜。而君则亦既去矣③，何复惓惓于此山哉④？昔苏子瞻称韩魏公去黄州四十余年，而思之不忘，至以为思黄州诗，子瞻为黄人刻之于石。然后知贤者于其所至，不独使其人之不忍忘而已，亦不能自忘于其人也。

注释

①**令之于民**：县令对于老百姓来说。**诚**：实在。②**"尸祝"句**：将来把他当作祖先、神灵一样祭祀。尸，代表鬼神受享祭的人；祝，指的是传告鬼神言辞的人。③**既去**：已经离开。④**惓惓**：恳切、难以舍弃的样子。

译文

县令是一县之长，对百姓来说的确很重要。要是县令是清明廉洁的人，那么此地的山川草木也会因恩泽闪闪发光；要是他是个昏庸的人，此地的山川草木也会倍感羞辱。魏君对于吴县的山川草木来说，真的是令其发光了。以后吴县百姓在清秀山间选择一处优雅的胜地，建筑寺庙和道观对他进行祭祀，也在情理之中。但是魏君既然已从吴县离开，为何还要念念不忘那些山川草木呢？以前苏子瞻赞扬韩琦离开四十多年，还对黄州念念不忘，便写出想念黄州的诗句，苏子瞻在石碑上刻下这首诗。因此后人才理解：贤能的人来到某个地方，不只让百姓念念不忘，而自己也同样想念那里的百姓们。

原文

君今去县已三年矣，一日与余同在内庭，出示此图，展玩太息①，因命余记之。噫！君之于吾吴，有情如此，如之何而使吾民能忘之也？

注释

①**太息**：出声长叹。

译　文

到现在，魏君已经离开三年了，有一天我们在内庭，他把《吴山图》拿出来，边看边感叹，于是让我写篇文章把这件事情记下来。哎！魏君对吴县的百姓们，有如此深厚的感情，吴县的百姓又怎么会把他忘记呢？

沧浪亭记

原　文

浮图文瑛①，居大云庵，环水，即苏子美沧浪亭之地也②。亟求余作《沧浪亭记》，曰："昔子美之记，记亭之胜也。请子记吾所以为亭者。"

余曰：昔吴越有国时，广陵王镇吴中，治南园于子城之西南。其外戚孙承佑，亦治园于其偏。迨淮海纳土，此园不废。苏子美始建沧浪亭，最后禅者居之。此沧浪亭为大云庵也。有庵以来二百年，文瑛寻古遗事，复子美之构于荒残灭没之余，此大云庵为沧浪亭也。夫古今之变，朝市改易。尝登姑苏之台，望五湖之渺茫，群山之苍翠，太伯、虞仲之所建，阖闾、夫差之所争，子胥、种、蠡之所经营，今皆无有矣！庵与亭何为者哉？虽然，钱镠因乱攘窃，保有吴越，国富兵强，垂及四世，诸子姻戚，乘时奢僭③，宫馆苑囿，极一时之盛。而子美之亭，乃为释子所钦重如此④。可以见士之欲垂名于千载，不与澌然而俱尽者⑤，则有在矣！

文瑛读书喜诗，与吾徒游⑥，呼之为沧浪僧云。

注　释

①**浮图**：梵语的音译，也作"浮屠"，即佛，这里指和尚。②**苏子美**：名舜钦，字子美，北宋诗人，与梅尧臣齐名。③**奢僭**：奢侈僭越。僭，超越本分，指冒用上一级的名义与器物。④**释子**：僧人。⑤**澌然**：冰块溶解的样子。⑥**吾徒**：吾辈，指读书人。

译　文

文瑛和尚居住在大云庵，四周环水，是从前苏子美建造沧浪亭的地方。文瑛多次请我写一篇《沧浪亭记》，说："从前苏子美写的《沧浪亭记》，写的只是沧浪亭的优美风景，请您记下我重新修建这个亭子的原因。"

我说：从前吴越国存在时，广陵王镇守苏州，他在内城的西南面建造园林；吴越王的外戚孙承佑也在它的旁边建造园林。到了把淮南之地拱手送给宋朝时，这座园子也没有荒废。苏子美开始建筑沧浪亭，最后僧人居住在这里，这沧浪亭就变成了大云庵。从有大云庵到如今已有二百年了，文瑛寻访古代的遗迹，在荒芜残破的废墟上，重新修复苏子美沧浪亭的建筑，这大云庵又变成了沧浪亭。时代变迁了，朝廷都市也发生了变化。我曾经登上姑苏台，眺望着烟波浩渺的五湖、苍翠的群山；太伯、虞仲所建立的国家，阖闾、夫差所争夺的地盘，子胥、文种、范蠡所筹划的事业，现在都没有了，大云庵和沧浪亭又算什么呢？虽然这样，钱镠趁着天下大乱窃取了王位，占有吴越，国富兵强，延续了四代，他的许多子孙和姻戚，乘机兴起，奢侈无度，修造的官馆苑囿，盛极一时。然而只有苏子美的沧浪亭才被一个佛家弟子如此重视。由此可见，士人想要千载垂名，不与形体一同消失，是另有原因的。

文瑛爱好读书并喜欢诗，同我们这些人交游，我们称他为沧浪僧。

茅　坤

茅坤（1512—1601），明代散文家、藏书家。字顺甫，号鹿门。

茅坤文武兼长，雅好书法，提倡学习唐宋古文，反对"文必秦汉"的观点，对韩愈、欧阳修和苏轼尤为推崇。与王慎中、唐顺之、归有光等被称为"唐宋派"。编有《唐宋八大家文钞》。

青霞先生文集序

原文

青霞沈君①，由锦衣经历上书诋宰执。宰执深疾之，方力构其罪，赖天子仁圣，特薄其谴，徙之塞上。当是时，君之直谏之名满天下。

已而君累然携妻子出家塞上。会北敌数内犯②,而帅府以下束手闭垒,以恣敌之出没,不及飞一镞以相抗③。甚且及敌之退,则割中土之战没者与野行者之馘以为功④。而父之哭其子,妻之哭其夫,兄之哭其弟者,往往而是,无所控吁。君既上愤疆场之日弛,而又下痛诸将士日菅刈我人民以蒙国家也。数呜咽欷歔,而以其所忧郁发之于诗歌文章,以泄其怀,即集中所载诸什是也。

注 释

①**青霞沈君**:指沈炼,明世宗嘉靖十七年进士,曾为溧阳花平知县,后成为锦衣经历。因为弹劾奸臣严嵩而被杀害,因此受到天下士人推崇。②**北敌**:指蒙古族俺答部,是明代中叶时的边防隐患。③**镞**:箭头,此处指箭。④**馘以为功**:古代战争中割取敌人的左耳以计数献功。

译 文

　　沈青霞先生,用锦衣卫经历的身份上书皇上,对宰相进行斥责。宰相对他非常痛恨,用各种方法给他编造罪名,幸好皇上圣明,特意对他降低刑罚,只把他贬至边防地区。当时,沈先生直白进谏的事情天下皆知。之后,沈先生便带着家小,移居到了塞上。当时正值北方时常遭受侵犯,而帅府下面的官员们都没有对策,拒绝迎战,任由敌人随意进出侵犯,竟然连向入侵者放一箭抵抗都做不到,甚至敌兵退走后,他们便将死去的中原士兵和野外路人的左耳割下来,进行邀赏。百姓中,父亲为儿子哭丧,妻子为丈夫哭丧,哥哥为弟弟哭丧,遍布各地,他们又没有地方可以诉说。对上,沈先生对松弛的边防深恶痛绝;对下,沈先生对士兵残害百姓,草菅人命,欺骗朝廷痛心不已。他常常对此哭泣,于是他便把心中的愤怒在诗歌中表现,把情怀抒发出来,他文集中所载的很多篇都是这类作品。

原 文

　　君故以直谏为重于时,而其所著为诗歌文章又多所讥刺,稍稍传播,上下震恐,始出死力相煽构,而君之祸作矣。君既没,而一时阃寄所相与谗君者①,寻且坐罪罢去。又未几,故宰执之仇君者亦报罢。而君之门人给谏俞君②,于是裒辑其生平所著若干卷③,刻而传之。而其子以敬，来请予序之首简。

注释

①阃寄：指守边将领。②给谏：掌管谏诤、弹劾之官。③裒：搜集。

译文

沈先生原本就因勇敢劝谏而被世人尊敬，他写的文章常常也有讥讽的含义，稍微流传，便让上下惶恐不安，于是他们便不断编造谣言，对沈先生加以陷害，这样一来，沈先生也遭遇了大祸。沈先生被害后，那些对沈先生进行陷害的军事大臣，很快也被免职了，又过了一段时间，以前那个对沈先生倍加仇视的权相也被免职。于是，沈先生的门人、给事中兼谏议大夫俞君将沈先生写的诗文加以搜集、编纂，做成卷，并加上刊刻广为流传。沈先生的儿子请我写一篇序文，放在文集最前面。

原文

茅子受读而题之曰：若君者，非古之志士之遗乎哉？孔子删《诗》，自《小弁》之怨亲，《巷伯》之刺谗以下，其忠臣、寡妇、幽人、怼(duì)士之什①，并列之为"风"，疏之为"雅"，不可胜数。岂皆古之中声也哉？然孔子不遽遗之者，特悯其人、矜其志，犹曰"发乎情，止乎礼义"，"言之者无罪，闻之者足以为戒"焉耳。予尝按次《春秋》以来，屈原之《骚》疑于怨，伍胥之谏疑于胁②，贾谊之疏疑于激③，叔夜之诗疑于愤④，刘蕡(fén)之对疑于亢⑤，然推孔子删《诗》之旨而裒次之，当亦未必无录之者。君既没，而海内之荐绅大夫至今言及君，无不酸鼻而流涕。呜呼！集中所载《鸣剑》《筹边》诸什，试令后之人读之，其足以寒贼臣之胆，而跃塞垣战士之马，而作之忾也，固矣。他日国家采风者之使出而览观焉⑥，其能遗之也乎？予谨识(zhì)之⑦。

至于文词之工不工，及当古作者之旨与否，非所以论君之大者也，予故不著。

注释

①怼：愤恨。②伍胥：伍子胥，春秋末期吴国大夫、军事家，名员，字子胥，楚国

人。伍子胥曾经谏言吴王夫差不答应越国的战和请求，后来因谗言而自尽。③**贾谊**：西汉时期洛阳（今河南省洛阳市东）人，政论家、文学家。贾谊曾多次上书建议加强中央集权，后被贬职为长沙王太傅，抑郁终生。④**叔夜**：嵇康，字叔夜，三国魏谯郡铚（今安徽省濉溪县）人，"竹林七贤"之一。曾娶曹操曾孙女，官曹魏中散大夫，故世称嵇中散。后因得罪钟会，为其构陷，而被司马昭处死。⑤**刘蕡**：唐代幽州平昌人，他曾在考试的时候，对宦臣专权进行抨击，导致落榜。⑥**采风**：是指对民情风俗的采集，特指对地方民歌民谣的搜集。⑦**识**：记录。

译　文

我读完沈先生的文集后，这样写道：如沈先生一般的志士就是古时品性高尚贤者们的后代啊。《诗经》是孔子删减后定出来的，从嫉恨亲人的《小弁》、讽刺谗言者的《巷伯》，忠实者、寡妇、隐居者、怨恨世道者的诗歌，全部被选入《国风》，编入《小雅》，此类作品不胜枚举。难道这些诗歌全部都与正统的诗教相符合吗？但是孔子没有把它们轻易删掉，是因为他对这些人的遭遇感到哀伤，对他们的大志充满崇敬之情。他说到"这些诗歌都是真正来自于内心，还能用礼数进行约束"，"说话者无罪责，听者可以当作是借鉴与劝诫"。我曾经依次将《春秋》以来的作品进行考察，发现屈原的《离骚》好像都是些怨恨说词，伍子胥谏言很多都是威胁警告，贾谊上书感觉充满了愤恨，嵇康的诗感觉充满了不平之感，刘蕡的做法好像又过于直接。但是遵照孔子删减《诗经》的准则，好像也能将它们收录进去。沈先生去世后，海内大夫们到现在说到他，还都会难受流泪。哎！文集中《鸣剑》《筹边》等文章，要是后人读了，足够能让奸臣们害怕，让战场上的士兵们跃马杀敌，激发出百倍勇气，这是绝对的。以后朝廷派来的考察民情、收集歌谣的使者读到这些诗篇，还能把它们漏掉吗？我满怀恭敬谨慎之心将它写在这里。

对于文辞是不是精美，以及与古时作者们的意思是不是符合，都和评论沈先生的大节没有关系，因此我就不多说了。

王世贞

王世贞（1526—1590），字元美，号凤洲，又号弇州山人，江苏太仓人。王世贞与李攀龙、徐中行、梁有誉、宗臣、谢榛、吴国伦合称"后七子"。李攀龙死后，王世贞领袖明朝文坛二十年。著有《弇山堂别集》等。

蔺相如完璧归赵论

原文

　　蔺相如之完璧，人皆称之，予未敢以为信也。

　　夫秦以十五城之空名，诈赵而胁其璧，是时言取璧者，情也①，非欲以窥赵也。赵得其情则弗予，不得其情则予；得其情而畏之则予，得其情而弗畏之则弗予。此两言决耳，奈之何既畏而复挑其怒也？

　　且夫秦欲璧，赵弗予璧，两无所曲直也②。入璧而秦弗予城，曲在秦；秦出城而璧归，曲在赵。欲使曲在秦，则莫如弃璧；畏弃璧，则莫如弗予。夫秦王既按图以予城，又设九宾③，斋而受璧，其势不得不予城。璧入而城弗予，相如则前请曰："臣固知大王之弗予城也。夫璧非赵璧乎？而十五城秦宝也。今使大王以璧故，而亡其十五城，十五城之子弟，皆厚怨大王以弃我如草芥也④。大王弗予城而绐赵璧⑤，以一璧故而失信于天下，臣请就死于国，以明大王之失信。"秦王未必不返璧也。今奈何使舍人怀而逃之，而归直于秦？是时秦意未欲与赵绝耳。令秦王怒，而僇相如于市⑥，武安君十万众压邯郸，而责璧与信，一胜而相如族⑦，再胜而璧终入秦矣！吾故曰：蔺相如之获全于璧也，天也。若其劲渑池⑧，柔廉颇，则愈出而愈妙于用。所以能完赵者，天固曲全之哉！

注释

　　①情：实情。指秦国确实只是想得到和氏璧。②曲直：理亏、理直。③设九宾：古代举行朝会大典用的极隆重的礼节。④草芥：比喻轻贱，引申以指轻微纤细的事物。⑤绐：欺骗，欺诈。⑥僇：通"戮"，杀戮。市：市朝，指人众汇集的地方。⑦族：灭族。⑧劲：强，有顽强坚决之意。

译文

　　蔺相如保全和氏璧，人们都称赞他，我却不敢认为事情确实如此。

秦用十五座城的空名，欺骗赵国并且威逼着要其和氏璧，这是说要得到玉璧是真实的意图，并不是想打赵国的主意。赵如果了解秦的真实意图就不给他，不了解他的真实意图就给他；了解秦的真实意图却怕他就给，了解秦的真实意图但不怕他就不给，这只要两句话就解决了，为什么既怕他又要挑起他的怒气呢？

况且秦王想要玉璧，赵王不给玉璧，双方都没有什么理亏、理直可说。玉璧送到了秦国，秦王却不给城，理亏在秦国；秦拿出了城而玉璧送回去了，理亏在赵国。要想让秦国理亏，就不如不要玉璧；怕放弃玉璧，就不如不给。秦王既然已经按地图来给城，又设置了九宾的大礼，斋戒沐浴来接受和氏璧，那形势是不会不给城的。如果秦王收了和氏璧，却不给城，相如就可以上前去请求说："我本来就知道大王是不会给城的。和氏璧不就是赵国的一块璧吗？那十五座城却是秦国的宝贝。现在如果大王因为玉璧的原因失去了这十五座城，十五座城的子弟，都会深深怨恨大王，因为大王抛弃他们就像抛弃小草一样。如果不给城而骗取赵王的玉璧，因为一块玉璧而失信于天下，那么我就请求死在秦国，从而揭露大王不守信用的事实。"这样，秦王不一定不退还玉璧。现在为什么却派随从怀揣着玉璧逃回去，而让秦国得理呢？这是当时秦国还不想和赵国断绝关系罢了。假如秦王发了怒，把蔺相如杀死在市朝上，派武安君带领十万大军逼近邯郸，叫赵王交出玉璧，责骂赵王失信，那么，秦国打一次胜仗相如就会灭族，再打一次胜仗和氏璧就会落入秦国。所以我说蔺相如能够保全那块玉璧，这是天意啊！至于他在渑池会上那样顽强坚决，对廉颇那样忍让团结，那是他的方法多，运用这些方法又越来越巧妙。他所以能保护赵国，是上天在曲意成全他啊！

袁宏道

袁宏道（1568—1610），字中郎，又字无学，号石公，又号六休。他是晚明时期反对复古运动的主将，既反对前后七子摹拟秦汉古文，亦反对唐顺之、归有光摹拟唐宋古文，认为文章与时代有密切关系。袁宏道与其兄袁宗道、弟袁中道并有才名，由于三袁是湖北公安县人，其文学流派世称"公安派"。

徐文长传

原　文

　　徐渭①，字文长，为山阴诸生，声名籍甚。薛公蕙校越时②，奇其才，有国士之目。然数奇③，屡试辄蹶。中丞胡公宗宪闻之④，客诸幕⑤。文长每见，则葛衣乌巾，纵谈天下事，胡公大喜。是时公督数边兵，威镇东南，介胄之士，膝语蛇行，不敢举头，而文长以部下一诸生傲之，议者方之刘真长⑥、杜少陵云。会得白鹿，属文长作表，表上，永陵喜。公以是益奇之，一切疏计，皆出其手。文长自负才略，好奇计，谈兵多中，视一世士无可当意者。然竟不偶。

注　释

　　①**徐渭**：绍兴府山阴（今浙江绍兴）人。初字文清，后改字文长，号天池山人，与解缙、杨慎并称"明代三大才子"。②**薛公蕙**：薛蕙，明正德九年进士，为刑部主事，嘉靖中为给事中。③**数奇**：运气差。④**胡公宗宪**：胡宗宪，字汝贞，号梅林，徽州绩溪（今属安徽）人，明朝抗倭名将。⑤**幕**：幕府。徐渭任职于胡宗宪幕府，掌管文告。⑥**刘真长**：刘惔，字真长，世称"刘尹"，沛国相人。东晋人，喜欢清谈，不拘泥于小节。

译　文

　　徐渭，字文长，山阴人，声名远扬。薛蕙在浙江做试官时，对他的才华颇为惊异，将他视为国士。但是他命途多舛，多次应试都名落孙山。中丞胡宗宪听闻后，聘请他做幕僚。每次徐渭拜见胡公时，他都是穿着粗布衣，戴着乌巾，潇洒自若，无所顾虑地说着天下之事，胡公听后赞赏不已。当时，胡公有几支军队，在东南沿海威震各方，手下的将士们，都对他跪着说话，如蛇一般向前爬行，不敢抬头，但是徐渭却以生员身份对胡公傲视不已，评论之人将他和刘惔、杜甫等列为一类。正好胡公得到只白鹿，想要把它当作祥瑞献上，让徐渭写一篇表，表章上奏后，世宗皇帝颇为满意。于是，胡公便对徐渭更加器重，将奏本、文书全部交给他办理。徐渭对自己的文才武略自信满满，喜欢出奇制胜，说到的用兵方法常常能够一语中的，他很自大，世间万物都不能入他之眼，但是毕生都没有能够大显身手的机会。

原文

　　文长既已不得志于有司，遂乃放浪曲蘖①，恣情山水，走齐、鲁、燕、赵之地，穷览朔漠。其所见山奔海立，沙起云行，雨鸣树偃、幽谷大都，人物鱼鸟，一切可惊可愕之状，一一皆达之于诗。其胸中又有勃然不可磨灭之气，英雄失路、托足无门之悲，故其为诗，如嗔如笑，如水鸣峡，如种出土，如寡妇之夜哭、羁人之寒起。虽其体格时有卑者，然匠心独出，有王者气，非彼巾帼而事人者所敢望也。文有卓识，气沉而法严，不以摹拟损才，不以议论伤格，韩、曾之流亚也②。文长既雅不与时调合，当时所谓骚坛主盟者，文长皆叱而奴之，故其名不出于越，悲夫！

注释

　　①**曲蘖**：酒母，指代酒。②**韩、曾**：唐代韩愈，北宋曾巩，两人在"唐宋八大家"之列。

译文

　　徐渭不得志，又不受当权者器重，便彻底游浪于山水之间，大肆饮酒，豪放不羁，既游览了齐、鲁、燕、赵等地方，又将大漠风光游览无余。他将看到的高耸山林，漫天飞沙，灿烂云霞，滚滚雷声，错置树木，以及幽静山谷、热闹城都、奇异人士、珍禽鸟兽等，所有让人惊异的人文与自然景观，全都写入诗作里。他满怀不平之心与奋进精神，还有英雄无处可用的悲伤情感。因此，他的诗像是在谩骂，又像是在嬉笑，像流水激荡在山涧中，像种子从土中萌芽，像寡妇在黑夜中哭泣，像旅者在深夜难眠。虽然他的诗偶尔会有不高明的格调，但却独具匠心，充满王者风范，远不是那些像妇女一样侍奉他人的诗人所能够相比的。徐渭的文章充满卓识远见，气势深敛，章法细密，不会因模拟而将自己的创造力与才华压抑住，也不会因为议论而令文章风格受到损坏，就像是韩愈、曾巩那一类的作品一般。徐渭有着高雅趣向，不和世俗同流，对于当时所推崇的文坛领袖，他一一进行斥责，将他们看作仆人，因此他的名声也只限于浙江一带而已。这真是太可悲了。

原 文

　　喜作书,笔意奔放如其诗,苍劲中姿媚跃出,欧阳公所谓"妖韶女①,老自有余态"者也。间以其余,旁溢为花鸟,皆超逸有致。

注 释

①韶:美丽。

译 文

　　徐渭爱好书法,如同诗作一般,下笔豪放,写出来的字豪迈苍劲中蕴含着妩媚,用欧阳公说的"美人迟暮,别具韵味"来形容他的书法再合适不过了。徐渭有时也会将闲余时间用到花鸟画上,他的绘画作品也具备高雅品质,别具味道。

原 文

　　卒以疑杀其继室①,下狱论死。张太史元汴力解②,乃得出。晚年愤益深,佯狂益甚,显者至门,或拒不纳。时携钱至酒肆,呼下隶与饮。或自持斧击破其头,血流被面,头骨皆折,揉之有声。或以利锥锥其两耳,深入寸余,竟不得死。周望言晚岁诗文益奇③,无刻本,集藏于家。余同年有官越者,托以钞录,今未至。余所见者,《徐文长集》《阙编》二种而已。然文长竟以不得志于时,抱愤而卒。

注 释

①卒以疑:最终由于疑心。②张太史元汴:张元汴,山阴人,授翰林修撰,故称太史。③周望:陶望龄,万历年间为国子监祭酒。

译 文

　　后来,徐渭因猜疑过重将其继室误杀,被抓入狱,判为死刑。幸好太史张元汴相救,才从狱中出来。徐渭到了晚年更加愤愤不平,于是故意表现出狂放的模样,有些达官贵人来拜访时,他经常会拒绝接见。他常常拿钱去酒店,让下人和奴仆们一同喝酒。他还用斧子将自己的头砍破,满脸鲜血,甚至头骨都折断,手揉时都能听到骨头碎掉的声音。他还拿着尖锥刺双耳达一寸深,竟然还活着。周望说:徐渭的诗篇到了晚年越来越奇特,但无刻本,他将诗集全部放在家里。我托付在越地当官的科举同年帮忙把徐渭的诗文抄下来,现在还没有送到。我只见到了《徐文长集》与《阙编》。但是徐渭却因为无处施展志向，含着怨恨去世了。

原　文

石公曰①：先生数奇不已，遂为狂疾。狂疾不已，遂为囹圄②。古今文人牢骚困苦，未有若先生者也。虽然，胡公间世豪杰，永陵英主，幕中礼数异等，是胡公知有先生矣。表上，人主悦，是人主知有先生矣，独身未贵耳。先生诗文崛起，一扫近代芜秽之习，百世而下，自有定论，胡为不遇哉？

注　释

①石公：作者对自己的称谓。②囹圄：监狱。这里指身陷囹圄。

译　文

我觉得：先生命途坎坷，长久没有运气，才让他的愤恨积累成疯病；疯病长期发作，让他受到牢狱之灾。古往今来，文人的抱怨和受到的痛苦，再没有比徐渭先生更多的了。即便这样，世上依旧有胡公这样的豪杰，受到英明世宗皇帝的赏识。徐渭在胡公府中，受到特殊礼遇，这说明胡公是了解先生的。他代胡公写的表文被皇帝赞扬，证明皇帝知道先生这般的贤才。但遗憾的是，先生只是没有获得要职而已。徐渭先生诗文一出现，将近代文学上浑浊之风一扫而光，百代过后，历史自会有结论，那又怎么能说他生不逢时呢？

原　文

梅客生尝寄予书曰①："文长吾老友，病奇于人，人奇于诗。"余谓文长无之而不奇者也。无之而不奇，斯无之而不奇也。悲夫！

注　释

①梅客生：梅国桢，明代官员。字客生，号衡湘，湖北麻城人。袁宏道的朋友。

译　文

梅客生曾给我写信说："徐渭是我的老朋友，他的病比他的人更怪异，而他本身比他的诗还要奇怪。"我觉得，徐渭无处不奇，正因如此，他的一生注定坎坷不已。真是太悲伤了。

张 溥

张溥（1602—1641），字乾度，一字天如，号西铭，明代文学家。文学方面，推崇前后七子的理论，主张复古，又以"务为有用"相号召。一生著作宏丰，编述三千余卷，代表作《七录斋集》。《五人墓碑记》作于明崇祯元年（1628）。天启年间，宦官魏忠贤专权，以残暴手段镇压东林党人。天启六年（1626），魏忠贤派人到苏州逮捕曾任吏部主事、文选员外郎的周顺昌，激起苏州市民的义愤，爆发了反抗宦官专权的斗争。本文是为这次斗争中被阉党杀害的五位义士而写的碑文。

五人墓碑记

原文

五人者，盖当蓼（liǎo）洲周公之被逮，激于义而死焉者也。至于今，郡之贤士大夫，请于当道，即除魏阉废祠之址以葬之，且立石于其墓之门，以旌其所为。呜呼，亦盛矣哉！

夫五人之死，去今之墓而葬焉，其为时止十有一月耳。夫十有一月之中，凡富贵之子、慷慨得志之徒，其疾病而死，死而湮没不足道者，亦已众矣。况草野之无闻者欤①？独五人之皦皦（jiǎo），何也？

予犹记周公之被逮，在丁卯三月之望。吾社之行为士先者，为之声义，敛资财以送其行，哭声震动天地。缇骑按剑而前②，问："谁为哀者？"众不能堪，抶（chì）而仆之。是时以大中丞抚吴者，为魏之私人，周公之逮所由使也。吴之民方痛心焉，于是乘其厉声以呵，则噪而相逐，中丞匿于溷藩以免③。既而以吴民之乱请于朝，按诛五人④，曰：颜佩韦、杨念如、马杰、沈扬、周文元，即今之傫然在墓者也⑤。

然五人之当刑也，意气扬扬，呼中丞之名而詈之，谈笑以死。断头置城上，颜色不少变。有贤士大夫发五十金，买五人之脰而函之⑥，卒与尸合。故今之墓中，全乎为五人也。

嗟夫！大阉之乱，缙绅而能不易其志者，四海之大，有几人欤？而五人生于编伍之间⑦，素不闻诗书之训，激昂大义，蹈死不顾，亦曷故哉？且矫诏纷出，钩党之捕遍于天下⑧，卒以吾郡之发愤一击，不敢复有株治。大阉亦逡巡畏义，非常之谋，难于猝发，待圣人之出而投缳道路，不可谓非五人之力也！

由是观之，则今之高爵显位，一旦抵罪，或脱身以逃，不能容于远近，而又有剪发杜门⑨，佯狂不知所之者。其辱人贱行，视五人之死，轻重固何如哉？是以蓼洲周公，忠义暴于朝廷，赠谥美显，荣于身后。而五人亦得以加其土封，列其姓名于大堤之上。凡四方之士，无有不过而拜且泣者，斯固百世之遇也！不然，令五人者保其首领，以老于户牖之下，则尽其天年，人皆得以隶使之，安能屈豪杰之流，扼腕墓道⑩，发其志士之悲哉？故予与同社诸君子，哀斯墓之徒有其石也，而为之记，亦以明死生之大，匹夫之有重于社稷也。

贤士大夫者：冏卿因之吴公、太史文起文公，孟长姚公也。

注释

①**草野**：原指乡野，此处指民间。②**缇骑**：本指古代贵官的侍从，此处指明代专事侦查、逮捕人犯的差役。③**溷藩**：厕所。④**按**：追究。⑤**傫然**：堆积的样子。⑥**脰**：颈项。这里指头。**函**：匣子。此作动词，用匣子收藏。⑦**编伍**：民间。古时编制户口，以五人或五家为一"伍"。伍，指平民。⑧**钩党**：牵引为同党。钩，牵引，牵连。⑨**剪发杜门**：剪发为僧、闭门不出。⑩**扼腕**：用一只手握住另一只手腕，形容感情激动。

译文

这五个人，是在周公蓼洲被捕的时候，激于义愤而死的。到现在，苏州一些贤明的士绅向当局请求，清除已被废除的魏忠贤的生祠来安葬他们，并且立了一块石碑在他们的墓门前，用以表彰他们的行为。啊！真是隆重啊！

这五位志士死后，到现在修墓安葬他们，时间不过是十一个月罢了。在这十一个月里，那些富贵人家的子弟、志得意满的人物，他们得病死去，死了就埋没不值得提起的，也太多了，何况乡间默默无闻的人呢！只有他们声名显耀，这是为什么呢？

我还记得周先生被逮捕，是在天启七年三月十五日。我们复社里那些行为可以做读书人榜样的人，为他伸张正义，募集财物给他送行，哭声惊天动地。前来抓人的差役手握宝剑跑上前来责问："谁在为他哀哭？"大家再也不能忍受了，把他们打倒在地。这时以大中丞职衔做江苏巡抚的，是魏忠贤的党羽，周先生的被捕就是他指使的。苏州的人正对他恨之入骨，于是就趁他大声呵责时，哄闹起来追赶他。这位大中丞躲在厕所里才逃脱。后来他就以苏州百姓暴乱的罪名向朝廷请示，追究这件事，杀了五个人。他们是：颜佩韦、杨念如、马杰、沈扬、周文元，就是现在合葬在这墓里的。

但是这五个人临刑的时候，昂然自若，叫着中丞的名字痛骂他，谈笑着去死。他们被砍下来的头挂在城上，脸色一点没有改变。有贤明的士绅拿出五十两银子，买下这五个人的头用木匣装起来，终于和他们的尸体合在一起。因而现在墓里，是五个人的全身。

唉！魏忠贤当权作乱时，做官的能不改变自己的志节的，天下这么大，有几个人呢？可是这五个人出身平民，从来没有听过经书上的教训，却能被正义激发，冒着生命危险毫不顾惜，这又是什么原因呢？并且，当时伪造的诏书纷纷传出，全国到处都搜捕和东林党人有牵连的人，终于因为我们苏州这一次奋起反抗，他们不敢再株连治罪。魏忠贤也因为害怕正义力量而迟疑不决，篡夺帝位的阴谋难以突然发起，等到当今皇帝即位，他就吊死在贬窜的路上。这些不能说不是这五个人的功劳。

由这样看来，现在那些做大官、居高位的阉党人物，一旦被治罪了，有的脱身逃跑，远近都不能容身；又有的削发为僧，闭门不出，假装疯癫，不知躲到哪里去了。他们的可耻卑贱的行为，比起这五个人的死来，轻重到底如何呢？因此，周蓼洲先生的忠诚义节显露在朝廷上，皇帝赐给他美好光荣的谥号，在死后得到荣耀。这五个人因而也能够修建起大坟，把他们的姓名刻在大堤上，所有南来北往的人，经过此地，没有不在墓前跪拜而且哭泣的。这真是百世难逢的事情啊。

否则，假使这五人保全他们的头颅，老死在家中，活到他们的生命结束，人人都能把他们当作仆人使唤，又怎么能使那些豪杰们拜服，在他们墓前激动地握住手腕，抒发他们有识之士的悲愤之情呢？所以我和同社的各位先生，可惜这座墓只有一块空白的石碑，就为他们写了这篇碑记，也用它来说明生死的重大意义，百姓也能对国家安危起重大作用。

　　前文所说的贤明士绅是：太仆卿吴默先生、翰林院修撰文震孟先生和姚希孟先生。